Bruno Schneider

Sprachliche Lernprozesse

Tübinger Beiträge zur Linguistik

herausgegeben von Gunter Narr

99

BRUNO SCHNEIDER

Sprachliche Lernprozesse

Lernpsychologische und linguistische Analyse des Erst- und Zweitspracherwerbs

gnv Gunter Narr Verlag · Tübingen

CIP-Kurztitelaufnahme der Deutschen Bibliothek

Schneider, Bruno:

Sprachliche Lernprozesse: lernpsycholog. u. linguist. Analyse d. Erst- u. Zweitspracherwerbs/Bruno Schneider. – 2. Aufl. – Tübingen: Narr, 1982.

(Tübinger Beiträge zur Linguistik; 99)
ISBN 3–87808–099–9

1. Auflage 1978
2. Auflage 1982

Druck: Müller + Bass, Tübingen
Printed in Germany

ISBN 3–87808–099–9

Wolfgang Eberwein
gewidmet

INHALT

EINLEITUNG

Zur Themenstellung:

Diese Arbeit versucht, bestimmte morphosyntaktische Phänomene, die *beim natürlichen Erstspracherwerb und im schulischen Fremdsprachenunterricht* beobachtet werden können, unter *lernpsychologischen* Gesichtspunkten zu analysieren. Zu diesen Phänomenen zählen an erster Stelle syntaktische Fehlerhaftigkeiten verschiedener Art, wie sie für das Erwerbsstadium typisch sind. Das Zeichensystem einer natürlichen Sprache zeichnet sich gegenüber anderen Systemen dadurch aus, daß die dem Sprecher verfügbaren bedeutungstragenden Einheiten in stets wechselnder Kombination auftreten können, ganz wie es den Intentionen und sprachlichen Möglichkeiten des Sprechers zu einem bestimmten Zeitpunkt entspricht. „Syntaktisch" ist darum zunächst in einem ganz allgemeinen Sinne zu verstehen: Es geht um Gesetzlichkeiten (und Freiheiten) der Wortfolge und um die morphosyntaktische Ausdifferenzierung der sprachlichen Einheiten als Folge derartiger Verknüpfungen.[1] Es leuchtet unmittelbar ein, daß auch dann, wenn ein Sprecher in der Encodierung nicht auf ein sprachliches „Fertigprodukt" zurückgreift (etwa weil der mitzuteilende Sachverhalt eine sprachliche Fassung verlangt, wie sie dem Sprecher bislang kaum über die Lippen kam), die sprachliche Vorerfahrung und das sprachliche Gedächtnis für die Art und Weise der Versprachlichung mit bestimmend sind. Wir greifen insbesondere solche syntaktische Erscheinungen auf, die einigermaßen gut durch authentische Beispiele belegbar sind und bereits in der bislang vorliegenden Literatur für die linguistische oder psycholinguistische Argumentation bedeutsam waren (insbesondere in der nordamerikanischen Psycholinguistik). Damit ist auch gesagt, daß sich die vorliegende Schrift als eine *theoretische Arbeit* versteht. Sie zielt insgesamt auf eine Analyse der Spracherwerbsprozesse im Bereich der Muttersprache und des schulischen Fremdsprachenunterrichts (in unserem Zusammenhang meist kurz Zweitspracherwerb[2] genannt) ab, und zwar hinsichtlich der Aktualisierung von Lernresultaten. Da nun Aktualisierungs*störungen* bezüglich der zu vermutenden individuellen sprachpsychologischen Prozesse sehr viel sprechender sind als fehlerfreie (d.h. mit der Erwachsenensprache bzw. Zielsprache übereinstimmende) Produktionen, verdienen auch die bisherigen Versuche einer wissenschaftlichen *Fehleranalyse* angemessene Berücksichtigung.

Im Zusammenhang damit sind wiederum Fragen bezüglich der *Interferenzlinguistik* und der *Kontrastiven Grammatik* nicht zu umgehen. Sie sollen (in den Kapiteln I und II) vorwiegend im Zusammenhang mit dem Zweitspracherwerb erörtert werden. Schließlich wird zu fragen sein, inwiefern die für den Erstspracherwerb ermittelten sprach- und lernpsychologischen Befunde neue und verbesserte Fragestellungen im Bereich der fremdsprachendidaktischen Forschung zulassen. Es versteht sich von selbst, daß in grundsätzlicher Weise auch Fragen der Korrelation von linguistischer und mentaler Grammatik näher anzugehen sind.[3] Fragen der unterrichtspraktischen *Realisierung* sollen allerdings im allgemeinen zurücktreten, da zu ihrer Beantwortung die lernpsychologischen und sprachpsychologischen Befunde mit Forderungen der Motivations- und Entwicklungspsychologie und mit curricularen Zielsetzungen in Einklang zu bringen wären: mit Aspekten, die wir hier ausgeklammert wissen wollen. Gleichwohl ist in dem abschließenden Kapitel IV die Rolle der theoretischen Linguistik für die didaktische Organisation von sprachlichen Lernprozessen zu skizzieren. Dies soll exemplarisch anhand von Teilbereichen der Valenzgrammatik geschehen.

Wo immer wir den Problemkreis auf das grundsätzliche Verhältnis von Linguistik und Psychologie ausweiten, verstehen wir mit Gauger die Linguistik als eine psychologische Disziplin, die sich „in ihrem Vorgehen (...) an dem (für die Sprache selbst konstitutiven) *Sprachbewußtsein* des durchschnittlichen Sprechers orientieren müßte" (Gauger 1973a, S. 171/172)[4]. Entsprechend darf im sprachwissenschaftlichen Bereich der Beitrag der Psychologie nicht verstanden werden als etwas, was zur Linguistik „im Sinne einer nachträglichen Ergänzung" noch hinzukommt (vgl. Gauger 1973b, S. 299). Vielmehr hat genau in diesem Sinne die Psycholinguistik die gewichtige Aufgabe, „die Konstruktionselemente linguistischer Modelle im Blick auf ihre 'psychologische Realität', also schließlich ihre 'Realität' überhaupt, zu prüfen (...)" (Gauger 1973b, S. 300, unter Verweis auf Slobin 1971a, S. 23 u.a.).

Die Literatur zum Erstspracherwerb und zur Fremdsprachendidaktik ist in ihrem Umfang beeindruckend. Gewisse *Beschränkungen* erweisen sich darum als unumgänglich. So haben wir beispielsweise das Problem des *Bilinguismus* zur Gänze übergangen. Phonetische und semantische Fragestellungen der Spracherwerbsforschung streifen wir nur gelegentlich, gleichsam zur Verdeutlichung bestimmter grundsätzlicher Gesetzmäßigkeiten. Auch im psychologischen Bereich mußten Gesichtspunkte der Motivation und Fragen entwicklungspsychologischer und sprachsoziologischer Natur weitgehend unberücksichtigt bleiben. Allenfalls mit Wygotski 1934 und Lorenzer 1972 werden Hintergrund und Basis, auf denen sich natürliche Spracherwerbsprozesse vollziehen, aus gebotenem Anlaß kurz angesprochen. Ausgeklammert werden insbesondere die Fragen um die biologischen Anlagen menschlichen Sprechens und die frühe Phase (Lallphase und Lauterwerb).

Diese Beschränkungen sind deshalb möglich, weil auch die lernpsychologische Fragestellung auf spezielle Gesichtspunkte eingeengt ist: Es geht bei der Betrachtung sowohl der natürlichen als auch der didaktisch intendierten Spracherwerbsprozesse weniger um die *Bedingungen* und *konkreten Formen*, unter denen sprachliche Lernresultate[5] zustandekommen, als vielmehr um die *Reaktualisierung bereits erworbener Resultate.* Die ersten primitiven Lernresultate sind also gleichsam als gegeben hinzunehmen, und es ist vorrangig zu fragen, welche Phänomene beim weiteren *Gebrauch* dieser Lernresultate zu beobachten sind: Wie verändert sich ihre *Natur* im Verlauf weiterer (ergänzender) Lernprozesse? Wie zieht der Lerner aus sprachlichen Elementen, die er in der Situation S erworben hat, für die Bewältigung anderer und komplexerer Sprachhandlungssituationen S', S'', S'''... Nutzen?

Wir stützen uns in lerntheoretischer Hinsicht auf die Arbeiten des Holländers *C. F. van Parreren* (Parreren 1970/71). Auf mehrere Lerntheorien Bezug zu nehmen, hätte bedeutet, eine *lernpsychologische* Diskussion am Beispiel von Spracherwerbsprozessen zu führen. Dies ist natürlich nicht unsere Absicht, vielmehr verstehen wir van Parrerens Werk als Voraussetzung (im Sinne einer der ganzen Arbeit zugrundeliegenden Prämisse) und als festen Bezugspunkt für die *psycholinguistische* Interpretation sprachlicher Beobachtungsdaten. Parrerens Lerntheorie wird darum (in Kapitel II) ausführlich referiert.

Van Parrerens Arbeit ist mit 432 Seiten sicher eine der umfangreichsten und präzisesten Darstellungen zu „Lernprozeß und Lernerfolg", die auf „experimenteller Basis" (vgl. Titel) ruht. Parreren berücksichtigt sehr stark die europäische und weitgehend auch die amerikanische und sowjetische Forschung. Die Auseinandersetzung mit behavioristischen und neobehavioristischen Modellen (aber auch mit extrem kognitivistischen Richtungen) nimmt breiten Raum ein. Von großem Vorteil scheint uns zu sein, daß van Parreren, wie er selbst wiederholt betont, jedwede unitaristische Ausgangshypothese[6] vermeidet und eine *pluralistische Konzeption von Lernen* vertritt. Denn nur eine solche Konzeption kann Aussicht haben, in hinreichend detaillierter Weise auf sprachliche Lernprozesse versuchsweise übertragen zu werden. Sprachliches Handeln scheint nämlich durch ein vielschichtiges Ineinander und Gegeneinander von Reflexion und Automatismus, von Konvention und Kreativität geprägt zu sein.

Van Parrerens Werk — und das war nun der entscheidende Gesichtspunkt für unsere Wahl — behandelt in *einmaliger Ausführlichkeit und Eigenständigkeit die lernpsychologische Aktualisierungstheorie.* Die Breite der experimentellen Befunde scheinen uns höchst bemerkenswert. Van Parrerens Theorie der Transfer- und Interferenzprozesse ist bislang noch nicht Gegenstand ausführlicher und hinreichend exakter Überlegungen hinsichtlich der Spracherwerbsphänomene gewesen, insbesondere nicht im Bereich des *natürlichen* Spracherwerbs. Der Einfluß, den van Parreren hierzulande auf die Konzeption einer *Fremdsprachendidaktik* zweifellos gehabt hat (vgl. z. B. Zimmermann 1969 und 1971), ist weit mehr auf Parrerens eigene Anteilnahme an der sprachdidaktischen Diskussion in Form von Vorträgen und kleineren Aufsätzen (vgl. etwa Parreren 1963, 1964b, 1969, 1972a) zurückzuführen[7] als auf eine hinreichend detaillierte Rezeption seines Hauptwerkes *Lernprozeß und Lernerfolg*, das in einer ersten Fassung 1962 entstanden ist und in dieser Form seit 1966 in einer deutschen Ausgabe zugänglich war. (Wir stützen uns hier auf die in einigen Punkten modifizierte Neufassung von 1970/71). Die von und durch Parreren angeregte fremdsprachendidaktische Diskussion blieb größtenteils in einer u.E. recht oberflächlich geführten Interferenzdiskussion stecken[8] oder betraf isolierte Aspekte der unterrichtlichen Planung (z.B. die Rolle des Schriftbildes im Anfangsunterricht). Eine unmittelbare und durchgehende *Konfrontation von Linguistik und Lernpsychologie* ist u.W. bislang kaum versucht worden[9].

Auf linguistischer Seite berücksichtigen wir vorwiegend strukturalistische Positionen und die an Chomsky orientierte Psycholinguistik. Es ist nicht unsere Absicht, neue psycholinguistische Hypothesen im Sinne der Anwendbarkeitsfrage deskriptiver Modelle auf die Beschreibung bzw. Optimierung von Spracherwerbsprozessen aufzustellen. Wir begnügen uns weitgehend damit, die bisher vorgetragenen Versuche einer linguistischen Fundierung der Spracherwerbstheorien auf ihre lernpsychologische Schlüssigkeit zu prüfen. Lernpsychologische Sachverhalte, wie sie in Parreren 1970/71 dargestellt sind, dienen uns hierbei als *Kriterium.*

Vorgehen:

In Kapitel I werden die seitherigen Versuche einer linguistisch orientierten Sprachdidaktik überblicksweise resümiert. Das Kapitel gibt Auskunft über den Grad der Linguistisierung der Fremdsprachendidaktik und versucht aufzuweisen, welche zentralen Probleme mit eben dieser Linguistik bislang nicht in den Griff zu bekommen waren.

Das Kapitel II referiert in seinem ersten Teil die wesentlichen Aspekte der Parrerenschen Lernpsychologie, um im zweiten Teil ihre Bedeutung für die Beschreibung sprachlicher Lernprozesse beispielhaft aufzuweisen. Die hierbei anfallende Fehleranalyse soll zugleich die Berechtigung eines Vergleichs von Erst- und Zweitspracherwerb sichtbar machen[10].

Das am breitesten angelegte Kapitel III untersucht sodann Spracherwerbsphänomene aus dem muttersprachlichen Bereich. Die Diskussion der Beobachtungsdaten (die übrigens keineswegs im wünschenswerten Umfang vorliegen!) erfolgt sowohl unter lernpsychologischen als auch unter linguistischen Gesichtspunkten. Hierbei ist von Belang, daß Parrerens Theorien auf einer breiten *empirischen Basis* stehen, während die aktuellen (vorwiegend generativistischen) linguistischen Interpretationen an teilweise recht spekulative Theorien gebunden bleiben und sogar in einer gewissen Erwartungshaltung nicht selten die theoriebezogene Beschreibung der Fakten (ungewollt) so anlegen, daß sie als quasi-empirischer Aufweis eben dieser Theorien fungiert[11]. Wir versuchen nachzuweisen, daß eine lernpsychologische Deutung *mit weniger Prämissen* auskommt und vergleichsweise *näher an den sprachlichen Fakten* (insbesondere dem Faktum der sprachlichen Linearität) bleiben kann. Einige in diesem Zusammenhang recht plausibel scheinende Ausführungen Wygotskis zum Verhältnis von Sprache und Denken in ihrem frühesten Stadium sind in die linguistische und lernpsychologische Argumentation eingebaut.

Kapitel IV versucht schließlich, die in Kapitel III geprüften Hypothesen für die Fremdsprachendidaktik fruchtbar werden zu lassen. Dort werden denn auch die positiven Aspekte unserer Kritik im Zusammenhang aufgezeigt.

I. SPRACHERWERBSPROZESSE IM FREMDSPRACHEN-UNTERRICHT: DIE OFFENEN PROBLEME

0. Vorbemerkung

Die Fremdsprachendidaktik tut sich als empirische Wissenschaft schwer. Die Gründe hierfür sind leicht einzusehen. Zum einen ist Fremdsprachenunterricht eine Gleichung mit sehr vielen Unbekannten: Komplexität des Lerngegenstandes „Sprache" und „Sprechen"; Ineinander von Unterrichtsstoff und Unterrichtssprache; Schwierigkeit (wo nicht Unmöglichkeit), den Stoff in eine Abfolge von Teilbereichen aufzubrechen, um den schwächeren Lernern im Klassenverband gleichsam hin und wieder einen „Neuanfang" zu ermöglichen, statt sie beständig für das fehlende Vorwissen zu bestrafen;[12] Entsprechung von Lehrernaturell und Unterrichtsmethode bzw. Lehrbuch; [13] Qualität des muttersprachlichen Unterrichts; Rolle des selbständigen Lernens als Ergänzung zum schulischen Unterricht und die daraus resultierende starke Diskrepanz zwischen Lehr- und Lernstrategie; Rolle außerschulischer Lernsituationen wie Rundfunk, Reisen usw. Zum anderen fehlt der Didaktik ein theoretisches Gesamtgefüge, innerhalb dessen Einzelexperimente in ihrer Aussagekraft gedeutet werden könnten. Daraus erklärt sich die Vielzahl einander widersprechender „gesicherter Ergebnisse", etwa in Fragen der ein- oder zweisprachigen Wortschatzvermittlung oder der Rolle der Schrift im Anfangsunterricht. Bei den in der Literatur referierten „Experimenten" ist in der Regel kaum mit letzter Sicherheit auszumachen, auf welche konkreten Faktoren die bessere Lernleistung wirklich zurückgeht und welche sekundären positiven oder negativen Einflüsse das evaluierte Verfahren auf die *übrigen* fremdsprachlichen Teilfertigkeiten hat.[14] So mag die Vermeidung der Graphie in der allerersten Unterrichtsphase die phonetische Leistung verbessern, verschlechtert aber insgesamt — nicht nur beim vorwiegend eidetisch begabten Typ — die Behaltensleistung im Langzeitgedächtnis. Soll die Abfolge Hören — Sprechen — Lesen — Schreiben, die der Vermeidung graphischer Interferenzen dient, Prinzip für jede Lehreinheit (= „Neudurchnahme") sein, oder sollen Lesen und Schreiben anfänglich über längere Zeiträume hinweg gänzlich unterbleiben? Wie lange? Sind akustische Eindrücke ohne visuelles Merkbild lange genug stabil? Wann schlagen dergleichen lernpsychologische Fragestellungen in motivationspsychologische Fragestellungen um? Es leuchtet beispielsweise ein, daß ein zehnjähriger Schüler mit den in der Bundesrepublik gängigen Unterrichtsmitteln nicht stunden- und wochenlang nur mündlich in Aktivität gehalten werden kann.[15] Didaktische Arbeiten wie Closset 1965, Bohlen 1966, Leisinger 1966, Bornemann 1967, Lado 1964, Arnold 1973 müssen deshalb, so hilfreich sie dem Praktiker im einzelnen sein mögen, bei unseren Erörterungen im allgemeinen außer Betracht bleiben (desgleichen übrigens allzu abstrakte Versuche wie Achtenhagen 1969 a).

Von den empirisch „isolierenden" Arbeiten abzuheben ist die numerisch weit stärkere Gruppe der „synthetisierenden" theoretischen Schriften. In ihnen gilt, ohne daß dies im Einzelfall begründet würde, die Linguistik als eine der Grundlagenwissenschaften der Fremdsprachendidaktik. Als weitere Zubringerwissenschaften erscheinen Lern- und Motivationspsychologie, Jugendpsychologie und Kybernetik. Arbeiten dieser Richtung erscheinen fast ausschließlich in Form von 10- bis 20seitigen Aufsätzen: Damit ist schon gesagt, daß sie in aller Regel einen eher programmatischen Charakter haben. Umfangreichere Arbeiten stützen sich fast ausschließlich auf die Linguistik, wiewohl auch sie die Sprachdidaktik als Integrationswissenschaft verstehen möchten. Auf Lernpsychologie wird allenfalls in recht pauschaler Form verwiesen, so als gäbe es *die* Lernpsychologie. Methodologische Erwägungen finden sich in den Werken der letztgenannten Art nicht selten ersetzt durch historisierende Bemerkungen zur Sprachwissenschaft. Die Autoren beschränken sich darum auch nicht auf *ein* präzise angesprochenes linguistisches Modell, sondern handeln die verschiedensten Richtungen des Strukturalismus, der generativen Grammatik oder des Kontextualismus ab. Wo sie bis zur Ebene der sprachpädagogischen Realisierung vordringen, verfahren sie – notgedrungen – in linguistischer Hinsicht eher eklektisch.

1. Linguistik und Fremdsprachendidaktik

1.0 Problemstellung

Wygotski (1934) und Leont'ev (1970, S. 32ff.) sehen den grundsätzlichen Unterschied zwischen Fremdsprachenunterricht und natürlichem Erstspracherwerb darin, daß die Aneignung der Fremdsprache mit (mehr oder weniger großer) analytischer Bewußtheit und „Gezieltheit" vor sich geht. Das analytische Verfahren ist *extern* motiviert insofern, als die Organisation der Lernprozesse und das sprachliche Training zum einen im organisatorischen Rahmen schulischer Institutionen erfolgen müssen (Stundentafel, Altersstufe, Klassenverband bzw. Leistungsgruppe) und zum andern den – bis heute freilich recht pauschalen – curricularen Zielsetzungen zu entsprechen haben. Im Hinblick auf die gesellschaftlich oder traditionell vorgegebenen Richt- und Grobziele sucht die Didaktik ein erstes Mal Hilfe bei der *deskriptiven* Sprachwissenschaft.[16] Die „Gezieltheit" des Fremdsprachenunterrichts ist aber auch *intern* motiviert: Der Lerner handhabt ja bereits eine Sprache. Die Muttersprache, wiewohl im Vergleich zur Fremdsprache in unverhältnismäßig langen Zeiträumen über eine teils existentiell bedingte, teils aber auch recht zufällige, linguistisch jedenfalls *unsystematische* Anhäufung sprachlicher Erfahrungen gewonnen, ist zum Zeitpunkt des Zweitspracherwerbs durch erste vorschulische und schulische Bemühungen wenigstens ansatzweise zu einem Gegenstand der Bewußtheit und der Reflexion geworden. Die Signifikat- und Konnotatvorstellungen sind Lernresultate in Form von verallgemeinerten Erinnerungen an ursprünglich konkret erlebte Sprachhandlungssituationen.

Der Erwerb der Zweitsprache geht auf dem Hintergrund dieser Erfahrungen und konzeptuellen Gewohnheiten der Erstsprache vor sich: Der Lerner wird Assoziationen zu muttersprachlichen Entsprechungen suchen, weil sein Denken muttersprachlich geprägt ist. Die Dominanz der Muttersprache kann, je nach Lehr- und Lernstrategie und je nach Anlaß und Umstand, sowohl Hilfe als auch Hemmnis sein für die Aneignung fremdsprachlicher Strukturen. Hier muß der Didaktiker, gleichgültig ob er eine rein stofflich-didaktische Ebene oder schon konkrete Unterrichtsverfahren im Auge hat, ein zweites Mal die Linguistik um Hilfe angehen, denn auch das konsequent einsprachige, nicht-analytische Unterrichtsverfahren kann den Einfluß der Muttersprache nicht ausschließen. Die linguistische Orientierung geschieht hier *mittels einer möglichst systematischen kontrastiven (konfrontativen) Analyse der beiden Sprachsysteme.* Da nun insgesamt die Problemstellung der fremdsprachlichen Didaktik nicht einfach lautet, *wie* der Spracherwerb vor sich gehe, sondern vielmehr, wie Lern- und Lehrstrategien *organisiert* werden müssen, *damit* bestimmte Lernprozesse eintreten, ist die Linguistik schließlich ein drittes Mal zu bemühen. Es stellen sich Fragen wie: Welche linguistische Beschreibungssprache wird am ehesten den psychologischen Bedingungen eines künstlich organisierten Spracherwerbs gerecht? Welche linguistischen (modellabhängigen) Größen sind auch sprachpsychologisch real (bzw. zumindest adäquat), so daß sie das institutionell und curricular erzwungene analytische Vorgehen in seinen konkreten Formen determinieren könnten? – Hier sind die deskriptiv-interpretierende Linguistik des Erstspracherwerbs und die gesamte experimentelle Psycholinguistik als sogenannte „angewandte" Linguistik befragt.

Dies alles scheint unmittelbar einleuchtend und kann sehr wohl erklären, warum die Sprachdidaktik der letzten zwanzig Jahre sich in der Tat als Anhang und Verlängerung der „theoretischen" Linguistik begreifen möchte. Indes muß man sich klarmachen, daß beispielsweise der psychologische Status linguistischer Größen, wie er mittels bestimmter Experimente[17] nachgewiesen werden soll, sicherlich keine *beständige* und *populationsunabhängige* Größe ist. Die Analyse der kindersprachlichen Semantik und Morphosyntax, wie sie das Kapitel III darlegen soll, läßt deutlich werden, daß der psychologische Status linguistischer Größen sehr wandelbar ist und auch nicht immer in einheitlicher und geradliniger Entwicklung verläuft. Dies wiederum bedeutet, daß Interferenzen und Transferenzen, wie sie die kontrastive Linguistik vorhersieht, keineswegs immer tatsächlich eintreten, daß es vielmehr — und zwar gerade bei einem konsequent einsprachigen und nichtanalytischen Unterrichtsverfahren — eine Menge von individuell oder temporär auftretenden innersprachlichen Störfaktoren (d.h. Interferenzen innerhalb des im Aufbau begriffenen fremdsprachlichen Systems selbst) gibt: sowohl was die „linguistische" Einschätzung präsentierter fremdsprachlicher „Daten" seitens des Lerners betrifft, als auch was die proaktive Inhibition angeht, d.h. die Interferenz bereits erworbener Resultate auf künftige Lernprozesse und Aktualisierungen. Der Lerner verfügt ja selbst nicht über die (komplementierende) systematische Sicht, wie sie der Linguist oder Lehrer hat, der vor diesem seinem Hintergrund die sprachlichen Fakten in dosierter und wohlüberlegter Reihenfolge zu vermitteln glaubt.[18]

So ist in jüngster Zeit ein Abrücken von einer rein deskriptiv deduzierenden kontrastiven Analyse zu beobachten zugunsten einer vorausgehenden oder wenigstens zwischengeschalteten *Fehleranalyse.*[19] Hierbei wird allerdings übersehen, daß auch ein großes und repräsentatives Corpus nur eine relative Voraussagbarkeit garantiert: Der sprachliche Fehler ist ein *individualpsychologischer* Vorgang, der nicht nur von den konkreten Formen der Lernprozesse im allgemeinen, sondern auch von subjektiven und sekundären Begleitumständen seitens des Lernenden abhängen kann. Ein beständiges Ineinander von formalen und inhaltlichen Assoziationen ist im übrigen sowohl für das spontane Sprechen als auch für die Spracherlernung bezeichnend. Nicht einmal eine Fehleranalyse, die aufgrund einer bekannten Vorgeschichte (Lehrmaterialien, Lehrverfahren) vorgenommen wird, könnte einen hohen Grad an Voraussagbarkeit garantieren (womit allerdings nicht behauptet ist, es gebe so gut wie *keine* linguistisch voraussagbaren Interferenzen). Nur aus der genauen Kenntnis der allgemeinen lernpsychologischen Natur von Aktualisierungsprozessen lassen sich also Kriterien gewinnen für die unterrichtliche Gestaltung von Spracherwerbsprozessen, *gerade* von Spracherwerbsprozessen: Kommt es doch in keinem anderen Lernbereich so darauf an, von einer recht begrenzten Zahl von notwendigerweise unstabilen und polyvalenten Elementen einen nahezu infiniten (transferierenden) Gebrauch zu machen. Parrerens Aktualisierungstheorie dürfte eine hinreichend detaillierte und individualpsychologisch ausgerichtete Basis abgeben für die Beschreibung der Transferenz- und Interferenzprozesse, wie sie natürlichen Sprachen eigen sind. Die Darstellung dieser Theorie wird sich darum unmittelbar an Kapitel I anschließen.

1.1 „Wissenschaftliche Grammatik" und „pädagogische Grammatik"

Der Versuch, „wissenschaftliche" und „pädagogische" Grammatik[20] gegeneinander abzugrenzen, dient letztlich dazu, einen Kompromiß zu schaffen zwischen der linguistischen Abstraktion einerseits und den konkreten Nöten und Zwängen der Didaktik andererseits. In Abwandlung eines Goethewortes ist man versucht zu sagen, es gehe der Didaktik darum, das Anwendbare der Linguistik angewendet zu haben und das Unanwendbare ruhig zu verehren. Was die Kontaktsuche beider Disziplinen heute, im Gegensatz etwa zu Arbeiten wie Palmer 1917 (= Palmer 1968), so erschwert, ist die starke personale Trennung der beiden Wissenschaftsbereiche, die – hierzulande bis in die allerjüngste Zeit – oft genug auch institutionell deutlich geschieden bleiben. Es ist hier nicht der Raum, die bislang vorliegenden Gedanken zur Abgrenzung und Kooperation der beiden Disziplinen im einzelnen zu referieren.[21] Während manche Autoren in kurzen, thesenartigen Aufsätzen die moderne Linguistik in mehr allgemeiner Form ansprechen, versuchen andere Autoren (gleichsam in Anlehnung an linguistische Einführungen wie Bierwisch 1966), die strukturalistischen und generativ-transformationellen Ansätze in ihrer möglichen didaktischen Komplementarität darzustellen: so beispielsweise Nickel 1968a, Hüllen 1971, Timm 1972 und Fuckerieder 1972 (die beiden letzten Arbeiten allerdings wieder in einer äußerst allgemeinen Weise). Die didaktische „Verlängerung" des Prager Strukturalismus hat Fried (1972) dargestellt. Arbeiten zur Chomsky-Grammatik, die von genauerer linguistischer Kenntnis zeugen, sind (neben Saportas einflußreichem Beitrag von 1966) Lakoff 1969, Meyer 1970, Preuschen 1972, Christmann 1973, Petersen (a) und (b).

Chomsky selbst (1966b) ist in einer grundsätzlichen Weise vom Nutzen der linguistischen Theorie für den Fremdsprachenunterricht, insbesondere für den Fremdsprachen*lehrer*, überzeugt, räumt andererseits aber offen ein, daß weder die Linguistik noch die Lernpsychologie genug über die Natur des sprachlichen Lernprozesses wüßten, um dem Sprachlehrer konkrete Hilfestellung zu geben. Erst allmählich, mit der üblichen zeitlichen Verzögerung gegenüber Amerika, werden auch hierzulande Stimmen laut, die sich aus der allzu engen Umklammerung durch die theoretische Linguistik lösen möchten. Während Denninghaus (1970/1971) noch ganz vorsichtig von „wechselseitigen Einflüssen" zwischen Linguistik und Didaktik spricht, gibt es heute bereits Standpunkte, die von entschiedenem Umdenken zeugen: Die Didaktik selbst stellt an die Linguistik ihre Anforderungen, d.h. sie fordert eine Linguistik, die den Erwartungen des Sprachunterrichts gerecht zu werden vermag (so Brandt 1972, Kohler 1973 und Heringer in Moser u.a. 1975). Bezeichnend ist in diesem Zusammenhang, daß sich auch im internen Bereich der Linguistik neuerdings Stimmen erheben, die eine Abkehr von immer weiterreichenden Abstraktionen fordern und eine Rückwendung zu faktenorientierter Betrachtung (so Gauger 1973a).

1.2 Strukturalismus

1.2.0 Die „gesprochene Sprache": Ein Mißverständnis

Didaktische Publikationen, die sich auf strukturalistische Modelle berufen, betonen zunächst die größere formale Präzision, die strukturalistische Beschreibungen traditionellen Grammatiken voraushätten. Anders als eine an der antiken Rhetorik und Stilistik orientierte normativ-konservative Grammatik trage der Strukturalismus den lebendigen Eigengesetzlichkeiten gesprochener Sprache Rechnung. Hierbei wird meist übersehen, daß das Interesse des Linguisten an „gesprochener Sprache" vorwiegend *methodisch* motiviert ist und keineswegs mit dem Bemühen des Didaktikers um „mündliche Ausdrucksfähigkeit" parallel zu gehen braucht. Von gesprochener Sprache auszugehen, bedeutet nämlich zunächst, die *Validität* des zu analysierenden *Corpus* und seine *Repräsentativität* (etwa bezüglich der soziologischen Streubreite) zu erhöhen. Ersteres ist insofern gegeben, als mündliche Rede traditionell vorgegebene Normierungen eher außer acht läßt als der schriftliche Ausdruck und darum die zu einem bestimmten Zeitpunkt tatsächlich eingetretenen Verhältnisse oft deutlicher erkennen läßt; bessere Repräsentativität ist andererseits dadurch ermöglicht, daß beispielsweise mittels Tonbandaufzeichnung auch Sprachproben solcher Sprecher in das Corpus einfließen können, die sich schriftlich nur selten oder nie äußern, die durch einen ad hoc geforderten schriftlichen Ausdruck im Vergleich zu ihrem spontanen und gewohnten Sprachverhalten gewissermaßen überfordert wären. Ferner gibt es eine ganze Reihe von Sprachhandlungssituationen, in denen es kaum einmal zu einer Verschriftung kommt und deren Sprachformen in anderer Weise affektisch geprägt sein können, als dies bei schriftlichen Formen im allgemeinen der Fall ist. Somit ist ein oral-skripturales Corpus insgesamt repräsentativer als ein nur oder vorwiegend schriftliches Corpus. Das Resultat der Corpusanalyse besteht nun freilich – und damit kommen wir auf das Ziel des Linguisten zu sprechen – in der Klassifizierung. Klassifiziert werden zwar *parole*-Erscheinungen, sie werden jedoch in sehr abstrakter Weise als (theoretisch erschlossenen) *langue*-Entitäten zugehörig klassiert, wobei gerade *typisch mündliche Erscheinungen* wie Reprisen, Anakoluthe, Redeabbrüche, Einschiebsel an syntagmatisch nicht zulässigen Positionen u.ä. *außer Betracht bleiben.*[22] Dies gilt auch für die Phonologie. Nach Kohler (1973, S. 77) ist die These, daß vor allem phonematisch bedingte Interferenzfehler kommunikationsstörend wären, noch keineswegs bewiesen; eine phonologische Theorie, die den Zielsetzungen des Fremdsprachenunterrichts gerecht werden könnte, müsse überhaupt erst „über das empirische Untersuchungsfeld des Fremdsprachenunterrichts" gewonnen werden.[23] Auf die Dauer hat der Strukturalismus, bzw. das, was in der Didaktik als solcher gilt, nur im Bereich des morphosyntaktischen Patterntrainings nachgewirkt (vgl. Nickel 1964, 1967, 1968a und b, Sowinski 1969, Timm 1972 und die ganz überwiegende Mehrzahl der französischen Autoren). Die große Verbreitung, deren sich die Strukturübungen heute erfreuen, verdanken sie allerdings weniger einer entsprechenden Popularität strukturalistischer Theorien als vielmehr dem Vordringen einer generell behavioristisch orientierten fremdsprachlichen Lernpsychologie.[24] Die (ältere) behavioristische lernpsychologische Basis konnte dem anwendungsorientierten Strukturalismus desto leichter unterschoben werden, als dieser von Haus aus psychologische Fragestellungen ausdrücklich (allerdings nicht mit letzter Konsequenz)[25] ausgeklammert hatte. Die behavioristische Lernpsychologie stieß in dieser Hinsicht in ein theoretisches Vakuum. Skinners Werk *Verbal Behavior* (1957) markiert mit der größtmöglichen Deutlichkeit den Beginn dieser fast zwanzigjährigen Entwicklung. Chomsky (1959, S. 28) urteilt über Skinners Versuch in Worten, die aus heutiger Sicht nicht nur hinsichtlich der früheren Verhaltenspsychologie, sondern durchaus auch mit Blick auf alle seitherigen Versuche der Systemlinguistik (Chomskys eigene nicht ausgenommen!) gesagt sein könnten. Chomsky sieht in „the magnitude of the failure of this attempt (d.h. des Versuchs, primitive Laboratoriumsergebnisse in spekulativer Weise auf „higher mental faculties" anzuwenden) a kind of measure of the importance of the factors omitted from consideration, and an indication of how little is really known about this remarkably complex phenomenon".

1.2.1 „Langue" und „Competence": Zur Unterschiedlichkeit der Begriffe

Es gilt auch heute noch weitgehend als selbstverständlich, daß sich die didaktische Vermittlung an den Ergebnissen der Linguistik als derjenigen Disziplin zu orientieren hat, die das System der *langue* beschreibt, denn der *acte de parole* impliziere ja die Beherrschung dessen, was der *langue* zuzurechnen sei.[26] Die linguistische Deskription wird so zur Basis der didaktischen Analyse, welche allenfalls über Auswahl und Reihenfolge der zu lehrenden Elemente selbst entscheidet. Hierbei wird das Verhältnis von *langue* zu *parole* ausgesprochen oder unausgesprochen (gelegentlich trotz gegenteiliger Beteuerung) mit dem von *competence* zu *performance* parallel gesetzt.[27] H. L. Meyer (1970, S.137) und Nickel (1967, S.3) betonen demgegenüber den Unterschied zwischen dem statisch-deskriptiven Vorgehen des Strukturalismis und der Simulierung von Prozessen in der generativen Grammatik; Nickel (1968a, S.10) vermerkt außerdem, daß der Strukturalismus vom methodischen Ansatz her nur die *Beschreibung* des Systems anvisiert, nicht aber dessen *Erklärung*, daß also psychologische Fragestellungen in diesem Falle inadäquat seien. Dagegen ist, so möchte man hinzufügen, Chomskys Ansatz von den dahinter stehenden psychologischen Hypothesen gar nicht zu trennen. Übrigens ist zwischen Saussures Begriffen *langue* und *parole*, wenn wir diese Begriffe unterhalb der methodisch bedingten Abstraktionsebene in ihrer psychologischen Realität betrachten, eine Ein-Weg-Beziehung der Art, daß nur die *langue* die *parole* beeinflußte, nicht gegeben: Die historischen Phänomene, der *Wandel* des Systems und seiner materiellen Elemente, erklären sich nämlich aus dem Zusammenspiel von *langue* und *parole*. *Parole* ist das kreative, dynamische, persönliche Element des *langage*. »Historiquement, le fait de parole précède toujours«. Und: »(. . .) C'est la parole qui fait évoluer la langue.« Freilich wirken nur solche Akte der *parole* systemverändernd (d.h. affizieren die *langue*), die von der Sprachgemeinschaft akzeptiert werden: »(...) L'individu, à lui seul, ne peut ni la (sc. la langue) créer ni la modifier« (Saussure 1916, S.37 und S.31).[28] Da Akte der *parole* immer *individuelle* Akte sind, ist das Sprechen des Individuums nicht restlos durch die *langue* determiniert: Vielleicht auch darum charakterisiert Saussure andererseits die *langue* so betont als das eigentliche *fait social*. In diesem Sinne vornehmlich (nicht etwa im Sinne einer Pragmatik) sieht Saussure die Aufgabe des Linguisten im Studium der »vie des signes au sein de la vie sociale« (vgl. S.33).[29] Das Gegenstück zum sozial-konventionellen Charakter der Sprache ist die *liberté individuelle*. Sie betrifft zwar die *parole*, aber ohne sie wären ein kreativer Gebrauch der Sprache *(langage)* und der historische Wandel (der *langue*) nicht erklärbar.

Die Flexibilität und Anpassungsfähigkeit des *langage* an täglich sich ändernde Bedürfnisse ist allerdings durch die Ökonomie der ersten Gliederungsebene allein (Martinet 1960), die zunächst eine Ökonomie der Syntax ist, nicht hinreichend zu begründen. Die sprachlichen Zeichen sind, wie sie innerhalb der *parole* erscheinen, nur noch bedingt als feste Größen zu begreifen. Andererseits ist beispielsweise die Leistung des „sondern" in „nicht sauber, sondern rein" (Reklametext), die als eine Synonym-Opposition zu verstehen ist, eine im System der *langue* angelegte Möglichkeit. Gauger (1972a, S.84/85), dem wir das Beispiel entnehmen, betont zu Recht, es handle sich bei derartigen Möglichkeiten um „eine zentrale Erscheinung des Sprechens"; ein „potentieller Bezug auf Sprachliches, insbesondere Lexikalisches" gehöre „prinzipiell zum Sprachbesitz". Auch der Vorrang der *langue* vor der *parole* ist zunächst durch methodische Überlegungen motiviert. Das *langage*[30] (»à cheval sur plusieurs domaines«: Saussure 1916, S.25) ist so komplexer Natur, daß er zunächst am besten unter denjenigen Modellbedingungen betrachtet wird, welchen die meisten Restriktionen zukommen. Das ist ein in der Wissenschaft übliches Verfahren. *Langue* und *parole* unterscheiden sich also auch im Grad der Abstraktion, d.h. der Restriktionen, wie dies aus Kapitel II, § 1 der Einleitung des *Cours* (vgl. insbes. S.24) klar hervorgeht. Eine über die soziale Konvention hinausgehende spezifisch psychologische Dominanz der *langue* über die *parole* müßte sehr viel differenzierter gesehen werden[31]. Vom *langage*, nicht von der *langue* heißt es, es sei »à la fois physique, physiologique et psychique« und daß es sowohl dem *domaine individuel* wie dem *domaine social* zugehöre (S.25).

Langue meint zunächst ein gesellschaftliches Produkt eben dieses Sprachvermögens (»produit social de la faculté du langage«). Sie ist somit »un ensemble de conventions nécessaires, adoptées par le corps social«. Diese Konventionen sind es, die im *langage* der Individuen eine zu kommunikativen Interaktionen nötige minimale Gemeinsamkeit der *parole* erst ausmachen und garantieren (vgl. S.25). Darum heißt es im *Cours:* »Le langage a un côté individuel et un côté social, et l'on ne peut concevoir l'un sans l'autre.« Und: »A chaque instant il implique à la fois un système établi et une évolution« (S.24). Vor diesem Hintergrund erst versteht man die volle Tragweite der Sätze, die einige Zeilen weiter erscheinen (S.30):

> »La langue n'est pas une fonction du sujet parlant, elle est le produit que l'individu enregistre passivement. (. . .) La réflexion n'y intervient que pour l'activité de classement (. . .)«

(d.h. im Erkennen syntagmatischer und assoziativer Beziehungen).

> »La parole est au contraire un acte individuel de volonté et d'intelligence (. . .)«.[32]

Zu diesem *acte de parole* gehören »les combinaisons par lesquelles le sujet parlant utilise le code de la langue en vue d'exprimer sa pensée personnelle« (S.30/31). Das aber bedeutet, wenn Bally und seine Mitredaktoren Saussure richtig verstanden haben, nicht mehr und nicht weniger, als daß jeder Gebrauch des *code de la langue* in den Bereich der *parole* gehört; nicht als ob durch die *parole* der Output des Kombinationsmechanismus lediglich verfälscht würde, außerhalb der *parole* gibt es vielmehr überhaupt keine Kombinationsmöglichkeit, die der Wahl des Sprechers unterläge. Daher der fundamentale Unterschied in den Saussureschen und Chomskyschen Begriffspaaren: Liegt bei Chomsky die Kreativität gerade in der *competence,* so bei Saussure in der *faculté du langage.*[33]

Übrigens beziehen sich die Gesichtspunkte, die heute so gern als linguistische Kriterien an fremdsprachliche Unterrichtsmaterialien angelegt werden, wie beispielsweise „code-gerechtes Sprechen", „kommunikative Form", „Ökonomie" (= innersprachliche, textverweisende Deixis), „gesprochene Formen" usw. (vgl. z.B. Schrand 1968, Raasch 1969, Freudenstein 1970c, S.184, Guhl/Scherfer 1971 und viele andere) vorwiegend auf den Bereich der *parole,* den Performanzbereich.

1.2.2 Zum Begriff der Satzmuster

Nur die sogenannte *Direkte Methode,* die aus der neusprachlichen Reformbewegung hervorgegangen ist, hat einen Fremdsprachenunterricht in nicht-analytischer Form versucht; dies gelang allerdings – auch schon anfänglich – nur ansatzweise. Die *Direkte Methode*[34] unterscheidet sich von den heute praktizierten Methoden durch ihren weitgehenden Verzicht auf Systematik in der Darbietung sprachlicher Materialien, sowohl im Wortschatz als auch in der Grammatik. Doch schon die sogenannte *Vermittelnde Methode* kehrte wieder zum systematischen Training der Grammatik zurück. Mit dem Aufkommen des Sprachlabors setzte sich, von den anfänglichen Arbeitsformen der amerikanischen *Army-Method* einmal abgesehen, endgültig ein streng systematischer Grammatikunterricht durch, ein Grammatikunterricht allerdings, der weder induktiv noch deduktiv genannt werden kann, sondern mit dem amerikanischen Begriff *Habit-Formation* (oder *Audiolingual Habit Theory*) am besten bezeichnet ist. Der Grammatikunterricht der *Habit-Formation* versucht in Anlehnung an behavioristisch inspirierte Programmiermodelle und an die Syntax-Konzeption des späteren amerikanischen Strukturalismus, dem Lernenden fertige Satzmuster *(patterns)* einzuprägen. Dies soll auf möglichst unbewußte Weise geschehen, mittels komprimierter aktiver Wiederholung des intendierten syntaktischen Musters bei lexikalischer Varianz (= vom Lehrer bzw. vom Tonband erteilte „Stimuli", welche die durch den Lerner auszutauschenden oder, wie man auch sagt, zu substituierenden lexikalischen Elemente einführen). Es ist üblich, daß die syntaktisch-morphologischen Muster fast ausschließlich auf der Ebene des Satzes trainiert werden. Das Verfahren gründet auf der empirisch übrigens schwer zu belegenden Annahme, daß die „Internalisierung" von Satzmustern garantiere, daß sich das zur sprachlichen Bewältigung einer bestimmten Situation benötigte Satzmuster im gegebenen Augenblick gleichsam wieder von selbst einstelle. Sowohl aus der Sicht kognitionspsychologischer Lerntheorien als auch aus einer genaueren Beobachtung des sprachlichen Encodiervorgangs heraus sind hier starke Bedenken angebracht.[35] Die Frage, die es letztlich zu klären gilt, lautet aber, *inwieweit* der Sprecher bewußt konstruiert, *wo* und *wo nicht*, oder, noch genauer, wo er konstruieren *kann* und *muß* und wo ihm die *langue* fertige „Versatzstücke" liefert.[36] Das aber heißt letztlich, daß es zwischen sozialen Gewohnheiten einerseits und individuellen Gewohnheiten und Prozessen im Sprechvorgang andererseits zu unterscheiden gilt. Die Kombinationen der sprachlichen Elemente, soweit sie im Belieben des Sprechers stehen, rechnet Saussure der *parole* zu. Entsprechend wird der *acte de parole* im *Cours* wiederholt charakterisiert als ein *acte* (1) *individuel,* (2) *de volonté,* (3) *d'intelligence* (vgl. Saussure 1916, S.23-35 und S.172-180).

In der *langue,* welche die sozialen und konventionellen Phänomene des *langage* begreift, gibt es nach Saussure keine Kombinations*möglichkeiten* («liberté de combinaison»), sondern nur *gegebene* Kombinationen. Dies sind die sogenannten Syntagmen, und zwar nicht nur «les locutions toutes faites» (S. 172), sondern «tous les types de syntagmes construits sur des formes régulières» (S.173).[37] Zwar schränkt der *Cours* sofort ein: «Mais il faut reconnaître que dans le domaine du syntagme il n'y a pas de limite tranchée entre le fait de langue, marque de l'usage collectif, et le fait de parole, qui dépend de la liberté individuelle» (S.173). Diese Einschränkung gilt jedoch für die Arbeit des Linguisten, nicht aber für den definitorischen Ansatz des *Cours:* Was der *liberté individuelle* zukommt, gehört zur *parole,* was sich ihr entzieht, zur *langue.* Hierzu einige Zitate aus dem *Cours* (Saussure 1916, S.172/173):

> «Le propre de la parole c'est la liberté des combinaisons» («la liberté individuelle») (=Definition). — «Il faut donc se demander si tous les syntagmes sont également[38] libres.» (= Problemstellung)

> «Il faut attribuer à la langue, non à la parole, tous les types de syntagmes construits sur des formes régulières » Zu diesen «types généraux» gehören aber auch syntaktische Konstruktionen größerer Ordnung wie «phrases et des groupes de mots établis sur des patrons réguliers; des combinaisons comme *la terre tourne*(. . .) etc.» (S.173)

> «La phrase est le type par excellence du syntagme. Mais elle appartient à la parole, non à la langue (voir p.30); ne s'en suit-il pas que le syntagme relève de la parole? Nous ne le pensons pas. Le propre de la parole, c'est la liberté des combinaisons (. . .)».

Aus diesen Zitaten nährt sich der Streit der Interpreten, ob Saussure den „Satz" zur *langue* oder zur *parole* rechne. Er rechnet ihn wohl zu beiden. „Phrase" ist bei Saussure zunächst noch keine definierte linguistische Größe.[39] Besteht der „Satz" aus einem *syntagme* oder *groupe de mots établi sur un patron régulier,* so ist er ohnehin eine Größe der *langue.* Denn der Sprecher wählt zwar den *type de syntagme* aus und bedient sich des *groupe associatif,* aber er führt keine neue (=persönliche) syntagmatische Kombination aus. (Vgl. S.179 ff., wo dies u.a. an ein und demselben Beispielsatz wie S.173: *«que vous dit-il?»* exemplifiziert ist!)[40] Martinet (1960; vgl. S.114-118) umgeht im allgemeinen Begriffe wie „proposition" oder „phrase" und operiert in seiner Syntax mit Typen von Syntagmen:

«On sera donc très généralement tenté d'opérer avec une unité significative plus vaste que le monème (in nordamerikanischer Terminologie: Morphem; Anmerkung des Verf.) et qu'on appellera 'mot'. Il n'y a à cela pas d'inconvénient si l'on se rappelle que le terme de 'mot' recouvre nécessairement dans chaque langue des types particuliers de relations syntagmatiques (. . .). (. . .) On trouve en fait une infinité de degrés possibles entre l'inséparabilité complète et l'amalgame d'une part (z.B. *au=à + le;* Anm.d.Verf.), l'indépendance totale d'autre part. (So sei normalerweise *j'ai vu* als Amalgam von 'voir' und 'passé' zu verstehen, oppositiv etwa zu 'je vois'. In der Trennbarkeit des Syntagmas zeige sich jedoch die Abstufung zwischen *inséparabilité complète* und *indépendance totale:* zwar könne man sagen, *j'ai souvent vu,* aber ein *complément* wie *avec mes lunettes* könne nicht interkaliert werden.) Pour la compréhension des fondements de la structure linguistique, c'est le syntagme autonome qui doit retenir l'attention plutôt que le type particulier de syntagme autonome caractérisé par l'inséparabilité de ses éléments et groupé sous la rubrique 'mot' avec les monèmes qui n'entrent pas dans de tels syntagmes.» (S.117/118)

Entsprechend könnte in Anlehnung an Martinet (1960) der Satz verstanden werden als eine durch die *langue* selbst vorgegebene syntagmatische Minimalkombination (Martinet: *syntagme indépendant ou prédicatif*), das aus mindestens einem *monème porteur du message* (z.B. *'fête'* in *'il y avait fête*) und mindestens einem *monème* bzw. *syntagme actualisateur* ('il y avait') besteht (vgl. S.124/125 und S.110). Die übrigen *monèmes* und *syntagmes* werden weiter spezifiziert bezüglich ihrer mehr oder weniger direkten (semantischen wie syntaktischen) Abhängigkeit vom *syntagme indépendant.* Das *monème fonctionnel* etwa ist gerade definiert durch seine Funktion, nichtautonome Syntagmen zu autonomisieren, d.h. ihre Bedeutung von der Position im Satz unabhängig zu halten (vgl. S.107-128).[41]

Choix und *fonction,* um endlich diese Martinetschen Zentralbegriffe zu zitieren, wären also auf drei Ebenen zu betrachten:

a) Phonologie: Wahl bedeutet Wahl der Einheit an einer bestimmten Position. Die phonologische Syntax entzieht sich im übrigen gänzlich der Wahl des Sprechers: Oppositionen gibt es nur in bezug auf Positionen. Aus der Positionsbindung des phonematischen Oppositionsbegriffs ergibt sich die linguistische Ökonomie der zweiten Gliederungsebene, die darin besteht, daß extrem wenige lautliche Elemente zur Unterscheidung extrem vieler morphematischer Elemente genügen.

b) Morphologie: Der Oppositionsbegriff ist weniger streng insofern, als er nicht an eine bestimmte syntaktische Position gebunden ist; „opposition" meint vielmehr eine (paradigmatische) Beziehung zwischen Elementen, die sich im gesamten Satz gegenseitig ausschließen (wiewohl „Satz" eine nur schwerlich explizit definierbare Größe ist). Die linguistische Ökonomie beruht darin, daß die (nicht oppositiven) Morpheme syntagmatisch vom Sprecher stets neu kombiniert werden können (vgl. Martinet 1960, S.14).

c) Syntax: Eine strukturalistische Syntax beschreibt zunächst die Kombinationsgesetzlichkeiten der Morpheme. Sie ergeben sich direkt aus der Distribution der Morphemklassen, denn letztere sind ja als Formklassen nach Kriterien der Paradigmatik und Syntagmatik gewonnen worden. Auch der Aufweis der hierarchischen Beziehungen zwischen den sprachlichen Elementen (neben der rein distributionellen, d.h. sequentiellen Kombinatorik)[42] erfolgt anhand paradigmatischer und syntagmatischer Operationen.[43] Interessant ist nun, daß diese Operationen die Austauschbarkeit von Syntagmen unterschiedlicher Größe erkennen lassen. Noch bemerkenswerter scheint, daß die hierbei aufweisbare syntagmatische Zusammengehörigkeit von Morphemen und die stufenweise Dominanz der Knoten irgendwie mit dem Sachverhalt der versprachlichten Realität korrelieren.

Für eine phrasenstrukturelle Syntagmatik besteht darum schon eher die Aussicht, zu psycholinguistischen Prozessen in Beziehung gebracht zu werden, als für eine rein taxonomisch beschriebene Syntagmatik.[44] Herriot (1974, S.51 und 57) legt dar, daß sowohl eine rein lineare Satzplanung nach dem Markoffschen Wahrscheinlichkeitsmodell als auch eine vollständige Vorausplanung des Satzes (noch vor seiner Produktion) als wenig wahrscheinlich gelten dürften. Er gibt syntagmatischen Einheiten mittlerer Größenordnung im Sinne der Phrasenstrukturgrammatik (als Einheiten der Erinnerung sowohl als auch als Kombinationselementen bei der Satzproduktion) den Vorzug.[45] Damit ist zugleich eine linguistische Beschreibung dafür gegeben, daß ein Sprecher im Satz statt einzelner Worte auch größere Syntagmen zusammenfügen kann, ohne jedes Teilsyntagma jedesmal erneut und jedesmal in gleicher Weise erst aus morphematischen Elementen aufbauen zu müssen. Nur so läßt sich auf linguistische Weise der Sachverhalt fassen, daß sich die lernpsychologische Qualität sprachlicher Versatzstücke im Laufe wiederholter Aktualisierung durch den einzelnen Sprecher ändert (so daß beispielsweise ein Subjekt, das aus einem größeren Syntagma besteht, etwa in Form eines Subjekt*satzes*, ebenso mühelos mit einem bestimmten Prädikat kombiniert wird wie eine ganz einfache Subjekts-*NP*).[46] Martinets Syntaxmodell zeichnet sich vor anderen strukturalistischen Modellen dadurch aus, daß es die Kombinierbarkeit von Syntagmen mittlerer Größenordnung (z.B. autonome bzw. autonomisierte Syntagmen vs. nicht-autonome Syntagmen) berücksichtigt und sie, jenseits rein distributioneller Gesetzlichkeiten, als *semantisch* relevante Organisationen begreift, und zwar nicht nur im Sinne der durch die Knotendominanz gegebenen Bedeutungsstruktur. Wenn etwa das autonome Syntagma im Gegensatz zum nicht-autonomen Syntagma seine Bedeutung unabhängig von der Stellung im Satz zum Ausdruck bringen kann, so ist damit eine semantische Relation angesprochen, die von qualitativ anderer Art ist als eine Relation „S dominiert direkt NP" oder „NP ist unmittelbare Konstituente von VP".[47] Die Minimalausstattung des Martinetschen Satzes (das *syntagme prédicatif* oder *indépendant*) besteht im Grunde aus Subjekt und Prädikat in einem gleichermaßen semantisch-logischen wie grammatischen Sinne. Hierbei hat Martinets Ansatz gegenüber der phrasenstrukturellen Darstellung den Vorteil größerer Flexibilität, denn anders als die durch Knoten definierten Syntagmen sind Martinets Minimalsyntagmen nicht an die Anwesenheit bestimmter Formklassenvertreter gebunden.[48] Bezüglich der Frage der Didaktisierbarkeit wäre Martinets Versuch insofern nicht uninteressant, als er – ähnlich wie die alte Kernsatzkonzeption der Transformationsgrammatik – eine gewisse didaktische Progression erlaubt: 1. Vermittlung von Sätzen mit (natürlich deskriptiv-linguistisch *und* pragmalinguistisch verstandener) Minimalausstattung und 2. Vermittlung der Regeln der Expansion der Syntagmen durch *coordination* und *subordination* im Martinetschen Sinne.[49]

Wenden wir uns nunmehr dem Begriff des *pattern* selbst zu. Gester (1972, S.37-40) gibt eine geraffte Übersicht über die vielfältigen Bedeutungen dieses Terminus. Lange Zeit war der Ausdruck *pattern* nur in der Phonologie geläufig. Auch Sapir (1925), der zwar den Terminus *pattern* als ein durchgängiges psychologisches System der gesamten sprachlichen Kompetenz (wie man heute sagen würde) verstanden haben will, verwendet den Terminus doch vorwiegend im Bereich der *phonologischen* Distribution. Um die 40er Jahre wurde es dann üblich, gerade die (suprasegmentalen) intonatorischen und expiratorischen Muster mit diesem Terminus zu bezeichnen. Dieser Umstand erklärt, warum seit den 60er Jahren der Terminus mehr und mehr im Bereich des *Satzes* (und zwar für das Arrangement der Einheiten der ersten Gliederungsebene) Verwendung findet. Er wurde später synonym mit Termini wie *Satzbauplan, Satztyp, Satzstruktur* und in seiner Begrifflichkeit rein deskriptiv verstanden. Wenn der Begriff – ebenfalls seit den frühen 60er

Jahren (vgl. z.B. Halliday 1961) – auch wieder psychologische Momente impliziert, so nicht im Rückgriff auf Sapir, sondern im Hinblick auf allgemeine behavioristische Konzeptionen. So spricht Halliday (1961, S.150) von einem *pattern behaviour.* Dieser Begriff ist bei Halliday – im Gegensatz zu Sapir – auf die 1. Gliederungsebene bezogen. Die psychologisch verstandene Aktivität des Sprechers wird dabei hauptsächlich unter einem paradigmatischen Gesichtspunkt gesehen[50], während die Untersuchung der syntagmatischen Gesetze mehr ein Problem der *structure* ist, d.h. ein Oberflächenphänomen, das allenfalls *statisch* beschrieben wird. Wenn sich nun der Prozeßcharakter der Sprache und des Sprechens in den paradigmatischen Beziehungen widerspiegelt, so geschieht dies in einem Bereich, der – anders als die sprachlichen Linearitäten – direkter Beobachtung nicht zugänglich ist. Halliday leugnet nun keineswegs die Existenz von syntagmatischen Strukturmustern, er betont lediglich, daß in linguistischer wie in psychologischer Hinsicht die Opposition, d.h. die Auswahl des Sprechers aus dem Formklasseninventar (Halliday: *class of items*), das entscheidende Moment darstelle. Eine andere Quelle des didaktischen Begriffs von *pattern* ist Pikes Tagmemik. Wie in der Edinburgher Schule um Halliday werden auch in dieser nordamerikanischen Spielart des Strukturalismus die Beziehungen zwischen den sprachlichen Einheiten vorwiegend auf der paradigmatischen Ebene analysiert.[51] Der überwiegend paradigmatische Ansatz der Tagmemik ergibt sich bereits aus dem Tagmem-Begriff selbst. Tagmem meint die systemgerechte Verbindung von einem *slot* mit einem *filler. Slot* bezeichnet eine funktional bedeutsame Position (bezogen auf die syntagmatischen Verbindungen der verschiedenen linguistischen Ebenen; Longacre ersetzt später den Terminus *slot* durch *function*), *filler* meint ein Element aus der für die betreffende Position in Frage kommenden Formklasse oder ein ganzes Syntagma. Syntagmen (Pike: Hypertagmeme) werden nun in der Tagmem-Linguistik begriffen als systemgerechte Verbindungen von *slot-filler*-Einheiten, wobei der *filler* einem ganzen Syntagma entsprechen mag, in der Funktion jedoch durch ein einfaches Morphem substituiert werden könnte. Vereinfacht ausgedrückt, versucht Pikes Tagmemik mittels Substitution sowohl Formklassen als auch ganze Syntagmen hinsichtlich funktionaler Positionen im Satz zu bestimmen. Im Gegensatz zum Distributionalismus alter Prägung berücksichtigt die Tagmemik die (relative) Selbständigkeit höherer linguistischer Ebenen (d.h. Ebenen oberhalb des Morphems) und trägt – durch das Konzept des Hypertagmems – dem Gesichtspunkt einer funktionalen Hierarchie Rechnung.[52] Der didaktische Begriff *pattern* wird heute – gleichgültig, ob dem Begriff eine distributionelle, eine tagmemische oder generativ-transformationelle

Beschreibung zugrundeliegt – verstanden als *sentence pattern,* d.h. als ein abstrakter Satztyp, den der Sprecher als Gesamtrahmen für seine Äußerung (Sprechintention) „wählt" und in dem er die linguistisch vorgegebenen Positionen mit Sprachzeichen „besetzt", wie sie dem Inhalt der Äußerung entsprechen. Das Grundproblem, das sich hier auftut, besteht in der linguistischen Eingrenzung dessen, was man mehr intuitiv als explizit unter „Satz" versteht.[53] Versucht man, anhand pragmalinguistischer Daten „Sätze" aus natürlichen sprachlichen Äußerungen herauszuschneiden, so können die so gewonnenen Einheiten mit den Mitteln einer Linguistik der *langue* allenfalls distributionell beschrieben werden (nämlich als Kategorienfolge). Darum definiert R.S. Wells das pattern von vornherein als „a class of similar syntagms" (Wells 1966, S.5).

Betrachtet man nun das Problem auf der Ebene der *parole* (als aktualisierter Sprache), so ergeben sich psycholinguistische Probleme etwa folgender Art:

1. Auch der Einbau fakultativer Syntagmen in die linguistisch vorgeschriebene minimale Folge syntagmatischer *patterns* gehorcht den Gesetzen der *langue:* Nicht an *jeder* Stelle der linguistischen Minimalfolge kann *jedes* Syntagma als Erweiterung eingesetzt werden.
2. Hat die gelegentlich versuchte Unterscheidung von obligaten und fakultativen Syntagmen eine psychologische Entsprechung im Bewußtsein des Sprechers?
3. Kann der naive Sprecher Typen von Syntagmen überhaupt unterscheiden? Und wie wird er dazu motiviert?

Das Problem der *sentence patterns,* wie es sich im Bereich der angewandten Linguistik stellt, lautet nämlich: Wie kann die extrem hohe Zahl von Satztypen, die sich bei Anwendung rein distributioneller Kriterien ergäbe, auf eine sprachpädagogisch praktikable Zahl reduziert werden? Gleason (1961, S.147f.) hat, soweit ich sehe, als erster dieses Problem in voller Schärfe erkannt. Er rechnet vor, daß schon für 5-Wort-Sätze Tausende von *patterns* angesetzt werden müßten, für lange Sätze gar mehrere Millionen. So spricht auch Jakobovits (1970, S.273) von einer „infinite variety of patterns". Gester (1972, S.40) sieht einen Ausweg für die pädagogische Grammatik nur in einer „Beschränkung" auf „grundlegende *patterns",* gibt aber selbst zu, daß „grundlegend" ein sehr vages Kriterium sei. Gleichgültig, ob man „grundlegend" nun unter Aspekten der Pragmatik und Sigmatik verstehen will oder im Sinne der linguistischen Minimalausstattung eines Satzes (minimale Folge von minimalen Syntagmentypen), so reduziert sich die Millionenzahl der *patterns* sehr rasch auf eine Zahl von 20 bis 50 (vgl. hierzu auch Gester, 1972, S.40/41). Das Ausmaß solcher Extremwerte müßte eigentlich zu denken geben.

Eine Kritik an der *pattern*-orientierten Sprachdidaktik hat jedoch grundsätzlicher anzusetzen, nämlich beim Begriff der Distribution. Wenn einerseits Formklassen nach streng distributionellen Kriterien bestimmt werden und wenn andererseits das (syntagmatische) *pattern* definiert wird als ein Abfolgeschema verschiedener Kategorien, so liegt dem Begriff des *pattern* eben bereits der Gesichtspunkt der Distribution zugrunde. Da der Begriff der Distribution die Zusammenschau syntagmatischer und paradigmatischer Gesetzlichkeiten meint, so ergibt sich für die paradigmatische Achse der Begriff der Formklasse und für die syntagmatische Achse der Begriff des *pattern*. Dieser Befund hat nichts Überraschendes an sich, denn es ist ja genau die Absicht der distributionellen Linguistik, eine konsistente Beschreibung der Sprache mittels beider Achsen zu versuchen. Was nun für die (statische) Analyse einer corpusgebundenen Deskription widerspruchsfrei möglich ist (nämlich die Beschreibung ein und derselben Sache unter zwei Blickwinkeln), führt zu einem logischen Zirkelschluß, sowie auf der psychologischen Ebene der Begriff der Kategorie die Erkenntnis syntagmatischer *patterns* und der Begriff des syntagmatischen *patterns* die Erkenntnis der Kategorie *begründen* soll. Genau dies tun aber die taxonomisch orientierten Spracherwerbstheorien, wenn sie behaupten, das Kind bzw. der Schüler könne *patterns* identifizieren und speichern (wobei das syntagmatische *pattern* anhand einer „typischen" Folge von Kategorien zu erkennen wäre), und wenn sie andererseits sagen, das Kind lerne anhand syntagmatischer Gesetzlichkeiten, Kategorien (Formklassen) zu unterscheiden.

Zusammenfassung:

Die Sprachpsychologen neigen heute mehr und mehr der Ansicht zu, daß ein psychologisches Satzverständnis im Sinne des *patterning* schwerlich postuliert werden könne. Werden Satzmuster linguistisch exakt als Organisationen im Sinne der Phrasenstrukturgrammatik beschrieben, so kann die jeweils gegebene Organisation nur über eine Vielzahl von Tests ermittelt werden, da die „oberflächenhaft" wahrnehmbare Struktur oft homonym ist. Solche metasprachlich orientierte Tests machen intuitive Fähigkeiten des Sprechers explizit, sie sind aber sicherlich kein psychologisch vertretbares Verfahren, das didaktische Prozesse begründen könnte. Ein Begriff des Satzes als taxonomisch verstandene Abfolge von Formklassen ist ebenfalls nicht ohne weiteres didaktisierbar. Die Exaktheit der Formklassenbestimmung, die der taxonomischen Deskription zugestanden werden muß, ist ja gerade der *ausschließlichen* Anwendung distributioneller Kriterien zu verdanken. Wie sollte dann noch eine Auswahl „grundlegender" *patterns* linguistisch zu rechtfertigen sein? Warum sollte nicht (vgl. Hüllen 1973c) konsequent in die pragmatische Dimension gegangen werden?[54] Übrigens hat Mindt (1971) in einer sehr detaillierten Untersuchung für den Bereich der englischen Sprache ermittelt, welche grammatischen Teilgebiete, die herkömmlicherweise Bestandteil einer Fremdsprachengrammatik sind, durch bereits vorliegende deskriptive Arbeiten des Strukturalismus und der Transformationsgrammatik überhaupt abgedeckt sind. Er weist nach, daß selbst noch auf dem Gebiet der Phonologie in praktischer Hinsicht von einer „Überlegenheit" der traditionellen Schulgrammatiken gesprochen werden darf. Am schlechtesten schneidet nach Mindt die strukturelle Grammatik im Bereich der Syntax ab (vgl. S.190-196). Mindt hat m.E. damit zugleich aufgezeigt, wie wenig die didaktische *pattern practice* und die aus ihr evoluierten Formen der Sprachlaborübungen sich an deskriptiv-linguistischen Ergebnissen orientiert haben konnten. Man wird zu Recht annehmen dürfen, daß der von Mindt im Bereich des Englischen ermittelte Befund für das Französische noch in weit höherem Maße zuträfe. Wie die Diskussion einschlägiger psycholinguistischer Experimente in der Fachliteratur zeigt, sind von didaktischer Seite bestimmte Forderungen voreilig und ohne stichhaltige psychologische Begründung erhoben worden. Wo man von „angewandtem Strukturalismus" spricht, zeigt sich bei näherem Zusehen, daß damit die sogenannten Strukturübungen *(exercices structuraux, pattern drill)* gemeint sind: in ihnen wird substituiert, folglich auch segmentiert, aber eben nicht klassifiziert.[55] Es ist also nicht verwunderlich, wenn einerseits in der Frühzeit dieses Verfahrens auf grammatische Belehrung völlig verzichtet wurde und wenn heute andererseits den Strukturübungen bisweilen grammatische Belehrungen traditionellster Art vorangestellt werden.[56] In jedem Fall ist die lernpsychologisch entscheidende Frage, welche linguistisch beschreibbaren Bestandteile der Sprache dem Schüler bewußt werden sollen (weil sie den Aufbau der Sprechfertigkeit optimieren helfen) und welche allenfalls von einem linguistischen (d.h. theorie- oder modellbezogenen) Interesse sind, bis heute ohne überzeugende Antwort geblieben. Parreren (1972a, S.96) warnt vor dem Irrglauben, die perfektionierte Beherrschung „isolierter Strukturen" gewährleiste von sich aus eine Sprachbeherrschung im eigentlichen Sinne. Trotzdem ist die moderne Linguistik für die Fremdsprachendidaktik tonangebend geblieben: Die aufkommende generative Grammatik hat nämlich sowohl in ihrem linguistischen Prestige als auch in den durch sie geweckten didaktischen Erwartungen von der Ernüchterung im Bereich des Strukturalismus ihrerseits nur profitieren können.

1.3 Transformationsgrammatik

1.3.1 Überblick über den Stand der Didaktisierungsversuche

Zu Chomskys Theorie des Spracherwerbs wurde aus didaktischer Sicht von Arndt (1971) das Wesentliche gesagt. Die einzige Arbeit, welche auf didaktische Folgerungen aus der Theorie der Universalien eingeht, ist ein Aufsatz von H.E. Brekle (1970a). Arbeiten zur didaktischen „Verwertbarkeit" der generativen Transformationsgrammatik (gTG) im Rahmen des muttersprachlichen Unterrichts („Sprachbetrachtung", „Spracherziehung")[57] bleiben in unserem Zusammenhang natürlich unberücksichtigt (wiewohl auch an derartigen Versuchen aufgezeigt werden könnte, daß ihr Motiv nicht darin besteht, eine Synthese von theoretischer Linguistik und von konkreten Anliegen des schulischen Curriculum zu bilden, daß es vielmehr darum zu tun ist, die universitäre Linguistik bereits im schulischen Sprachunterricht in Form eines eigenständigen Stoffgebiets vertreten zu sehen). Bezeichnend ist, daß die „Didaktisierung" nicht selten in einem bloßen Verzicht auf modellspezifische Besonderheiten und einen allzu aufwendigen Formalismus besteht. Sowohl innerhalb der muttersprachlich-didaktischen Literatur als auch im Bereich der fremdsprachendidaktischen Arbeiten lassen sich zwei Gruppen von Publikationen unterscheiden. Die erste Gruppe ist dadurch gekennzeichnet, daß die Arbeit in zwei klar geschiedene (bisweilen recht zusammenhanglose) Teile zerfällt: in einen referierenden Teil mit stark verkürztem linguistischem Formalismus und in einen (meist sehr viel kürzeren) Teil mit eher allgemein gehaltenen Bemerkungen zur schulischen Verwertbarkeit (so z.B. in Thomas 1965, Carstensen 1966, Nickel 1967 und 1968a, Hundsnurscher u.a. 1970). In der zweiten Gruppe ist die didaktische Orientierung sehr viel konkreter, dafür bleibt jedoch in der linguistischen Fundierung noch mehr ausgespart, bzw. die Fundierung ist so allgemeiner Natur, daß die linguistischen Begriffe nicht selten auf dem Weg durch die Tertiär- und Quartärliteratur wieder zu vorwissenschaftlichen Vorstellungen degenieren: Dann begründet der „Strukturalismus" beispielsweise dialogisch-situative Unterrichtsformen (was einigermaßen überraschend ist), die „Explizitheit der Beschreibung" führt gleichsam von selbst zu einer „genaueren Schulgrammatik" (was immer das sein soll), der Transformationsbegriff rechtfertigt Satzumformungen zu beliebigen Übungszwecken usw. Tatsächlich jedoch wird nicht selten eine traditionelle Unterrichtsmethodologie allenfalls terminologisch neu eingekleidet.[58] Bezüglich der generativ-transformationell orientierten didaktischen Arbeiten ist nachdrücklich herauszustellen, daß zur *Aspects*-Version bislang keine hinreichend detaillierten Adaptionsversuche vorliegen. Die Didaktisierungsvorschläge basieren meist – ausgesprochen oder unausgesprochen – auf der älteren Kernsatzkonzeption der Chomsky-Grammatik. Einige Arbeiten verstoßen sogar gegen dieses Konzept.[59] Es ist bezeichnend, daß bei allen didaktischen Anwendungsversuchen der gTG bislang das Problem der Tiefenstruktur ausgeklammert blieb und daß entweder mit fertigen Sätzen (Carstensen 1966, Roth 1969 und 1971) oder mit halbsprachlichen (=agrammatischen) Sätzen[60] operiert wird, dagegen nie mit Tiefenstrukturen im Sinne des Aspects-Modells.[61] Auch Peuser (1973) – der erste größere Didaktisierungsversuch im Bereich des Französischen – geht ausdrücklich und bewußt in wesentlichen Punkten hinter die *Aspects*-Version zurück und verbindet ein revidiertes syntaktisches Kernsatzmodell mit einem Lexikon, das – vor allem in morphonologischer und semantischer Hinsicht – auf der Monemanalyse des *Centre d'Etude de la Traduction Automatique* (Grenoble) basiert und sich mit den Prozessen im Basisteil der Chomskygrammatik (Ersatz der terminalen Kategorialsymbole durch Formative über die Analyse in komplexe Symbole in Form von Merkmalmengen) überhaupt nicht vergleichen läßt. Durch die extrem deduzierende Art des Vorgehens läuft Peusers Konzeption den heute allgemein anerkannten Lernzielen und Verfahren des Fremdsprachenunterrichts direkt zuwider. Die im Anfangsunterricht unerläßliche, allen syntaktischen Operationen vorzuschaltende phonetische Einführung und Sicherung der lexikalischen und morphologischen Elemente (sogenannter *audiolingual approach*) verbieten die Verwendung der Grenobler Tabellen im Unterricht in der von Peuser vorgeschlagenen Weise. Ähnlich wie Peuser versuchen auch andere Autoren die abstrakt formalisierten Prozesse des generativen Basisteils zu umgehen. So heißt es beispielsweise bei Burgschmidt/Götz (1971, S.9):

> „Es zeigt sich bereits, daß man aus den vorliegenden TG-Modellen auswählen muß. So erscheinen die Kernsätze im Unterricht gut verwendbar zu sein, wenngleich sie in neueren Modellen der TG nicht mehr benutzt werden. Der Grad der 'Wissenschaftlichkeit' einer

Grammatik braucht nicht immer dem Grad der Lerneffektivität zu entsprechen."

Exkurs:

Wie sehr sich derartige didaktische Ansätze von grundlegenden Positionen Chomskys entfernen, mag ein kleiner Exkurs über den Zusammenhang von Basisteil und Transformationsteil einer Chomskygrammatik aufzeigen. Für Chomsky ergibt sich die linguistische Bedeutung eines Satzes

(1) aus der Summe seiner elementaren Bestandteile und

(2) aus der Art ihrer Kombination. (Vgl. z.B. Chomsky 1957, S.18, 32, 107 und – deutlicher noch – Chomsky 1965, S.204, 173.)

Hierbei gilt (vgl. Chomsky 1957, S.107/108), daß ein Satz nur verstanden werden kann, wenn seine Repräsentation auf *allen* linguistischen Ebenen rekonstruiert wird, vor allem auch auf der transformationellen Ebene, auf der die einem gegebenen Satz unterliegenden Kernsätze bzw. die S-Rekursivitäten gleichsam als dessen „elementary content elements" verstanden werden müssen. Insbesondere ist daran zu erinnern, daß die über die Basisregeln erzeugten *strings* auch in der Version von 1957 gewisse obligate Transformationen durchlaufen, bis sie morphonologisch repräsentierbar werden.[62] Die vergleichbaren Aussagen in Chomsky 1965 sind als konsequente Fortführung dieses Grundsatzes zu sehen: „(. . .) Die semantische Interpretation eines Satzes (hängt) nur von seinen lexikalischen Einheiten *(lexical items)* und den grammatischen Funktionen und Relationen ab, die in der zugrundeliegenden Struktur, in der sie auftreten, repräsentiert sind" (S.173). Chomsky verweist diesbezüglich auch auf Katz und Fodor (S.204). Somit erscheint es sinnvoll, die Ausdrücke „elementare Bestandteile" und „Modus ihrer Kombination" (Chomsky 1965, S.204 und passim) näher zu betrachten. Was die Art der Kombination betrifft, so ist für die semantische Interpretation nur die Tiefenstruktur relevant. (Daraus resultiert übrigens die Bedeutsamkeit des Prinzips des *meaning preserving* und des Prinzips der Wiederauffindbarkeit von Elementen der Tiefenstruktur bei Transformationsprozessen!). Chomsky gibt zwar bereitwillig zu, daß es daneben semantische Beziehungen in Sätzen gibt, die von der Tiefenstruktur nicht erfaßt werden können, etwa Relationen, die postuliert werden, wenn Wilson, Jespersen u.a. von „grammatischem" und „logischem" und „psychologischem" Subjekt oder Prädikat sprechen; aber diese Relationen formal zu erfassen, sei jede bislang vorhandene Theorie außerstande (vgl. Chomsky 1965, S.204-206). Eine Segmentation von sprachlichen Äußerungen bis hinab in die phonologischen

Elemente ist nun keineswegs das Ziel von Chomskys Grammatikmodell. Darum darf der Begriff der *elements* gerade nicht in einem ausschließlich „elementaren" Sinne begriffen werden, vielmehr bleibt er auf die jeweils angesprochene linguistische Ebene *(level)* bezogen. In Chomsky 1957 sind die wichtigsten *levels of representation* als „phonemics, morphology, phrase structure" bezeichnet (S.11). Die Ebenen der Konstituentenstruktur und der Transformationsstruktur (als Stadien des generativen Prozesses) sind also den bereits im älteren Strukturalismus geläufigen Ebenen hinzugefügt (vgl. Chomsky 1965, S.276, Anm.2). Chomsky (1957 und 1965) leitet bekanntlich die Ebene nächst geringerer Ordnung aus der jeweils *vorausgehenden* (höheren) Ebene ab, ganz wie es die Reihenfolge des transformationell-generativen Prozesses verlangt. Anders gesagt: Aufgabe des generativen Regelwerks ist es nicht, aus kleineren linguistischen Einheiten die Einheiten größerer Ordnung herzuleiten. (Dies gilt allenfalls für bestimmte Transformationsprozesse wie beispielsweise Einbettungstransformationen.) *Chomskys Regelapparat ist also nicht in direkter und ausschließlicher Weise auf die taxonomisch ermittelbaren Einheiten der 1. Gliederungsebene ausgerichtet, sondern auch an Gesichtspunkten der Praktikabilität und Ökonomie orientiert.* Dies ist möglich, weil der generative Prozeß durch ein (nicht näher definiertes) Startsymbol ausgelöst wird, also auf ziemlich hoher syntaktischer Ebene einsetzt (im Falle nicht-komplexer Sätze sogar auf der höchsten). Der Satz selbst ist somit rein *operational* definiert. Darum gibt es auch, wie Chomsky selbst einräumt, keine strenge Interdependenz der verschiedenen Ebenen.[63] Schon hier wird deutlich, wie wenig das *Aspects*-Modell noch mit dem taxonomischen Strukturalismus zu tun hat: Es ist keine Kombinatorik, die mit klar vorgegebenen taxonomischen Elementen operiert. Das Modell kennt keine Zeichensyntax im streng semiotischen Sinne. Anders gesagt: Die Zuweisung einzelner sprachlicher Leistungen in (a) das Zeicheninventar (=Summe der Lexikoneinträge) und (b) die syntaktischen Regeln geschieht ad hoc nach Praktikabilitätserwägungen. Das zeigt sich am deutlichsten im Bereich der generativen Morphologie, vor allem am Beispiel der Wortbildungsprozesse, eines der ungelösten Hauptprobleme des *Aspects*-Modells (vgl. Chomsky 1965, S.230-233, und v.a. Coseriu 1968b, S.16-17, Rohrer 1971). Deshalb braucht das Lexikon einer gTG in seinen Eintragungen beispielsweise semantische Feldeigenschaften („field properties") nicht zu berücksichtigen (vgl. Chomsky 1965, S.202; vgl. auch hierzu die gegensätzliche Position bei Coseriu 1970a, S.17, 49-51 u. passim). Das Lexikon besteht aus einer – in der Sicht der strukturalistischen Funktionalisten: – offenen und unstrukturierten Liste von Merkmalmengen (semantischer, syntaktischer und morphonologischer Art); Natur und Umfang der Merkmaleintragungen sind wiederum an Praktikabilitätserwägungen orientiert.[64] Von sprachlichen Zeichen als festen Größen, die unabhängig vom Gesamtkonzept der Grammatik-Theorie zu fassen wären, kann man bei Chomsky also nur noch bedingt sprechen: Weit mehr als Bloomfields Morpheme sind die „Lexikon-Einheiten" oder „Lexikon-Eintragungen", wie sie in den *Aspects* zumeist genannt werden, sehr abstrakte Einheiten, die sich eher zufällig von Fall zu Fall dem psychologischen Wortverständnis nähern. Die (linguistische) Bedeutung eines Wortes ergibt sich vielmehr oft nur aus dem „syntactic framework", in welches das Wort eingebettet ist (Chomsky 1957, S.104); es gilt das Prinzip, daß jede Homonymenunterscheidung aufgrund der mitverstandenen Transformationsprozesse und auf Grund syntaktischer Merkmale getroffen wird (vgl. Chomsky 1965, S.230 ff.; Chomsky 1957, S.104, Anm., S.87).

So ist ja in der Tat die Anzahl der Elemente einer Formativ-Merkmalmenge sowohl in semantischer als auch in syntaktischer und phonologischer Hinsicht zur idiosynkratischen Beschreibung eines Formativs nicht ausreichend, die Anzahl hängt allein von modellinternen Erfordernissen ab: Es muß eine formalisierte Auswahl derjenigen Formative garantiert sein, die an die Stelle des analysierten komplexen Symbols innerhalb einer syntaktischen Kette ohne Verletzung subkategorieller Kriterien treten können. Nicht zuletzt wegen der Nichtkongruenz von phonematischer und morphematischer Ebene verwirft Chomsky die Konzeption von Morphemen als kleinsten bedeutungstragenden Einheiten (vgl. 1957, S.94-96 u. S.99 ff.). Zur Begründung verweist er auf Erscheinungen der Homonymie und Synonymie (S.95 u. 86) und auf die Inhaltsleere des Begriffs *Bedeutung* („meaning") bei Morphemen wie *to* etwa in *I want to go* (S. 99/100). Semantische Ambiguitäten und Synonymitäten sind aber (in den *Aspects*) grundsätzlich auf der Ebene der *phrase structure* zu lösen (oder aber solche Erscheinungen betreffen, laut Chomsky, die linguistische Beschreibung nur in sehr indirekter Weise). So ist es eigentlich nicht überraschend, wenn gerade Chomsky selbst auf gewisse sigmatische und pragmatische Aspekte beim Spracherwerb hinweist:

> „Das Kind verfügt über eine angeborene Theorie potentieller struktureller Beschreibungen, die umfassend und entwickelt genug ist, daß es *aus der wirklichen Situation heraus, in der ein Zeichen auftritt,* bestimmen kann, welche strukturellen Beschreibungen für dieses Zeichen passend sein könnten. Weiter: Das Kind ist auch in der Lage, dies *teilweise im Vorgriff auf irgendeine Annahme über die sprachliche Struktur* dieses Zeichens zu vollziehen. (. . .) Nehmen wir für alle

Fälle vorläufig an, daß die *primären* sprachlichen Daten aus Signalen bestehen, die in Sätze und Nicht-Sätze eingeteilt werden, und daß eine partielle und provisorische Zuordnung zwischen Signalen und strukturellen Beschreibungen stattfindet."
(Chomsky 1965, S.49; Hervorhebung d.Verf.)

(Exkurs Ende)

1.3.2 Die hauptsächlichsten Probleme

Die Bedenken gegen den Einbau der gTG in die Fremdsprachendidaktik seien nachstehend kurz zusammengefaßt:

a) Das Problem der „Abstraktheit". Die formalisierte Explizitheit der *Aspects*-Version erfordert einen Aufwand an Definitionen, Regeln und Schreibkonventionen, der den Schüler in dem Alter, in dem er üblicherweise Fremdsprachen lernt, in motivationspsychologischer Hinsicht entschieden überfordern müßte. Auch eine generativ-transformationell ausgerichtete Sprachlehre im Rahmen des muttersprachlichen Unterrichts könnte hier keine nennenswerte Entlastung schaffen. Die im Vergleich zur Chomsky-Grammatik von 1957 größere „Kreativität" des *Aspects*-Modells beruht aber nicht zuletzt in der formalisierten Semantik: Das Modell zählt alle *möglichen konkreten* Sätze auf, d.h. es besorgt auf formalisierte Weise alle semantisch möglichen Besetzungen der Kategorialsymbole durch Formative. Dies geschieht in der Weise, daß die Kategorialsymbole der präterminalen Kette in komplexe Symbole analysiert werden, die mittels einer speziellen Lexikonregel mit den Einträgen des Lexikons bezüglich der syntaktischen und semantischen Selektionsmerkmale verglichen werden können, so daß *nur* (aber auch *alle*) diejenigen Formative eingesetzt werden, deren Merkmale im Vergleich zum analysierten komplexen Symbol nicht gegensätzlich spezifiziert sind (d.h., ein negativ spezifiziertes Merkmal in der Merkmalmenge eines komplexen Symbols verhindert die Einsetzung eines Formativs, bei dem das betreffende Merkmal positiv spezifiziert ist, und umgekehrt). Genau diesen Aspekt der Kreativität des *Aspects*-Modells umgehen die bislang vorgeschlagenen Didaktisierungen zur Gänze. Didaktische Versuche nach dem *Aspects*-Modell sind darum mehr oder weniger identisch mit den Didaktisierungen des Modells der *Syntactic Structures*.

b) Unabhängig von der Frage, wie es um die psychologische Realität des Regelapparates im einzelnen bestellt ist, bleibt festzuhalten, daß die durch den

Regelapparat simulierte Leistung vom *native speaker* weitestgehend intuitiv erbracht wird. Die gTG ist ja nichts anderes als die explizit gemachte Kompetenz eines idealen Sprecher-Hörers im Sinne Chomskys; das aber heißt, daß zwar das Instrumentarium der gTG in der Kompetenz *gründet,* nicht aber (entsprechend der Zielsetzung des Fremdsprachenunterrichts) unbedingt Kompetenz *erzeugt.* Chomsky selbst hat dies hinsichtlich des natürlichen Erstspracherwerbs dargelegt: Der Lerner spezifiziert zwar die zu erwerbende einzelsprachliche Grammatik anhand der *primary linguistic data* (d.h. der konkret erfahrenen Sprache), aber diese Spezifikation und Selektion erfolgt anhand eines angeborenen[65] Spracherwerbsapparates, der Teil der universalgrammatischen Kompetenz ist. Ganz abgesehen davon, daß Chomsky grundsätzlich zur Beschreibung von Spracherwerbsprozessen ein *explanatives* Modell fordert, wäre – sofern eine analoge Übertragung auf die Verhältnisse eines künstlich organisierten Spracherwerbs[66] überhaupt statthaft ist – aus modellinternen Gesichtspunkten zunächst nur die Konsequenz zu ziehen, daß man eine latente oder potentielle Kompetenz für die Fremdsprache als vorgegeben ansetzt. Die latente Kompetenz würde dann in der Begegnung mit den fremdsprachlichen *primary linguistic data* des Lehrers und der Lehrmaterialien allmählich in eine aktuelle Kompetenz umschlagen. Damit wären also letztlich nicht-grammatikzentrierte Unterrichtsverfahren von der Art der älteren Direkten Methode ebenso begründbar wie die regelzentrierten Verfahren, wie sie generative Didaktiker propagieren. Es erübrigt sich hier, die modellinternen Spekulationen zum Thema Spracherwerbsapparat fortzusetzen[67], die entscheidenden Gesichtspunkte sind nämlich externer Natur. Erstens besitzt der Lerner bereits eine einzelsprachliche Kompetenz. Mit dieser Feststellung ist nun nicht gemeint, das Problem der Interferenz müsse vor dem speziellen Hintergrund der Theorien Chomskys studiert werden; es ist damit vielmehr ein schlichter *motivationspsychologischer* Umstand angesprochen: Der Lerner verfügt über Sprachhandlungsmuster und Encodiergewohnheiten, mit denen er die existentiell bedeutsamen Situationen bewältigt. Demgegenüber wirken die sprachlichen Erfahrungen und sprachlichen Handlungen im schulischen Fremdsprachenunterricht vergleichsweise künstlich und antriebsarm. Zweitens – und dies dürfte noch bedeutsamer sein – geht im Fremdsprachenunterricht die „linguistische" Verarbeitung der dargebotenen sprachlichen Daten nicht (wie beim natürlichen Spracherwerb) in einer direkten und primären Weise parallel zur Verarbeitung der mit der Sprache referentiell verknüpften außersprachlichen Erfahrungen und Erlebnisse. Letztere sind vielmehr muttersprachlich besetzt. Im Kapitel Erstspracherwerb (III, 5.2 und 5.3) wird darum noch darzulegen sein, wie sehr die „linguistische" Segmentierung und Zuordnung sprachlicher Elemente in natürlichen Spracherwerbsprozessen an die (sprachlich besetzte) Erinnerung außersprachlicher Erlebnisse gebunden ist. Dieser Umstand scheint die wirkliche Ursache dafür zu sein, daß fremdsprachliche Lernvorgänge, gerade wo sie bewußt und kognitiv erfolgen, über die vermittelnden Kategorien der Muttersprache laufen.

c) Das Aspects-Modell ist, im Gegensatz zu traditionellen Schulgrammatiken (aber auch im Vergleich zu strukturalistischen Grammatiken), gerade nicht in eine *Fremdsprachengrammatik* umsetzbar, weil sie das *Spezifische* der Einzelsprachen weitgehend ausklammert; andererseits macht die gTG auch Dinge explizit, die einem natürlichen Sprecher jedweder Sprache intuitiv bewußt sind. Gerade durch die konsequente Ausklammerung pragmalinguistischer Aspekte in der Kompetenzlinguistik und durch ihre Orientierung am Erzeugungsautomaten muß sie sogar *außersprachliche* Sachverhalte in der Deskription berücksichtigen: Sie muß z.B. formal und ausdrücklich verhindern, daß „Ideen Bier trinken" . . . , eine Sorge, welche die Grammatiken vor Chomsky nicht hatten. Ist es nun möglich, im Rahmen des Aspects-Modells diesen *allgemeinen* syntaktischen und semantischen Teil herauszubrechen, um zu sehen, inwieweit die dann noch verbleibende „Restgrammatik" sprachpädagogisch eingesetzt werden könnte? Die Frage kann ganz eindeutig mit nein beantwortet werden. Eine Grammatik, die über semasio-syntaktische Merkmale auch noch den Gesetzen der Psycho-Logik der Welterfahrung gerecht werden möchte, kann dies gerade nur insoweit tun, als sie andererseits eine gewisse modellinterne Ökonomie walten läßt. Eine derartige Ökonomie ist in der gTG beispielsweise dadurch erreicht, daß syntaktische *und* semantische Restriktionen *teils* in der syntaktischen Basiskomponente, *teils* im Lexikon und *teils* in der Transformationskomponente enthalten sind, wobei die Zuweisung nach Praktikabilitätserwägungen erfolgt. Insofern bedeutet (vgl. Christmann 1973) die Revision des tiefenstrukturellen Teils des 1957er Modells durch die *Aspects*-Version für (a) eine einzelsprachlich kontrastive Sicht und (b) eine pädagogische Grammatik insgesamt eben keinen Fortschritt. Tiefenstrukturen sind, so gesehen, für den Lerner einer Fremdsprache „bestenfalls irrelevant" (Denison, zit. bei Christmann 1973, S.180). Hüllen (1971, S.109 ff.) sieht ebenfalls, daß ein strenger linguistischer Begriff von Tiefenstruktur „unterrichtspraktisch nutzlos" wird (S.109), und versucht (in Anlehnung an Fillmore und Berndt), in der Tiefenstruktur eine modale Satzkonstituente (Markierung von Aussage, Frage usw.) und einen propositionalen Teil („Konstituenten-Kernbereich") zu unterscheiden (S.110/111). In den unterrichtspraktischen Vorschlägen (S.113 ff.) beschränkt sich Hüllen dann allerdings – obwohl er (S.111) Chomskys Begriff der Tiefenstruktur als einer „Transformationsgeschichte" ausdrücklich seiner eigenen, an Fillmore und Berndt orientierten Konzeption entgegengestellt – auf die syntaktischen Transformationen im Sinne einer „Transformationsgeschichte", wobei er nicht von der „Weiterführung" der gTG ausgeht, sondern von der älteren Version, dem Kernsatzmodell.[68] Arndt (1972b, S.261) hat m.W. als erster betont, daß die Begriffe „Tiefenstruktur" und „Oberflächenstruktur", wo sie nicht in ihrer semantischen Funktion gesehen werden, d.h., wo die Transformation nicht auf eine tatsächliche Tiefenstruktur im Sinne des *Aspects*-Modells rekurriert, die sprachpädagogischen Satzumwandlungen nur noch terminologisch an die gTG binden, im übrigen aber der *conversion* Palmers (vgl. *Principles of Language Study*) als einem alten didaktischen Verfahren entsprechen. Roulet (1972b), der sich übrigens ausdrücklich gegen „transformations" und «phrases toutes faites» wendet, sieht weniger eine „application directe" als vielmehr «applications sur un plan plus général»: «moyen d'aboutir à une meilleure compréhension (. . .) des rapports entre la langue maternelle et la langue étrangère, moyen d'approcher et d'appréhender la complexité du fonctionnement de l'esprit humain, moyen de développer l'usage créatif du langage (. . .)» (S.53). Damit ist, so glaube ich, die ganze Spanne zwischen didaktischer Minimal- und Maximalerwartung hinreichend charakterisiert.

Zusammenfassend bleibt festzustellen: Je konkreter der didaktische Adaptionsversuch ausfällt, desto mehr reduziert sich die Anlehnung an die gTG auf rein syntaktische Umformungen von mehr oder weniger „fertigen" Sätzen. Der Liste strukturalistischer *patterns* entspricht somit in der didaktischen TG das Inventar von Kernsatztypen: Preuschen (1972, S.154) sieht auch in der neuen Chomsky-Grammatik eine „Liste von *basic sentence patterns*". Es überrascht deshalb auch nicht, wenn Nickel (1968a, S.13), H.L. Meyer (1970, S.137), Götze (1971, S.114 ff.), Fuckerieder (1972) u.v.a. eine Mischung aus strukturalistischen und generativen Modellen in der Didaktik als durchaus legitim ansehen. Entsprechend gilt, daß die Verwendung der Transformationsgrammatik bezüglich der konkreten Unterrichtsformen keineswegs die Eliminierung des *pattern drills* aus dem Sprachunterricht bedeutet, vielmehr ergänzen sich nach Meinung einiger Autoren das isolierende Einschleifen einer einzelnen Satzstruktur *(pattern practice)* und das übende Überführen eines Satzes in möglichst viele syntaktische Ausformungen *(transformation practice)* auf das vorteilhafteste (Hüllen 1971, S.121 und

123/124; Meyer 1970, S.137; Götze 1971, S.114/115 und S.117).

Gleichzeitig garantiert die partielle Hereinnahme der gTG in den Unterricht nach Meinung fast aller Autoren das trotz aller einsprachig habitualisierenden Übungen notwendige „Wissen über die Sprache" (Götze 1971), vorausgesetzt, es handelt sich um eine „wohldosierte Regelvermittlung" (Burgschmidt/Götz 1971, S.9). Nickel (1968a, S.13) macht in diesem Zusammenhang darauf aufmerksam, daß der einzelsprachliche Gesichtspunkt nicht genüge: „Der Regelablauf wird durch Interferenzerscheinungen gestört".[69] Nur ganz wenige Autoren – die meisten übrigens mit Blick auf den Englischunterricht (vgl. Arndt 1972b, S.247/248) – setzen sich überhaupt mit dem Aspects-Modell auseinander. Auch sie kommen nicht ohne (linguistisch teilweise schon bedenkliche) Modifikationen aus, sei es im Umfang der Symbolsprache (z.B. Genouvrier 1970), sei es im Phrasenstrukturkonzept (Nickel 1967), sei es – was der häufigste Fall sein dürfte – in der Behandlung der Tiefenstrukturen (z.B. Meyer 1970; Hüllen 1971, S.106 ff., vgl. die diesbezügliche Kritik in Huss 1973; Göller 1971, vgl. hierzu Christmann 1973). Fast alle didaktischen Überlegungen zum *Aspects*-Modell bewegen sich außerhalb eines auch nur annähernd definierten lernpsychologischen Bezugsrahmens. Eine diesbezügliche Ausnahme bildet Arndt 1973. Aber auch dort geht es eher um eine grundsätzliche Orientierung als um konkrete, d.h. für den Unterrichtspraktiker verwertbare Vorschläge. Zur generativen Semantik gibt es m.W. vorerst keine didaktisch orientierten Arbeiten. Zusammenfassend kann gesagt werden, daß bisher nicht versucht worden ist, die spezifischen Ansprüche des *Aspects*-Modells in unterrichtlicher Hinsicht einzulösen. Mit Rohrer (1971) und Mindt (1971) bleibt außerdem festzustellen, daß die moderne Linguistik nicht einmal auf deskriptiver Ebene in allen Bereichen, die für einen Fremdsprachenunterricht unabdingbar sind, hinreichend aussagekräftig ist: So wird etwa der funktionelle Bau des Temporalsystems weder vom Strukturalismus (vgl. Nickel 1968a, S.10 – in bezug auf Fries) noch von der generativen Grammatik (vgl. Rohrer 1971, S.77/78 und passim) so beschrieben, daß dem Lehrbuchautor präzisere Regeln an die Hand gegeben werden könnten als bisher. Was die satzübergreifenden grammatischen Erscheinungen betrifft, so liegen hier überhaupt keine Ergebnisse vor (vgl. hierzu Arndt 1972b, S.264). Heute, so will mir scheinen, neigen mehr und mehr Didaktiker dem Urteil Lamendellas (1969) zu, der die gTG für die pädagogische Grammatik des Zweitspracherwerbs als „irrelevant" abtut.

1.4 Kontrastrive Grammatik

In dem Maße, wie sich die linguistischen Modelle des Strukturalismus und des Generativismus in ihren sprachtheoretischen Implikationen und deskriptiven Ergebnissen als für die Sprachvermittlung nur sehr bedingt „verwertbar" herausstellten, wuchs – etwa seit der Mitte der 60er Jahre – das Interesse für die kontrastive (oder: konfrontative[70]) Grammatik (KG). Das Ziel der kontrastiven Linguistik (KL) besteht nicht so sehr in der Entwicklung oder Verfeinerung von Sprachmodellen als vielmehr in der Gegenüberstellung einzelsprachlicher deskriptiver Ergebnisse. Das Beschreibungsverfahren dieser Gegenüberstellung kann an einem bestimmten linguistischen Modell orientiert sein, es kann aber auch, bezogen auf die einzelnen Komponenten der Grammatik und bezogen auf die Ebenen der Beschreibung, pluralistisch ausfallen. Einige Autoren betonen denn auch, daß das gewählte linguistische Modell im Grunde belanglos sei, andere machen immerhin die Einschränkung, daß die beiden gegenübergestellten Sprachen (L1 und L2) nach ein und demselben Modell beschrieben sein müßten.[71] Im wesentlichen sind es nur die generativ-transformationell orientierten Autoren, die sowohl für die einzelsprachliche Deskription als auch für die kontrastierende Analyse unbedingt an dem Modell der generativen Transformationsgrammatik festhalten wollen. In jedem Fall jedoch versteht sich die KL als angewandte Linguistik[72], insbesondere im Bereich organisierter Spracherwerbsprozesse und im Bereich der Übersetzung. Unter dem Gesichtspunkt der sprachdidaktischen Verwendbarkeit sind nachstehend einige grundsätzliche Fragen zu erörtern.[73] Für einen ersten Überblick über den Stand der KL sei auf Gage 1961, Hammer/Rice 1965, Alatis 1968, P.A.K. 1968 ff., Czochralski 1966, Wagner 1969, Zabrocki 1970, Filipović 1971, Bausch 1971 und 1973, bes. S.163-174, Nickel 1972b, c, d und 1973a, b, Raabe 1974 und 1976 verwiesen. Über die im Zusammenhang mit der KG aufgeworfenen sprachdidaktischen Fragen orientieren u.a. Catford 1963, 1968, Corder 1967, Nickel/Wagner 1968, Politzer 1968, Kufner 1971, Hüllen 1971, S.140-146, Titone 1971, S.247-259, Lee 1972, Nickel 1972e und 1968b. Sciarone 1972, Bausch 1973, S.159-163 und S.174 ff., Wienold 1973, S.83 ff., Raupach 1973.

Von größter Bedeutung sowohl für die KG selbst als auch für ihre Verwertbarkeit im Unterricht ist der Vergleichspunkt (das *tertium comparationis*), hinsichtlich dessen die Sprachen in Bezug gebracht werden. Fast alle Autoren sind sich darin einig, daß das *tertium* in der „Bedeutung", dem „Sprachinhalt", dem „Gemeinten" liege, und nicht etwa in bestimmten sprachlichen Formen, die ad hoc zum Bezugspunkt gemacht würden. Bei näherem Zusehen zeigt sich freilich, daß nur die Termini der Autoren, nicht aber ihre Begriffe selbst übereinstimmen. Nach Sciarone (1972, S.67-72) kann das „formalsemantische System" der einzelnen Sprache „unter Bezug auf den semantischen Aspekt" verglichen werden (S.71), weil die Sprachstruktur „von der Umwelt abgeleitet" ist und „auf sie wieder reduziert werden kann" (S.70). Mit Hilfe der Fähigkeit zur Diskrimination und Abstraktion (im Sinne einer Verallgemeinerung) kann der Sprecher die unendliche Anzahl der Objekte auf eine endliche Zahl reduzieren (vgl. S.68), vorausgesetzt, man läßt die Hypothese gelten, wonach die Welt bei allen Individuen ähnliche Sinneswahrnehmungen hervorrufe (vgl. S.67/68). „Das bedeutet, daß wir die Grammatik des Individuums in etwas verlegen müssen, das außerhalb des Individuums ist. Und so nehmen wir also an, daß die uns umgebende Welt dieses Gemeinsame darstellt" (S.67). Abgesehen davon, daß Sciarones Begriff von „Grammatik" einer näheren Erläuterung bedürfte, wird man mit Coseriu (1970c, S.40 ff.) gegenüber einer derart direkten Zuweisung von Sprache und Wirklichkeit einwenden dürfen, daß keineswegs jede „Bedeutung" oder jeder „Denkinhalt", wie sie als Tertia vorausgesetzt werden, ohne weiteres von der sprachlichen Gestaltung der außersprachlichen Erfahrungswirklichkeit losgelöst oder abgezogen werden kann.[74] Die wirklichen Tertia werden also nach Coseriu nicht erreicht mittels der Frage: „Welches sind die nichtanalog gestalteten Satzarten der Sprache A und der Sprache B, die 'dasselbe sagen', d.h. die denselben außersprachlichen Sachverhalt bezeichnen?" (S.40), sondern mittels der Frage: „Was wird eigentlich in der Sprache B in einer analogen Situation bzw. in bezug auf den gleichen Sachverhalt gesagt?" (S.41/42). Es müsse prinzipiell zwischen „Sachbedingtheit" und „Sprachbedingtheit" unterschieden werden (vgl. S.48). Allerdings ist nicht zu übersehen, daß Coseriu von einer Oberflächengrammatik spricht, während Sciarone eine (freilich nicht näher definierte) Tiefengrammatik im Auge hat, denn je abstrakter die „Sprachstruktur" formuliert sei, desto wertvoller sei sie für die Zwecke der KL (vgl. S.72). Diese „Abstraktheit" wird von Sciarone im Grunde mit der „Tiefenstruktur" gleichgesetzt, wie man aus Zitaten entnehmen kann wie diesem: „In dem Maße, wie wir uns von der Tiefenstruktur entfernen, nähern wir uns der Vielfalt der Erscheinungen in der Umwelt" (S.72). Wie die ausgeführten Beispiele (auf S.72-75), insbes. das Beispiel aus Politzer (1968), zeigen, versteht Sciarone „Tiefenstruktur" durchaus in einem linguistischen Sinne und läßt beispielsweise eine Struktur wie *je n'ai pas faim* in bezug auf das niederländische Äquivalent nicht als identisch gelten, weil so nur Oberflächenstrukturen verglichen würden, genauer gesagt: eine französische Oberflächenstruktur mit der niederländischen Tiefenstruktur, die hier allerdings ohne eine dem Französischen entsprechende Transformation an die Oberfläche gelangt (vgl. S.69). Auf die Trivialität einer derartigen Argumentation sei hier nicht eingegangen, dies umso weniger, als dieser Fragenkomplex im Zusammenhang mit dem Erstspracherwerb (Kapitel III) ausführlich zu erörtern ist. Eine mit Sciarone verwandte Position bezüglich der Bedeutung der Tiefenstruktur als vergleichbarer semantischer Information findet sich bei di Pietro 1968 und Wagner 1969, der ausdrücklich festlegt: „(. . .) Sätze zweier Sprachen, die auf die gleiche Weise verstanden werden, haben im allgemeinen die gleiche oder eine sehr ähnliche Tiefenstruktur" (S.323). Hüllen (1971, S.144) präzisiert in diesem Zusammenhang, daß, läßt man eine solche Position gelten, im Falle gleicher Tiefenstruktur aber unterschiedlicher Oberflächenstruktur die kontrastierende Beschreibung sich auf die Art und den Umfang der Regeln beziehen muß, die in jeder der kontrastierten Sprachen die Tiefenstruktur in eine Oberflächenstruktur überführen.[75] Und Raabe (1972, S.63) zieht die naheliegende Konsequenz, daß dann das Interferenzphänomen als „Nichteinhaltung von Regelabläufen" darstellbar wäre. Hinzuzufügen bleibt nur noch, daß auch eine tiefenstrukturell orientierte KG das Tertium bald in der „Bedeutung", bald (nämlich im Falle der tiefenstrukturellen Bedeutungsgleichheit in Folge des Prinzips der Bedeutungserhaltung bei Transformationsprozessen) in rein formalen Gesichtspunkten sucht. Hüllen (1971, S.143 und S.155) sieht darum in der „Bedeutung" (bei Vergleichen, die über die Phonem-Ebene hinausgehen) nur *ein* „mögliches *tertium comparationis*" und läßt auch einen strukturellen Gesichtspunkt „ohne Bezug zum Semantischen" (S.155) gelten. Anders wären ja in der Tat gewisse Regularitäten der Wortfolge oder redundante morphologische Kongruenzregeln kontrastiv nicht beschreibbar. Einige Autoren (so z.B. ausführlich Zabrocki 1970) sehen bei einem tiefenstrukturell orientierten Sprachvergleich, eben weil jede Sprache in der Organisation und in den Mitteln der „Oberflächengrammatik" sehr unterschiedlich verfährt, die Notwendigkeit einer *Metagrammatik*. Nach Zabrocki könnte eine solche Metagrammatik aus einer Art „Ur-Speicher" bestehen, der alle möglichen einzelsprachlichen grammatischen Mittel in abstrakterer Form als Vereinigungsmenge umfaßt. Zuordnungsregeln weisen dann die jeweils bestangemessenen einzelsprachlichen grammatischen Verfahren einander zu. Die eigentliche Kontrastierung erfolgt in dieser Metagrammatik. Hüllen (1971, S.145) sieht in einer derartigen Konzeption bezüglich der unterrichtlichen Anwendbarkeit zu Recht „große praktische Nachteile" und schlägt einen „pragmatischen Mittelweg" vor. So könnten wir, meint Hüllen, etwa im Bereich Englisch/Deutsch „aufgrund des nachweisbaren Übersetzungsverständnisses und offenkundiger sprachlogischer Gemeinsamkeiten" eine Übereinkunft annehmen „über grammatische Grundkategorien, insbesondere Wortklassen und Strukturwörter, (und) funktionale Werte wie Subjekt, Objekt usw.". Auch Coseriu (1970c, S.42/43) meint, für die praktischen Zwecke einer KG brauchten die „Vergleichskategorien" (=„Sprachbedeutungen") nicht näher definiert zu werden, es genüge, daß sie „auf der Ausdrucksebene" eindeutig „gezeigt" werden könnten, etwa durch „Angabe und Aufzählung der entsprechenden Formen" (*passé défini* z.B.). Darum sei letztlich das linguistische Beschreibungsmodell nicht entscheidend.

Häufig wird nun in der tiefenstrukturellen Beschreibung bereits eine Maßangabe bezüglich der zu erwartenden Lernschwierigkeiten gesehen, insofern, als die jeweils größere Komplexität der Zielsprache (größer im Vergleich zur Komplexität analoger Strukturen der Ausgangssprache) auch größere Lernschwierigkeit bedeute. Hierbei wird Komplexität linguistisch gesehen und bezüglich des Umfangs benötigter Transformationsprozesse gemessen. Wienold (1973, S.91-92) hat zu Recht darauf hingewiesen, daß einer solchen Sicht letztlich eine Vermischung bzw. unbegründete Gleichsetzung von Gesichtspunkten der *Sprachbeschreibung* einerseits und des *Sprachverhaltens* andererseits zugrunde liege. Im übrigen seien die experimentellen Ergebnisse widersprüchlich.

Die seit Lado (vgl. Lado 1957, S.VII und S.2) populär gewordene Maxime, wonach ähnliche Strukturen zwischen Grund- und Zielsprache (GS, ZS) den Lernvorgang unbedingt erleichtern und verschiedene Strukturen den Lernprozeß grundsätzlich erschweren, wird mehr und mehr differenziert. So weist Sciarone (1972, S.63/64) u.E. ganz richtig darauf hin, daß nicht nur die Beziehung einer einzelnen Struktur zwischen GS und ZS zu sehen ist, sondern das Insgesamt des betreffenden Strukturgefüges innerhalb von ZS, in das die einzelne Struktur eingeordnet ist; denn die Interferenzen vom Typ GS → ZS nehmen schon bald nach dem Anfangsunterricht (laut Sciarone, S.76, vor allem bei audiovisuellen Kursen) ab zugunsten der Interferenzen innerhalb von ZS (darüber weiter unten ausführlicher!). Zum anderen differenziert Sciarone (S.65) Lados Maxime dahingehend, daß die Lernschwierigkeiten immer dann größer sind, wenn *einer* Struktur der GS *mehrere*

Strukturen in der ZS entsprechen, wohingegen der umgekehrte Fall, daß mehreren Strukturen in der GS nur eine Struktur in der ZS entspricht, weniger Interferenzen zeitigt. In dieser Allgemeinheit ist die Gültigkeit des Prinzips u.E. zu bezweifeln. Noch kritischer sind nach Sciarone (vgl. S.75) Strukturunterschiede, bei denen sich die einander entsprechenden Strukturen in der GS und ZS in einer Reihe von Fällen decken, in anderen Fällen dagegen divergieren: z.B. franz. *il/elle* entspricht der niederländischen Unterscheidung *hij/ze* bei Personen, in allen anderen Fällen verwendet das Niederländische aber im Gegensatz zum Französischen unterschiedslos *hij* oder *het*. Saporta hat bereits 1966 aus praktischen Erfahrungen heraus bezweifelt, ob Konkordanzen immer leichter, Diskordanzen aber schwieriger zu erlernen seien. Zabrocki (1970) vertritt als neue Maxime, daß sich besondere Lernschwierigkeiten sowohl bei extremer struktureller Nähe als auch bei extremer struktureller Ferne ergeben. Hüllen (1971, S.142/143) sieht in jedem Fall zunächst „den Grad der Gedächtnis- und Lernbelastung" als bedeutsam an: Eine stark ausdifferenzierte Flexionsmorphologie wäre beispielsweise eine derartige Belastung, selbst wenn die morphologischen Strukturen in GS und ZS sich detailliert und durchgängig entsprächen. Nicht wenige Autoren meinen, daß semantische Unterschiede im allgemeinen lernschwieriger seien als formale. Sciarone (1972, S.74/75) sieht die größte Lernschwierigkeit allerdings da, wo die Abweichungen *sowohl* semantischer *als auch* formaler Natur sind. Beispiele hierfür wären (etwa für einen deutschen Lerner) die Verlaufsform im Englischen oder (vgl. Sciarone, S.75) die Unterscheidung *imparfait/passe simple* im Französischen.

Nur allmählich rücken die Didaktiker von einer vorwiegend oder gar ausschließlich linguistischen Beurteilung der Lernschwierigkeiten ab (z.B. Fried 1967, Carroll 1968, Catford 1968, Lee 1972, Nickel 1972a, e, Wienold 1973, Bausch 1973). Zwar werden die Interferenzmechanismen heute besser in ihrer psychologischen Ursächlichkeit spezifiziert (vgl. z.B. Corder 1967 und Nickel 1972e), aber weder in sprachpsychologischer noch in lernpsychologischer Hinsicht sind die Ansätze konsequent genug.[76] Sciarone (1972, S.65) fordert, daß sich die KG auf eine Theorie stütze, „die den Lernprozeß des durchschnittlichen Sprachgebrauchers abdeckt" und „die das Funktionieren der Sprache einbezieht"; in diesem Zusammenhang erinnert Sciarone daran, daß eine linguistische Theorie als Grundlage des Spracherwerbs im Sinne Chomskys noch aussteht (vgl. S.66). Auch Wienold (1973, S.84) meint im Hinblick auf den Problemkreis Fehleranalyse und KG, man müsse

„Fehler, die man beim Sprachenlernen erhebt, (. . .) zu Eigenschaften von Spracherwerbsprozessen in Beziehung setzen, um sie als Daten überhaupt verwenden zu können". Eine rein linguistisch-kontrastive Sicht genüge für die Interpretation der Fehler nicht. Ähnlich äußert sich Corder (1972b). Der Schwierigkeitsgrad eines Lernproblems ist nach Wienold (vgl. S.88) nur charakterisierbar innerhalb des Zusammenhangs von Komplexität, Kontrastivität, Lehrverfahren und Lernmaterial, insbesondere von dessen Auswahl und Anordnung (vgl. zu letzterem S.149 ff.). Hierbei versteht Wienold unter Komplexität das Maß der internen Relationen, in die ein bestimmtes sprachliches Lernelement innerhalb der ZS eingebunden ist, während Kontrastivität nur die Relationen zwischen GS und ZS (eine oder mehrere) messe. Sehr unterschiedlich beurteilt bleibt nach wie vor der jeweilige Anteil der Interferenzen vom Typ GS → ZS und vom Typ ZS' → ZS (d.h. die proaktive negative Einwirkung des bereits erworbenen fremdsprachlichen Teilsystems auf spätere fremdsprachliche Lernresultate) innerhalb des gesamten Fehlerbefundes. Neuerdings mehren sich aber die Stimmen, die den Anteil der Interferenzen innerhalb des aufzubauenden Systems der ZS entschieden höher veranschlagen als früher. So weist Wienold (1973, S.85/86) unter Bezugnahme auf Politzers Experimente (Politzer 1968) darauf hin, daß das Auftreten bestimmter Fehler offensichtlich mit der jeweiligen Anordnung der Lerneinheiten korreliert. Auch nach Bausch (1973, S.175/176) muß die Behauptung, der Interferenztyp GS → ZS sei das Haupthindernis beim Erwerb der ZS, „klar relativiert" werden. Aus eigener Unterrichtserfahrung sind wir der Meinung, daß in der Tat der Interferenztyp ZS' → ZS bislang sträflich unterschätzt wurde, daß man aber doch die relative strukturelle Nähe bzw. Ferne zwischen GS und ZS in Betracht ziehen muß: So scheint der Anteil dieses Interferenztyps im Vergleich zu den muttersprachlichen Interferenzen bei deutschen Lernern des Französischen ganz entschieden größer als bei deutschen Lernern des Englischen. Die Interferenz als vorwiegend unidirektionaler und proaktiver Vorgang ist übrigens auch zwischen ZS_1 und ZS_2 zu beobachten (vgl. hierzu Hombitzer 1971). Was mehr und mehr von den didaktisch orientierten Autoren erkannt wird, ist die ganz entscheidende Tatsache, daß das Interferenzphänomen zunächst einen *individualpsychologischen* Prozeß darstellt und daß die in der Tat trotz allem zu beobachtenden Regelmäßigkeiten nicht nur und keineswegs in erster Linie von der deskriptiven KG erfaßt werden, sondern weit mehr durch die konkreten unterrichtlichen Verfahren bedingt sind. In einem strengen Sinne vorhersagbar sind wohl nur die phonetischen Fehlleistungen, vor allem solche, die aus unterschiedlichen Distributionsverhältnissen zwischen GS und ZS resultieren, z.B.:

dt. / hant / → *e. / hænt / (statt / hænd /)
dt. / sims / → *e. / sʌms / (statt / sʌmz /)

Später (bei Englisch als 1. FS und Französisch als 2. FS) dann:

e. Communism / . . .izm / → *f. / . . . izm(ə) /,
trotz dt. / . . . ısmus /

Dies hat seinen Grund darin, daß in einem streng lernpsychologischen Sinne für die Interferenz die Abwesenheit einer kognitiven Kontrolle kennzeichnend ist und daß nun genau diese phonologischen Gesetzmäßigkeiten (der GS) dem Lerner absolut unbewußt sind. (Vgl. hierzu Juhasz 1973, S.460, 2. Abschn.)[77] Dagegen kommen Interferenzen im semantischen, lexikalischen und grammatischen Bereich in der Regel gleichsam „willentlich" zustande (der Lerner konstruiert, mehr oder weniger bewußt, nach einem ihm bereits vertrauten mutter- oder auch fremdsprachlichen Muster) und sind darum in einem ganz wörtlichen Sinn „willkürlicher" Natur: Die vom Lerner einer Lernsituation ad hoc zugesprochene Äquivalenz im Sinne Parrerens ist *subjektiv* und kann von rein lautlichen *oder* rein formalen *oder* von inhaltlichen *oder* von inhaltlichen und lautlich-formalen Elementen veranlaßt sein, die „zufällig" (d.h. aufgrund der individuell organisierten Spurensysteme) aktualisiert und als relevant empfunden werden.[78] Genau aus diesem Grunde dürfte es nicht unproblematisch sein, Fehlersammlungen oder gar eine klassifizierende Fehleranalyse als Vorarbeit für die Erstellung einer KG zu fordern. Allenfalls möchte man umgekehrt argumentieren und die KG als Vorarbeit einer Fehleranalyse einschätzen: Die Funktion der KG innerhalb einer umfassenden Fehleranalyse „besteht realistischerweise darin, daß mit ihrer Hilfe die systematische Ausfilterung des Interferenztypus GS → FS, und zwar aus der Gesamtmenge aller (. . .) Fehlertypen, vorgenommen werden kann" (Bausch 1973, S.176). Allerdings wird man Bausch fragen dürfen, wie dies konkret geschehen kann, wenn er andererseits fordert: „Eine KG muß aus diesem Grunde vom Phänomen der Interferenz her aufgerollt und entwickelt werden, und zwar völlig unberührt von dem Streben nach konfrontativer Adäquanz für die zu vergleichenden Sprachen" (S.174). Wie sollen dann gerade mit einer solchen KG die systematisch verursachten Fehler „ausgefiltert" werden? Liegt hier nicht eine *petitio principii* vor? Vorsichtiger und unanfechtbarer formuliert Juhász 1973, S.461: „Interferenzuntersuchungen erleichtern die konfrontative Analyse und vice versa, aber sie unterscheiden sich in der Zielsetzung, im Aspekt und in der Methode."

Es ist keineswegs so einfach, wie gemeinhin geglaubt wird, die KG als „Ausgangspunkt einer didaktischen Grammatik" (Hüllen 1971, S.140/141) zu nehmen. Der Lerner organisiert die gelernten Elemente nach dem jeweils erreichten Stand der Kenntnisse und bildet deshalb notgedrungen vorgreifende grammatische Hypothesen, die eben nicht immer zutreffen. Diesem Übel könnte nur durch ein noch größeres Übel entgegengewirkt werden, indem man nämlich einen extrem grammatik-zentrierten Unterricht anstrebte, in dem jedes grammatische Phänomen bei seinem ersten Erscheinen in aller Ausführlichkeit behandelt würde, ein Verfahren, das sich aus motivationspsychologischen und sprachpsychologischen Überlegungen (vgl. hierzu Parreren 1963 und 1964b, Zimmermann 1971) von selbst verbietet. Entscheidender dürfte sein, daß der Lerner — wie immer die Reihenfolge der Darbietung und die konkreten Unterrichtsformen ausfallen mögen — in einer Aktualisierungssituation die Lernresultate vorwiegend nach subjektiv-inhaltlichen Gesichtspunkten abruft und nicht nach systematisch-grammatischen, also formalen Ordnungen. So sieht man den Wert der KG heute hauptsächlich im Hinblick auf den *Lehrbuchautor,* der in der *Organisation der Lernstoffe* (Zusammenstellung, Gegenüberstellung, Reihenfolge, Umfang der Übungen) im Sinne einer vorbeugenden Therapie von den Aussagen der KG profitieren kann. Voraussetzung ist, daß die KG klar unidirektional konzipiert ist (Sciarone 1972, S.71/72, Bausch 1973, S.173 und passim). Aber selbst hier machen einige Autoren noch Einschränkungen. Wienold (1973, S.96) lehnt es in ausdrücklichem Gegensatz zu König (1971, S.6) und, wie mir scheint, auch im Gegensatz zu Sciarone (1972, S.72 und passim) ab, aus der deskriptiven Kontrastivität Kriterien für die Anordnung der Lehrmaterialien zu gewinnen. Er sieht in der vorwiegenden Orientierung an der KG die Gefahr, daß das „Sprachmaterial" völlig isoliert „von den Bedingungen seiner Verwendung im Unterricht" organisiert wird (S.95). Coseriu (1970c, S.47) sieht umgekehrt in der KG ein Zuwenig an sprachinterner Systematik: „(. . .) Bei der KG besteht, wenn ihr ein deskriptiver Wert beigemessen wird, eher eine ernste Gefahr, nämlich die, daß radikal verschiedene sprachliche Funktionen verschiedener Sprachen nur wegen ihres Zusammenfallens in der Bezeichnung einander gleichgesetzt werden oder, umgekehrt, daß einheitliche Funktionen einer Sprache wegen der Vielzahl der Entsprechungen in einer anderen Sprache für zufällige Anhäufungen verschiedener Funktionen, d.h. für Fälle der 'Polysemie' erklärt werden" (Beispiele hierfür a.a.O.). Kielhöfer (1975, S.115-125 und 64-72) betont mehrfach, daß die geringe Leistungsfähigkeit einer „systematisierten Regelgrammatik" (S.68) gegenüber den sehr speziellen „Lexikonregeln" auch den Wert einer KG stark relativiert.[79] Bezüglich sprachdidaktischer Belange ist nun freilich die KG *gerade insoweit fruchtbar, als sie die Systematik einer einzelsprachlichen Grammatik verläßt* und im Hinblick auf die aktive fremdsprachliche Produktion ohne Rücksicht auf die Zugehörigkeit zu deskriptiv organisierten Teilgebieten (suprasegmentaler intonatorischer Bereich, Lexik, Morphosyntax, grammatische Kategorien) positive Ausweichmöglichkeiten für das Fehlen analoger grammatischer oder lexikalischer Verfahren aufzeigt. Dies hat die traditionelle vergleichende Stilistik immer schon, wenn auch weitgehend unsystematisch, getan: Man denke nur an Begriffe wie *glissement, transposition, chassé croisé, lexicalisation, étoffement* usw. bei Malblanc (1961). Schon aus diesem Grunde dürfte es fraglich sein, ob die kontrastive Beschreibung genügend leisten kann, wenn sie sich ausschließlich an einem bestimmten linguistischen Modell orientiert: So kann weder eine distributionell-taxonomische noch eine generativ-transformationelle Beschreibung allein alle Fälle von Entsprechungen verzeichnen. Nun liegt allerdings das Problem der Darstellung nicht nur darin, daß „in *einer* Sprache ein bestimmter Inhalt lexisch, in einer *anderen* jedoch grammatisch, in einer dritten sowohl lexisch als auch grammatisch, in einer vierten phraseologisch ausgedrückt sein kann" (Meier 1966, S.121); eine weit größere Schwierigkeit für einen interlingualen Beschreibungsapparat stellen die Fälle dar, in denen die eine Sprache etwas sprachlich markieren *muß* und die andere Sprache eine absolute Null-Entsprechung aufweist, d.h. wo keine Ausweich- oder Ersatzmöglichkeiten angegeben werden können bzw. brauchen, weil die Zielsprache die betreffende semantische Unterscheidung nicht zu treffen pflegt (Beispiele: mehrere Voces in L_1 gegenüber nur zwei in L_2, Aspektunterscheidungen). In solchen Fällen kann der Vergleich nicht einfach darin bestehen, daß der Formenbestand von L_1 dem Formenbestand von L_2 hinsichtlich identischer Leistungen gegenübergestellt wird, vielmehr muß die Beschreibung hier sehr viel expliziter ausfallen und außerdem einer einzelsprachlichen grammatischen Systematik Rechnung tragen.[80] Insofern bildet auch das Studium von Übersetzungen für die Erstellung einer KG nur beschränkte Hilfe und ist nur bedingt „Fundament jeder Sprachwissenschaft" (Wandruszka 1971c, S.133).

Zusammenfassend läßt sich sagen, daß der genaue Stellenwert einer KG im Bereich didaktisierter Sprachvermittlung noch nicht angegeben werden kann und daß auch in dieser Hinsicht seitens der Didaktik eher eine gewisse Ernüchterung eingetreten ist, wenn man auch nicht unbedingt (wie Wienold

1973, S.84, und Sciarone 1972, S.65) der Meinung sein muß, die KG habe dem Lehrer nichts aufzeigen können, was ihm nicht vorher schon bekannt gewesen sei. Jedenfalls steht zu vermuten, daß der linguistisch-deskriptive Beitrag nur in dem Maße dem Sprachunterricht hilfreich werden kann, als er sich in einen dominierenden sprach- und lernpsychologischen Gesamtrahmen integrieren läßt (vgl. hierzu Lee 1972, Nickel 1973b, S.467, Wienold 1973, l.c.). Für den umgekehrten Weg, daß nämlich die KG bereits in ihrer Beschreibung einer wie auch immer gearteten Fehleranalyse Rechnung tragen könnte, liegen bislang weder konkrete Versuche vor noch detaillierte Überlegungen methodischer Natur. Die Vermutung scheint erlaubt, daß die Linguistik, wie sie sich heute größtenteils darstellt, von ihrem Grundansatz her eine solche Integration psychologischer Momente gar nicht erlauben würde. In den wirklich zentralen Bereichen der Sprachvermittlung läßt auch die KG (wiewohl sie, wie gesagt, gegenüber methodologischen und sprachtheoretischen Zwängen einzelner Sprachmodelle sich grundsätzlich offener verhält) die Fremdsprachendidaktik auf sich allein gestellt. Insbesondere konnten weder die KG noch die (ebenfalls vorwiegend linguistisch-deskriptive) Fehlerforschung den ursprünglich erhobenen Anspruch einlösen, Fehler vorhersagbar gemacht zu haben. Die Fehler im semantischen und morphosyntaktischen Bereich resultieren insgesamt doch weit mehr aus *individualpsychologischen* Prozessen, die (wie Wienold wohl richtig vermutet) vor allem in der Lerngeschichte des Individuums begründet sind. Soll in diesem Sinne die Stoffdarbietung (Reihenfolge und Querverbindungen der zu lehrenden Elemente) verbessert werden, so können die hierfür nötigen Gesichtspunkte gerade nicht aus einer linguistischen Konfrontation zweier Grammatiksysteme gewonnen werden. Die allgemeine Art und Weise des *semantischen* „approach" beim Encodiervorgang dürfte zwar überwiegend durch die muttersprachlichen Gewohnheiten beeinflußt sein[81], aber ein sehr großer Teil (vielleicht sogar der größte Teil) der *Form*verletzungen resultiert doch aus L_2-Interferenzen, d.h. aus Interferenzen innerhalb des erst im Aufbau begriffenen grammatischen und lexikalischen Systems der Zielsprache selbst. So ist es nicht weiter erstaunlich, wenn sich die Didaktik allmählich von der Linguistik wieder abkehrt und als eigenständige psychologische Disziplin zu begreifen beginnt. Diese heute schon beobachtbare Tendenzwende gilt es nachstehend zu skizzieren.

2. Fremdsprachendidaktik und Lernpsychologie

2.1 Der gegenwärtige Stand

Mit einem fühlbaren zeitlichen Vorsprung vor der Bundesrepublik Deutschland hat sich in der Sowjetunion und in den USA eine Sprachlehrforschung mit entschieden empirisch-psychologischer Ausrichtung entwickelt. Vor allem in der sowjetischen Literatur (z.B. bei Galperin, Belyayew und Salistra) ist die Orientierung an lernpsychologischen Theorien stärker ausgeprägt als hierzulande, wo sich die Didaktik allenfalls an einer recht allgemein gehaltenen „Pädagogischen Psychologie" orientiert; diese ist oft genug nichts anderes als ein Amalgam aus Motivations-, Entwicklungs- und Jugendpsychologie.[82] Umgekehrt erlebt nun die Sowjetunion seit knapp zehn Jahren den wachsenden Einfluß linguistischer Theorien (Denisow, Nowikow, Karoljak; vgl. Helbig 1969). In Nordamerika markiert Lado (1964) den Beginn der Untersuchungen über die sprachdidaktischen Lerngesetze. Sie werden zunächst weitgehend aus empirischen Einzelaspekten gewonnen, ohne einheitlichen theoretischen Bezugsrahmen. Ganz anders freilich verhielt es sich mit der in den sechziger Jahren schon weit verbreiteten *pattern practice:* Sie verzichtete desto selbstverständlicher auf die Erforschung spezieller Bedingungen des Zweitspracherwerbs, je direkter sie sich auf eine geschlossene und – damals noch – weitgehend selbstverständliche Lerntheorie berufen konnte: den klassischen Behaviorismus, wie er im sprachlichen Bereich von Skinner (1957) dargelegt worden war. Diese Theorie war so allgemeiner Natur, daß mit ihrem Instrumentarium sowohl das Lernen von Ratten in Käfigen als auch noch elaborierte kognitive Formen natürlicher menschlicher Lernprozesse beschreibbar schienen, wobei der Terminus „beschreibbar" nicht unbedingt auch „erklärbar" meint. Gerade durch diese Allgemeinheit und Vagheit wird eine solche Theorie andererseits auch wieder nichtssagend: Hierauf hat van Parreren (vgl. z.B. 1962) wiederholt hingewiesen. Fragen der psychologischen und neurophysiologischen Vorgänge beim konkreten Sprechakt werden in der Bundesrepublik, wiederum im Gegensatz zur Sowjetunion[83], erst spät in die didaktische Diskussion eingebracht. Inzwischen (vgl. z.B. Pelz 1972, bes. S.120) steht die Fremdsprachendidaktik der neurophysiologischen Forschung mit einer gesteigerten Erwartungshaltung gegenüber. Es muß aber gesehen werden, daß didaktisch unmittelbar umsetzbare Erkenntnisse seitens der Neurophysiologie bislang nicht vorliegen, so wie auch direkte Berührungen zwischen der Neurophysiologie und der deskriptiven Linguistik bislang kaum möglich scheinen (vgl. hierzu Shinkin

1969, insb. S.409 ff.). In den USA bildet die psycholinguistische Erforschung des Erstspracherwerbs eine neue Quelle sprachdidaktischer Reflexion. Diese Forschung arbeitet allerdings – dies wird in Kap. III im einzelnen darzulegen sein – vorwiegend mit linguistischen Hypothesen, ja geradezu in einer gewissen linguistischen Erwartungshaltung. Dennoch dürfte insgesamt die Feststellung erlaubt sein, daß sich mit den siebziger Jahren eine weltweite Tendenzwende abzuzeichnen beginnt: Während früher die Fremdsprachendidaktik von der linguistischen Deskription auszugehen pflegte und erst in letzter Instanz (in der Phase der konkreten unterrichtlichen Planung) lernpsychologische Momente einwirken ließ, versucht sie heute verstärkt, von der Lerntheorie auszugehen und die unterrichtlichen Ziele in ihrer psychologischen Qualität genauer zu fassen.[84] Allerdings rekurrieren die lernpsychologischen Erörterungen höchst selten auf eine explizite lernpsychologische Theorie (so insbesondere nicht bei Lado 1969, Heuer 1970, Freudenstein 1970b). Mit Chomskys Linguistik schien die Verbindung von Sprachtheorie und Lerntheorie insofern wieder interessant geworden, als seine Sprachtheorie (vor allem in ihrer explanativen Zukunftsperspektive!) ebenso wie die neueren Lerntheorien gestaltpsychologischer und neobehavioristischer Prägung insgesamt eine deutliche Rückkehr zu kognitionspsychologischen Positionen markieren. Die Frage schließlich, ob die „Fremdsprachenlernpsychologie" (Heuer 1970) einen klar gesonderten wissenschaftlichen Gegenstand abgeben kann, wird von Parreren selbst (Parreren 1972a) skeptisch beurteilt, da der lernpsychologische Fortschritt gegenüber den älteren behavioristischen Versuchen gerade darin bestehe, eine vage und unitaristische Lernpsychologie durch eine konkrete und pluralistische Betrachtung der Lernvorgänge zu ersetzen (vgl. z.B. Parreren 1972a, S.97; ähnliche Aussagen finden sich bereits in Parreren 1962). Es ist heute kaum mehr zu bezweifeln, daß die unterrichtliche Praxis mittlerweile die Belanglosigkeit der lerntheoretischen Aussagen des älteren Behaviorismus gegenüber längst bekannten motivations- und sprachpsychologischen wie auch jugendpsychologischen Faktoren erkannt hat. Wo die behavioristische Lerntheorie, wie z.B. in der *Audiolingual Habit Theory*[85], sowohl den didaktischen Ansatz als auch die unterrichtspraktische Realisierung allein oder doch vorwiegend bestimmt hat, muß ohne Umschweife von Mißerfolgen gesprochen werden.[86] Den Anlaß für die Auseinandersetzung mit dem auf einem bestenfalls populärwissenschaftlichen Strukturalismus und Behaviorismus basierenden audiolingualen Habitualisierungskonzept (vgl. hierzu Arndt 1973, S.8-10) lieferte zweifellos Chomsky. Lange bevor seine generativen Modelle die sprachdidaktische Diskussion beherrschten, hat seine immer entschiedener vorgetragene

Kritik an behavioristischen Deutungen des Sprachverhaltens und des Spracherwerbs (z.B. in Chomsky 1959, 1966b, 1968) das Wiederaufleben traditioneller Unterrichtsverfahren begünstigt, die allerdings – zumindest hierzulande – meist nur in der offiziell geführten Diskussion totgesagt waren.

Das Vordringen lernpsychologischer Überlegungen hat bislang jedoch insofern noch keinen entscheidenden Wandel gebracht, als sich die Fremdsprachendidaktik noch immer weitgehend als „Angewandte Linguistik" versteht, deren wesentliche Grundlagenwissenschaft eben die „Theoretische Linguistik" bleibt. Erst vereinzelt finden sich Stimmen, die für eine umgekehrte Sicht plädieren und „Anforderungen des Fremdsprachenunterrichts an die sprachwissenschaftliche Forschung" (Brandt 1972) zu stellen wagen.

2.2 Die empirischen Arbeiten

Grundsätzlich ist es begrüßenswert, wenn sich die Sprachdidaktik mehr und mehr als eine *empirisch* orientierte psychologische Disziplin begreifen lernt. Allerdings darf sie dabei nicht aus den Augen verlieren, mit welch einem komplexen Bedingungsgeflecht sie es bei der Erforschung von Spracherwerbsprozessen zu tun hat. Empirische Daten werden anhand stark abstrahierter Modelle unter gut isolierten Teilbedingungen gewonnen, aber sie müssen trotzdem auch im Rahmen einer geschlossenen und kohärenten Gesamttheorie interpretierbar und in ihrem Stellenwert relativierbar sein. Die Didaktik als wissenschaftliche Disziplin leidet bis heute unter dem Mangel, daß einmal Empirie ohne ein hinreichendes Maß an Theorie und ein anderes Mal Theorie betrieben wird, die schlechterdings empirisch nicht mehr verifizierbar ist (so vor allem im Bereich der generativ-transformationell geprägten Didaktik). Die seit den späten sechziger Jahren vermehrt aufkommenden experimentellen Untersuchungen zum Zweitspracherwerb bestehen zumeist in einem wenig differenziert angesetzten Vergleich verschiedener Unterrichtsverfahren, die einander in toto gegenübergestellt sind. Zu Recht bemängelt Wienold in diesem Zusammenhang: „'Verfahren' muß dabei als eine recht grobe Kategorie angesehen werden. Im einzelnen betrachtet, setzt sich ein solches Verfahren aus einer Reihe von Techniken zusammen. Diese ergeben ihrerseits erst in Kombination mit dem Material, den Medien, den Zielsetzungen, unter denen Schüler und Lehrer arbeiten, den Unterricht" (Wienold 1973, S.97; vgl. hierzu ebenfalls Blankertz 1969, S.87 ff.).

Bei so vielen Variablen ist es nicht erstaunlich, wenn sich die experimentellen Befunde nicht selten zu widersprechen scheinen. Auf eine Darstellung der einzelnen experimentellen Untersuchungen sei im Rahmen unserer Themenstellung nicht zuletzt deshalb verzichtet. Unsere Kritik trifft größtenteils auch die stärker kognitionspsychologisch ausgerichtete Forschungsrichtung in den USA, die mit den Namen Carroll, Chastain, Mueller und Oller verbunden ist. Gerade wenn (wie z.B. bei Mackey 1965, Dodson 1967, Crothers/Suppes 1967) die einzelnen Verfahren zu Vergleichszwecken auf Teilaspekte reduziert sind, zeigt sich ein fühlbares theoretisches Defizit für die Einordnung ins Ganze. Häufig wird übrigens übersehen, daß neben der *vom Unterrichtenden intendierten* Lernstrategie die *vom Lerner tatsächlich gewählte* Lernstrategie zu Buche schlägt. Die Strategie des Lerners deckt sich nämlich in der Regel nur teilweise mit der didaktisch beabsichtigten, wiewohl zuzugeben ist, daß es heute verhältnismäßig engmaschige und eng führende unterrichtliche Verfahren gibt. Um das methodische Problem, das sich hier auftut, deutlicher zu machen: Man kann einen bestimmten *Lern*prozeß beim einzelnen Lerner beobachten, beschreiben und analysieren und nach einer hinlänglich breiten Felduntersuchung aus dieser Analyse schließlich Steuerungsfaktoren für weitere (extern organisierte) Lernprozesse gewinnen, aber man darf keineswegs ausschließlich anhand der Qualität oder des Umfangs der Lernresultate, wie sie in einer komplex angelegten *Lehr*situation gewonnen worden sind, die gewählte Lehrstrategie in ihrer Effizienz bezüglich künftig zu organisierender Lernprozesse beurteilen. Noch bedeutsamer scheint mir, daß die experimentellen Arbeiten nicht hinreichend unterscheiden zwischen (a) dem *Erwerb* eines Lernresultates als einer momentanen statischen Größe und (b) der *transferierenden* Aktualisierung in späteren Situationen. Denn es gilt gerade für *sprachliche* Lernprozesse, daß keineswegs der zeitökonomischste Weg zum Erwerb eines Resultates auch gute Transferenz in späteren Aktualisierungsprozessen bedeutet. Außerdem müßten natürlich die psychologischen Mechanismen des Sprechvorgangs besser bekannt sein, als dies bislang der Fall ist.

Das eben Ausgeführte mag ein Beispiel veranschaulichen. Wir wählen hierzu die mittlerweile gut bekannte Untersuchung Dodsons zum zweisprachigen Vokabellernen (Dodson 1967, Dodson/Price/Williams 1968, Butzkamm 1971a und 1973).[87] Gesetzt den Fall, wir dürften aus Dodsons Ergebnissen der in Wales vorgenommenen Experimente trotz der teilweise nicht unbedenklichen Versuchsanordnung und trotz des einseitig gewählten Versuchsmaterials so weitreichende didaktische Folgerungen ziehen, wie dies in Butzkamm 1971 geschieht, so ist damit noch keine „Methode“ falsifiziert bzw.

privilegiert. Im Rahmen einer gesamthaften und langfristigen Unterrichtsstrategie müssen auch andere Faktoren in Rechnung gestellt werden: z.B. der zeitliche Anteil, über den insgesamt beim Schüler das fremdsprachliche Spurensystem mittels bestimmter Verfahren regsam gehalten wird; die erhöhte Interferenzgefahr im Anfangsunterricht bei mangelnder Systemtrennung (vgl. Parreren 1964a und b); das Anwendungs- und Transfertraining der bereits gelernten Vokabeln anläßlich der einsprachigen Bedeutungserschließung neu zu lernender Wörter; Overlearning in einem natürlich motivierten Rhythmus usw. Der für den Fremdsprachenunterricht spezifische Problemkreis, der sich auch hier immer wieder auftut, läßt sich mit *einer* Frage umschreiben: Warum bleibt der Schüler im Fremdsprachenunterricht trotz eines nachweisbaren Vokabelbesitzes von 1.500 Vokabeln und mehr, die beispielsweise in Form einer deutsch-französischen „Vokabelgleichung" abrufbar wären, sprachlich so hilflos (sogar bei der Versprachlichung recht einfacher Sachverhalte), während jeder muttersprachliche Sprecher, selbst bei einem schichtenspezifisch bedingten äußerst niedrigen aktiven Wortschatz von 800 - 900 Vokabeln, jede Situation sprachlich flüssig meistert? Es bedarf noch sehr detaillierter sprach- und lernpsychologischer Untersuchungen, bevor empirische Aussagen der Sprachvermittlungsforschung theoretisch evaluiert und eingeordnet werden können.

Als einen Beitrag zu dieser grundsätzlichen Besinnung möchte sich gerade die vorliegende Arbeit verstehen.

2.3 Behavioristische Konzeptionen des Sprachenlernens

Aus dem Bestreben, den Kriterien einer positivistisch orientierten Wissenschaftlichkeit gerecht zu werden, erklärt sich das für den frühen Behaviorismus typische Bemühen, Sprachhandeln und Sprache ausschließlich auf der Basis objektiver, d.h. bewußtseinsunabhängiger, externer Beobachtungsdaten zu beschreiben. Die sprachliche Äußerung wird hierbei verstanden als die im Rahmen eines allgemeinen S-R-Schemas durch sprachliche oder nichtsprachliche Stimulierung determinierte Reaktion in einer gegebenen Situation (Bloomfield 1933). Die Versuchung, die damit für die Sprachdidaktik gegeben war, formuliert Arndt (1973, S.8/9) folgendermaßen: „Gerade aber der Nachteil, der Skinners Beitrag in der psychologischen Forschung in eine Randstellung geraten ließ, schien ein Vorteil für die sprachdidaktische Diskussion zu werden; schien es doch so möglich, den komplexen Vorgang des Sprachenlernens auf ein einfaches Modell zu reduzieren, das S-R-Modell."

Das bekannteste Beispiel eines sprachlichen S-R-Prozesses ist Bloomfields *Jack-and-Jill*-Parabel: In die praktischen Handlungsvorgänge (Hunger haben, Apfel sehen, Baum besteigen, Apfel pflücken und essen), welche die primäre S-R-Kette im Rahmen dieser Situation ausmachen, sind die sprachlichen Ersatzstimuli (s) und Ersatzreaktionen (r) eingebunden und interkaliert:

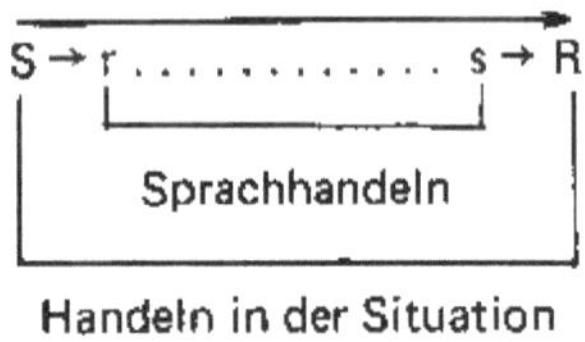

Im Fremdsprachenunterricht nach der *pattern practice* sieht das Schema aber bereits anders aus. *s* und *r* sind in der textlichen Form nicht mehr identisch, sondern stellen selbst das *S* und das *R* dar, müssen also textlich unterschieden sein: Der fremdsprachliche Lernprozeß wird deutlich durch eine gehäufte und zeitlich verdichtete Folge identischer S-R-Koppelungen bestimmt. Dies geschieht mittels einer größeren Reihe von mündlich dargebotenen und analog konstruierten Beispielsätzen (S_n), auf die der Lerner nach inhaltlicher oder formaler oder inhaltlich-formaler Maßgabe (wiederum sprachlich) zu reagieren hat (R_n). Bezüglich Bloomfields Modell scheinen also auf den ersten Blick der Stimulus S des sprachpädagogischen Verfahrens dem *r* in Bloomfields Reaktionskette und die didaktisch herbeigeführte Reaktion *R* dem Bloomfieldschen *s* zu entsprechen. Tatsächlich ist ein solcher Vergleich aber nicht möglich, denn *r* und *s* kennzeichnen *beide* in Bloomfields Modell *denselben Satz* (etwa: „Hol mir doch den Apfel!"), der aus der Perspektive der Jill als *(Ersatz-)Reaktion* eines sprachlichen *Senders*, im Hinblick auf Jack als den *Empfänger* in der Funktion eines *(Ersatz-)Stimulus* zu begreifen ist.

Die eigentliche, d.h. hier nicht mehr sprachlich begründbare Stimulierung ergibt sich aus dem Wunsch, Jill zu gefallen, und aus der den „mit Kehlkopf, Zunge und Lippen" hervorgebrachten Geräuschen entnommenen Möglichkeit, dies durch das Pflücken des Apfels zu tun. Jack selbst braucht hier zum Beispiel sprachlich überhaupt nicht tätig zu werden. Der Wechsel *S/r* und *s/R* bezeichnet also in unserem Beispiel den Wechsel zwischen sprachlichem und nicht-sprachlichem Verhalten. Selbstverständlich gibt es auch rein sprachliche und rein nicht-sprachliche S-R-Folgen. Bloomfields Beispiel macht lediglich klar, daß die eigentliche Motivation außersprachlich ist, sprachliches Handeln also situativ verankert und verursacht ist. Wenn nun die didaktische Konditionierung durch S-R-Koppelungen gerade diesen Umstand nicht mehr gerecht wird, weil sowohl der didaktische Stimulus (= präsentierter Beispielsatz) als auch die didaktische Response (= Umformung durch den Schüler) nur *gegeneinander* motiviert sind, so ist eine Berufung auf Bloomfield unstatthaft.[88] In der Tat hat später die Sprachlabordidaktik die lernpsychologische Verstärkung nur in der Form in das didaktische Schema einbringen können, daß sie auf die Phase *Stimulus* und die Phase *Response (= attempted response, réponse anticipée, versuchte Schülerantwort)* eine dritte Phase folgen läßt, in der das Tonband die richtige Lösung sofort zum Vergleich gibt: Aus dem Erfolgserlebnis, das der Schüler bei der Bestätigung seiner geleisteten Umformung durch den Vergleich mit der Lösung erfährt, soll neue Motivation erwachsen, d.h. die sprachliche Motivation ist auf *Formen-Lernen* abgestellt, während sie bei Jill und Jack letztlich gerade im *außersprachlichen* Bereich gründet. Hierin liegt der entscheidende motivationspsychologische Fehler des sogenannten New Key[89], der zugleich ein eminent sprachpsychologisches Mißverständnis offenbart; dieses Mißverständnis ist nicht zuletzt durch die formenzentrierte Analyse des distributionellen Strukturalismus erklärbar. Der hier aufgezeigte Mangel in der Umsetzung Bloomfields in die Sprachdidaktik ist nur zum Teil dadurch gutzumachen, daß man die sprachlichen Umformungen der Beispielsätze in einer kommunikationsgerechten Weise und in einem adäquaten situativen kontextuellen Rahmen vornehmen läßt.[90] Eine Reihe anderer Verfälschungen und Simplifikationen, die bei der Umsetzung behavioristischer Vorstellungen in fremdsprachliche Lehrstrategien unterlaufen sind, hat H. Arndt aufgezeigt (Arndt 1973, S.8). Sie sind u.E. vergleichsweise sekundärer Natur und seien deshalb hier nicht im einzelnen referiert. Statt dessen wollen wir noch auf eine *lernpsychologische* Problematik aufmerksam machen. Wie die Bezeichnung *pattern practice* schon zum Ausdruck bringt, sollen sprachliche/linguistische *patterns* durch *overlearning* in massierten Beispielspielsätzen dem Lerner so vertraut werden, daß er, im Idealfall, so souverän wie ein Muttersprachler über den sprachlichen Formenschatz verfügt. Diese Strategie steht und fällt nicht nur mit der Prämisse, daß ein bestimmtes sprachliches/linguistisches *pattern* in einer bestimmten Situation unverändert wiederkehrt, sie setzt auch voraus, daß der Lerner ohne besondere Hilfestellung und ohne besondere kognitive Gerichtetheit linguistische Strukturen identifizieren werde (sogen. *unconscious habit formation*).[91]

Dieser Frage wird im Zusammenhang mit dem Erstspracherwerb in Kapitel III weiter nachzugehen sein. An dieser Stelle genügt es festzuhalten, daß in diesem Punkte extreme Positionen überall aufgegeben sind (vgl. Zimmermann 1971). In den wenigen Fällen, wo - vor allem in den USA - die Organisation von Habitualisierungsprozessen der eben genannten Art das ausschließliche oder vorherrschende unterrichtliche Verfahren darstellten, wurden übrigens keine Versuchskontrollen durchgeführt. Insgesamt überwiegen heute die skeptischen Stimmen, und gerade da, wo man Habitualisierungsprozesse mit kognitiven Phasen alternieren läßt, neigen mehr und mehr Praktiker dazu, den Wert syntaxorientierter Habitualisierungsprozesse immer geringer einzuschätzen. Praktische Versuche aus den USA, über die allerdings nur stark summierende Berichte vorliegen, scheinen darauf hinzudeuten, daß die Lernerfolge desto größer werden, je stärker kognitive Unterrichtsformen dominieren (sogen. *Cognitive-Code Learning Theory,* wie sie von Carroll entwickelt worden ist).[92] Carroll (1965) und Mueller (1971) meinen, daß gerade der kognitive Einblick in sprachliche Strukturen die geläufige Handhabung garantiere, sowie der Lernende Gelegenheit bekomme, sich in natürlichen kommunikativen Situationen bewegen zu müssen.[93] In der Bundesrepublik sind m.W. bislang Versuche in diese Richtung kaum unternommen worden. Hier wirken die Mahnungen vor der Gefahr der Interferenz, wie sie seit Parreren 1963 und Parreren 1964b in der didaktischen Literatur überhandnehmen, noch immer nach. Wenn überhaupt in den theoretischen Diskussionen heute wieder die kognitiven Prozesse herausgestellt werden, so geschieht dies eher unter dem Eindruck der generativen Grammatik (vgl. Helbig 1969 und Arndt 1973). Übrigens werden viele kognitionspsychologische Didaktiker dahingehend mißverstanden, als redeten sie einem analysierend-deduktiven Sprachunterricht ältester Prägung das Wort. In Wirklichkeit wenden sie sich lediglich gegen ein übergewichtiges und isoliert konzipiertes Syntaxtraining. Das Prinzip, den Unterricht so weit wie möglich in der Fremdsprache zu gestalten, wird auch von ihnen anerkannt.[94] Dadurch ist eine hinreichende immanente Wiederholung phonetischer und morphosyntaktischer Muster garantiert, die letztlich ebenfalls einen gewissen Habitualisierungseffekt[95] bewirkt. Eine andere, nicht gerade kleine Schar von Didaktikern sieht dagegen in Chomskys Modell einer Satz-Linguistik eine erneute linguistische Bestätigung ihrer Satz-Didaktik und erklärt die bislang wenig befriedigenden Unterrichtserfolge, wie sie mit der habitualisierenden *pattern practice* erzielt worden sind, mit Mängeln in der konkreten Aufbereitung des Materials. Sie versucht dementsprechend, die Pattern-Übungen „code-gerechter" zu gestalten und die „situative Einbettung" zu verbessern.

Zusammenfassend bleibt festzuhalten, daß der Fremdsprachenunterricht, welcher methodischen Richtung er auch verpflichtet sein mag, heute in didaktischer Hinsicht noch immer stark syntaxzentriert arbeitet und dem didaktisch optimierten Formentraining auf Satzebene insgesamt unverhältnismäßig mehr Zeit und Gewicht einräumt als dem Training kommunikativen Sprachverhaltens. Nur allmählich und vorsichtig bahnte sich hier ein Umdenken an:

> „In Pattern-Übungsreihen werden keine semantischen Konzepte enkodiert. Der Lernende wird von der entscheidenden Arbeit des Sprechens, nämlich sprachliche Zeichensysteme zum Ausdruck eines noch vorsprachlichen Konzeptes zu organisieren, entlastet. Dieses ist nur gerechtfertigt im Sinne einer methodischen Aufgabendosierung, die Teilfertigkeiten anstrebt, bevor sie den integrierten Lernvorgang selbst vollzieht. Allerdings darf das Bewußtsein vom Vorläufigkeitscharakter der Pattern-Übungen (. . .) nicht verlorengehen." (Hüllen 1972, S.35)[96]

2.4 Anmerkungen zum Begriff der Situation in der Fremdsprachendidaktik (Überleitung zu Kapitel II)

Die Reduktion, welche die Fremdsprachendidaktik an dem ohnehin schon aus modellinternen Überlegungen reduzierten behavioristischen Verständnis von Sprache vorgenommen hat, wurde durch ein Mißverständnis des strukturalistischen *Corpus*-Begriffs erleichtert. Daß das *Corpus* eine praktisch und wissenschaftsmethodisch motivierte Selbstbeschränkung darstellt im Hinblick auf eine durchgängige Analyse mittels formaler Operationen, geriet mehr und mehr in Vergessenheit, und die Didaktik schrieb unbewußt der Sprache in ihrer Gesamtheit die Eigenschaften eines *Corpus* zu: Endlichkeit, Überschaubarkeit, vorgegebene und zahlenmäßig beschränkte Kombinatorik der linguistischen Elemente. Vor dem Hintergrund dieses Verständnisses wurden andererseits auch Chomskys Begriffe „Generieren" und „Kreativität" von Anfang an didaktisch mißverstanden und überbewertet. Heute zeigt sich, daß die Chomskysche Revolution vielleicht doch nichts anderes ist als die Fortsetzung der „Systemlinguistik" mit anderen Mitteln.[97] Chomskys Kreativitätsbegriff ist eine apsychologische, weil außerindividuelle Größe. Außerdem schließt er, eben weil er der Kompetenz zugeordnet ist, die eigentlich kreativen Phänomene aus, wie sie ebenso in elaborierter wie in alltäglicher Rede als Formen persönlichkeitsbetonter Sprachverwendung auftreten.

Simplifiziert hat die Didaktik jedoch vor allem den Begriff der Situation selbst. Der situative Rahmen, in dem sich Sprache ereignet, wird nicht mehr wie bei Bloomfield (1933) und Skinner (1957) bloß zur *Erklärung* des *Auftretens* sprachlicher Äußerungen herangezogen, vielmehr scheint man an eine generelle Determinierung einzelner sprachlicher Formen durch die jeweilige Situation zu glauben. Das bedeutet aber, daß man nur noch sprachliche Stereotypien[98] im Auge hat. Hieraus resultiert letztlich die hohe Wertschätzung des *situativen Übens;* sehr viel seltener wird das situative Üben aus einer gestalt-psychologisch orientierten Lernpsychologie begründet (wie etwa bei Zimmermann 1969). Das Bloomfieldsche Erklärungsprinzip *the situations prompt us to utter* wird insofern mißverstanden, als man glaubt, die Situationen könnten als feste, wiederkehrende, objektiv beschreibbare Größen verstanden werden. Sie sind aber keineswegs ohne weiteres in einer objektiven *und* subjektiven Weise identifizierbar. Vielmehr werden sie zunächst immer aus der momentanen Interessenlage des Individuums heraus ad hoc klassifiziert. Darum können auch situativ orientierte sprachliche Reaktionen nur bedingt im Hinblick auf spätere Stimulierungen eingeübt werden.[99] Derartige Versuche, wie sie in der Didaktik in der Tat unternommen worden sind (vor allem in der sogenannten *army-method*), gehen übrigens an Bloomfield vorbei, der ja bekanntlich *gerade wegen* der heterogenen Vielzahl und der Nicht-Analysierbarkeit der referentiellen Objektwelt auf die Semantik als linguistisches Klassifikationskriterium verzichten wollte zugunsten einer vorwiegend formal motivierten Segmentierung und Klassifizierung. Parrerens Transfertheorie erweist nun vollends, daß „Situation" eine Größe ist, die zunächst und hauptsächlich als eine *psychologische* Größe zu verstehen ist. Sie ist wohl mit bestimmten Mitteln objektiv beschreibbar und identifizierbar, aber als auslösender Faktor in der Realisierung eines Lernresultates wird ein und dieselbe objektive Situation vom erkennenden Subjekt höchst unterschiedlich bezüglich bestimmter Äquivalenzen zu früher erlebten Situationen interpretiert. Entsprechend unterschiedlich sind die Lernresultate, die in dieser Situation aktualisiert werden. „Charakter" und „Gerichtetheit" des Individuums entscheiden nach Parreren (1962) über die Äquivalenz, welche vom denkenden Subjekt einer bestimmten Situation zuerkannt wird. Eine natürliche Sprache funktioniert nun aber gerade in der Weise, daß mit verhältnismäßig wenigen Zeichen und syntaktischen Mitteln eine potentiell unbegrenzte Zahl neuer, d.h. erstmals erlebter Situationen bewältigt werden kann. Daraus resultiert eine „Unschärferelation" zwischen Zeichen und Referenzobjekt (Keil 1972), die letztlich durch eine gewisse Unstabilität und grundsätzliche Offenheit des Signifikats ermöglicht wird. Anders wäre übrigens Metaphorik wohl kaum denkbar.[100] Die *Signifikanten* sind die festen Größen endlicher Zahl, die *Signifikate* die beweglichen, an die stets leicht variierte Situation anpassungsfähigen Größen. Wenn also das Situationsprinzip didaktisch richtig verstanden werden soll, so muß es über das festigende Üben eines gut ausgewählten Formenbestandes hinaus die kreative Verwendung von Sprachzeichen und syntagmatischen Mustern *in noch nicht versprachlichten Situationen* üben. Vor allem darf sprachliche Kreativität nicht in Anlehnung an Chomsky vorwiegend bzw. ausschließlich in der Syntax als einer rein formal und generativ-prozessual definierten Zeichenkombinatorik gesehen werden. Demgegenüber leistet die *pattern practice* bis heute nichts anderes, als daß sie dem Lerner ein Inventar gut eingeübter fertiger Satzmuster zur Verfügung stellt in der Hoffnung, der Lerner werde in späteren Realsituationen auf ein geeignetes vorprogrammiertes Muster zurückgreifen.[101] Das Training sprachlicher Wendigkeit und Findigkeit ist somit auf das Ziel reduziert, innerhalb *vorgegebener* syntagmatischer Muster lexikalische Substitutionen vornehmen zu können. Der Lerner muß jedoch in die Lage versetzt werden, selbst zu entscheiden, *welche* syntagmatischen Muster und *welche* Wörter zur Versprachlichung dieser und jener *(nicht-sprachlich* vorgegebenen) Sachverhalte in Frage kommen könnten.

In der Reaktivierung, im Abrufen der längst in anderen Situationen und bei anderen Gelegenheiten gelernten sprachlichen Elemente und Versatzstücke (die zur Bewältigung einer neuen sprachlichen Situation ad hoc neu zu kombinieren sind) besteht das eigentliche psychologische Problem des schulischen Fremdsprachenunterrichts, sehr im Gegensatz zum natürlichen Erstspracherwerb. Fortschritte in der Fremdsprachendidaktik sind darum u.E. im Augenblick am ehesten vom Studium der lernpsychologischen Aktualisierungstheorie zu erwarten. Die unbestreitbaren Fortschritte der fremdsprachlichen Lehrverfahren resultieren im wesentlichen aus dem Umstand, daß die Schüler heute weit mehr als früher auch mit *oralen Texten* (teilweise sogar mit Spontantexten) konfrontiert werden, so daß insgesamt besseres Hörverstehen und bessere Artikulationsläufigkeit erzielt werden.[102] Dagegen fehlen immer noch didaktische Verfahren, welche die vorwiegend *rezeptiven* fremdsprachlichen Fertigkeiten in *produktives* Sprachverhalten umschlagen lassen. Das folgende Kapitel II versucht, diesen Problemkreis des aktiven Zugriffs auf Gelerntes in stets wechselnden Situationen am Beispiel der van Parrerenschen Aktualisierungstheorie zusammenhängend darzulegen. Danach sollen in Kapitel III kindsprachliche Produktionen unter diesem vornehmlichen Gesichtspunkt betrachtet werden, bevor wir in Kapitel IV auf die eben skizzierte didaktische Problematik zurückkommen.

II. SPRACHERWERBSPROZESSE AUS LERNPSYCHOLOGISCHER SICHT. DAS PROBLEM DER AKTUALISIERUNG VON LERNRESULTATEN

1. Die Lernpsychologie van Parrerens (Parreren 1970/71)

1.1 Zur Definition von Lernen[103]

Nach van Parreren (1970/71, S.20) verstehen wir unter Lernen einen „Vorgang mit relativ dauerhaften Resultaten, durch den neue Verhaltenspotenzen der Person entstehen oder bereits in seinem[104] Repertoire vorhandene sich verändern". Durch das Kriterium „dauerhaft" werden kurzfristige Verhaltensänderungen, die sich aus „Sättigungserscheinungen" oder etwa unter Drogeneinfluß ergeben, ausgeschlossen (vgl. S.19). Noch bemerkenswerter ist der Begriff der Verhaltens*möglichkeit* (oder Verhaltens*potenz*), womit effektive, d.h. zwangsläufig aus dem zeitlebens fortwährenden Situationswechsel sich ergebende Verhaltensänderungen (sogenannter „Verhaltensstrom") ausgeklammert bleiben. Lernresultate bestehen demnach in relativ langfristigen Veränderungen „in den psychologischen Potenzen", die den im *Verhaltensstrom* konkret auftretenden Verhaltensweisen zugrunde liegen.[105] In Anlehnung an E. Tolman unterscheidet Parreren also zwischen einem nur indirekt erschließbaren *learning* und der von Fall zu Fall auftretenden (oder auch, etwa bei latentem Lernen, ausbleibenden) *performance* (vgl. S.18/19 und 297) und hebt damit seine Definition entschieden ab von amerikanischen behavioristischen Definitionen, die von einem „change in behavior" oder von „change in behavior resulting from practice" bzw. „as the result of past experience" sprechen (vgl. S.18 und 403). Die bisher angeführten Kennzeichen gelten für jedes Lernen. Zusätzliche Merkmale wie „kognitive Vorwegnahme" (d.h. eine wenigstens ungefähre Ahnung und Kenntnis dessen, was gelernt werden soll) oder „Lernintention" (d.h. bewußte Einstellung auf die Erreichung eines Lernzieles) gelten nach Parreren – in Anlehnung an Brus und entgegen Langeveld – nur für bestimmte, allerdings sehr bedeutsame Formen des Lernens (vgl. S.17). Mit „Möglichkeit" umgeht Parreren sprachlich (ebenfalls ausdrücklich gegen Langeveld) eine Festlegung auf Begriffe wie „Kenntnis" und „Beherrschung", da es sowohl Lernresultate in Form von Beherrschung ohne Kenntnis (Radfahren z.B.) oder von Kenntnis ohne Beherrschung (z.B. Kennenlernen einer Person) als auch in Form von Kenntnis *und* Beherrschung gibt (vgl. S.18).[106] Übrigens unterscheidet sich

Parreren durch den Begriff der *Verhaltenspotenz* auch von russischen Lernpsychologen wie Pawlow oder Leont'ev, die eine Verhaltensdeterminierung materialistischer Art insofern postulieren, als sie (falls eine S-R-Kette nicht in direkter Weise biologisch bedeutsam ist) im Signalreiz den Mediator sehen für eine vermittelte Verbindung zwischen Vorgängen im *Organismus* und in der Außenwelt (zumindest als Orientierung im Sinne eines zweiten Signalsystems: vgl. z.B. A.N. Leont'ev 1957, S.12-14, und Kegel 1974, S.137). Allerdings versucht die sowjetische Lernpsychologie neuerdings mehr und mehr, der aktiv-kreativen Tätigkeit des Lerners beim Lernvorgang Rechnung zu tragen. Hier sind vor allem Galperins Arbeiten bedeutsam. Damit wendet sich die russische Forschung gegen ein allzu unitaristisches Stimulus-Reaktion-Verstärkung-Modell, wonach sich Lerneffekte ausschließlich aus den in der Erfahrung gespeicherten Umwelteinwirkungen ergeben würden.[107]

Der Prozeß des Kenntniserwerbs ist allerdings weniger an die Wahrnehmungsfähigkeit als an praktische Handlungen gebunden. Demgegenüber knüpft Parreren (vgl. S.47-49 und passim) stärker an die gestaltpsychologische Traditionen an (Köhler u.a.).[108]

1.2 Lernprozesse

Die meisten experimentellen Arbeiten zum Lernen waren vorwiegend am Endergebnis eines Lernvorgangs orientiert und haben darum (vgl. Parreren, S.22-23 und 28) eher Aussagen über die *Bedingungen* des Lernens gemacht als über *Natur* und *Verlauf* des Lernprozesses selbst.[109] Um über letzteres Genaueres aussagen zu können, ist es angebracht, zunächst die *Leistung*, die das Lernresultat darstellt, genauer zu beschreiben: und zwar als eine *Handlung*, die eine bestimmte psychologische *Struktur* aufweist. Eine Beschreibung der „Handlungsstruktur" umfaßt

- die „Situationsmomente" (oder „Situationsbedingungen"), an welche sich eine Handlung anschließt;
- den Zusammenhang zwischen den *Situationsmomenten* und der Handlung (bzw. Teilhandlung) und zwischen den Teilhandlungen, aus denen eine komplexere Handlung zusammengesetzt ist;
- die Teilhandlungen selbst, in die möglicherweise eine Handlung analysiert werden muß. (Vgl. S.23-25 und die dort ausgeführten Beispiele.)

Somit wird der Lernprozeß beschreibbar „als eine qualitative Entwicklung von Handlungsstrukturen", das Lernresultat seinerseits als *„End-Handlungsstruktur"* im Kontrast zur Handlungsstruktur, wie sie zu Beginn des Lernprozesses oder, gegebenenfalls, in den Zwischenstadien vorgelegen hat (vgl. S.27). Charakteristische Formen einer solchen Entwicklung von Handlungsstrukturen nennt van Parreren *„Verlaufsformen"* (vgl. S.28).

Wichtig ist nun die Unterscheidung von *kognitiven und nicht-kognitiven Handlungsstrukturen*. Sie ist von größter Bedeutung im Hinblick auf spätere Transferprozesse (vgl. 1.4).[110] Eine Handlungsstruktur ist kognitiver Natur, wenn das Handeln durch Einschalten „bewußter Aktivitäten, wie Wissen, Urteilen, Überlegen, Auswählen, Denken usw." erfolgt (vgl. S.29, ähnlich S.97). Ein Beispiel für *nicht-kognitive* Handlungsstrukturen ist das Aufsagen des Alphabets, wo eine *Kenntnis* der Aufeinanderfolge während des rhythmischen Aufsagens selbst nicht wirksam ist: Wissen ergibt sich erst sekundär aus der Möglichkeit, das eigene Handeln zu beobachten. Beim Radfahren dagegen (ein weiteres Beispiel für eine nicht-kognitive Handlungsstruktur) ist die Person „hinsichtlich der geforderten Endleistung zu einer kognitiven Aktivität einfach nicht fähig" (S.30, vgl. insges. S.29-30). Lernprozesse können so verlaufen, daß aus einer ursprünglich kognitiven Handlungsstruktur eine nicht-kognitive Endhandlungsstruktur entsteht (so beim Schuhe-Binden, vgl. S.32 ff.)[111] oder daß die zuerst nicht-kognitive Struktur schließlich kognitiv wird (z.B. Bewegungsstrukturen eines Leistungssportlers aufgrund von Bewegungsstudien, vgl. S.32-37). Aufbau und Veränderung der Handlungsstrukturen können *gezielt*, d.h. mit intentionaler Gerichtetheit seitens des Lernenden erfolgen oder sich ohne intentionales Zutun entwickeln (= *autonomes Lernen*). Aber auch *innerhalb* intentional gelenkter Prozesse können sich *autonome Tendenzen* einstellen: Sie sind vorwiegend durch Materialfaktoren des Lernmaterials bedingt (vgl. das Beispiel S.66-68, vgl. insges. S.65-69 und 104; wir werden hierauf zurückkommen). Parreren kennt also ein „zufälliges Lernen", revidiert aber seine frühere Position (Parreren 1962) gegenüber dem „unbewußten Lernen" (vgl. 1970/71, S.31, 69, 97ff., hier insbes. 103/104).

1.3 Lernresultate

Das Lernresultat besteht in der Beherrschung und/oder in der mehr oder weniger analysierbaren Kenntnis einer neuen Handlungsstruktur. Lernresultate sind aber in der Regel keine endgültigen, unveränderbaren Größen.[112] Durch weiterführende oder später hinzukommende Lernprozesse (etwa in

Form eines einfachen *overlearning,* d.h. durch Üben über den Zeitpunkt einer ersten Beherrschung hinaus) erweist sich eine Handlungsstruktur als vorläufig und muß als Zwischenstadium auf dem Weg zu einer in der psychologischen Qualität veränderten (neuen) Endhandlungsstruktur verstanden werden. Eine solche Veränderung betrifft etwa den Grad der Automatisierung und den nicht selten damit implizierten Abbau kognitiver Elemente. Automatismen als Formen nicht-kognitiver Handlungsstrukturen bestehen meist in Form von *Valenzhandeln* und *Bewegungsstrukturen* (vgl. S.37-38, 46, 48). Unter *Valenzhandeln* versteht Parreren ein Handeln, das nicht „von der Person aus aktiv und kognitiv gelenkt" ist (S.38), sondern eine bloße Reaktion auf die unausgesprochene „Aufforderung" eines wahrgenommenen Gegenstandes darstellt (so etwa die Reaktion eines Kindes auf ein Spielzeug).[113] Valenzhandeln ist nicht umkehrbar: Werden beispielsweise (vgl. van der Veldts Experiment, Parreren S.34-35 und 40) bestimmte Bewegungsreaktionen valenzbedingt durch den Anblick bestimmter (sinnloser) Silben ausgelöst, so braucht doch, umgekehrt, der Person bei Ausführung einer bestimmten Bewegungsreaktion nicht die zuvor zugeordnete Silbe einzufallen. Wo dies (in etwa einem Drittel der Fälle) tatsächlich geschieht, liegt eine *kognitive Rekonstruktion* vor, d.h. ein bewußtes Zurückgehen auf frühere, noch nicht restlos automatisierte Stadien der Handlungsstruktur (vgl. S.40): Es liegt also eher die Aktualisierung einer *Erinnerung* an abgelaufene Lernprozesse vor als ein Merkmal der Endhandlungsstruktur selbst. Valenzen sind übrigens immer an *Wahrnehmungsgegebenheiten* im Sinne der Gestaltpsychologie gebunden (vgl. S.41), aber nicht jede Wahrnehmung hat auch Valenz (vgl. S.37/38). *Bewegungsstrukturen* unterscheiden sich nun von Valenzen hauptsächlich dadurch, daß sie *nicht* an Wahrnehmungsgegebenheiten gebunden sind (vgl. S.41). Valenzen gehen von der bloßen Wahrnehmung eines Objektes oder eines Teils des Objektes oder einer bestimmten Kombination von Objekten aus (vgl. S.41), wobei es freilich mitunter einer bestimmten allgemeinen „Einstellung oder Gerichtetheit" der Person bedarf, um die Valenz wirksam werden zu lassen.[114] Bewegungsstrukturen stellen nun keine bloße Addition oder Aufeinanderfolge derartiger Valenzhandlungen dar, sondern beruhen auf einer ad hoc gelernten völlig *neuen Handlungsorganisation* (vgl. S.48). Diese weist bei jedem Lerner charakteristische individuelle Züge auf, ist aber andererseits in ihrer ganzheitlichen „Gestalt" doch wieder so abstrakt, daß sie gut transponierbar ist: In Veldts Bewegungsexperiment (vgl. Parreren, S.43-45) ist die Ausführung der Bewegung beispielsweise unabhängig von der Lage und Größe des Brettes (vgl. S.47). Die transponierbare Handlungsorganisation einer Bewegungsstruktur entsteht allmählich aus einem (noch der kognitiven Phase angehörenden) Modellschema,[115] das sich die lernende Person aktiv schafft, um damit die isoliert bereits beherrschten Teilhandlungen zu *koordinieren.* Im Laufe des Lernprozesses verkürzt sich das Modellschema zu einem *Etikett-Schema,* das „nicht mehr sukzessiv und detailliert" ist, sondern „globalen Charakter" hat und folglich die auszuführende Handlung nicht mehr in ihren Einzelheiten steuert. Es spezifiziert lediglich noch, *welche* der erlernten Bewegungsgruppierungen zur Ausführung kommt (vgl. S.45).[116] Dazu zwei Beispiele (Parreren, S.49-52): Beim Maschineschreiben beginnt der Lernprozeß mit dem Aufbau von Valenzen[117] (jede Taste hat Valenz für Buchstaben und Satzzeichen); die durch die Valenz ausgelöste Bewegung ist als solche weitgehend bereits im Bewegungsrepertoire des Lerners vorhanden. In dem Maße, wie sich nun die Teilbewegungen allmählich zu einem fließenden Ganzen organisieren, erfolgt ein spezifisch motorisches Lernen, das schließlich in eine charakteristische Bewegungsstruktur mündet.[118] Beim Schreiben von Hand geht es dagegen von Anfang an um die Herausbildung *neuer* Bewegungsstrukturen (sowohl bezüglich des einzelnen Buchstabens als auch der Buchstabenverbindungen). Der relativ unveränderbare und individuelle Charakter solcher Bewegungsstrukturen macht die Schrift zu einem Persönlichkeitsmerkmal. Auch die charakteristische Transponierbarkeit ist deutlich zu sehen: Schreibmaterial, Lage der Schreibfläche (waagrecht, geneigt, senkrecht) und Körperhaltung beeinträchtigen die Struktur nur unwesentlich (vgl. S.50 und – bezüglich der Transferenz – S.250/251).

Welche Rolle spielen nun die zu Beginn oder im Verlauf des Lernprozesses auftretenden kognitiven Elemente hinsichtlich der Herausbildung eines Automatismus als Endhandlungsstruktur? Es ist vorab klarzustellen, daß nicht jeder Lernprozeß mit einem kognitiven Schema beginnen muß. So lernen wir Radfahren durch *trial and error,* und ein kognitives Schema würde hier wohl mehr komplizieren als vereinfachen (vgl. S.53), und zwar gerade *wegen* der extremen Komplexität der angestrebten End-Handlungsstruktur (vgl. S. 55). Dies bedeutet wiederum nicht, daß *überhaupt keine* kognitiven Vorgänge in den Lernprozeß interkaliert wären. Lernen durch *trial and error* verträgt sich durchaus mit einem kognitiven Prozeß, wie ihn beispielsweise das (nachträgliche) Analysieren der Fehler, die man gemacht hat (vgl. S.56), oder das (vorausgehende und begleitende) „orientierende und explorative Verhalten" (nach Zaporožec, vgl. Parreren S.57-58) darstellen. Letzteres spezifiziert Parreren, wofern es nicht mehr global ausfällt, sondern auf die „ganz präzise Kenntnis" dieser oder jener Einzelheit abzielt, in Anlehnung an El'konin terminologisch als *Lernhandlung* (vgl. S.58). Die lernende Person wendet sich also von Zeit zu Zeit von ihrer globalen *Verhaltens-Zentrierung* (auf die komplexe Endhandlungsstruktur) ab und konzentriert sich in ausgesprochenem Lernhandeln auf didaktisch vorgegebene oder selbst gewählte Teil- bzw. Voraufgaben (sogenannte *Lernaufgaben*, vgl. S.57/58, Beispiele S.58 ff.).[119]

Für kognitive *End-Handlungsstrukturen* (vgl. S.82 ff.) nennt Parreren zwei hauptsächliche Entstehungsarten: 1. *aktive Strukturierung*, 2. *Explizierung.* Im Falle der aktiven Strukturierung stellt der Lerner auf der Basis einer starken Lernintention einen geschlossenen Plan für seine Lernhandlungen auf: So werden im Beispiel der „Buchstabentafel" (vgl. S.83-84) Lautkomplexe systematisch gebildet und aktiv eingeprägt (vgl. S.85 oben). Im Falle der Explizierung dagegen liegen den Lernhandlungen ursprünglich autonome Tendenzen zugrunde, wobei „zufällig" (d.h. durch Materialfaktoren[120]) entstandene Komplexe (asystematischer Art) mehr und mehr ins Bewußtsein treten und im weiteren Lernverlauf schließlich explizit berücksichtigt werden. Diese Komplexe werden also „entdeckt" und brauchen füglich nicht (wie es bei aktiver Strukturierung der Fall wäre) aktiv eingeprägt zu werden; sie führen auch nicht unbedingt dazu, daß die Person versucht, in aktiver Strukturierung jetzt das *ganze* Feld systematisch durch Komplexbildung abzudecken (vgl. S.85-90). Eine solchermaßen eher rezeptive Lernform verlangt also vergleichsweise weniger Anstrengung, dafür fallen die Resultate aber auch ungleichmäßiger aus: Auf der Buchstabentafel gibt es schließlich gut beherrschte Bereiche und ausgesprochen „wunde Punkte" (vgl. S.88). Die Voraussetzungen für die eine oder andere Verhaltensform (mehr aktiv-strukturierend oder mehr rezeptiv) liegen in der Art der Lernaufgabe, in der Natur des Lernmaterials (Materialfaktoren) und schließlich in der lernenden Person selbst (vgl. S.91-96). Einer kognitiven Handlungsstruktur liegt stets ein *kognitives Schema* zugrunde: „eine Beziehung oder Beziehungsganzheit", die „bewußt erfaßt" wird und als „Leitfaden" für die Ausführung der Gesamthandlung dient. Das bereits erwähnte *Modellschema* ist ein bestimmter Typ eines solchen kognitiven Schemas[121] (vgl. S.97-98). Ein für den schulischen Bereich besonders bedeutsames Schema ist das Begriffsschema (vgl. S.154 ff.). Parreren hebt die Begriffe expliziter als die Genfer Schule um Piaget von den *Wortbedeutungen* der Umgangssprache ab. Begriffe sind immer definiert, wenn vielleicht auch nur in Form von Arbeitsdefinitionen, während sich der Bedeutungswert der Worte immer nur aus der Situation ergibt (vgl. S.155). Für die Erlernung von Begriffsverhalten gibt es zwei wesentliche

Verlaufsformen: 1. selbständige Begriffsbildung, 2. Begriffsbildung mit Hilfe einer Erklärung und 3. selbständige Begriffs*findung* (vgl. S.157). Die erste Form dürfte weithin dem entsprechen, was die Didaktik (etwa beim Grammatikunterricht: vgl. hierzu insbes. Parreren 1972a, S.99-102) als „induktive Methode" bezeichnet, während die zweite Form der didaktischen Deduktion nahesteht.[122] Die Begriffsbildung ist das Musterbeispiel eines kognitiven Lernprozesses mit einem komplizierten Ineinander von aktiver Strukturierung, rezeptiven Phasen und Explizierung.[123]

1.4 Aktualisierung von Lernresultaten

Lernresultate sind, wie gesagt, Verhaltens*potenzen.* Das auf einem bestimmten Lernresultat basierende Verhalten stellt sich also keineswegs (etwa im Sinne eines primitiven S-R-Schemas) gleichsam automatisch oder gar zwangshaft ein. Unabhängig davon werden alle Lernresultate eine Zeitlang oder sogar dauernd im „Gedächtnis" bewahrt, allerdings mit recht unterschiedlicher Bewußtheit und Zugriffsgarantie. Dies wird als *Retention* bezeichnet (vgl. S.229). Es versteht sich von selbst, daß hier über die Bedingungen der Retention und die damit implizierten physiologischen Vorgänge nichts weiter ausgeführt zu werden braucht. Uns interessiert nur die Fragestellung, durch welche Faktoren ein Lernresultat nach unterschiedlicher Dauer der Retention plötzlich *aktuell* wird. Die *Reproduktion,* die einfachste Art einer Aktualisierung, meint ein einfaches „Wiederfinden" eines auf einem Lernresultat basierenden Verhaltens. Erfolgt eine Reproduktion über „Besinnung", so entspricht sie dem, was gemeinhin als Gedächtnisleistung bezeichnet wird (vgl. S.229-231).[124]

Es gibt natürlich auch Reproduktionen ohne kognitive Zwischenschaltung (so bei Automatismen, z.B. bei motorischen Fertigkeiten). Nicht immer entspricht die Art der Aktualisierung auch der Art des Lernresultates (kognitiv oder nicht; vgl. S.230). Läuft eine Aktualisierung nicht auf eine exakte Wiederholung des Lernresultates hinaus, d.h. ist die Situation im Moment der Aktualisierung nicht gänzlich analog zur Lernsituation, so handelt es sich um *Produktion:* Sie wird, im Hinblick auf die Leistung, die darin besteht, daß die Aktualisierung auch in mehr oder weniger modifizierten Situationen erfolgen kann, als *Transfer* bezeichnet. Transfer meint also die Übertragung des Lernresultates R aus der Lernsituation A in die eine Aktualisierung veranlassenden (relativ neuartigen) Situationen A', A'', A''', so daß zur Bewältigung dieser Situation „neues Lernen teilweise oder auch vollständig unnötig ist" (vgl. S.232/233). Insbesonders langwierige und komplexe Lernprozesse sind (gerade in typisch kognitiven Verlaufsformen) nur möglich auf der Basis einer transferierenden Aktualisierung vorangegangener Teil-Lernresultate (vgl. S.258).[125] Natürlich erfordert im Grunde *jede* Aktualisierung ein Mehr oder Weniger an Transfer, die Wiederkehr absolut identischer Situationen ist nur selten gegeben, es gibt also bezüglich des Transfer „in Wirklichkeit allerlei Zwischenstufen" (vgl. S.233, 234, 297 und passim). Für Transferleistungen höheren Maßes ist allerdings eine entsprechende *Wandlungsfähigkeit* der erlernten Handlungsstruktur Voraussetzung (vgl. S.99, 149 ff. und 235). „Eine Handlungsstruktur ist wandlungsfähig, falls sie die Person, die sie in ihrem 'Repertoire' hat, zugleich *ohne weiteres Lernen* über andere, abweichende Handlungsstrukturen verfügen läßt" (S.235 und 99). Diese Eigenschaft der Wandlungsfähigkeit ist nun namentlich bei kognitiven Handlungsstrukturen gegeben, d.h. nicht-kognitive Strukturen sind im allgemeinen weit weniger wandlungsfähig. Gerät eine Transferleistung zum Nachteil des Lerners, d.h. bedeutet sie „keinen Gewinn, sondern im Gegenteil eine Störung" im Handeln, so spricht man von *negativem Transfer.* Positiver und negativer Transfer beruhen manchmal auf identischen Prozessen,[126] manchmal auch auf verschiedenen (vgl. S.239/240). Eine besonders wichtige Form eines negativen Transfer ist die *Interferenz.* Sie wird unter 1.5 gesondert erörtert. Es sei hier lediglich der terminologischen als auch der begrifflichen Klarstellung halber betont, daß die gelegentlich anzutreffende Gleichsetzung von positivem Transfer mit Transferenz und von negativem Transfer mit Interferenz zumindest in Parrerens Lernpsychologie deshalb nicht möglich ist, weil es außer der Interferenz (die eine Aktualisierungsstörung ist) noch andere Formen negativen Transfers gibt. Der linguistische Begriff der Interferenz, wie er im Schrifttum zur Fehleranalyse und zur kontrastiven Grammatik auftaucht, läßt sich somit im Sinne Parrerens weder dem negativen Transfer allgemein, noch der lernpsychologischen Interferenz im besonderen zuordnen.[127]

Die *Möglichkeiten des Transfer* sind nun hauptsächlich begründet 1. in der Natur der Endhandlungsstruktur und 2. in der Beschaffenheit der aktuellen Situation, in der das entsprechende Lernresultat zu aktualisieren ist. Endhandlungsstrukturen in Form von Valenzhandlungen haben, da das Handeln in einer nicht-kognitiven Reaktion auf ganz bestimmte Wahrnehmungsinhalte besteht, eine nur bescheidene Wandlungsfähigkeit. Hier setzt der Transfer weitgehend *identische* Elemente (bei wechselnder Umgebung) innerhalb des Wahrnehmungsfeldes voraus (vgl. als Beispiel Abb.1, Fig.b, in Parreren,

S.237) oder mindestens stark *äquivalente* Gegebenheiten; im letzteren Falle erfolgt Transfer allerdings oft schon „in abgeschwächter oder verzögerter Form" (vgl. S.236). Auf die Wahrnehmung der identischen Elemente bzw. der figuralen Äquivalenz stellt sich der Transfer dann allerdings in einer Art Reizgeneralisierung gleichsam automatisch ein (vgl. S.239-241). Damit ist natürlich auch eine gewisse „Generalisierung der Valenzen in unerwünschtem Sinne" verbunden: Dem muß die Person mittels Differenzierung entgegenwirken. Differenzierungsverhalten wird beispielsweise durch positive Verstärkung richtiger Reaktionen gefördert (sogen. „Effekte") oder, was viel wichtiger sein dürfte, durch kognitive Aktivität der Person selbst. Es ist also möglich, daß eine bereits automatisch ablaufende Handlungsstruktur *zusätzlich über ein kognitives Schema kontrolliert* wird.[128] Dieses Schema kann, nachdem eine hinreichende Differenzierung im Valenzhandeln erreicht ist, allmählich wieder verschwinden. Insgesamt ist das kognitive Vorstadium beim Erlernen von Valenzhandlungen also vor allem für späteren Transfer bedeutsam (vgl. S.247-250, ferner S.269 ff., insbes. die Beispiele für „kognitiven Halt" S.273 ff.).[129] Handeln anhand von *Begriffsschemata* ist transferierbarer als die an ein *Modellschema* gebundenen Endhandlungsstrukturen. Übrigens gilt: Je abstrakter die „Merkmale" des Begriffs sind, desto größer ist der „Aktionsradius" des Begriffsschemas (vgl. S.252).

Während nun der Transfer von nicht-kognitiven Lernresultaten sich weitgehend *autonom* vollzieht, überlegt die handelnde Person im Falle eines Transfers kognitiver Lernresultate „in den charakteristischsten Fällen" aktiv und bewußt, *welches* der kognitiven Schemata, über die sie verfügt, in der gegebenen Situation anwendbar und hilfreich sein könnte. *Die Person selbst also vollzieht den Transfer,* und zwar einen ganz bestimmten, wobei sie andere (z.B. fehlerhafte) Transferenzen bewußt ausschaltet (vgl. S.252-253, 261).[130]

Begriffliche Äquivalenz, wie sie hier vorliegt, garantiert darum ein entschieden höheres Maß an Flexibilität und Kreativität im Erkennen von Situationsäquivalenzen, als es bei nicht-kognitiven Prozessen gegeben ist (vgl. S.257 und passim). Die Person selbst entscheidet, was sie als die für eine Aktualisierung *relevante Äquivalenz* ansehen will. Das Auffinden dessen, was relevant werden kann, geschieht aus „Einsicht" in die Verhaltenspotenzen und das Ziel des Handelns sowohl als auch in die Natur der Situation (vgl. S.289).[131] Kognitiver Transfer bedeutet nun aber außerdem im Gegensatz zum autonomen Transfer auch *erhöhte Sicherheit* im Aktualisierungsverhalten, vor allem hinsichtlich einer *langfristigen* Retention (vgl. S.258), und damit verminderte Interferenzgefahr.

Für Transfer und Interferenz ist neben der Natur der Endhandlungsstrukturen, aus denen die Lernresultate bestehen, die interne Organisation der Speicherung von Lernresultaten im Gedächtnis ausschlaggebend. Wir kommen hier auf Parrerens Systemtheorie zu sprechen (vgl. S.296-387).[132] Die durch Lernen erworbenen Verhaltenspotenzen (im Zusammenhang mit der Systemtheorie fortan „Gedächtnisspur" oder kurz „Spur" genannt) sind nicht isoliert und zusammenhanglos im Gedächtnis gespeichert, sondern bilden Systeme und Teilsysteme.[133] Sie bilden ein organisiertes psychologisches Feld von Ganzheiten unterschiedlich hoher Ordnung mit dem damit gegebenen „Primat des Ganzen gegenüber den Teilen" im Sinne der klassischen Gestaltpsychologie (vgl. S.299). (Die Frage, ob und wie damit physiologische Entitäten wie z.B. „Engramme" korrelieren, bleibt ausgeklammert: vgl. Parreren 1970/71, S.298, und 1964a, S.37). Die Systeme und Subsysteme stellen die „Spiegelung" und den „Niederschlag" der Verhaltensorganisation einer Person dar (sogen. „Verhaltensganzheiten") und sind darum *individuelle* Phänomene (vgl. S.300 und die dort zitierten Beispiele).[134] Alle Verlaufsformen des Lernens führen zur Spurenbildung, es gibt darum auch eine Spurenbildung „en passant", die aus „unbewußtem oder zufälligen Lernen"[135] resultiert (vgl. S.298). Mit jeder geordneten wiederkehrenden Tätigkeit wird jeweils ein bereits bestehendes Spurensystem reaktiviert, gefestigt, erweitert, aber auch – wie wir noch sehen werden – homogenisiert.

Sowohl die Momentaneität einer Regsamkeit („Aktivierung" eines Systems) als auch Frequenz und Dauer der Regsamkeit ist für das Ausmaß von Transfer (und Interferenz) entscheidend (vgl. S.301). *Welches* System in einem gegebenen Zeitpunkt regsam wird, ist zunächst einmal „von den Umständen der aktuellen Situation und der aktuellen Gerichtetheit der Person mitbestimmt" (vgl. S.298/299). Wenn zwischen diesen aktuellen Momenten und einem bestimmten Lernresultat „auf irgendeine Art eine Verbindung entsteht", kann Transfer eintreten (vgl. S.296, ähnlich S.298 unten). Eine solche Verbindung kann *explizit* (etwa durch einen förmlichen Hinweis eines Lehrers an die Adresse des Lerners) geschaffen werden oder *implizit* gegeben sein (vgl. S.301). Zwischen den Systemen bzw. Teilsystemen besteht *Spurentrennung.* Die Systemtrennung macht allerdings einen Wechsel in der Aktualisierung von System *x* zu System *y* nicht unmöglich, sie erschwert ihn lediglich (vgl. S.309). Die Trennung ist also relativ. Der Übergang in der Aktualisierung von System *x* zu System *y* wird dadurch erleichtert, daß einzelne Spuren in beiden Systemen *zugleich* gespeichert sind. Eine solche mehrfach vorhandene Spur *a* kann mitunter genügen, daß, wiewohl gerade System *x* aktiviert war, die mit *a* am stärksten verbundenen Spuren *b, c, d* . . . aus System *y* aktiv werden (vgl. S.322, 348 und 302 ff.). Auch wenn *y* nun nicht sofort als Ganzes regsam wird, begünstigen diese mehrfach eingebetteten Spuren weitere Infusionen aus *y*, wobei die Chancen für eine *generelle* Aktivierung von System *y* ständig steigen (vgl. S.310). Kognitive Prozesse, die auf Systemaktivierung gerichtet sind, erleichtern natürlich die Infusion (vgl. S.324). Außerdem hängt die Infusion von der *Gewichtsverteilung* ab: Spuren, die für das betreffende System von zentraler Bedeutung sind (also mehr „Gewicht" haben), haben größere Infusionschancen als die weniger gewichtigen Spuren. Was für die Systembildung als Ganzes gilt, ist auch bezüglich der Gewichtsverteilung zu sagen: Sie spiegelt als eine subjektiv-psychologische Organisation den Verhaltensstrom[136] einer Person und kann sogar den didaktisch intendierten Gewichtungen zuwiderlaufen (vgl. S.329), ja man kann sogar von *affektiven Gewichtsfaktoren* sprechen (vgl. S.332). Als weitere Faktoren, welche Infusionen begünstigen, sind die *Gerichtetheit der Person* und die *Prägnanz des Evocators* zu nennen (vgl. S.333 ff. und 337 ff.): Sie werden als situationsbedingte Momente gegenüber den eben dargelegten *Spurenfeldfaktoren* unter der Bezeichnung *aktuelle Faktoren* zusammengefaßt. *Evocatoren* entsprechen in etwa dem, was man früher als „Reproduktionsreiz" zu bezeichnen pflegte (vgl. S.334), es sind bestimmte inhaltliche „Forderungen oder Eigenschaften", die eine Person („*bevor* das Gesuchte wirklich gefunden und reproduziert wird") in einer bestimmten, durch die aktuelle Gerichtetheit bedingten „Suchintention" bewußt vor Augen hat (l.c.). Mit der Prägnanz eines Evocators ist die *Stärke* seiner Tendenz bezeichnet, eine *ganz bestimmte* Spur zur Aktualisierung zu bringen (vgl. das Beispiel „Rom" S.337[137] und die S.337 ff. aufgeführten Kriterien für Prägnanz). Im Gegensatz zu Duncker spricht Parreren auch dann von prägnanten Evocatoren, wenn die Person ohne besonders starke Gerichtetheit gleichsam „spontane Reproduktionen" erbringt (vgl. S.338), betont aber, daß natürlich die Prägnanz „dort weniger wirksam ist, wo Infusion nötig ist, als dort, wo das Wiedererkennen innerhalb des Systems erfolgt" (vgl. S.340 und das dort zitierte Beispiel mit dem Friseur).

Mehrfach (z.B. S.290, 291, 292, 293) weist Parreren darauf hin, daß die Laboratoriumsversuche zum Transfer im Vergleich zu den meisten Transfersituationen des praktischen Lebens insofern einen Idealfall darstellen, als zwischen *Lernphase* (Aufbau einer Struktur und Integration in das Spurensystem) und *Kontrollphase* (transferierende Aktualisierung nach sehr kurzer

Retention) meist ein fühlbarer zeitlicher, formaler und quasi „psychologischer" Zusammenhang bestehe. Für Alltagssituationen ist demgegenüber das sogenannte *Zwischenfeld*[138] von größter Wichtigkeit (vgl. S.325 ff.).

1.5 Interferenz

„Interferenz ist eine Störung, die bei der Aktualisierung eines Lernresultates oder in einem neuen Lernprozeß als Folge anderer interpolierter oder vorangegangener Lernprozesse zu beobachten ist" (S.366). Das Mißlingen selektiver Systemreaktivierung aufgrund von Infusionen aus Systemen, die im Augenblick getrennt bleiben sollten sowie die Beeinträchtigung der Aktualisierung von Spuren aus *x* durch Aktivitätssteigerung eines „falschen" Systems *y* sind Beispiele hierfür (vgl. S.355). Es gibt aber auch Interferenzen während des Erlernens eines „alternativen" oder „konkurrierenden" Systems (vgl. S.362 ff., insbes. S.366).[139] Nach Parreren (vgl. S.356 ff.) gibt es drei hauptsächliche Ursachen für Interferenz:

a) unvollkommener Kontakt zwischen Evocator und Spurenfeld;
b) *Verklumpung;*
c) „problematisch" gewordene Evocatoren.

Ad a): Selektive Systemreaktivierung setzt einen Evocator voraus, der bezüglich des „gewünschten" Systems sehr prägnant ist, bezüglich des „konkurrierenden" Systems dagegen möglichst wenig Prägnanz hat (vgl. S.355/356).[140] Da es nun Spuren gibt, die in mehrere Systeme eingebettet sind und auch auf dieselben Evocatoren ansprechen, kann es, trotz schwächerer Prägnanz für das unerwünschte System *y*, zu einer Systemaktivierung von *y* (statt von *x*) kommen, falls die Systembindung in *x* noch schwach ist und *y* generell in seiner Regsamkeit vorherrscht (vgl. S.357, 360).

Ad b): Mit *Verklumpung* bezeichnet Parreren den sogenannten Köhler-Restorff-Effekt der *Bereichsbildung,* wie er in Experimenten zum Memorieren von Reihen entdeckt worden ist. Wird (1) eine große Zahl (2) sehr ähnlicher, d.h. homogener Elemente (vgl. S.140) (3) in zeitlicher Komprimierung und ohne Unterbrechung durch heterogene Elemente oder Pausen (vgl. S.141) dargeboten, so bilden alle diese Elemente im Spurenfeld rasch eine „unentwirrbare Masse", einen diffusen Bereich (vgl. S.140/141, 358). Der Lerner kann dem entgegenwirken, indem er versucht, dem Material seine psychologische Homogenität zu nehmen und es mittels Komplexbildung,[141] Lokalisation und gewisser inhaltlicher Hilfen zu differenzieren (vgl. insges.

S.140-144). Das sogenannte *clustering* (Bousfield 1953, vgl. auch Hörmann 1970, S.147), wie es in psycholinguistischen Experimenten aufgewiesen wird, scheint mir auf einem solchen Verklumpungsprozeß zu beruhen. Allerdings zielen die inhaltlichen Hilfen (in Form von Superzeichenbildung), die zur „Traubenbildung"[142] führen, nicht auf die Memorierung einer gegebenen *Reihe* als solcher, sondern – entsprechend der Anlage des Experiments – auf die Reproduktion möglichst vieler Elemente *ohne* Rücksicht auf die Lokalisation in der Reihe. Wie Prägnanz und Transfer bezeichnet auch Verklumpung ein *quantitatives* Merkmal, denn *jede* Spureneinbettung führt zu einer gewissen Verklumpung: Die Spuren werden zu einem Ganzen unter Verlust einiger ihrer individuellen Qualitäten, vor allem der Lokalisierungsmerkmale (vgl. S.358-359). Die Gefahr der Verklumpung erhöht sich in einem *Systemverband.* Hierunter versteht man zwei Systeme, die eine ganze Reihe von Spuren gemeinsam haben, wobei diese Spuren in jedem der Systeme großes Gewicht haben. Im Extremfall verliert ein Element seine Individualität so vollständig, daß es nicht mehr reproduziert werden kann, ja nicht einmal mehr wiedererkannt wird. Im Falle einer geforderten Systemreaktivierung können nun bezüglich der Interferenz drei Fälle unterschieden werden (vgl. S.360):

- Es erfolgt *keine* Aktualisierung.
- Es wird ein *falsches* Element durch Infusion aus dem *falschen,* d.h. konkurrierenden System aktualisiert.
- Es wird ein *falsches* Element aus dem *richtigen,* d.h. zu aktualisierenden System abgerufen.

Ad c): Aktiviert ein Evocator ein zur Bewältigung der aktuellen Situation untaugliches System, so ist *entweder* die Problemsituation vom handelnden Subjekt falsch eingeschätzt worden (Aspekt des Problemlösungsprozesses) *oder* der Evocator selbst ist untauglich geworden (Aspekt der Interferenz). Letzteres ist der Fall, wenn der Evocator „ganz aus dem Gedächtnis aktualisiert werden muß", weil es in der aktuellen Situation keinen *wahrnehmbaren* Anknüpfungspunkt gibt (vgl. Münsterbergs Experiment, Parreren S.361; vgl. insges. S.360-362). Auch die zu häufige Wiederholung der Handlung und gezieltes *overlearning* können zur Interferenz führen: Da das Modellschema durch einen Automatismus ersetzt wird, verringert sich die kognitive Kontrolle, wobei gleichzeitig der Evocator für die Spur „unvollständiger" wird; schließlich enthält er nur noch Merkmale, die sowohl für die Reaktivierung von System *x* als auch für die Reaktivierung von System *y* genügen (vgl. S.361/362).

Alle drei Fälle (*a*), *b*), *c*)) betreffen selektive Reaktivierung von Systemen, die *bereits aufgebaut* sind. Ist ein System *y erst im Aufbau begriffen*, so können Interferenzen aus einem bereits erworbenen System *x* unter den Bedingungen von *a*) eintreten, während Interferenzen der Art von *c*) ausscheiden und auch Interferenzen der Form *b*) zunächst nicht in Betracht kommen, da ein größerer Verklumpungsprozeß erst noch eintreten muß (vgl. S.362-363). Für Eintreten bzw. Ausbleiben von Interferenzen vom Typ *a*) ist bedeutsam, ob die Person zum Zeitpunkt des Erwerbs von System *x* bereits gewußt hat, daß sie später noch ein konkurrierendes System *y* aufzubauen hat. Erfahrene Lerner würden nämlich in einem solchen Fall System *x* mit einem spezifischen *Systemetikett* versehen und daran die einzelnen Elemente von *x* binden, so daß sie diese später weniger leicht in *y* interferieren (vgl. S.363-364).

Kommen wir abschließend auf nicht-kognitive Formen von Lernresultaten wie *Bewegungsstrukturen* und *Valenzhandeln* zurück! Auch in einem Valenzsystem entsteht Verklumpung. Da für das Funktionieren von Valenzen im allgemeinen eine gewisse Einstellung und Gerichtetheit der Person erforderlich ist, ergibt sich die Möglichkeit selektiver Systemreaktivierung. Hierbei kann das Systemetikett als Evocator fungieren: Es wird allerdings nicht *mitreproduziert*, da bei Valenzhandeln grundsätzlich nichts reproduziert wird, es wird ja direkt auf Wahrnehmungsgegebenheiten *reagiert*. *Unbedingte Valenzen* (Valenzen, die nicht von der Einstellung der Person abhängen: Vgl. Parreren, S.39) können demgegenüber beim Aufbau eines alternativen Systems leicht intervenieren (vgl. S.365). Wenn dann kognitive Kontrollmöglichkeiten fehlen, kann eine einzige Interferenz mühelos weitere Infusionen auslösen, bis das gesamte konkurrierende Valenzsystem aktiv wird (sogenannter *Schneeballeffekt*). Abhilfe schafft hier nur ein Evocator in Form eines Systemetiketts, d.h. die Einstellung auf ein ganz bestimmtes System (vgl. S.385). Wiederholte wechselseitige Interferenz mehrerer Systeme führt zu *mehrfacher Systembindung*, d.h. „die Zusammenhänge der einzelnen Systeme laufen durcheinander" (vgl. S.347, 386). Beispiele für gut funktionierende selektive Aktivierung eines Valenzsystems sind das Notenlesen in verschiedenen Schlüsseln, das Spielen von Streichinstrumenten in verschiedenen Lagen, die Zuordnung von Handbewegungen beim Kämmen mit und ohne Spiegel (vgl. S.387).

2. Versuch einer Anwendung von Parrerens Aktualisierungstheorie auf die Interpretation von Spracherwerbsphänomenen

Vorbemerkung: Bevor wir (ab 2.2) aus Parrerens Theorien erste Hypothesen aufstellen und Folgerungen für den sprachlichen Bereich ziehen, scheint es uns angebracht, am Beispiel der seitherigen Versuche der Fehleranalyse exemplarisch das fühlbare lerntheoretische Defizit in der gängigen psycholinguistischen und sprachdidaktischen Deutung herauszustellen. Diese Kritik will nicht die unbestreitbaren Verdienste der vorhandenen Literatur schmälern, sie soll lediglich die Eigenständigkeit unserer Interpretation kindsprachlicher Daten und die relative Vergleichbarkeit bestimmter Fehlertypen im Erst- und Zweitspracherwerb verdeutlichen helfen.

2.1 Der derzeitige Stand der Fehleranalyse

Betrachtet man die angewandt-linguistische und psycholinguistische Literatur als Ganzes, so fällt eine höchst merkwürdige Zweigleisigkeit auf: Während im didaktischen und kontrastiven Schrifttum zum *Zweitspracherwerb* versucht wird, die Fehler nach rein linguistischen oder linguistisch-kontrastiven Gesichtspunkten als „Interferenzen" zu klassifizieren und voraussagbar zu machen, ist in den Arbeiten zum *Erstspracherwerb* (vor allem in der amerikanischen generativ-transformationellen Literatur) eine lernpsychologisch differenzierte Betrachtung der Fehler noch kaum zur Diskussion gestellt worden; vielmehr ist dort eine bisweilen recht voreilige und tendenziöse *sprachpsychologische* Deutung typisch. Der kindsprachliche Fehler gilt, wie in Kapitel III darzulegen ist, in der Regel als Aufweis einer mehr oder weniger bewußten Hypothesenbildung des Lerners bezüglich der zu erwerbenden Grammatik.[143] Dabei wird vorausgesetzt, daß der Fehler auf andere Weise nicht erklärbar sei, so wie überhaupt viele kindsprachliche Produktionen nur mit einer dem generativen Grammatikmodell entsprechenden Kreativität verständlich würden. Es ist damit implizit behauptet, der kindsprachliche Fehler sei ein Fehlertyp *sui generis* und mit sprachlichen Fehlleistungen, wie sie im Fremdsprachenunterricht oder beim kompetenten Sprecher (als Performanzstörungen) zu beobachten sind, letztlich nicht vergleichbar. Wir werden unter 2.3 darlegen, daß derartige Annahmen nicht ganz so evident sind, wie es auf den ersten Blick scheinen könnte, und daß insbesondere die *rein linguistischen* Ansätze der Fehleranalyse zwischen Erst- und Fremdspracherwerb auch erhebliche Gemeinsamkeiten erkennen lassen. Es ist u.E. nicht so ohne weiteres einsichtig, wieso unmittelbar von kindsprachlichen Phänomenen (die ja teilweise auch als Performanzdefizienzen zu deuten wären) zu eminent spekulativen Kompetenztheorien die Brücke geschlagen wird, ohne daß die hierbei zugrunde gelegten Daten zuvor einer *lernpsychologischen* Analyse unterzogen werden. Schließlich hätte die lernpsychologische Diskussion auch einen methodisch begründbaren Vorrang insofern, als Lerntheorien gemeinhin weit mehr auf empirisch-experimenteller Basis ruhen als die generativen linguistischen Modelle.

In der sowjetischen Literatur (soweit sie uns überhaupt in Übersetzungen zugänglich war) scheinen spezifisch lerntheoretische Betrachtungen des Erstspracherwerbs ebenfalls selten zu sein. Das Schrifttum zum natürlichen Spracherwerb scheint ganz in der Tradition Wygotskis zu stehen und sich mehr um allgemeine entwicklungspsychologische Fragestellungen zu zentrieren (nach wie vor hauptsächlich zur Ontogenese von Sprache und Denken in ihrer Dialektik und Interpendenz [144]).

Das fremdsprachendidaktische Schrifttum hierzulande und die Arbeiten zur kontrastiven Grammatik betonen zwar mehr und mehr die Notwendigkeit einer psychologisch orientierten Fehleranalyse, die tatsächlich vorliegenden Ansätze zur „Fehlerkunde" (man denke an die von Nickel geleiteten und inspirierten Projekte) scheinen sich aber doch größtenteils an einen traditionellen linguistischen Beschreibungsapparat zu klammern. Die psychologische Komponente interveniert punktuell und ist im übrigen keiner kohärenten und explizit gemachten Theorie verpflichtet.[145]

Wir gehen hier von der Annahme aus, daß alle sprachlichen Fehlleistungen, ob sie nun aus Spracherwerbsphasen stammen oder kompetenten Sprechern unterlaufen, zunächst derselben lernpsychologischen Analyse zu unterwerfen sind, da *jeder* Fehler möglicherweise aus Störungen bei der Aktualisierung von Lernresultaten herrühren kann. Daher ist jeweils an erster Stelle zu entscheiden, ob ein negativer Transfer vorliegt, der durch die Launenhaftigkeit und Fehlerhaftigkeit des sprachlichen Systems bedingt ist, d.h. aus der Partialität und Vorläufigkeit der erst im Aufbau begriffenen Grammatik des Lerners resultiert; an zweiter Stelle kann dann versucht werden, die psycholinguistische Interferenzquelle dingfest zu machen. Eine gemeinsame Betrachtung von Fehlern aus dem Erst- und aus dem Zweitspracherwerb hat den Vorteil, daß einerseits beim Erstspracherwerb die Interferenzquelle nur innerhalb *eines* sprachlichen Systems zu suchen ist und daß andererseits bei Fehlern aus dem schulischen Fremdsprachenunterricht *Reihenfolge* und *Art der Darbietung* des sprachlichen Lernmaterials besser bekannt sind als in den ungesteuerten und sehr langfristigen Lernprozessen, wie sie beim natürlichen Sprachenlernen gegeben sind. Übrigens ist die Unvollständigkeit und immanente „Fehlerhaftigkeit" eines nur schrittweise vermittelten grammatischen Systems als potentielle Fehlerquelle erst allmählich in das Bewußtsein der kontrastiven Grammatiker gerückt.[146] Insgesamt scheinen die intralingualen Interferenzen gegenüber den interlingualen Interferenzen noch immer leicht unterschätzt zu werden. Wenig motiviert scheint mir eine Aufteilung in *linguistische* (= L1 → L2 –)Interferenzen und *psychologisch-pädagogische* Interferenzen (= L2 – Interferenzen): vgl. z.B. Wilkons 1968.[147] Einige Autoren glauben sogar, daß viele Fehler, die vorderhand noch als intralinguale L2 – Übergeneralisierungen eingeschätzt würden, auf L1 → L2 – Interferenzen rückführbar seien, „sobald die linguistische Kenntnis über die Tiefenstruktur sich vergrößert" (vgl. James 1972, S.24). Hombitzer (1971) meint, daß L2 → L3 – und L3 → L2 – Interferenzen mitunter bedeutsamer werden können als L1 → L2 – Interferenzen bzw. L1 → L3 – Interferenzen (so vor allem bei stark verwandten Fremdsprachen: z.B. zwischen Spanisch und Italienisch). Eine „herkömmliche Einteilung" (Juhász 1973, S.458) ist die Unterscheidung von phonetischen, grammatischen, semantischen und stilistischen Interferenzen. Hierzu einige gängige Beispiele zur Veranschaulichung:

Phonetische Interferenzen:

(1) dt. *Papa* / $p^hap^{(h)}a$ / → frz. / p^hapa / statt / papa /

(= Übertragung eines einzelnen Lautes, hier der aspirierten Aussprache stimmloser Verschlußlaute, aus einer germanischen in eine romanische Sprache.)

(2) Übertragung der (deutschen) insgesamt steigenden Frageintonation auf französische Fragesätze mit Fragewort (wo *nach* dem Fragewort meist fallende Intonation erscheint).

(3) Übertragung des Wortakzents auf Sprachen ohne Wortakzent oder fehlerhafte Setzung des Akzents:

dt. / t^hˈélefon / (nebst / thelefón /) → it. * / télefono /
oder (mit L2-Interferenz:) * / telefóno /
statt richtig: /teléfono /

(4) Fehler aufgrund unterschiedlicher Distributionsverhältnisse im phonologischen System (hier: Auslautsneutralisation im Deutschen):

dt. *Rad* / . . .t / → frz. *coude* * / . . .t / statt / . . .d /
Rat / . . .t / *coûte* / . . .t /

Grammatische, morphologische und idiomatische Interferenzen:

(5) dt. *Rarität* → frz. **rarité* statt *rareté*

(6) dt. *Ich gebe ihm* → frz. **je donne lui*

(7) dt. *Ich gehe. – Wer kommt mit? – Ich!* → frz. *Je pars,* (. . .) **Je!* (syntagmatischer Fehler aufgrund unterschiedlicher Distribution)

(8) dt. *aus dem Glas trinken* → frz. . . . **du verre* statt *dans un verre* (idiomatischer Bereich)

Semantische Interferenzen

(9) Ein Amerikaner in einem deutschen Restaurant: *„Bitte, ohne potatoes!"* (nach Juhász 1973, S.459)

(10) dt. *Blase* (etwa am Fuß) → engl. **bubble* statt *bladder*

(11) dt. *Türe* (des Autos) → frz. **porte* statt *portière*
frz. *manger* (bei Tieren) → dt. **essen* statt *fressen*
(referentielle Einschränkungen in einzelnen Sprachen)

(12) dt. *eine Tasse Kaffee!* (wird mit Milch serviert) → frz. (idiomatisch entsprechend:) *un café* (der Gast wollte aber: *un café au lait*)
dt. *er ist schwarz* (bezüglich der Haare) → frz. **noir* statt *brun.* (Das Deutsche unterscheidet den Sachverhalt durch die Wortart, wobei allerdings bei a) gegenüber b) Polysemie gegeben ist: a) *er ist schwarz,* b) *er ist ein Schwarzer.*)
Anderes Beispiel:
Ein Deutscher hört einen Franzosen von *salon* reden und assoziiert weniger *Wohnzimmer* als neutralen Ausdruck, sondern verbindet damit eine bürgerlich gehobene und prätentiöse Vorstellung, wie sie im deutschen *Salon* mitschwingt.

Weitere Beispiele zu *konnotativen* Interferenzen der vorstehenden Art entnehme man Reboullet (1972, S.5-6) und Baur-Langenbucher 1972 (passim). Konnotationen scheinen mir kein vorwiegend linguistisches Problem zu sein, sie betreffen eher die Bewertung und Vorstellung der Sache selbst als deren genaue sprachliche *Benennung.* Sie sind ein Problem des Kulturverständnisses. Fehler dieser Art zeigen aber, daß das *Signifikat* eines Wortes nicht einfach über den Signifikanten plus Referentenbeispiele vermittelt werden kann, sondern im Grunde eine *expérience vécue* erfordert. (Darüber ausführlicher in Kapitel III 1.1).

Die psychologische Belanglosigkeit einer derart schematischen Einteilung wird klar, wenn man bedenkt, daß phonetische Interferenzen *unbewußt* und *unwillkürlich* eintreten, während grammatische und lexikalische Interferenzen entweder *gegen* besseres Wissen oder aber aus *Absicht* und *Überlegung* zustandekommen können. Insbesondere ist eine Einteilung in semantische und grammatische Fehler problematisch, da ein Fehler sowohl im phonetischen als auch im lexikalischen und natürlich auch im grammatischen Bereich semantisch bedeutsam sein kann.[148] Es gibt darum Autoren, die alle Fehler nach (a) „semantisch bedeutsam" und (b) „semantisch unerheblich" klassifizieren. So unterscheidet beispielsweise Leisi (1972, S.32-35) schwere Fehler, „die aus einem Zeichen ein anderes machen", und leichte Fehler, „bei denen das Zeichen noch als dasselbe aufgefaßt wird" (vgl. S.33). Dies ist ein linguistisch-systematischer Standpunkt, denn bezüglich der von Leisi zitierten Aussprachefehler ist zu sagen, daß wir uns nicht mit isolierten Zeichen, sondern in sprachlichen und außersprachlichen Kontexten verständigen, wobei Vorwissen und Erwartung zusätzliche Interpretationshilfen geben. Vor allem jedoch lassen sich Fehler im Tempus- und Modussystem nur bedingt in dieser Weise klassifizieren. So wird etwa in der indirekten Rede *sei* und *wäre* weitgehend synonym gebraucht, obwohl in anderen Kontexten die beiden Sprachzeichen einen erheblichen Unterschied signalisieren („*Sei* er auch reich" = „ich glaube gern, daß. . ."; dagegen: „wäre er auch reich, so. . ." = „ich weiß ja, daß er nicht reich ist, aber wenn. . ., dann. . .").

(13) „Aber wenn es im Plan einige Sachen gäbe, die mit der Moral nicht vereinbar *seien* . . ." (ZDF, Tageb. d. kath. Kirche, 25.8.1974)

Hier wird vom Sprecher sicher nicht „aus einem Zeichen ein anderes gemacht", vielleicht kann man nicht einmal sagen, er verwechsle *seien* mit *wären*, vielmehr will er im Gebrauch dieses Sprachzeichens eine in seiner Muttersprache (Französisch) übliche und mögliche Nuancierung zum Ausdruck bringen.[149]

(14) «Je voudrais prendre des cours de français *chez vous* (statt *avec vous*). (Praxis des neusprachlichen Unterrichts 1973/1, S.81 und 89)

Hier liegt eine fehlerhafte Verwendung von *chez* vor, allerdings eine *bedingt* fehlerhafte: Der Satz wäre richtig, wenn die darin enthaltene Anzüglichkeit intendiert wäre oder wenn er nicht an einen Privatlehrer, sondern etwa an einen Lehrer eines Instituts gerichtet ist. Dem Sprecher war nicht klar, daß *chez vous* eben *zunächst* (d.h., sofern Situation und Kontext nicht dagegen sprechen) immer als *bei Ihnen zu Hause* verstanden wird.

Andere Autoren wieder glauben, eine größere Präzision in der Fehlerbeschreibung dadurch erreichen zu können, daß sie Anleihen bei der modernen linguistischen Terminologie machen.

(15) Zu spät **nach* London ankommen

(16) Ich befand mich **auf* dem Zug nach Edinburgh

Grauberg (1971, S.258-259) sieht in (15) einen bloßen Verstoß gegen eine *syntaktische* Regel, wonach *ankommen* nicht mit einer Präposition der Richtungsangabe kombiniert werden darf. Demgegenüber dürfe in (16) *auf* syntaktisch sehr wohl mit *sich befinden* verbunden werden, es würden hier jedoch *semantische Selektionsbeschränkungen* verletzt.[150] Die Frage ist nur, wie Grauberg diesen Sachverhalt einigermaßen ökonomisch beschreiben und für den Lerner operationalisierbar machen will. Der Gebrauch von *auf dem Flug, auf der Reise, auf der Eisenbahn(fahrt)* usw. gegenüber *im Zug, im Flugzeug, im Auto* wäre ja noch durch die Merkmale „abstrakt" vs. „konkret" einigermaßen beschreibbar; bedenkt man aber, daß in (16) *auf dem Schiff, auf der Straße, auf einem Fuhrwerk* usw. durchaus richtig wären, so sieht man, was im Grunde nur vorliegt: durch den Sprachgebrauch verfestigte Kollokationen.

Zusammenfassend ist festzustellen, daß die bislang vorliegenden Fehlerklassifizierungen eine Reihe entscheidender Mängel haben:

a) Sie sind wenig differenzierend. Ein Begriff wie *lexikalische Interferenz* faßt Erscheinungen zusammen wie

(17) frz. littérature → dt. *Litteratur
(orthographische Interferenz)

(18) dt. *Parterre* → frz. **parterre* statt *rez-de-chaussée*
(Probleme der *faux amis*)

(19) dt. *ein Auto* → frz. **un auto*
(ein Renault) *(*un Renault)*

In (17) und (19) liegen, sofern es sich um *gelegentliche* Verstöße handelt, *unbewußte* Übertragungen vor, während Übertragungen wie (18) bewußt und „guten Glaubens" stattfinden. Desgleichen ist (9), falls man hier überhaupt (wie Juhász es tut) von einem „semantischen Fehler" sprechen dürfte, schwerlich mit semantischen Fehlern wie in (12) vergleichbar.

b) Der Beschreibungsapparat erlaubt keine Unterscheidung von Fehlern wie sie *während des Lernvorgangs* selbst auftreten (und von der Person in dieser Periode, selbst im phonetischen Bereich, durchaus als solche bemerkt werden) und wie sie bei späteren Aktualisierungen vorkommen.

c) Die Beschreibung ist rein äußerlich. Aus der Analyse sind kaum Kriterien dafür zu gewinnen, ob ein Fehler wie **je suis couru* auf *intralinguale* Interferenz (*je suis allé, je suis monté, je suis parti* etc.) oder *interlinguale* Interferenz zurückzuführen ist. Wenn von „Fehlanalogie" oder „Übergeneralisierung" gesprochen wird, ist immer eine Ursache mitbehauptet: Diese Ursachen werden aber allein nach Frequenzen im Sprachsystem ermittelt, nicht nach Frequenzen, Gewohnheiten und bereits vorhandenen Lernresultaten bei einem ganz bestimmten Lerner. Genau deshalb versagt die Fehlerbeschreibung nach linguistischen Kriterien bei Phänomenen des natürlichen Erstspracherwerbs, während sie bei der didaktischen Fehleranalyse im Grunde gerade denjenigen *Output* erfaßt, der durch den nach derselben linguistischen Systematik vermittelten *Input* eines formenzentrierten Unterrichts geprägt worden ist.

d) Die Fehleranalyse ist unvollständig. Sie zielt nur auf solche Fehler, die als Verletzung einer linguistischen Form (oder einer sprachlichen Norm)[151] in Erscheinung treten. Ein linguistisch orientierter Beschreibungsapparat kann eine der häufigsten lernpsychologisch begründeten Störungen im Sprachunterricht nicht erfassen: das *Ausbleiben* einer Aktualisierung (vgl. beispielsweise die unter 1.5 zu Interferenzursache b) gemachten Ausführungen). Psychologische Blockaden[152] zeigen sich vor allem beim „Einstieg" in eine Encodierung, beim Suchen nach einer geeigneten Wendung, beim „Kleben" an muttersprachlichen Encodiergewohnheiten und bei artikulatorischen Verkrampfungen: Dies sind genauso Aktualisierungsstörungen wie das Verwechseln einer Form. Grauberg selbst (vgl. 1971, S.261-262) hat beobachtet, daß Fehlerhäufungen im Fremdsprachenunterricht immer dann entstehen, wenn der Lerner einen ganz bestimmten Inhalt ausdrücken *muß,* aber nicht weiß, *wie,* und darum auf muttersprachliche *patterns* rekurriert. Dies zeigt übrigens, daß viele L1 → L2 – Interferenzen in der Tat aus einem Bemühen um Transferenz entstehen und daß der Fremdsprachenunterricht nach der Vermittlung der *linguistischen Formen* nicht genügend Mühe auf das *Anwendungs-* und *Aktualisierungstraining* verwendet.

Corder (1967, S.166) glaubt, linguistische und psychologische Faktoren in der Fehlerbeschreibung dadurch koppeln zu können, daß er nach Fehlern im Performanzbereich *(mistakes)* und Fehlern im Kompetenzbereich *(errors)* aufgliedert. *Errors* haben nach Corder systematischen Charakter und spiegeln den Stand einer „Übergangskompetenz".[153] Es ist natürlich die Frage, was Corder mit *Kompetenz* und *Performanz* hier konkret meint: Die beiden Begriffe können in diesem Fall ja gerade nicht aus der Prämisse eines „idealen Sprecher-Hörers" (in Chomskys Sinne) deduziert werden.[154] Vermutlich will Corder folgendes sagen: Das Regelsystem, das dem Lerner zur Verfügung steht, ist vorläufig und lückenhaft, da das didaktische Bemühen auf *Dosierung* abgestellt ist. Entsprechend kann sich beim Lerner nur eine „Kompetenz" in bezug auf die bis zu einem gegebenen Zeitpunkt vermittelte Teilgrammatik G' entwickeln, die natürlich anders funktioniert als die (noch vollends zu erwerbende) Gesamtgrammatik G der betreffenden Sprache. *Errors* wären also dadurch charakterisiert, daß sie Fehler sind in bezug auf G, nicht aber (subjektive) Fehler in bezug auf G', aus deren vorläufiger und lückenhafter Regelhaftigkeit sie vielmehr ursächlich resultieren. Damit ist aber letztlich doch auch gesagt, daß die sprachlichen Produktionen aus dem Vorwissen und aus der sprachlichen und sprachpädagogischen Vorerfahrung des lernenden Individuums erklärt werden müssen und nicht aus abstrakt-linguistischer Sicht: Die linguistisch-systematischen Fehler sind nur ein *Teil* dieser Fehlermenge und zeichnen sich durch statistische Eigenschaften aus, d.h. sie treten bei *vielen* Lernern auf,[155] ohne daß allerdings im Einzelfall unbedingt auf eine linguistisch-systematische Ursache geschlossen werden darf. Wir können nämlich häufig genug beobachten, daß ein Lerner solche Regeln generalisiert, die in einem gegebenen Fall auch nach G' nicht in Frage kämen. Dieser Fehlertyp wird begünstigt durch die heute gängigen sprachpädagogischen Verfahren, die auf allzu explizite grammatische Analysen verzichten, so daß eher kognitiv eingestellte Lerner *subjektive grammatische Bereiche* bilden (mit entsprechenden „Systemetiketts"), welche die durch den Aufbau des Lehrwerks intendierten Bereiche in bizarrer Weise überlagern können. Wienold (1973, S.151-168) mißt darum zurecht der *Auswahl und Anordnung* der linguistischen und sprachlichen Elemente große Bedeutung bei. Und genau aus diesem Grunde kann eine linguistisch-kontrastive Grammatik eben nur bedingt Richtschnur für eine pädagogische Grammatik sein. Eine sinnvolle Fehlerklassifizierung wird darum (zunächst ohne Rücksicht auf die nur dem Linguisten einsichtige interne Systematik – bzw. Asystematik – einer natürlichen Sprache) *konsequent lernpsychologisch*[156] vorgehen müssen und zwischen Fehlern, die auf positivem Transfer im Rahmen einer gegebenen Teilgrammatik G' beruhen,[157] und Fehlern im Sinne von Aktualisierungsstörungen (Mißlingen selektiver Systemreaktivierung, Spurenverklumpung usw.) grundsätzlich unterscheiden. Corders Behauptung (vgl. 1972b, S.39), eine psychologische (psycholinguistische) Fehler*erklärung* müsse auf einer linguistischen Fehler*beschreibung* aufbauen, scheint in ihrer Apodiktik wenig plausibel. Ein Rückgriff auf die „tiefengrammatische Komponente" (vgl. Corder 1972b, S.39 ff., insbes. S.45/46)[158] dürfte im Falle der Fehlerbeschreibung noch entschieden problematischer sein als bei der kontrastiven Analyse.[159] Wenn man Begriffe wie „tiefengrammatisch" und „oberflächlich" aus den deskriptiv-linguistischen Theorien in die Betrachtung einer erklärungsadäquaten natürlichen Spracherzeugung übernimmt, dann ist eben gerade eine „tiefengrammatische" Fehlerbeschreibung keine „linguistische" Angelegenheit mehr, es sei denn, man unterschiede nicht mehr zwischen Kompetenz und Performanz, was Corder im Grundsatz aber tun möchte (vgl. Corder 1967). Wir werden später anhand von Chomskys Äußerungen selbst aufweisen, wie spekulativ eine Gleichsetzung von Prozessen einer generativen Deskription mit psycholinguistischen Prozessen ist. Daß andererseits eine Deskription mit generativ-transformationellem Begriffsapparat eher ein Mehr an *Hypothesen* bedeutet als ein Mehr an *Präzision* in der Beschreibung vorgefundener Daten und Fakten, wird ebenfalls noch ausführlich darzulegen sein.

2.2 Der Begriff der „sprachlichen Fertigkeiten"

Vorbemerkung: In den Teilen 2.2 und 2.3 versuchen wir, gewisse Erscheinungen beim Sprechen unter lernpsychologischen Gesichtspunkten zu diskutieren. Daß es ein äußerst heikles Unterfangen ist, lerntheoretische Aussagen, die auf der Interpretation vergleichsweise schlichter Experimente beruhen, auf sprachliche Gegebenheiten direkt zu übertragen, versteht sich von selbst. Der Kürze halber kann in den Formulierungen aber nicht beständig die grundsätzlich gebotene Vorsicht zum Ausdruck gebracht werden. Was Parreren bezüglich einer voreiligen Didaktisierung seiner Theorie gesagt hat (Parreren 1972a, S.98-99), gilt bestimmt auch für die hier folgenden psycholinguistischen Interpretationen. Übrigens geht es weniger darum, *ganz bestimmte Schlüsse* zu ziehen, vielmehr gilt es aufzuzeigen, *wie viele psychologische Faktoren generell in Rechnung zu stellen sind,* bevor definitive Schlüsse aus der Beobachtung der sprachlichen Daten gezogen werden dürfen. Insofern wollen die hier folgenden Aussagen die im Kapitel III im Zusammenhang mit bestimmten linguistischen Positionen vorgebrachte Kritik vorbereiten helfen.

„Sprachlichen Fertigkeiten" liegen *hochgradig komplexe* Handlungsstrukturen zugrunde, die eine allgemeine soziale Verhaltensbereitschaft und geistige Findigkeit (Erkennen von Äquivalenzen aller Art bis hin zur eigentlich sprachlichen Bildlichkeit und Metaphorik) zur Voraussetzung haben. Sie sind außerdem *heterogener Natur,* vor allem durch das beständige Ineinander von inhaltlich-situativen Erinnerungen und lautlich-formalen und syntaktischen Assoziationen. Was heißt eigentlich „nach einem Wort suchen"? Wieso redet der Schüler im Fremdsprachenunterricht auf einmal, wenn er erst den richtigen „Einstieg" gefunden hat? Wieso ist er nicht selbst auf die fruchtbare Wendung gekommen, die er doch eben erst gelernt hat? Sprechen heißt: sich passiv Assoziationen öffnen und selbst welche „produzieren"; heißt: sich inhaltlich und formal vom Gesprächspartner inspirieren lassen, zufällige und bewußte sprachliche Erinnerungsstücke, die von überallher stammen mögen, hier und jetzt zu einem neuen Ganzen zusammenzufügen.[160] Und Hören kann mitunter bedeuten: schon wissen, was mir der andere sagen will, der unter soviel sprachlichem „Zustrom" steht, daß er überhaupt nicht mehr zu einer geschlossenen und schlüssigen Formulierung findet („Du weißt schon, was ich sagen will!"). Kurzum, es gibt beides: bewußtes sprachliches Angehen und sprachlichen Zustrom.[161] Ist der sprachlich-inhaltliche *approach* für die Encodierung erst gefunden, erfolgt beim kompetenten Sprecher der grammatische Zusammenbau der sprachlich-inhaltlichen Vorräte (der „Versatzstücke", wie man auch bisweilen sagt) gleichsam von selbst.[162] Die nahezu gleichzeitig ablaufende entsprechende Ennervierung der Artikulationsorgane ist ein vollständiger Automatismus, während die inhaltliche und grammatisch-stilistische Tätigkeit zweifellos eine zumindest vage Vorausplanung kennt, die mit dem viel Gemeinsames haben dürfte, was Wygotski (1934) die „Verkürzung" der „inneren Sprache" nennt, wenngleich er betont, daß die innere Sprache der äußeren entgegengesetzt ist und „nicht der äußeren vorangeht oder diese im Gedächtnis reproduziert" (vgl. S.313). Zu dieser diffus planerischen Tätigkeit kommt, gleichsam nach erfolgter Artikulation, eine gewisse Kontrolle im Nachhinein, die für eventuell nötig werdende Korrekturen und für die folgende sprachliche und gedankliche Ausdifferenzierung verantwortlich zeichnet. Die Frage nach der Interdependenz der hier mehr schlecht als recht angedeuteten Teilfertigkeiten ist bis heute nicht zu beantworten. Insbesondere scheint eine geschlossene *hierarchische Systematik,* die sich mit den gängigen linguistischen Beschreibungsebenen decken würde, äußerst fraglich. Dennoch scheinen, wie wir in Kapitel III sehen werden, einige Psycholinguisten wie selbstverständlich davon auszugehen, daß der Sprecher ein geeignetes syntaktisches *pattern* wählt (1), das er dann lexikalisch besetzt (2), um es schließlich (3) morphonologisch zu realisieren.[164]

Es darf sicherlich angenommen werden, daß eine (linguistisch gleichwertige) Morphemverbindung einmal syntaktisch ad hoc gebildet wird und ein anderes Mal als fertiges Ganzes aus dem sprachlichen Vorratsspeicher entnommen wird. Benn[165] spricht in ähnlichem Zusammenhang von „grammatikalischen Fertigfabrikaten" und von „auswärts entstandener Vorstellungspaarung". Vermutlich sind die Übergänge von einer einmaligen Wortverbindung bis hin zur platten Phrase stufenlos: Sie zeigen das enge Nebeneinander und Ineinander von Kreativität und Konventionalität der Sprache, von Individuellem und Kollektivem. Und so wie beim Sprecher sprachliche Inhalte und sprachliche Formen sich gegenseitig evozieren können, wecken sie auch auf Hörerseite wechselseitig vermutende Antizipationen. Es ist seit langem bekannt, wie groß der Einfluß der Situation, des Kontextes, des Vorwissens und der „Erwartungen" des Hörers auf die phonologische Interpretation eben gehörter und noch folgender Lautketten ist. Eine Einwegbeziehung zwischen Phonologie, Morphosyntax und Semantik ist weder beim Encodier- noch beim Decodiervorgang psychologisch wahrscheinlich. Es erstaunt nicht, daß die Experimente zum Aufweis bestimmter Verlaufsformen dieser Vorgänge widersprüchlich ausgefallen sind. Weder in Form von Markoff-Prozessen, noch in Form einer *Von-oben-nach-unten-Strategie* phrasenstruktureller Art (Yngve 1960, Johnson 1965a und b), noch in Form einer systematisch faßbaren Mischung aus *Links-nach-rechts-* und *Oben-nach-unten-Prozessen* (Osgood 1963) scheint sich sprachliches Verhalten angemessen beschreiben zu lassen.[166] Wo Übereinstimmungen mit linguistischen Beschreibungsgrößen zweifelsfrei festgestellt worden sind, handelt es sich um wenig aufsehenerregende Sachverhalte. Daß beispielsweise *Det+Adj+N* in einem gegebenen Satz tatsächlich einen psychologischen „Knoten" bilden, mag wohl schlicht daher rühren, daß die drei Sprachzeichen auch *außersprachlich* eine Einheit bilden: Der Referent selbst bindet sie vorstellungsmäßig zusammen.

Die in der Fremdsprachendidaktik geläufige Aufteilung der sprachlichen Fertigkeiten in I *Hörverstehen*, II *Sprechen*, III *Leseverstehen*, IV *Schreiben* ist ziemlich global. Den Didaktiker interessiert eigentlich, *woraus* denn nun im einzelnen eine Fertigkeit wie „Sprechen" besteht. Übrigens leuchtet ein, daß die vier Teilbereiche nicht in jeder Hinsicht gleichwertig sind: *Sprechen* ohne *Hörverstehen* ist nicht denkbar, auch nicht *Schreiben* (im elaborierten

Sinn) ohne *Leseverstehen.* Und schließlich setzt auch das Hören irgendwie eine gewisse artikulatorische (d.h. hier letztlich: physiologische) Vorstellung voraus (vgl. Sapir 1921, S.26). Einige sprachdidaktische Verfahren wie Übersetzung[167] oder *pattern practice* lassen sich nicht ohne weiteres unter einen der vier Teile subsumieren.[168] Glücklich scheint mir einzig der Begriff „Hörverstehen", denn das Erkennen von Lautmustern und die „Speicherung" von Einzellauten im Kurzzeitgedächtnis (als Voraussetzung zur Analyse größerer Lautketten) erfolgen tatsächlich nur dann hinreichend, wenn den Lautstrukturen (wenigstens teilweise) sofort und immer wieder Bedeutungsstrukturen zugeordnet werden können. Bekanntlich ist es fast unmöglich, in einer gänzlich unbekannten Sprache Laute (a) zu erkennen und zu isolieren, (b) in der gehörten Reihenfolge zu memorieren und (c) länger zu speichern. Die Lauterkennung ist selbst in der Muttersprache erschwert, wenn inhaltliche Hilfen entfallen.[169]

Die sprachlichen Lernresultate, die den einzelnen sprachlichen Fertigkeiten zugrunde liegen, stammen alle aus langfristigen Lernprozessen; das bereits während des Lernprozesses anfallende hohe Maß an Komplexität des Handelns ist nur dadurch zu erklären, daß es schon *während des Lernvorgangs* zu Transferprozessen kommt, die auf den zuvor isoliert erworbenen Teilfertigkeiten beruhen: Dies gilt sowohl für die Artikulation als auch für die Syntax.[170] Die wachsende Komplexität der Handlungsstrukturen bedeutet nun aber auch ein beständiges *overlearning* derjenigen Elemente, die auf früheren Stufen des sprachlichen Vermögens bereits beherrscht wurden. Somit dürfen wir aber auch annehmen, daß es für sprachliche Lernresultate aller Art typisch ist, daß sie *keine festen Größen auf Dauer* sind und insbesondere die *qualitative Natur* der entsprechenden Handlungsstrukturen beständig wechselt: Sie verliert, etwa bezüglich Wortfolge und Morphologie, an Bewußtheit und Mühe und wird zu einem nicht-kognitiven Automatismus oder sie war (so im Bereich der Artikulation und des Hörens) von Anfang an nicht-kognitiver Natur und wird erst im Rahmen schulischer Spracherziehung auf eine gewisse Ebene der Bewußtheit und kognitiven Kontrollierbarkeit gehoben. Bezüglich der Erlernung von Wortbedeutungen war dies einigen Psycholinguisten schon lange bekannt. Entgegen der Meinung Sterns erfolgt nach Wygotski „das Erfassen der Beziehungen zwischen Zeichen und Bedeutung und der funktionale Gebrauch des Zeichens" beim Kind nicht als eine „einmalige Entdeckung", sondern bildet sich nur allmählich über zahlreiche Stufen heraus (vgl. Wygotski 1934, S.67/68 und Lurija 1969, S.478). Nach Wygotski ist die Bedeutung eines Wortes darum „eher ein dynamisches als ein statisches Gebilde" (S.300).[171] Dieser Prozeß kommt erst zu einem gewissen Stillstand, wenn ein Zeichen aufgrund häufigen stereotypen Gebrauchs oder besonders plastischer (und damit beschränkter) Referenz der subjektiven Interpretation keinen Spielraum mehr läßt. (Aus diesem Grunde haben Kinder mit bestimmten redensartlichen Wendungen so lange Verständnisschwierigkeiten: Die Referenz ist in diesen Fällen ja ganzheitlicher Natur und schließt ein sehr *globales* Situationsverständnis in Form einer Bewertung ein!). Das Kind, das (nach Dewey) mit *Ball* alle möglichen runden Gegenstände bezeichnet (*Ball, Ballon, Mond, Apfelsine* usw.), hat aus der Erwachsenensprache nur den *Signifikanten* übernommen und *eine* Referenz (die aus der Lernsituation stammt). *Ball* bezeichnet keine Klasse von Gegenständen in einem objektiven Sinn, sondern drückt die *Valenz* aus, die der Anblick bestimmter Gegenstände für das Kind hat. Schon Meumann (zit. bei Wygotski 1934, S.71) betonte, daß die ersten Worte nicht *Gegenstände* oder *Vorgänge* bezeichneten, sondern „die *emotionelle* oder *volitionale* Seite dieser Gegenstände". Ganz ähnliche Aussagen finden sich bei Segerstedt (1947, S.34/44), der allerdings an Stern zu Unrecht kritisiert, daß dieser auch der oberflächlichen Ähnlichkeit der Gegenstände Bedeutung beimesse: Nur geht es natürlich nicht um objektive Begrifflichkeit, sondern um subjektive Apellfunktionen im Sinne der Parrerenschen Valenz.

Noch eine andere Beobachtung Wygotskis findet in dem lernpsychologischen Sachverhalt der qualitativen Veränderung von Endhandlungsstrukturen ihre Begründung. Nach Wygotski (1934, S.302) ist die „lautliche" und „semantische" Seite in der kindsprachlichen Entwicklung zu unterscheiden. Generell eilt die Entwicklung der Sprache der Entwicklung des Denkens immer ein Stück voraus (vgl. Wygotski, S.70, und Lurija 1969, S.465); innerhalb der sprachlichen Entwicklung selbst gilt darum, daß das Kind mit den sprachlichen Formen *qua Signifikant* operiert, „lange bevor" es die semantische Leistung der in der Erwachsenensprache damit implizierten semantischen und sprachlogischen Strukturen erfassen kann (vgl. Wygotski, S.94, und Sokolow 1969, S.434).[172] Ganz ähnlich sah übrigens auch Sapir (1921, S.24) die Dialektik in der Entwicklung von Sprache und Denken: „Mit Hilfe des Instruments kommt (. . .) das Endprodukt zustande, während das letztere wiederum die Verfeinerung des Instruments ermöglicht."[173]

Deshalb ist es grundsätzlich problematisch, aus der Lautseite kindsprachlicher Produktionen auf die funktionale und Inhalts-Seite unmittelbar zu schließen, wie dies etwa folgende Äußerungen eines 30 bis 36 Monate alten Kindes belegen:

(20) / der papi will von mir apfelsaft haben! / = *Ich will vom Papi Apfelsaft haben.*

/ der papi hat den Timi angemalt! / = *Thomas hat den Papi (mit Kreme) angeschmiert.* (Ramge 1973, S.26)

Es leuchtet ein, wie gewagt es ist, aus abweichender Formenhandhabung durch das Kind auf die Einwirkung bestimmter generativer Grammatikhypothesen zu schließen oder auf tiefenstrukturelle Operationen jedweder Art.

Es ist vor dem Hintergrund derartiger entwicklungspsychologischer Positionen gleichsam selbstverständlich, daß zunächst *Wörter* in einem traditionellen Verständnis und andere, mit den Gegebenheiten der Wirklichkeit direkt korrelierende *Syntagmen* gelernt werden und daß diese Syntagmen nicht unbedingt für das Kind in einer Weise durchschaubar und analysierbar sein brauchen wie für den kompetenten (und schulisch erzogenen) Sprecher. Was Parreren (1972a, S.101) von der didaktischen Grammatik verlangt, daß sie nämlich vorwiegend „den Zusammenhang zwischen bestimmten Verständigungsintentionen und sprachlichen Strukturen (zu) explizieren" habe (statt systematisch-linguistischen Gesichtspunkten gerecht zu werden), gilt auch für die kindsprachliche Grammatik. Wenn etwa *It's* und *it* u.ä. in Formen wie *Is that's a belt?* oder *It's has wheels* (Menyuk 1969a, S.90, und Cazden/Brown/Bellugi 1968, S.312) durcheinander gehandhabt werden, so erklärt sich dies aus der noch fehlenden kognitiven Durchdringung von Syntagmen. Auf jeden Fall scheint es psychologisch höchst bedenklich, natürliche Spracherwerbsprozesse mit auf Morphemanalysen basierenden (strukturalistischen oder generativen) linguistischen Modellen erklären, ja auch nur beschreiben zu wollen.[174]

Es ist eben nicht die Ausnahme, sondern die Regel, daß sprachliche Elemente, noch ehe sie im einzelnen phonetisch beherrscht werden, schon in morpho-syntaktischer Gruppierung erscheinen, um in kreativ-transferierender Verwendung als Satzteile zu fungieren, lange bevor die Flexion der einzelnen Elemente gemeistert wird.

Wir haben es hier mit einer Art von biologisch einprogrammierter Ungeduld zu tun. Genau so erklärt sich auch das Nebeneinander von korrekten und defekten Formen bei ein und demselben Kind zu einem gegebenen Zeitpunkt, z.B. *he good* und *he's good* (Menyuk 1969a, S.15). Ein besonders sprechendes Beispiel findet sich bei Ramge (1973, S.82):

(21) (a) / mami n haus!
(b) mami malen!
(c) n haus malen!
(d) mami n haus malen! /

Hier können (a), (b) und (c) gleichsam als Versuche und Vorübungen für (d) gesehen werden: Zunächst werden einzelne Syntagmen in jeweils unterschiedlicher Verkürzung realisiert, bis mit (d) die vermutlich von Anfang an „vorschwebende" größere Äußerung gelingt. Desgleichen ist die Tatsache, daß permutierte Formen anfänglich kaum vorkommen (nach Slobin 1973, S.199 ein „Universale" der Kindersprache), aus einem derartigen Zusammenbau kleinerer, bereits beherrschter Syntagmen zu erklären: Diese Syntagmen, gerade weil sie schon durch ein gewisses *overlearning* eingeschliffen sind, werden ohne ein dem erwachsenensprachlichen Standard entsprechendes Verfugen als solche in höherrangige syntaktische Gebilde transferiert. Damit entsprechen die hierbei auftretenden mangelhaften Verbindungen der Mühe, die eine Person beim Erlernen hochgradig komplexer Bewegungsstrukturen hat (vgl. Parreren 1970/71, S.48 ff.); in beiden Fällen besteht nämlich der Lernprozeß in einem fortgeschrittenen Stadium darin, bereits beherrschte Teilbewegungen (motorischer bzw. artikulatorischer Art) zu einem fließenden Ganzen zu organisieren. Ähnliche Phänomene sind übrigens beim Erlernen des Schreibens zu beobachten, wo ebenfalls isoliert gut beherrschte Wörter im Kontext plötzlich wieder mit Fehlern aller Art erscheinen, wobei hauptsächlich Auslassung und Vertauschung einzelner Buchstaben charakteristisch sind.

Es ist an dieser Stelle angebracht, zum Begriff der *Lexien* einige Ausführungen zu machen. Pottier (1969, S.16/17) versteht unter Lexie eine relativ feststehende Morphemfolge wie *meter la pata, tomar el sol, un recién nacido,* die nicht erst im Augenblick des Sprechens gebildet wird, sondern als Ganzes der «mémoire lexicale» entnommen wird. *Ojo de gallo* steht als Lexie („Hühnerauge") gleichrangig neben Wörtern wie *banco, soga* usw. In der Bedeutung von „Auge eines Hahns" ist diese Wortgruppe als *construction syntaxique de discours* zu begreifen. So wie Pottier auch Formen wie

un recién | nacido
| casado
| llegado
| .
| .
| .

als *lexie variable* noch zu den Lexien rechnet, kennt auch Saussure (1916, S.172/173) verschiedene Stufen der *liberté de combinaison,* von der *locution toute faite* bis zu den Wortgruppen «établis sur des patrons réguliers.»[175] (Die Substituierbarkeit ist also nicht ausgeschlossen.) Interessant ist das psychologische Vokabular: *souvenir concret, souvenir d'un nombre suffisant de mots semblables* (bei Saussure), *unité lexicale mémorisée* (bei Pottier).

Psychologisch von Belang ist auch Saussures Hinweis, daß man im Falle der *locutions toutes faites* allenfalls «à la réflexion» *des parties significatives* unterscheide. Unabhängig von jeder linguistischen Interpretation dieser Textstelle des *Cours* wird man in psychologischer Hinsicht jedenfalls fließende Übergänge zwischen *langue* und *parole,* zwischen *usage collectif* und *usage individuel* annehmen dürfen;[176] dies bedeutet zugleich, daß der einzelne Sprecher gewisse Wortverbindungen mit unterschiedlicher „Freiheit" und „Bewußtheit" der Kombination handhabt, d.h., daß er im Laufe der Zeit sozusagen aus einem persönlichen Vorrat von *locutions toutes faites* schöpft. Vielleicht meinte dies sogar Saussure, als er sagte: «Dans une foule de cas, il est difficile de classer une combinaison d'unités, parce que l'un et l'autre facteurs ont concouru à la produire, et dans des proportions qu'il est impossible de déterminer» (S.173). Man tut also gut daran, auch in der linguistischen Erklärung kindsprachlicher Performanz jeden Unitarismus zu vermeiden. Schließlich ist unter lernpsychologischen Gesichtspunkten der Umstand bedeutsam, daß Sprachhandeln nicht in *Isolation* gelernt werden kann, sondern aus sprachlicher *Interaktion mehrerer Individuen* hervorgeht. Dies aber bedeutet, daß das Kind nur in artikulatorischer und semantischer Hinsicht „von der Pike auf" lernt, später aber sehr wohl auf relativ komplexem Niveau neue sprachliche Fertigkeiten übernehmen kann: in Momenten etwa, wo rezeptiv erlebte sprachliche Fertigkeiten plötzlich in eigenes produktives Vermögen umschlagen.

Die Herausbildung von gleichsam individuellen „Lexien" (mit der damit meist verbundenen qualitativen Veränderung dieser sprachlichen Speichereinheiten) ist typisch für beruflich bedingtes *overlearning.* Was ein Politiker im Augenblick eines vor den Medien abgegebenen *statement* „formuliert", besteht aus sehr großen *unités mémorisées* inhaltlich-syntaktischer Art, wie sie im Verlauf des Studiums von Referentenentwürfen, Protokollen, Thesenpapieren u.ä. und bei vorausgegangenen internen und externen Diskussionen entstanden sein mögen. Hieraus resultiert eine flüssige, aber auch irgendwie jargonhafte Ausdrucksweise. Weniger „vorbereitete" Rede fällt demgegenüber auch weniger korrekt aus. Für spontane mündliche Versprachlichung sind Anakoluthe, Wiederholungen, Auslassungen und mangelhafte sprachliche Verfugung zwischen größeren Syntagmen typisch, selbst für Personen, die zur Sprache gewissermaßen ein professionelles Verhältnis haben. Ein extremes Beispiel:

(22) „Vorher mach ich sehr viele Romanentwürfe graphischer Art großen Bögen ordne die Komplexe was sicher ein ein ungeheures Stoffvolumen hat also bei dem vielleicht von dem vielleicht dann nach am Ende ein Drittel überhaupt in den Roman hineinkommt muß dauernd ausgesondert werden (. . .)"
(G. Grass, nach Steger/Engel/Moser 1971, S.153)

Die hier in der gebotenen Kürze angedeuteten Sachverhalte können in einer psychologischen Deutung von Sprachprozessen nicht einfach übergangen werden.[177] Bezeichnend für den durch *overlearning* erreichten Grad von Automatismus sind die häufig zu beobachtenden Kontaminationsinterferenzen:

(23) „Mich wundert sehr, daß der Weg der Verfassungsklage nun eingelegt worden ist." (ZDF, *heute,* 25.7.74; Interview)

Die Interferenz geht auf Verklumpung zurück, wobei zwei Spuren:

Verfassungsklage einlegen und
den Weg der Verfassungsklage | *beschreiten* / *wählen* / *gehen*
(vgl. auch: *einen Weg ein(!)schlagen)*

aufgrund des identischen Sachverhalts und des beiden Spuren gemeinsamen Elements *Verfassungsklage* zugleich aktualisiert werden.[178]

Hat dagegen ein Redner mit der Encodierung etwas Mühe, so wird auch die „begleitende kognitive Kontrolle" sprachlich sichtbar durch Reprisen, „Einschiebsel" und „Nachreichungen". So hörte der Verfasser einen Professor sagen:

(24) „(. . .) Vom Lehrauftrag vom unterrichtlichen her und Erziehungsauftrag (. . .)"

Hier werden sowohl *unterrichtlich* als auch *und Erziehungsauftrag* verspätet plaziert. Der Redner „kontrolliert" seine Ausführungen inhaltlich und möchte durch die „Nachreichungen" verdeutlichen. Die syntaktische Fehlerhaftigkeit von (24) ist also psychologisch ganz anders zu beurteilen als der syntaktisch-phraseologische Verstoß in (23). Kontrolle der *Form* ist gegeben in Fällen, wo ein Versprecher vom Redner bemerkt und korrigiert wird. Man ist wohl berechtigt anzunehmen, daß das Kind derartige begleitende Kontrollen noch kaum vornimmt und überhaupt dem formalen Aspekt beim Sprechen entschieden weniger Aufmerksamkeit widmet als der Erwachsene. Der Unterschied zwischen kindlichem und erwachsenem Sprecher besteht ja nicht nur im Grad der Kompetenz, sondern auch im Grad der Bewußtheit und normativen Einstellung gegenüber der Sprache. Hier ist die Bedeutung schulischer Lernprozesse zu sehen. Schulische „Spracherziehung" bedeutet ja in der Regel, daß ein ursprünglich als ein undifferenziertes Ganzes aufgenommenes sprachliches Element (so z.B. die Artikulation eines Wortes, aber auch Höreinheiten wie frz. *les yeux* als *les / zieux* oder */ni/* als *n'y* und *ni* oder engl. *it's* und *its* oder gar Amalgame wie engl. *caught* oder frz. *sut* oder *aux*) allmählich kognitiv „aufgespalten" bzw. paradigmatisch geordnet werden.[179] Die Überführung in kognitive Handlungsstrukturen bzw. in kognitive Kontrollierbarkeit und kognitive Rekonstruktion kann ihrerseits wieder Interferenzen zeitigen. Beispielsweise können Kinder im Anfangsstadium einer buchstabierenden Schreiberziehung häufig auf Befragen nicht angeben, welcher Laut auf welchen folge. Die Vertauschung der Laute ergibt sich aus der bislang ungewohnten „Gerichtetheit" auf formale Reflexion; die Umwandlung eines Lernresultates, das in einer „Beherrschung" besteht, in ein Lernresultat, das einer „Kenntnis" entspricht, erfordert also erneutes Lernen. Wäre darum beispielsweise die „Ganzheitsmethode" lernpsychologisch günstiger? So einfach sind, wie Parreren anläßlich anderer Beispiele betont hat, lernpsychologische Einsichten nicht in didaktische Folgerungen umzusetzen. Denn auch der Vorgang des Schreibenlernens darf nicht isoliert gesehen werden: Es sind auch die *langfristigen* Wirkungen von Lernprozessen zu beachten. Die lange anhaltenden typischen Fehler „ganzheitlich" unterrichteter Kinder[180] zeigen im Vergleich zur Leistung „buchstabierend" erzogener Kinder eine vergleichsweise schlechtere morphologische Ausdifferenzierung und Bewußtheit und eine fast konstante Verwechslung ähnlich lautender Wörter. Hier scheinen dann ebenfalls gewisse Formen von Verklumpungsprozessen einzutreten, denen die Kinder nicht durch einen kognitiven Halt (etwa in Form lauten Buchstabierens) entgegenwirken können.

Natürlich lernen die Kinder, lange *vor* den schulischen Lernprozessen, syntagmatische Gruppierungen, die sie im Zusammenhang mit bestimmten außersprachlichen Sachverhalten gelernt haben, allmählich in ihrer Gegliedertheit und morphosyntaktischen Beweglichkeit zu begreifen. Dies hat zur Folge, daß das Kind die aus der Erwachsenensprache übernommenen Satzbrocken untereinander immer besser und fugenloser verknüpfen kann. Gleichzeitig wird sich eine gewisse paradigmatische Bewußtheit herausbilden.[181]

2.3 Sprachliche Lernresultate und Aktualisierungsstörungen

2.3.1 Fehlertypen im natürlichen und im schulischen Spracherwerb

Wygotski (1934, S.257-261) und Leont'ev (1970, S.32 ff.) sehen außer dem Umstand, daß der Erwerb der Fremdsprache irgendwie vor dem Hintergrund der Muttersprache geschieht, einen gewichtigen Unterschied zwischen Erst- und Zweitspracherwerb darin, daß die muttersprachliche Entwicklung vom Komplex-Ganzhaften zum Analytischen und vom Unbewußten zu einem immer höheren Grad an Bewußtheit und Reflexion verläuft, während der schulische Fremdsprachunterricht, umgekehrt, von analytisch dargebotenen Elementen und einer gewissen Systematik seinen Ausgang nimmt. Sehr spät erst ist sich die Fremdsprachendidaktik darüber klar geworden, daß das analytische Vorgehen für den Erwerb der einzelnen sprachlichen Elemente im Vergleich zum Erstspracherwerb einerseits einen erheblichen Zeitgewinn bedeutet, daß andererseits damit aber auch eine ganz spezifische *Transferproblematik* gegeben ist (vgl. hierzu Parreren 1972a, S.96, und die dort angezogene Literatur). Im fremdsprachlichen Transfertraining muß es zunächst darum zu tun sein, die kognitiv erworbenen Lernresultate durch gezieltes *overlearning* in nicht-kognitive Handlungsstrukturen überzuführen (vgl. Parreren 1964a, S.32/33). Hierbei gilt es zu differenzieren, ob ein bloßer Automatismus anzustreben ist (wie im Falle der Phonetik und Artikulation) oder ein Automatismus, der notfalls eine kognitive Rekonstruktion erlaubt.[182] Für den Erwerb der Muttersprache gilt: „Die semantische Seite der Sprache geht in ihrer Entwicklung vom Ganzen zum Teil, vom Satz zum Wort, die äußere Seite der Sprache dagegen vom Teil zum Ganzen, vom Wort zum Satz."[183] Über das damit zusammenhängende spezielle Problem der Holophrasie wird in Kapitel III zu sprechen sein. Der in der Vorstellung des Kindes vorhandene „Gedanke" wird also sprachlich immer „aufwendiger" und differenzierter ausgedrückt und bleibt somit in seinem Verständnis immer weniger an eine aktuelle Situation gebunden. Betrachtet man die quantitative Zunahme der Sprachzeichen in einer Äußerung und die qualitative Verbesserung der morphosyntaktischen Ausdifferenzierung, so fällt als erstes das anfänglich fast vollständige Fehlen rein grammatischer Funktionspartikel auf. Bestimmte Flexionsendungen können dagegen durchaus von Anfang an erscheinen, wenn auch nicht immer in richtiger Distribution.[184] Der zeitliche Primat der lexikalischen Morpheme vor den grammatischen Morphemen ist durch die Art ihrer Referenz bedingt: Diese verweist auf die Sachverhalte der Situation, während grammatische Morpheme oft nur eine *innertextliche* Verweisfunktion haben dürften.[185] Die Fehlbildungen, die bei der allmählich aufkommenden morphologischen Ausdifferenzierung zu beobachten sind, sind für die generativen Psycholinguisten Aufweis für generative Versuchsgrammatiken des Kindes und eine (wie auch immer geartete) kognitive Beschäftigung mit dem Formenbestand der Sprache. (Letzteres gilt in gewissem Maße natürlich auch für strukturalistische Erklärungsversuche.) So meint beispielsweise Ramge (1973, S.64-66), Doppelformen der Pluralbildung seien dadurch verursacht, daß einige Plurale in Form eines „Lexikoneintrages" gespeichert seien, während andere als Fehlanalogie-Bildung über eine noch unvollständige „morphologische Matrix" „generiert" würden. Eine solche kognitive Gerichtetheit auf die Formen als solche scheint aber letztlich doch unwahrscheinlich, weil unmotiviert. Zwar darf man in der Tat annehmen, daß die meisten Pluralformen zunächst als Ganzes gespeichert sind, die Fehlanalogien dürften aber doch eher als Interferenz gerade aufgrund *fehlender* kognitiver Elemente zu erklären sein. Da nämlich Flexive und grammatische Partikel in der aktuellen Situation oft keine *wahrnehmungsmäßigen* Entsprechungen oder Anknüpfungspunkte haben, muß der Evocator „ganz aus dem Gedächtnis" geholt werden und ist entsprechend in Gefahr, immer wieder „untauglich" zu werden und darum Interferenzen zu begünstigen. Da Interferenz immer Aktualisierung eines *vorhandenen Spurenelements* (wenn auch eines „falschen" bzw. aus einem „falschen" System stammenden) bedeutet, das ja mit anderen Spuren keineswegs in einer zufälligen Weise verknüpft ist, ist es gar nicht überraschend, daß z.B. die Pluralflexive des Kindes tatsächlich sprachlichen Paradigmata entstammen und so der Eindruck von Analogie und Übergeneralisierung entsteht. Die Gefahr der Verklumpung ist schließlich desto größer, je *ähnlicher* die Elemente (hier also die *images acoustiques*) sind. Man vgl. unter diesem Gesichtspunkt die Verhältnisse im deutschen „Sprachsystem": *Punkt* (Sgl.), *Punkte* (Pl.) vs. *Pünktchen* (Sgl. und Pl.)[186]; *Töne, Söhne* usw. vs. *Bohnen, Kronen* usw.; *Ruhe, Truhe* (Sgl.) vs. *Schuhe, Busse* (Pl.); *Söhne, Töne* (Pl.) vs. *Größe, Höhe* (Sgl.); *Reifen, Reigen* (Sgl.) vs. *Schleifen, Seifen* (Pl.); *Stän-*

der, Geländer (Sgl. und Pl.) vs. *Bänder, Pfänder* (nur Pl.); usw. Es ist schließlich kein Zufall, wenn Ausländer, *trotz* richtiger kognitiver Einweisung im Sprachunterricht und *obwohl* sie ihren *Language-Acquisition -Device*[187] längst verloren haben, die gleichen Fehler machen. Daß überhaupt (ob aufgrund von Stammverwandtschaft oder nicht) ähnlich klingende Wörter wie

(25) destiny — destination
apparitions — appearances
extension — extent
(Gnutzmann 1972, S.71)
believe / . . .v / — belief / . . .f /
calve / . . . v / — calf / . . . f /
house / . . . s / — house / . . . z /

von einem nicht philologisch geschulten Lerner sowohl lautlich als auch graphisch wie inhaltlich immer wieder durcheinandergeworfen werden, ist bekannt.

Kontaminationen wie

(26) * Is this is the powder?
* What does this does?
* How can he can look?
* Is that's a belt?
* It's has wheels.
(Menyuk 1969a, S.90, und Cazden/Brown/Bellugi 1968, S.312)

resultieren in gleicher Weise aus Interferenz mangels eines Systemetiketts oder einer anderweitigen kognitiven Rekonstruktionsmöglichkeit. So ist im ersten Beispiel von (26) das *this* ein Element, das Mehrfacheinbettung hat, nämlich durch die Spurenverbindungen *this is* und *is this?* Der für die kindliche Interessenlage untaugliche Evocator bringt bald Spurenverbindung (1) statt (2) oder umgekehrt, bald beide gleichzeitig (so in den ersten vier Beispielen aus (26)) zur Aktualisierung. Erleichtert wird die Interferenz vermutlich durch eine Art Verklumpung, die durch die lautliche Nähe von Flexionsformen wie *that, that's, it, it's, he's, she's, she, he, has, goes, is* usw. (dazu kommt die englische Pluralbildung) veranlaßt ist.

Eine Fehlkonstruktion wie

(27) *What you are writing?
(Menyuk 1969a, S.89)

beruht demgegenüber nicht auf fehlerhafter Aktualisierung, sondern auf noch fehlenden Lernresultaten, wie das unter 2.2 ausgeführt worden ist: Der Zusammenbau von *what?* und *you are writing* (als Aussage) erfolgt ohne Beachtung syntaktischer Sekundärerscheinungen. Derartige Fehler sind auch im Fremdsprachenunterricht häufig:

(28) Pourquoi vous dites. . .?
(29) * Cela dépend à quel âge vous avez commencé à fumer. . .[188]
(Praxis d. neuspr. Unterr. 1974/2, S.181 und 195).

Der Schüler, der (29) gebildet hat, kennt Formen wie *Ça dépend. Si vous avez commencé très tôt . . .* und die indirekte Fragekonstruktion *à quel âge vous avez* und fügt nun *ça dépend* mit *à quel âge. . .* so problemlos aneinander wie *je voudrais savoir, dis-moi, etc.* und *à quel âge. . .* Dergleichen „Fehler" finden sich übrigens durchweg auch bei kompetenten Sprechern. Gerade Fehler dieser Art (wie überhaupt Wortstellungsfehler) werden bei *schriftlichen* Produktionen bei der überlesenden Korrektur häufig wieder ausgemerzt.

Ohne Kommentar seien nachstehend weitere Beispiele für intralinguale Interferenzen aus dem Erwerb der Muttersprache (MS) und aus fremdsprachlichen Lernprozessen (FS) nebeneinandergestellt:

(30) MS die Schuhe, die Punkte, die Wände, die Töne . . .
→ zwei *Schäfe
zwei *Pünkte
* Schühe (Ramge 1973, S.67 und 68)

FS meine *besten* Freunde
diese *jungen* Leute

→ viele **anderen* Frauen
einige **ungewöhnlichen* Sitten
(Corder 1972b, S.45)

(31) MS * *bringt* und *gebringt* statt *gebracht*
(Ramge 1973, S.2)
* *geeßt* und *gegeßt* statt *gegessen*

FS * *falled* (obwohl Deutsch MS ist und dort das entsprechende Partizip *gefallen* lautet!)
* *caughed* (= *caught:* hier ist die Interferenz nur graphisch sichtbar.)
(Drubig 1972, S.81)

(32)	MS	*	It's fell	(Bellugi/Klima 1966, S.312)
		*	Is that's a belt	(u.a. Beispiele aus (26))
		*	Nobody don't likes me	(McNeill 1966, S.69)
	FS		...* is a sitting	
			...* is a broken	
			neben:	
			... is sitting	
			... is broken	(Corder, unveröff.Mskr., zit nach Nickel 1972a, S.12, Anm.7.)

Abschließend sei ein Fehler aus dem Bereich der FS genannt, der (so wenig wie bestimmte kindsprachliche Fehler) nicht unbedingt als Interferenz betrachtet werden darf; er beruht vielmehr auf lernpsychologisch richtiger Aktualisierung, und der Lerner wird kaum auf den Gedanken kommen, die Produktion könnte nicht systemgerecht sein:

(33) J'*y irai quand j'aurai le temps
(= ungebräuchlich; vgl. Praxis d.neuspr.Unterr. 1973/4, S.427)

2.3.2 Vergleich der Fehlertypen bei Sprachlernen und bei kompetenten Sprechern

Formenverwechslungen, wie wir sie etwa in den Beispielen (25), (28), (31) und (20) als fremdsprachliche bzw. kindsprachliche Fehler kennengelernt haben, unterlaufen auch kompetenten Sprechern:

(34) *n'y* statt *ni*
exista statt *existât*
abandonnais statt *abandonnai* (Pintiaux 1972, S.45/46)[189]

j'aurais statt *j'aurai*
(„Quand je t'*aurais* dit le prix, tu n'hésiteras plus. . ."
Reklame „Les Marcellins", *Vouzeron,* 1973)

In allen diesen Fällen ist allerdings Homophonie ursächlich beteiligt. Gleichwohl zeigen Beispiele aus Pintiaux, von denen eines unter 2.3.3 erörtert werden wird, daß ein fühlbarer Mangel an Formenbewußtheit hinzukommt.

(35) **On y a tout ce qui vous faut* statt . . . *ce qu'il vous faut.*[190]

Hier ist Homonymie insofern gegeben, als die Aussprache von *il* bei fast allen Sprechern zwischen / i / (meist vor Konsonant) und / il / (immer vor Vokal) variiert (es sei denn, sie lesen einen Text ab: Dann überlagert die graphische Interferenz aufgrund normativer Einstellung ihre sonstigen Sprechgewohnheiten).

In den folgenden Beispielen aus Sauvageot (1972) spielt Homophonie jedoch sicherlich keine Rolle:

(36) *En dépit d'une circulation que chacun continue à trouver fluide...*
erschien in gesprochener Sprache als:
[...kõtiny*tat*Ruve...] (S.135)

(37) ...*remédier aux manifestations*... als:
[Rəmedj*ezo*mani...] (S.135)
(Falsche [z]-Bindung trotz der möglichen [R]-Bindung. Der Plural, der sonst durch die Bindung *aux + Vokal* angezeigt wird, ist das Infusionselement, das hier an falscher Stelle erscheint.)

(38) *huit épreuves sportives* als:
[ɥizepRœv...] (S.135)
(Trotz üblicher [t]-Bindung, etwa in *huit ans.* Vgl. die Entstehung von Formen wie *zyeuter* bzw. *zieuter* aus [zjø] für *yeux.)*

(39) *Ce règlement devra être révisé* als:
[...dəvR*at*ɛtR...] (S.135)

(Vgl. zu (36)-(39) auch die bereits zitierten Beispiele aus Söll 1974, S.43.)

(40) *ressorte* (als *subj.* von *ressortir,* analog zu *sortir)*
démentissait (als *imparfait)*
souria und *déceva* (als *passé simple)*
bouillera und *atteigneront* (als *futur)* (S.132-133)[191]

Mit den in (40) angeführten Formen des *passé simple* kommen wir zu einer Gruppe von Fehlern, die man in einem lernpsychologischen Sinn wohl gar nicht mehr als solche deklarieren darf, sie sind Verstöße gegen eine Norm, die Mühe hat, sich durchzusetzen bzw. aufrechtzuerhalten:

(41) (*) *qu'hardi*
(*) *moins‿hardi*
(*) *victimes‿hongroises* (Sauvageot 1972, S.138)

(42) (*) «Ou bien on ___ le réalise pas.» (Sauvageot selbst, also sogar in schriftlicher Form; S.138)

(43) (*) «Si les orages cess*eront* cette nuit, le beau temps ne reviendra. . . (S.144)
(*) «Si l'Algérie ne sera pas passée sous silence, . . .» (S.144)
(*) «Si je le *verrais,* je ne sais pas ce que je lui ferais. . .» (S.144)
(*) «On fait comme si le cessez-le-feu intervien*drait* tout de suite . . .» (S.144)
(Beispiele zum *subjonctif,* der natürlich ein „weites Feld" wäre, vgl. S.145-146.)

Die nachstehenden Beispiele sind typische Kontaminationen, die durch die gleichzeitige Einbettung eines Elementes in mehrere Spurenverbindungen mit verursacht sind:

(44) (*) *dis-moi-le* statt *dis-le-moi*
(*) *passe-me-le* neben Formen wie *donne-le-moi* (S.95)

Die Kontamination resultiert aus Formen wie

Dis-le.
Dis-moi. . .

(45) (*) «Ces conditions paraissent *comme* inacceptables.» (S.137)
(Kontamination aus *paraître + Adj.* und *être considéré comme + Adj.)*

(46) (*) «Combien *est -ce* vrai, vous le savez tous.»
(*) «On peut se demander que *va-t-il* se passer.»
(*) «Peut-on savoir où se *trouve-t-il* actuellement?»
(*) «On aimerait savoir comment *est-ce que* ça s'est passé.» (S.139-140)[192]

Die Verwechslung von direkter und indirekter Frage (vgl. auch Beispiele (27)-(29)) ist (s.Kap.III) für den Bereich des kindsprachlichen Englisch sehr breit belegt; bislang ist sie meist durch das Fehlen von Transformationsregeln erklärt worden. Im Französischunterricht (Französisch als Fremdsprache) ist ebenfalls zu beobachten, daß die Wortfolge der indirekten Frage auf die direkte Frageform einwirkt, vor allem bei den *pourquoi*-Fragen.

(47) (*) *d'autres + Substantiv* (Vgl. *Praxis d.neuspr.Unterr.* 1974/2, S.181: *Corrigenda)*

(Kontamination aus *d'autres + Verb* und *(et) autres + Substantiv)*

Abschließend seien zwei Beispiele für mangelhafte „Verfugung" von Syntagmen gegeben, die als ganzheitliche *unités mémorisées* zu größeren Einheiten zusammengebaut werden. Der syntaktische Fehler beruht hier also nicht auf einer Kontamination von mehreren Konstruktionen, sondern auf *fehlender* bzw. *ungenügender* syntaktischer Verbindung.[193]

(48) «Paris hein Paris alors mais vraiment l'atmosphère est différente. . .» (Cardinal u.a. 1971, S.75)

Eine ordnungsmäßige „Verzahnung", wie sie bei schriftlicher Abfassung unbedingt gegeben sein müßte, würde etwa so aussehen:

{ Paris — l'atmosphère *y* est différente
. . . de/à Paris { L'atmosphère y (!en) est différente.
Son atmosphère est différente.
Là, l'atmosphère est bien différente. } }

(49) „. . . *Es ist also nicht nur mit dem Konjunktiv und auch nicht eine eine Sache der Kommata*, sondern zum Beispiel gibt es. . ." (G. Grass, in Steger/Engel/Moser 1971, S.146).

Der hervorgehobene Teil ist zunächst in sich selbst unstimmig. Man ist versucht, nach *Konjunktiv* ein *so* einzusetzen und nach dem zweiten *nicht* ein *nur*. Wir wollen auf derartige Auslassungen und Kontaminationen nicht erneut eingehen. Formulieren wir den unterstrichenen Teil nun korrekt (etwa: *Es ist dies also nicht nur eine Sache des Konjunktivs oder der Kommata*), so sehen wir, wie schlecht er insgesamt zum folgenden Teil paßt: Er ist in einer allgemeinen Weise schwach verbunden, ohne daß eine *bestimmte* Kontamination vorläge. Die schlechte Verfugung fällt dem Ohr (wohl auch des Sprechers) deshalb wenig auf, weil das *sondern* nach *nicht* einen scheinbar richtigen grammatischen Übergang suggeriert. Allerdings müßte dann der Satz beginnen mit *sondern es gibt*. . . (also ohne Inversion).

Wir hoffen, mit der Zusammenstellung unter 2.3.1 und 2.3.2 dargelegt zu haben, daß die These, kindsprachliche Fehler seien ihrer linguistischen Natur nach einzigartig, auf Anhieb nicht so zweifelsfrei ist, wie es scheint. Andererseits konnten wir verschiedentlich zeigen, daß scheinbar Identisches von Fall zu Fall verschiedene Ursachen hat. Inwieweit die linguistische Fehlererklärung in sich selbst anfechtbar ist und gegenüber lernpsychologischen Argumentationen beweispflichtig wird, ist in Kapitel III am Beispiel des natürlichen Erstspracherwerbs weiter auszuführen. Wir wollen aber bereits hier festhalten, daß vor allem die extreme Elliptik (Auslassungen im phonetischen und morphosyntaktischen Bereich) die kindsprachlichen Fehlproduktionen von anderen sprachlichen Fehlleistungen abhebt.

2.3.3 Fehlerursachen

Als wesentliche lernpsychologische Ursachen für sprachliche Fehlproduktionen haben wir bislang folgende Fälle kennengelernt:[194]

- Lernpsychologisch „richtige" Aktualisierung von Lernresultaten in Transferprozessen. Der negative Transfer resultiert aus der „Fehlerhaftigkeit" bzw. Inkonsequenz des sprachlichen Systems selbst.
- Fehlaktualisierung durch Verklumpung und schwache Evocatoren bei mangelnder kognitiver Kontrolle von sprachlichen Automatismen.
- Fehler aufgrund von transferierender Aktualisierung in komplexere sprachliche Strukturen, zu deren Bewältigung noch nicht *alle* benötigten Lernresultate vorhanden sind (Beispiele: kindsprachlicher Verzicht auf morphosyntaktische Ausdifferenzierung; Sprachhandeln mit Worten, die noch nicht ganz artikulatorisch gemeistert werden).
- Fremdsprachliche Fehler aufgrund fehlenden Transfertrainings im schulischen Bereich. Derartige Fehler resultieren aus der Unfähigkeit, eine „Kenntnis" in eine „Beherrschung" umzusetzen. Im Gegensatz zu einem *zu langen overlearning,* das zu Automatismen ohne kognitive Rekonstruktionsmöglichkeit führen kann, ist hier die Ursache *mangelndes overlearning.* Ein Teil der Handlungsstrukturen muß erst automatisiert werden, damit diese in komplexere Strukturen eingebaut werden können und so die „inhaltliche" Tätigkeit beim Sprechvorgang entlastet wird.

Insgesamt kommt es also auch bei sprachlichen *Aktualisierungsleistungen* auf (a) die *psychologische Qualität* des Lernresultates an (kognitiv oder nicht-kognitiv) und (b) auf die *aktuelle Situation* (z.B. auf die Motivation und Bedürfnisse und das entsprechend egozentrische Situationsverständnis) und, damit unmittelbar verbunden, schließlich auch (c) auf die *aktuelle Gerichtetheit* der Person. Bezüglich der ersten Phasen des *Lernprozesses* selbst sind schließlich die *Materialfaktoren* bedeutsam: Sie zeichnen für bestimmte Fälle eines negativen Transfer (G' → G — Interferenzen) verantwortlich. Zu diesen Sachverhalten seien einige abschließende Ausführungen gemacht.

Zur psychologischen Qualität des Lernresultates. Beim sogenannten „Versprecher" entgleist der artikulatorische Automatismus. Aufgrund der Mehrfachverbindungen, die einzelne Laute in ähnlich klingenden Wörtern aufweisen, oder (so meist im Falle des sogenannten Zungenbrechers) wegen zu rascher, unmittelbar aufeinander folgender Aktualisierung extrem *ähnlicher* Spurenverbindungen[195] kommt es zu Infusionen falscher Elemente. Aber da – nicht zuletzt durch die Kulturtechnik der Schrift – eine kognitive Rekonstruktion möglich ist, pausiert der Sprecher, um bei einem ihm günstig scheinenden Syntagmenbeginn[196] in verlangsamtem Tempo neu anzusetzen. Der kognitive Halt kann etwa in der Vergegenwärtigung des Schriftbildes bestehen oder in der kognitiven Rekonstruktion der Teile, aus denen sich eine sprachliche Form zusammensetzt: Der Sprecher analysiert beispielsweise nach Stamm und Affixen (oder einfach nach Sprechsilben).

Zur aktuellen Gerichtetheit der Person. Die nahezu konsequente Nichtbeachtung bestimmter morphosyntaktischer Erscheinungen in der frühen Kindersprache, eine gewisse Alternation von Phasen richtiger Imitation mit Phasen ausgeprägter Kontaminationserscheinungen, vor allem aber die sehr *langsame* und *allmähliche* morphosyntaktische Ausdifferenzierung insgesamt legen die Vermutung nahe, daß die Morphosyntax größtenteils *zufällig* und gleichsam *beiläufig* erlernt wird: nämlich durch die Übernahme und Imitation (mehr oder weniger großer) syntagmatischer Wortgruppen, hauptsächlich jedoch – wie in Kapitel III schließlich dargelegt werden soll – durch die von Anfang an gegebene Anlehnung an die Wortfolge der Erwachsenensprache. Daß die morphosyntaktischen Lernresultate der Kindsprache aus einer mehr oder weniger bewußten Gerichtetheit und Aufmerksamkeit auf das Formensystem und einer entsprechenden *Lernintention* herzuleiten sind, scheint motivationspsychologisch wenig naheliegend. Soweit die Existenz kindlicher Grammatikhypothesen aus einer gewissen Systematik der morphosyntaktischen Entwicklung gefolgert wird, werden wir sorgfältig zu prüfen haben, ob die behauptete Systematik sich nicht einfach aus der linguistischen *Beschreibungssprache* selbst ergibt: Dies scheint mir der Fall zu sein, wenn man z.B. eine prätransformationelle Phase „entdeckt". Auch über solche Zusammenhänge wird in Kapitel III ausgiebig zu sprechen sein. Im Gegensatz zu den Gegebenheiten der Kindsprache resultieren morphosyntaktische Verstöße im fremdsprachlichen Bereich in der Tat häufig aus einem Zuviel an Analyse und einem Zuwenig an Übung. (Welcher Art diese Übungen sein könnten, soll im Schlußkapitel der Arbeit skizziert werden.)

Der Einfluß der Gerichtetheit der Person auf die *Aktualisierung relativ alter Lernresultate* sei kurz am Beispiel der phonetischen L1 → L2 – Interferenz und am Beispiel einer Diktatsituation aufgezeigt. Das phonologische System der Muttersprache und der Fremdsprache bilden je ein gesondertes Valenzsystem. Wegen des für solche Systeme charakteristischen Automatismus kann es grundsätzlich in beiden Systemen zu Störungen in der Aktualisierung von Lernresultaten kommen. Interferenz *zwischen* Systemen tritt jedoch im allgemeinen nur bezüglich des fremdsprachlichen Systems auf, da dieses im Vergleich zum muttersprachlichen System insgesamt weniger oft und weniger lang regsam gehalten wird (L1 → L2 – Interferenz). Da andererseits das fremdsprachliche phonologische System im Rahmen schulischen Fremdsprachenunterrichts mindestens teilweise auch über kognitive Prozesse gelernt worden ist und der Unterrichtende nicht selten eine nötig werdende Korrektur (meist zusätzlich zum beispielhaften Vorsprechen) kognitiv abstützt, ist für den Schüler eine gewisse kognitive Rekonstruktion möglich, mindestens aber ein „kognitiver Halt" im Sinne einer kognitiven Etikettierung. Diese kognitiven Elemente werden nun allerdings nur bei entsprechenden Situationsfaktoren und einer dahingehenden Gerichtetheit der Person wirksam. Ein Schüler, der sich in der Situation „Schönes Lesen des Lektionstextes" befindet, aktualisiert phonetische Lernresultate nicht nur in einem ganz spezifischen Systemzusammenhang,[197] sondern aktualisiert die Lernresultate auch in einer entsprechenden Gerichtetheit: Er denkt bewußt an das gemeinsam mit dem Unterrichtenden herausgebildete Systemetikett „französische Aussprache" und liest phonetisch gut. Wenn nun die im Lektionstext vorgekommenen Syntagmen später in anderen Zusammenhängen und zu anderen Zwecken (etwa in einer „Konversationsstunde" oder bei Übungen zum *subjonctif*) aktualisiert werden, so ist der Schüler vorwiegend auf den Inhalt bzw. die *grammatische Form* konzentriert, so daß jetzt die phonetische Leistung unvergleichlich schlechter ausfallen kann (durch L1 → L2 – Interferenzen).

In der Situation des Diktats kann nun aber auch der Fall eintreten, daß eine bestimmte Gerichtetheit gleichsam hypertroph und damit zu einer neuen möglichen Quelle von Interferenz wird. Die Komplexität, die jeder Form des Umgangs mit Sprache eigen ist, läßt nicht zu, daß sich die Gerichtetheit zu sehr auf einen bestimmten Aspekt zentriert. Die vorwiegende Einstellung auf grammatische Formen, wie sie in der Situation des französischen Diktates sowohl für Fremdsprachler als auch für Muttersprachler typisch ist, kann die natürliche Reflexion über Inhalt und Intention eines Textes überlagern. Eine diesbezügliche Gefährdung besteht insbesondere im Fall von Homonymie. In Pintiaux (1972, S.45/46)[198] findet sich ein sprechendes Fehlerbeispiel aus dem muttersprachlichen Bereich:

(50) «(. . .) j'étais l'enfant (. . .) plein des voix qui l'avaient animée. Et jusqu'*aux champs* des grenouilles dans les mares qui ven*aient* ici me joindre.»
(Richtig: *chant, venait*)

Ein derartiger Verstehensfehler würde in normaler Hörsituation vermutlich kaum eintreten.

Zur Bindung des Lernresultates an die Lernsituation. Neben der Wandlungsfähigkeit der Endhandlungsstruktur und der Beschaffenheit der aktuellen Situation, in der es ein Lernresultat zu aktualisieren gilt, ist, wie schon das obige Beispiel zeigt, das Verhalten der Person selbst ausschlaggebend für das Zustandekommen einer transferierenden Verbindung zwischen Lernsituation und Anwendungsbereich. Hierbei geht es darum, dem Einfluß sogenannter Zwischenfelder (vgl. Parreren 1970/71, S.325ff.) und allzu großer Systemtrennung (vgl. S.296ff.) entgegenzuwirken und fehlerhafte Transferenzen durch die verschiedensten Formen eines kognitiven Halts[199] auszuschalten. Wie bedeutsam die Lernsituation selbst für die Systembindung (und damit für den späteren Transfer) ist, zeigt Thorndikes Experiment mit spanischen Wörtern.[200] Es sei kurz beschrieben. Der Versuchsperson wird eine Liste von Vokabelreihen vorgelegt, deren erstes Wort jeweils ein spanisches ist, während die folgenden Wörter der Muttersprache der Versuchsperson angehören. Nur eine dieser Vokabeln gibt die richtige Übersetzung des spanischen Wortes an. Die Versuchsperson lernt durch (anfänglich ratendes) Unterstreichen der richtigen Übersetzung, wobei der Versuchsleiter nach jeder einzelnen Vokabelreihe über „richtig" und „falsch" informiert. Ist das Lernresultat schließlich gegeben (d.h. hat die Versuchsperson gleichsam alle richtigen „Übersetzungen" gelernt), so zeigt sich, daß einerseits eine Beschreibung des Lernresultates als Reiz-Reaktions-Koppelung[201] zu wenig aussagt (die Person kann die richtigen Wörter beispielsweise auch vorlesen); andererseits dürfte man aber auch nicht einfach sagen, die Person habe die Bedeutung spanischer Vokabeln erlernt, denn mit der Entfernung von der Lernsituation (d.h. dem situativen Zusammenhang, in dem die Lernprozesse konkret organisiert waren) entfällt auch die Leistung „wissen, was die Wörter bedeuten": Begegnet zum Beispiel eines dieser Wörter der Person in anderem Zusammenhang (etwa auf einem Reklameschild), so ist es durchaus fraglich, ob der Person die im Experiment gelernte Bedeutung einfällt.[202]
In diesem Zusammenhang ist der grundsätzliche Unterschied zwischen natürlichen und schulischen Lernsituationen gerade für Spracherwerbsprozesse

zu sehen. Die Lernsituationen des Erstspracherwerbs sind voller natürlicher Motivation und sinnlicher Plastizität, während die schulischen Lernsituationen nur allzu oft von jener abstrakten Künstlichkeit geprägt sind, wie sie auch dem eben geschilderten Experiment eigen ist. Die natürliche Abfolge von leicht variierten, aber stets existentiell erlebten Situationen mit zahlreichen Zwischenfeldern im muttersprachlichen Bereich findet keine Entsprechung im schulischen Sprachunterricht: Gerade die formenzentrierte Systematik in der Darbietung des sprachlichen Materials und die (aus zeitökonomischen Erwägungen oft genug beabsichtigte) Künstlichkeit und Abstraktheit der Wiederholungs- und Kontrollphasen (Abfragen in Form von Vokabelgleichungen, Regeln, grammatisch motivierten Beispielsätzen usw.) fördern die Bindung an getrennte Systeme und vermindern somit die Chancen für einen dem natürlichen Encodierverhalten zugrunde liegenden semasio-syntaktischen Transfer.[203] Aber auch bei der Analyse kindsprachlicher Daten muß die Hintergrundsituation stets im Auge behalten werden. Die in der transformationell orientierten psycholinguistischen Literatur gängige Interpretation der (u.U. sogar experimentell gewonnenen) kindsprachlichen Daten ist in lernpsychologischer Hinsicht ergänzungsbedürftig bzw. zu relativieren. Auch diesen Gesichtspunkt wird das nachfolgende Kapitel III im Zusammenhang darlegen.[204]

III. LINGUISTISCHE UND LERNPSYCHOLOGISCHE ASPEKTE DES ERSTSPRACHERWERBS [205]

1. Allgemeine Charakterisierung kindsprachlicher Produktionen

1.1. Zur Einführungssituation von Sprache: Das kindsprachliche Zeichen

Im Anfang war die Tat
(Faust I, V. 1237)

In der ersten Phase der sprachlichen Ontogenese gibt es natürlich noch kein „Versprachlichen" im Sinne einer Mitteilung, vielmehr ist das sprachliche Handeln des Kindes in eine nur schwer analysierbare Gesamtinteraktion eingebunden. Wie unabdingbar die aktive Auseinandersetzung mit der Umgebung für den sprachlichen Entwicklungsprozeß ist, lassen Formen autistischer Erkrankungen erkennen, wo aufgrund eines (z.B. hirnphysiologisch verursachten) allgemeinen Fehlverhaltens trotz eines intakten Sprachzentrums und einwandfreier organischer Voraussetzungen im Extremfall eine Art von Pseudotaubstummheit entsteht, und zwar — das ist das Interessante — schon im holophrastischen Stadium des Spracherwerbs. Lorenzer (1972, S.67-69) verweist auf die Tatsache, daß verschiedene psychoanalytische Autoren in bestimmten Fällen die „Benennung" auf die Natur der Interaktion (in der Einführungssituation) zurückverfolgen. Er zitiert hierzu Spielrein (*Imago* VIII) und Greenson (*Psychoanalytic Quarterly* XXII, 1954):

> „Wenn das Kind „mö-mö" ruft, so tut es dies zuerst nicht, weil dieses Wort es an eine mit angenehmen Empfindungen verknüpfte Handlung, das Saugen, mahnt: Ursprünglich *bedeutete* das Wort nicht eine Handlung (. . .), es war die Handlung selbst. (. . .) Das Wort „mö-mö" im Sinne eines getrennten Objektes differenziert sich erst nachträglich aus einer bestimmten dumpfen Empfindungsgruppe heraus, welche sich beim Saugakte bildet." (S.Spielrein, zitiert nach Lorenzer 1972, S.68)

> „The 'm' and 'n' sounds which are made in states of discomfort at the age of two months are later produced only in states of comfort from the age of six months. It would seem that the infant's memories of having its hunger gratified and the expectation of the satisfaction accounts for this transition." (G. Greenson, zitiert nach Lorenzer 1972, S.68)

Daß andererseits später internalisiertes sprachliches Verhalten, das ursprünglich (siehe Lorenzer 1972, S.23 ff.) aus Interaktionsformen entstanden ist, oft in monologischen Sprechakten (bei Kindern fast durchweg in lautlicher Realisierung) als Strategie für problemlösendes Denken eingesetzt wird, ist eine in diesem Zusammenhang komplementäre und nicht minder alte Entdeckung der Psycholinguistik (vgl. Wygotski 1934, S.32-39 und passim, Wygotski/Lurija 1929, Lurija/Yudovich 1959).[206] Nach List (1972, S.82, unter Bezugnahme auf Wygotski) versuchen die Kinder in Konfrontation mit Problemsituationen, mit Hilfe der Selbstgespräche eine Art verbaler Repräsentation der Situation darzustellen, um von früheren Erfahrungen, die mit dem entsprechenden verbalen Material irgendwie assoziiert sind, in der neuen Situation profitieren zu können. Wygotski (1934, S.91) ist sich mit Watson (1920, 1924)[207] einig, daß es die Umwelt des Kindes ist, die „keine rasche Umwandlung der geäußerten Sprache in eine verdeckte erforderlich macht", sieht aber (vgl. S.92/93, S.38-45 und passim) nicht wie Watson in der Flüsterphase das Bindeglied zwischen der „äußeren" und „inneren" Sprache, sondern in der egozentrischen Sprache im Sinne Piagets (vgl. Piaget 1923, 1924, 1926). Besonders interessant für unseren Zusammenhang ist nun, daß Wygotski die erste und auffälligste Eigenart der „inneren Sprache", als deren Vorstufe er das egozentrische Sprechen des Kindes deutet, in „ihrer ganz speziellen Syntax" sieht (S.328/329), die sich aus lautlicher und lexikalisch-morphologischer „Verkürzung" ergibt. Folgerichtig hebt Wygotski (S.347) hervor: „Es ist unmöglich, die egozentrische Äußerung eines Kindes zu verstehen, wenn man nicht weiß, worauf sich das Prädikat, aus dem sie besteht, bezieht, wenn man nicht sieht, was das Kind tut und vor Augen hat."[208] G. List weist im Zusammenhang mit Wygotski (1934) auf neuere Arbeiten der Gedächtnisforschung hin (z.B. Atkinson/Shiffrin 1968), aus denen hervorgehe, daß die „unterschwellige Formulierung" sowohl für den Transport von Informationen als auch für die systematische Zuordnung in den Speichern des Gedächtnisses bedeutsam sei (List 1972, S.110, Anm.11). Sprachliche Lernresultate sind ihrerseits wieder — in ihren elementaren Anfängen — an erinnerte Situationen gebunden. Wir haben in Kapitel II dargelegt, daß Parrerens Situationsbegriff sich erheblich von einem klassisch behavioristischen Verständnis unterscheidet. Die Verhältnisse bei Skinner und Bloomfield sind insofern vereinfacht und schematisiert, als Bloomfield den Sprechakt als reines Verbindungsglied zwischen zwei „practical events" zu sehen scheint und Skinner die Verstärkung im allgemeinen über die andere, tatsächlich angesprochene bzw. in der Situation doch irgendwie präsente

Person erfolgen läßt. Wygotski – darauf hat Leont'ev hingewiesen (vgl. Helbig 1969, S.295) – spricht nicht mehr von sprachlichem „Verhalten" in Analogie zu tierischem Verhalten, sondern bewußt von sprachlicher „Tätigkeit". Im Gegensatz zur sowjetischen Forschung ist die westlich orientierte Psychologie bis in die späten Sechzigerjahre nicht selten durch einen Satz Foppas (1968, Originalausgabe 1965) zu charakterisieren: „Die Ratte ist ein notwendiges Übel, das wir auf dem Weg dazu (sc. zur Psychologie des menschlichen Lernens; Anm.d.V.) in Kauf nehmen müssen" (S.14). Mit Valdmann (1966b, S.26) wird man sagen dürfen, daß auf Grund primitiver S-R-Prozesse weder die Geschwindigkeit noch die Kreativität in den Spracherwerbsprozessen befriedigend gedeutet werden können.[209] Die Egozentrik des kindlichen Denkens, das Verhaftetsein an die konkrete, existenziell als relevant empfundene Situation (Leopold 1949, Lennberg 1967, Stern und Stern 1907) und die geringe (bzw. hochgradig adaptive) referentielle Leistung der kindsprachlichen Zeichen (Lenneberg 1967) führen zu einer sehr individuellen und willkürlichen syntaktischen und semantischen Verwendung der aus den erwachsensprachlichen Primärdaten entliehenen Lautgebilde. Die denotativen und konnotativen Interferenzen, die hierbei auftreten, sind im Gegensatz zum schulischen Fremdsprachenerwerb überhaupt nicht mehr voraussagbar. Bezeichnenderweise stellt Wygotski (1934, S.347) bezüglich der „inneren Sprache", die ja aus der egozentrischen Sprache evoluiert, ebenfalls fest, daß die Ausdehnung des „Sinngehalts" eines Wortes seinen Bedeutungsumfang „fast ins Grenzenlose" ausweitet. In der egozentrischen Phase des kindlichen Spracherwerbs sieht Wygotski, abweichend von Piaget, den Übergang von der sozialen Sprache zur „inneren Sprache". Zwei Gesichtspunkte sind dabei nach Wygotski von Bedeutung. Zum ersten der beständige Bedeutungswandel: „Die Entdeckung, daß die Bedeutungen der Wörter und ihre Entwicklung nicht konstant, sondern veränderlich sind, ist die wichtigste Einsicht, die allein das Problem des Denkens und der Sprache aus der Sackgasse zu führen vermag. Die Bedeutung eines Wortes verändert sich in der Entwicklung des Kindes. Sie (. . .) stellt eher ein dynamisches als ein statisches Gebilde dar" (S.300). Das sprachliche Verhalten von Kind zu Kind kann selbst innerhalb ein und derselben Familie differieren. Übrigens ergeben sich Überlappungen, Verschiebungen und Diskongruenzen aller Art zwischen kindsprachlichem und erwachsensprachlichem Zeichengebrauch allein schon aus der extrem niederen Zahl der dem Kind aktiv zur Verfügung stehenden Zeichen. Dazu kommen das Fehlen der Flexions- und Funktionsmorpheme, die Auslassung all dessen, was auf

Grund der situativen Gebundenheit kindlicher Rede in der Tat entbehrlich ist. Bisweilen können dann kindsprachliche Produktionen nur noch von den (etwas älteren) Geschwistern des Kleinkindes, die mit diesem noch in gedanklicher und affektischer Nähe leben, entschlüsselt werden: Sie fungieren gegenüber der älteren Generation insofern als Dolmetscher, als sie einerseits psychisch dem Kleinkind noch nahestehen, andererseits aber auch schon über nicht-situationsgebundene Rede wenigstens ansatzweise verfügen. Selbstverständlich wäre es falsch, im kindlichen Sprachverhalten *nur* Willkürlichkeit und Kreativität sehen zu wollen, denn die subjektiven Momente in der sprachlichen Produktion werden ergänzt durch das Gesetz der Imitation und Ökonomie. Dieses Prinzip ist auf mehreren Ebenen beobachtbar. Es betrifft, wie wir an anderer Stelle noch darlegen werden, erstens den phonetischen Bereich: Imitation des Sprachzeichens und (vom Artikulationsvermögen des Kindes aus gesehen:) ökonomische Deformierung der Signifikantseite. Zweitens wird nun dieser Signifikant bezüglich seines Signifikats unstabil gehandhabt und an persönlichen Bedürfnissen orientiert, so daß der referentielle Bezug ein im Vergleich zur Erwachsenensprache unzulässig „überzogenes" Sprachzeichen erkennen läßt, das in recht subjektiver ad-hoc-Interpretation der Situationen Verwendung findet.[210] Die Wort-Gegenstands-Beziehung in der Kindersprache ist also nicht nur weniger ausdifferenziert als in der Erwachsenensprache, sie hat überhaupt ihre eigene kindliche „Logik". Zum Beispiel ist „mamma" = I. 'Nahrungsmittel', II. 'Hunger', III. 'es schmeckt angenehm' und (6 Monate später) IV. 'Mutter'[211] keine „Übergeneralisierung" mehr, es sei denn, man betrachte die ganze Welt als eine Übergeneralisierung der eigenen Existenz. Bereits hier zeichnet sich ab, wie unangemessen Beschreibungsversuche mit einem linguistischen Apparat sein müssen, der für sprachliche Produktionen von Sprechern konzipiert worden ist, die über entwickeltes Denkvermögen, trainiertes Gedächtnis, gefestigtes Artikulationsvermögen und einen vergleichsweise riesigen Vorrat an sozial verfestigten sprachlichen Zeichen und größeren vorgefertigten Versatzstücken der Rede verfügen. Doch gibt es auch Gemeinsamkeiten zwischen Kind- und Erwachsenensprache. Diese sind in der Tatsache begründet, daß auch der Erwachsene in seiner Sprache und seinen Sprachgewohnheiten noch ein Stück weit evoluiert: Er lernt dazu, vergißt, paßt sich an; passive sprachliche Fertigkeiten können plötzlich in aktive Fertigkeiten umschlagen. Es ist nun interessant, daß die verschiedensten Forschungsrichtungen, sowie sie die Lernsituation zum Gegenstand nehmen, die Bedeutung der sogenannten Einführungssituation erkannt haben. Wir haben ja auch Parrerens Verdienst gerade darin gesehen, daß er diejenigen Faktoren der Lernsituation näher analysiert hat, welche später eintretende oder ausbleibende Transferenzen bzw. Interferenzen erklären. Hält man sich nun vor Augen, daß sich dem Kind die Bedeutung sprachlicher Zeichen zunächst ausschließlich über die konkrete An- bzw. Abwesenheit potentieller Referenten in konkret erlebten Situationen erschließt, so dürfen die Einführungssituationen als die entscheidenden Momente sprachlichen Lernens begriffen werden. Es ist danach noch ein langer Weg, bis im Sinne Bloomfields gesagt werden kann: „The situations (. . .) prompt us to utter . . ." (Bloomfield 1933, S.140 und passim). Es gilt nämlich zunächst, daß (im Sinne Parrerens) nicht die Situation selbst (in einem objektiven Sinn) als Stimulus eine sprachliche Response hervorruft bzw. determiniert, sondern die *subjektiv, voluntativ* oder *spielerisch* zugesprochene Äquivalenz zu früheren Situationen.[212] Hierzu ein Beispiel aus Segerstedt (1947, S.44/45): Ein sechzehn Monate altes Kind unterscheidet seine Speisen durch zwei Begriffe: „Kaka" und „mat". „Kaka" gebraucht es u.a. für Kekse, Obst oder Süßigkeiten. Man würde zunächst „Kaka" (= „Kuchen") als Bezeichnung für süße Speisen deuten, aber Segerstedt berichtet, daß auch das Butterbrot, das zuerst „mat" (= „Essen") genannt worden war, unter die Bezeichnung „Kaka" fällt, *sowie das Kind es selbst halten und zum Munde führen kann.* „Kaka" bezeichnet also Speisen, die das Kind selbständig zum Munde führt. Dies war zum ersten Mal mit einem Keks (= „Kaka") geschehen. „Mat" sind demgegenüber alle Speisen, mit denen es „gefüttert" wird. Lorenzer (1972) sieht in der dominanten Funktion der Mutter-Kind-Dyade, wie sie von Anfang an dadurch gegeben ist, daß die Mutter auf die Körperbedürfnisse und die sensomotorische Aktivität des Kindes in realen Interaktionen antwortet, die Ursache für die Dominanz von Einführungssituationen. Denn was (von der Mutter) benannt wird, ist „die in der realen Interaktion verwirklichte Interaktionsform" (S.67). Sind die Aktionsstrategien von Kind und Mutter in einer „Einigungssituation" harmonisiert, so wird diese Einigung auf bestimmte Interaktionsformen durch die Verbindung mit einem Lautkomplex zur Einführungssituation von Sprache (vgl. S.66/67; vgl. insges. S.56-70). Church (1971) und viele andere haben immer wieder darauf hingewiesen, mit welcher Freude die Kinder das sprachliche Benennen von Objekten betreiben, was m.E. keineswegs der Herkunft der Sprache aus Interaktionsformen im Sinne Lorenzers zu widersprechen braucht, denn dieses Benennen dient, wie Church (vgl. S.62) selbst erkennt, häufig der Herstellung des Kontaktes zu Erwachsenen. Und wo solche Formen monologisch auftreten, wird man sie als ein „Üben des Benennspiels" deuten dürfen. Die Einwände, wie sie gegen derartige Deutungen beispielsweise neuerdings wieder von Britton (1970 , S.38 ff.) vorgebracht worden sind, sind demgegenüber kaum stichhaltig. Die spielerischen sprachlichen Aktivitäten dürfen, mindestens anfangs, durch die dadurch ausgelöste verstärkte Zuwendung der das Kind umgebenden Personen als primär motiviert angesehen werden. Den monologischen Kommentar möchten wir in Anlehnung an Wygotski (und gegen Britton 1970) als die Übergangsstufe von äußerer zu innerer Sprache sehen, d.h., wir glauben weder, daß kommunikative und denkerische Aktivitäten in der Ontogenese zusammenfallen, noch, daß sie sich unabhängig voneinander entwickeln. Das von Britton (1970, S. 40-43) in Anlehnung an Langer, Keller und Cassirer beschworene „Verlangen nach Symbolisierung" soll nicht geleugnet werden: Nur muß erst ein positiver Aufweis erbracht werden dafür, daß eben dieses Verlangen Ursache der sprachlichen Aktivität ist und nicht *Ergebnis* der in der Sprache (und in der psychologisch organisierten Speicherung von Sprache) gründenden Möglichkeiten.

1.2 Der kindsprachliche Satz

Vorbemerkung zur Literatur: Aus der im vergangenen Jahrzehnt stark angewachsenen Literatur sollen vor allem die Arbeiten zur Syntax berücksichtigt werden: Bever, Fodor, Weksel, Klima, Bellugi, Miller, Ervin-Tripp zum Modell der *Syntactic Structures;* Schlesinger, Braine 1963a, McNeill 1966a und b, Bellugi, Brown/Fraser 1963, Ervin/W. Miller, Braine und Reed – also die Schulen von Harvard, Berkeley und Maryland – zur *Pivot-Grammatik;* Brown/Cazden/Bellugi, Klima/Bellugi, Braine 1971a, Miller, Bever 1970a, c, Menyuk 1969a, b, Bloom 1970 und 1973, C. Chomsky, Roeper, Slobin zum *Aspects-Modell.* Von Interesse sind auch die relativ modell-unabhängigen Arbeiten von Brown/Fraser 1964 und Geest 1972. Vergleichsweise gering ist die Literatur zum strukturell-behavioristischen Ansatz: Osgood, Carroll, Staats, Miller, Brown; von ihnen vertreten heute Miller und Brown die Chomsky-Linguistik, Carroll ist inzwischen einer der entschiedensten Befürworter der ausgeprägt kognitivistischen Richtung in der Lernpsychologie. Die strukturellen Ansätze werden im Zusammenhang mit lernpsychologisch orientierten Arbeiten zum Erst- und Zweitsprachenerwerb zu diskutieren sein, andere Aspekte können im Rahmen des Basisteils der gTG mitbehandelt werden. Für einen ersten Überblick über die wichtigste Literatur empfehlen sich: Leuninger/Miller/Müller 1972, List 1972, Francescato 1970, Osgood/Sebeok 1965, Slobin in Ferguson/Slobin 1973, S.171-173, Gauger 1973b, Oksaar 1973. Reichliche bibliographische Angaben findet man in Ferguson/Slobin 1973, Leuninger/Miller/Müller 1972, List 1972 und 1974, in den Anmerkungen in Francescato 1970. Für umfassendere Informationen sei auf die Nummern 11 (1960), 17 (1966), 22 (1971) der *Annual Review of Psychology* verwiesen, wo in Beiträgen von Aborn, Ervin-Tripp/Slobin, Fellenbaum jeweils sehr viel Literatur aufgearbeitet und vorgestellt ist. Die Literatur zur kindlichen Phonetik wird nur beiläufig und sporadisch in unsere Arbeit einbezogen, desgleichen ist nicht versucht worden, die seit 1970 immer stärker anschwellende amerikanische Literatur zu psycholinguistischen Experimenten des (erwachsensprachlichen, sehr viel seltener: kindsprachlichen) Sprechvorgangs wenigstens in halbwegs repräsentativer Vertretung zu berücksichtigen: Einige Bemerkungen zu diesem Thema waren trotzdem nicht zu umgehen. Die Arbeiten zum *semantic development* des Kindes sind umfangmäßig und qualitativ noch immer sehr bescheiden (vgl. Fellenbaum in *Annual Review of Psychology* 22 (1971), S.269); wir haben einige zugängliche russische Arbeiten,[213] ferner Clark (1973) und Antinucci/Parisi (1973) konsultiert und umreißen im übrigen das Problem der Bedeutungserlernung anhand von Wygotski (1934) und Lorenzer (1972). Innerhalb der neueren Literatur haben die Amerikaner das Übergewicht, von der europäischen Literatur sind vor allem ältere Arbeiten berücksichtigt, die im allgemeinen von den Amerikanern – eine der ganz seltenen Ausnahmen bildet Weir 1966: Dort geht es aber um phonetische Fragen – weithin unbeachtet geblieben sind.

1.2.1 Holophrasie

Die Versuche zur Systematisierung holophrastischer[214] Ausdrücke sind, alles in allem, sehr widersprüchlich ausgefallen. Schon Stern und Stern (1907) versuchten eine klare Aufteilung zwischen sprachlichen und nichtsprachlichen Mitteln in der Interaktion und wollten die Ein-Wort-Äußerung als eine Art von „Vokativ" verstanden haben. De Laguna (1927) hat demgegenüber im holophrastischen Wort den Vorläufer prädikativer Funktion gesehen und es als den (verbalen) „Kommentar" zum nichtsprachlichen Handeln in der Situation gedeutet. Wygotski (1934) sieht in der Holophrase ebenfalls eine Prädikation, verzichtet aber, wie auch de Laguna, diese zu grammatischen Formen in expliziten Bezug zu bringen. Schon de Laguna hat ausdrücklich darauf verwiesen, daß sowohl das Subjekt als auch Teile des Prädikats der erwachsensprachlichen Sätze einer kindlichen Holophrase entsprechen können. Ein grammatisches Verständnis von „Subjekt" und „Prädikat" ist für holophrastische Produktionen m.E. prinzipiell unangemessen, da diese grammatischen Begriffe morphosyntaktisch aufweisbare Funktionsstellen in einer distributionell bestimmbaren Morphemkette zur Voraussetzung haben. Unter Bezug auf McNeill (1970), der sogar Tiefenstrukturen für die Holophrastik ansetzt (ein Versuch, der nicht gerade durch Einfachheit der Theorie besticht und sich empirischer Fundierung prinzipiell entzieht), meinen auch Leuninger/Miller/Müller (1972, S.152), die Einwortsätze des Kindes dürften nicht mit entsprechenden Ellipsen Erwachsener gleichgesetzt werden. Wenn wir eine kindliche Ein-Wort-Äußerung bald als Aussagesatz, bald als Imperativ oder Frage verstehen (also in ihnen gleichsam Satzpatterns unterscheiden wollen), so tun wir dies m.E., weil *unsere* Kompetenz gewohnt ist, auch elliptische Ausdrücke als Satzmuster zu interpretieren.[215] Tatsächlich haben wir ja häufig die Wahl zwischen einem ausgeführten Satz und einer Ellipse. Das Kind aber hat diese Wahl nicht, und da es keinen Satz kennt, kennt es folgerichtig auch keinen Fragesatz und Imperativsatz. Denn wo es keine Syntax gibt, gibt es auch keine Wortarten und umgekehrt. „Wortart" und „Satztyp" sind unbrauchbare Begriffe zur Beschreibung kindlicher Ein-Wort-Äußerungen. Das, was das Kind *will, ist* der Imperativ und die Frage, nicht das sprachliche Mittel, das, auf eine bloße Nenn- oder Appellfunktion beschränkt, lediglich Teil einer interaktionsreichen Gesamtstrategie ist. Diese Strategie, auch das sei nochmals betont, ist sowohl in ihrer sprachlichen als in ihrer nicht-sprachlichen Komponente abhängig von der (willkürlichen) Äquivalenz, die das Kind einer gegenwärtigen Situation im Hinblick auf analog erlebte Situationen zuerkennt.

Die Frage, ob das kindliche Vokabular ursprünglich aus Substantiven bestehe, ist also eine unangemessene Problemstellung. „Heiß", in der Erwachsenensprache prädikativ gebraucht und syntaktisch als Adjektiv ausgewiesen, kann sehr wohl einfach Nennwort für „heiße Dinge" sein wie Suppe, Ofen usw. (vgl. Church 1971, S.62/63, zitiert in Lorenzer 1972, S.57/58). In einem anderen Fall wieder mag *heiß* „kalt" *und* „heiß" bedeuten, es meint dann einfach „unangenehme Temperatur" (vgl. Kainz 1960, S.52). Andererseits läßt sich das kindsprachliche Zeichen *Ball,* das für „Ball", „Apfelsine", „Mond" und alles mögliche stehen kann und in der Erwachsenensprache als Substantiv fungiert, in seinen kindsprachlichen referentiellen Bezügen eben gerade dadurch erklären, daß es eine Tätigkeit („etwas, das man werfen kann") bezeichnet (vgl. Segerstedt 1947, S.43/44; es handelt sich um ein Beispiel aus Dewey 1894, zitiert bei Lewis; zitiert ebenfalls bei Lorenzer 1972, S.59, und Oksaar 1973.[216] Entgegen Stern, der in der oberflächlichen Ähnlichkeit der Gegenstände die Assoziation mit ein und demselben Wort begründet sieht, deutet Segerstedt (l.c.) den Referentenbereich rein psychologisch:

> „Nun ist es aber viel näherliegend zu sagen, die Gefühls- und Willenselemente der allgemeinen Situation seien ähnlich geartet, und da die vokale Reaktion bloß ein Glied der allgemeinen Reaktion ausmacht, folgt sie mit."

Hier eröffnen sich interessante Parellelen zu Parrerens Aktualisierungstheorie, die sich beispielsweise von Thorndikes, Klüvers und Allports Auffassung, wonach Lernresultate allein durch die *objektiv* vorhandene Äquivalenz zwischen neuer und alter Situation ausgelöst werden, dadurch unterscheidet, daß es darüber hinaus (bzw. statt dessen) der Anstrengung des reflektierenden Subjekts bedarf, das Identität erkennen *will.*

Kindersprache muß aus den von der Erwachsenensprache qualitativ und nicht nur graduell differierenden Bedingungen heraus erklärt werden. Das ist Aufgabe einer psychologisch und soziologisch orientierten Kommunikationswissenschaft; eine systemorientierte Linguistik der *langue* wird möglicherweise zur Erhellung nichts weiter beitragen als die sehr banale Aussage, daß die Kindersprache generell defekt ist und nur lose Bezüge zur Erwachsenensprache hat und damit gleichsam auf das Wohlwollen der Perzipienten angewiesen ist, und dies im auditiven Erkennen der Signifikanten (vgl. Lenneberg 1967) ebenso wie in der Interpretation der Signifikate und semasiosyntaktischen Strategien.

1.2.2 Morphosyntaktische Verstöße in Mehrwortsätzen

In dem Augenblick, da die sprachlichen Äußerungen der Kinder aus mehr als einem Sprachzeichen bestehen, muß allerdings die Zeichenproblematik (Signifikat und referentieller Bezug) um zeichensyntaktische Gesichtspunkte erweitert werden:[217] Jetzt gibt es nämlich innersprachliche Verweise, d.h., die Bedeutungsstruktur der Zeichen braucht nicht allein aus der Sigmatik und Pragmatik (Handeln des Sprechers und Präsenz der Referenzobjekte innerhalb bestimmter Situationen) erschlossen zu werden, vielmehr grenzt sich die Bedeutung der Zeichen nun auch durch das syntaktische Nebeneinander ab. Aber selbst hier noch ist es fraglich, ob die Beschreibung der frühkindlichen Zeichensyntax unter den Gesichtspunkten und mit den Mitteln einer Linguistik der *langue* sinnvoll und möglich ist. Die Zweiwort-Äußerungen werden von der Mehrzahl der heutigen Psycholinguisten als der Angelpunkt in der grammatischen Entwicklung des Kindes begriffen. Dies ist kein Zufall. Die Zwei-Wort-Phase interessiert als empirisches Feld für ein „generatives" Sprachverständnis im allgemeinen und für eine „tiefenstrukturelle" Linguistik im besonderen. Die Mehrzahl der strukturalistisch orientierten Psycholinguisten hatte demgegenüber dem Zwei-Wort-Satz keinen Sonderstatus eingeräumt und auch keine besondere Zwei-Wort-Grammatik entworfen. Noch 1959 meint Burling, daß die Anzahl der Wörter das unwesentlichste Kriterium für den grammatischen Fortschritt der Kindersprache abgebe, ein solcher zeige sich vielmehr in der Fähigkeit, Substitutionen vornehmen zu können. Ausdrücklich vermerkt Burling, daß das beobachtete Kind in dieser Weise in der Satzproduktion kreativ werden konnte, ohne daß es über ein Zwei-Wort-Stadium hätte gehen müssen (vgl. Burling 1959, S.88). Wir werden deshalb die Konzeption einer sogenannten Pivot-Grammatik im Rahmen der Syntax-Interpretation nach dem Chomsky-Modell behandeln. Was die Agrammatikalität der frühen Kindersprache betrifft, so können deutlich zwei Phasen unterschieden werden. In der ersten Phase besteht die Agrammatikalität der Äußerung ganz überwiegend in Auslassungen: Verzicht auf Flexion, Telegrammstil der Ein- und Zweiwort-Sätze. Die Deformierung (im Vergleich zur Erwachsenensprache) besteht

a) in lautlichen Auslassungen und Verkürzungen;
b) in Ersatzleistungen für noch nicht beherrschte Laute: Assimilation, Substitution (Beispiele für (a) und (b) siehe Moskowitz 1973 (engl. u. dt.) und Raffler-Engel 1973b (ital.));[218]
c) in der generellen Präferenz bilabialer und labiodentaler Laute (in der Übernahme eines Wortes durch das Kind und innerhalb der artikulatorischen Deformation);
d) in der häufig anzutreffenden Reduplikation des verkürzten und deformierten Lautkörpers;
e) im meist unflektierten oder auch falsch flektierten Gebrauch.

(Für (a) bis (d) vgl. Kegel 1974, S.40-41, 43-49)

Nahezu alle Autoren weisen darauf hin, daß eine Reihe von kindsprachlichen Wörtern von Anfang an in verschiedener lautlicher Realisierung auftritt. Auch später, wenn die Kindersprache syntaktische und morphologische Elemente in sich aufzunehmen beginnt, ist über längere Zeit ein Nebeneinander unterschiedlicher Formen festzustellen. Hierzu einige Beispiele aus Menyuk 1969a:

– „(. . .) The child produces utterances such as 'he good' and 'he's good' with about equal frenquence" (zu ein und demselben Zeitpunkt; vgl. S.15).
– „Utterances such as 'where goes the wheel' and 'where the wheel goes' both occur" (in direkter Frage; vgl. S.73).

- „Utterances such as 'He's goes there every day', 'He be still be watching', 'He's now is copying him', and 'He's already's in the house' occur throughout the age range" (S.108).
- „Tense does not seem, at this stage (i.e. im Alter von zwei bis drei Jahren, vgl. S. 72 u. 73), to be an independent class. Therefore verbs often appear alternately in their marked and unmarked forms (for example *do/does* and *go/goes*)" (S.108).

Einige dieser Verstöße sind in der Tat als ein für diese Übergangsphase typisches Nebeneinander von markierter und unmarkierter Form zu verstehen *(he good* vs. *he's good).* Dagegen sind Fälle wie *He's goes there every day* wohl richtiger als Interferenzen aufgrund von Verklumpungsprozessen (übrigens nicht notwendigerweise morphologischer, sondern vielleicht nur artikulatorischer Art) zu deuten, die zu einer grammatischen Kontamination führen.[219] Die nachfolgenden Beispiele aus Britton (1970, S.47) zeigen, wie unbekümmert in diesem Stadium mit der Morphologie umgegangen wird; bezeichnend sind die Formklassenverletzungen.

> „Ich löffelweise das ein."
>
> „Ich malschaffe ob's zugeht" (beim Versuch, den Mantel zuzuknöpfen. Konstruiert aus der gehörten Anweisung „sieh zu, ob du das mal schaffst"; und später, als das zwei Jahre und sieben Monate alte Kind es geschafft hatte:)
>
> „Ich bin ein Knopf-Zu-er."
>
> „Ich bin springer als du" (die Straße hinunter hüpfend).
>
> Und ein drei bis vier Jahre altes Kind:
> „We better cross here, bettern't we?"

Britton selbst spricht in diesem Zusammenhang von „Freiheit des Sprachgebrauchs" (S.47), von „Improvisation" (S.47), von „schöpferischer Tendenz" (S.51), die zusammen mit den Momenten der Imitation und der Analogie die Kindersprache präge (vgl. S.47-51). Aus diesem Ineinander der drei Momente erklärt Britton, in enger Anlehnung an die Harvard-Schule, die ungrammatischen Formen.

Verzicht oder Anstrengung bezüglich der phonetischen Leistung können dem Kind übrigens durchaus bewußt werden (vgl. Raffler-Engel 1973b, S.156). Eines der eindrücklichsten Beispiele stammt von dem englischen Psychologen Valentine (zitiert bei Britton 1970, S.44). Die noch nicht ganz zweijährige Tochter versucht mehrmals, dem Wunsch des Vaters nach korrekter Artikulation des Wortes „Kaffee" zu entsprechen ; wiederholt sagt sie gutwillig „Faffee", um schließlich, deutlich verärgert, „Tee" zu verlangen.[220] In einem noch späteren Stadium vervollkommnet sich schließlich die Imitation im lautlichen, morphologischen und syntagmatischen Bereich so sehr und so rasch, daß der ursprünglich ökonomisch bedingte, individuell deformierende Umgang mit Sprache durch eine bisweilen geradezu affig wirkende Anpassungsstrategie abgelöst wird.[221] Mit dem wachsenden Inventar der zur Verfügung stehenden Sprachzeichen und Kombinationsschemata ergibt sich auch eine bessere Ausdifferenzierung der Signifikate und ihre größtmögliche Annäherung an den sozial und konventionell bedingten (erwachsensprachlichen) Verkehrswert und Referenzbereich der einzelnen Zeichen. Der geradezu schwindelerregende Anstieg des sprachlichen Vermögens ab einem Alter von 2 bis 2 1/2 Jahren zeigt, daß die Kinder auch nach Wegfall der artikulatorischen Barrieren länger als „nötig" bei der bequemen Ein-Wort- oder Ellipsengrammatik verweilt haben müssen. Sind also für die erste Phase die artikulatorische Not und insgesamt ein „kurzer Atem" bezeichnend, so wirkt in der zweiten Phase der sprachliche Zugriff geradezu ungestüm. Die dabei auftretenden Formverletzungen wollen wir nun näher betrachten.

Britton (1970, S.50) meint, das Kind, das dem Sprechen anderer zuhöre, müsse neben dem Inhalt der Äußerung auch die „allgemeinen Formen" wahrnehmen, welche die Äußerungen annähmen, und zwar: „'Formen' im Sinne der Reihenfolge, das heißt, wo Wörter vor oder nach anderen Wörtern auftauchen, will sagen im Sinne eines Arrangements der Wortklassen. Die Wortklassen haben letztlich kein anderes Kriterium als diese 'Arrangierbarkeit' ". Aus der Sicht des Linguisten sind hier zwei Anmerkungen angebracht: 1. Was sind 'Wörter'? 2. Was ist 'Arrangierbarkeit'? Was die 'Arrangierbarkeit' betrifft, so meint der linguistische Begriff der Formklasse[222] mehr als die *realisierte* syntagmatische Linearität, d.h. *auch die nicht mögliche Substitution* ist Kriterium für den linguistischen Ausschluß aus der einen Klasse und für die Zuweisung in eine neue Klasse bzw. Subklasse. Dazu ein Beispiel: Wenn die Formklasse Adjektiv distributionell definiert würde als

Art – N

so wäre es formal weder abgegrenzt zum Partizip, noch wäre zwischen steigerungsfähigen und nicht steigerungsfähigen Adjektiven unterschieden. Desgleichen ist die Definition

Verb Copula –

für sich allein genommen nicht ausreichend, da in dieser Position sowohl das Partizip der Vergangenheit („Zustandspassiv" bzw. elliptische Form eines Passivs der Vergangenheit bzw. „Passiv Praesens" in den romanischen Sprachen oder im Englischen) als auch *N*, als auch schließlich das Adjektiv erscheinen können. Ob temporales Hilfsverb oder Copulaverb im konkreten Fall vorliegen, muß durch Substitution des gesamten Verbalkomplexes erst überprüft werden, d.h. durch Operationen auf der paradigmatischen Ebene, die aus Beziehungen *in absentia* besteht, die sich nicht wie die syntagmatischen Beziehungen in der sprachlichen Linearität selbst realisieren.[223]

Vom Problem der Steigerungsfähigkeit abgesehen (was meist auf ein rein semantisches Problem hinausläuft), kann eine exakte linguistische Formklassenbestimmung nur gelingen, wenn *alle* Umgebungsbereiche des Adjektivs *gleichzeitig* berücksichtigt werden. Z.B.:

ital.	mio fratello
	il mio libro
	il libro è mio
franz.	mon frère
	+le mon livre
	+le livre est mon

Das französische *adjectif possessif* bildet also eher eine Formklasse zusammen mit bestimmten Nomenbegleitern (Artikel, *adjectif démonstratif*, Zahlwörter u.ä.) als mit dem Adjektiv. Erst eine derartige *Zusammenschau* mehrerer Positionsstellen erlaubt eine Klassifizierung.[224] Noch ein Beispiel zur Subklassifizierung:

(1)	l'ancien président
	+ le président est ancien
(2)	le vieux président
	le président est vieux

Derart spekulativ-simultane Substitutionen *innerhalb mehrerer patterns* nimmt das Kind sicherlich nicht vor. Das Kind erkennt vermutlich *einmal* syntagmatische Anordnungen und nimmt *ein anderes Mal* paradigmatische Ersetzungen vor. Für *keine* der beiden Leistungen ist der Begriff der Formklasse Voraussetzung, so wie auch, wie wir eben dargelegt haben, aus der *isolierten* (d.h.: *nicht-gleichzeitigen*) Betrachtung der beiden Achsen bzw.

Prozesse kein Formklassenbegriff im Sinne des Distributionalismus zu gewinnen ist.

Es geht hier letztlich wieder um die grundsätzliche Frage, ob (und bis zu welchem Grade) das Erkennen von *patterns* zum Sprachbewußtsein zu rechnen ist oder nicht. Nur wenn ersteres der Fall wäre, dürfte es als Ursache eines experimentierenden und Hypothesen bildenden Regelmechanismus angenommen werden, wie dies bei der überwiegenden Zahl der amerikanischen Psycholinguisten heute der Fall zu sein scheint. Andernfalls würde *patterning* so unbewußt-imitatorisch übernommen wie beispielsweise die phonetischen und phonologischen Regularitäten.
Vereinzelte Stimmen geben inzwischen zu, daß diese Frage nicht ohne weiteres zu beantworten ist; so meint W.R. Miller:

> „Recent research (. . .) clearly shows that the first multiword sentences of the child are patterned. Whether such patterns can be considered evidence of grammatical structure is debatable, but I would be inclined to think not."[225]

Die weiter oben aus Britton (1970) zitierten kindsprachlichen Beispiele zeigen übrigens hinreichend, daß das Kind trotz eklatanter Verstöße im Gebrauch der Formklassen bereits ein sicheres Sprachgefühl für den morphosyntaktischen Gesamtrahmen des Satzes entwickelt hat. Es ist allerdings wenig wahrscheinlich, daß sich *pattern*-Bewußtheit erst über die intuitive Erkenntnis von Formklassen entwickelt. Auch die taxonomische Analyse geht ja vom syntagmatischen Befund des Corpus aus und führt (mittels paradigmatischer Proben) zur Bestimmung von Formklassen, nicht umgekehrt. Wenn nun aber, so die Hypothese mit der größeren Wahrscheinlichkeit, das Kind ein Sprachgefühl für *patterns* entwickeln kann, ohne über die (natürlich: intuitive) Erkenntnis der Formklassen gehen zu müssen, wozu sollte es in seinem Sprachbewußtsein dann überhaupt noch Formklassen registrieren? Jeder Lehrer, der Kinder gleich welchen Alters in der Muttersprache unterrichtet hat, weiß, daß es ein langjähriges und sehr mühsames und keineswegs immer erfolgreiches Unterfangen ist, die Begriffe für die Wortarten und die Funktionen im Satz zu vermitteln. Die Tatsache, daß traditionsgemäß die Termini der Wortarten hierbei gerade nicht vornehmlich aus syntaktischen, sondern weit eher aus inhaltlichen Überlegungen resultieren („Dingwort", „Tunwort", „Eigenschaftswort", „Geschlechtswort"), zeugt durch sich allein schon von dieser Erfahrung. Das *pattern* wäre dann nichts anderes als eine Bezeichnung für die syntaktischen Gesetzlichkeiten der sprachlichen

Linearität, d.h. Ausdruck eines nicht näher spezifizierten Sprachgefühls für syntagmatische Abfolgen. *Pattern* wäre die nebenbei mitgelernte Wortfolge größerer syntagmatischer Einheiten und dem Kind so wenig bewußt wie die Lautfolge eines Wortes, solange das Kind nicht schreiben gelernt hat. Das Kind gliedert die Objektwelt, wie wir bereits ausführlich dargelegt haben, nach inhaltlich-affektischen, nicht aber nach logischen Gesichtspunkten. Es ist von daher zunächst wenig wahrscheinlich, daß formale Aspekte der Sprache in der Weise ins Bewußtsein des Kindes treten, daß das formale Einzelphänomen mittels Analogie oder mittels Komplexbildung irgendwelcher Art mit entsprechend homogenen Phänomenen assoziiert würde. Was die sprachliche Imitation betrifft, so meint auch Britton (1970, S.47), „es käme der Wahrheit wohl näher zu sagen, daß die Kinder die Art der Menschen imitieren, *wie sie einhergehen und sprechen,* als zu sagen, sie imitieren das, was gesprochen wird." Dann aber wären Kontaminationen und Interferenzen aller Art gerade nicht (wie das Britton und viele andere tun) aus einem „Systematisierungsversuch" (Britton, S.47) heraus zu erklären, sondern als typisch *nicht-kognitive* Interferenz im Sinne Parrerens, da das Kind völlig auf die Rolle, die Affekte und Inhalte konzentriert ist. Ob die sogenannten (fehlerhaften) Analogiebildungen überhaupt als solche (d.h. über eine erkannte „Regelmäßigkeit", deren Ausnahmen noch nicht beherrscht werden) produziert werden und nicht vielmehr aus unbeabsichtigten Kontaminationen mehrerer Formen resultieren, ist übrigens empirisch nur schwer aufzuweisen. Für die Theorie der bewußten Analogiebildung spricht zunächst die Tatsache, daß die fehlerhaften Übergeneralisierungen erst verhältnismäßig spät erscheinen und daß dieser Phase eine (freilich kürzere) Phase richtiger Imitation vorausgeht, wo es kaum zu nennenswerten Interferenzen kommt. Doch kann diese Tatsache ebenso als Argument für den *unbewußten* und *unabsichtlichen* Charakter der Kontaminationsinterferenzen verstanden werden. Das Wesen der eigentlichen Interferenz (im strengeren Sinne Parrerens) besteht nämlich in der fehlenden kognitiven Kontrolle, d.h. hier: In der „Gedankenlosigkeit", mit der – mittlerweile – das Kind die sprachlichen Formen schon handhabt. Eine solche „Gedankenlosigkeit" und „Gleichgültigkeit" gegenüber der sprachlichen Form kann aber gerade dann eintreten, wenn die sprachliche Form in phonetischer wie morphosyntaktischer Hinsicht schon einigermaßen geläufig gehandhabt wird. Auch die Tatsache, daß man *objektiv* das Fehlerphänomen als *Fehlanalogie* beschreiben kann, braucht der kontaminationellen Deutung nicht zu widersprechen, denn es wird sicherlich nichts *Beliebiges* oder *Zufälliges* kontaminiert. Der Fehler

„Ich bin *springer* als du" (Britton 1970, S.47) resultiert nicht aus einer Formklassenverletzung im Sinne einer falschen Hypothese etwa der Art, daß das Morphem *spring* analog zur Klasse der steigerungsfähigen Adjektive behandelt werden kann, sondern viel wahrscheinlicher aus einer Kontamination von sicher oft gehörten und wohl auch schon aktiv beherrschten Sätzen wie

> *Ich bin* schneller als du.
> Ich *springe* schnell*er* als du.

Die Kontamination ist also zunächst inhaltlich begründbar und wird phonetisch noch erleichtert durch die Tatsache, daß das Wort *(der) Springer* als solches ja existiert.[226] Diese Art der Kontamination findet sich übrigens auch in der Sprache der Erwachsenen. Beim sogenannten „Versprecher" handelt es sich nicht darum, daß in der Artikulation *irgendetwas* ausgelassen bzw. *vertauscht* würde, vielmehr wirkt das *image acoustique* an der unerwünschten Stelle auf die Artikulationsorgane ein, aber nicht *zufällig*, sondern auf Grund lautlicher Gegebenheiten (Ähnlichkeiten und syntagmatische Nähe):

> „Die nächste Gipfelkonferenz in Boll – Verzeihung:
> Bonn – soll . . ." (ZDF „heute" 26.2.1974)

Das *o* in *Bonn* nimmt *-oll* (in *soll*) in der Artikulation vorweg, da es als *image acoustique* bereits präsent ist, und zieht die Spurenverbindung /ɔ l/ nach sich. Die Kontamination von *Bonn* und *soll* zu *Boll* wird wiederum erleichtert durch das an sich existierende Wort *(Bad) Boll.*[227] Daß ein Versprecher einmal vom Sprecher bemerkt und entsprechend korrigiert wird und ein anderes Mal nicht, zeigt doch gerade, daß die kognitive Kontrolle für diese Art von Interferenz entscheidend ist: Grundsätzlich fehlt sie, deshalb kann der artikulatorische Mechanismus immer wieder entgleisen. Es gibt aber beim Sprechen (wie dies auf der syntaktischen Ebene bestimmte Formen des Anakoluthes zeigen) auch eine Kontrolle im Nachhinein. Diese bewirkt die nachgeholte Korrektur. Die „Fehlanalogie" wäre im allgemeinen als Sonderfall einer Kontaminationsinterferenz einzuschätzen insofern, als die Fehlanalogie durchaus als Kontamination beschrieben werden kann, nicht aber jede Kontamination als Analogiebildung. Spräche man der Übergeneralisierung, wie sie von einem mehr oder weniger bewußten Empfinden einer Regelmäßigkeit ausgelöst werden soll, im Spracherwerbsprozeß eine wirklich dominante Rolle zu, so wäre eine Erklärung dafür zu geben, daß in einer späteren Phase der Sprachbeherrschung vorwiegend Kontaminationen nicht-analoger Art zu beobachten sind.

Die Beschreibung der Interferenzphänomene als lautlich und/oder inhaltlich bedingte Kontamination hat außerdem gegenüber der Theorie der bewußten Analogieprozesse den Vorteil, daß keine *Richtung* angegeben werden muß. Spricht man dagegen von Analogie, so interveniert in die Beschreibung eine Deutung *a priori:* Ich muß sagen, in bezug auf *was* die Analogiebildung vorgenommen worden ist, d.h. ich muß postulieren, *welche* Form das Kind zum Bezugspunkt nimmt. Beispiel:

gegeßt

ist zweifellos kontaminiert aus

ge. . . .t

gegess - (en)

Damit ist dann aber nicht zugleich behauptet, das Kind entwickle versuchsweise eine Grammatik *„Partizip = ge. . . .t"*, d.h. es wird kein bewußt unidirektionaler Prozeß angenommen. Schließlich finden wir ja gleichzeitig kindsprachliche Formen wie *gekaufen.* Es ist sowohl lern- als auch motivationspsychologisch nicht ohne weiteres glaubhaft zu machen, daß sich das Kind jeweils für eine bestimmte Form als die „regelrechte" bewußt entscheidet.[228] Wir haben ja an anderer Stelle schon dargelegt, daß konkurrierende Formen lange Zeit *simultan* erscheinen können. Im Falle des *+gegeßt* wäre überdies zu bedenken, daß das Allomorph *- gess -* ausschließlich in der einen Form *gegessen* erscheinen kann, so daß es einigermaßen erstaunt, daß dieses Allomorph einerseits beherrscht wird, das diesem Syntagma ebenfalls zugehörige Suffixmorphem andererseits bewußt gegen das als „regelrechter" empfundene *-t* ausgetauscht wird. Im übrigen sind zwar die regelmäßigen Verben in der Überzahl, aber es gibt auch eine Reihe starker Verben, die in der Beziehung Kind — Erwachsener nicht nur durch die Häufigkeit ihres Auftretens eine besondere Rolle spielen, sondern auch durch die existentielle Wertigkeit ihres Referenzbereichs (*essen, trinken, schlafen, aufstehen, laufen, springen, sehen, nehmen, finden, bekommen* usw.).

2. Generativ-transformationelle Deutung kindsprachlicher Phänomene

2.1 Zur Frage der psychologischen Realität generativer Modelle

2.1.1 Deskriptive und explanative Grammatiken

Die Theorie der generativen Grammatik erstrebt zunächst *deskriptive* Adäquatheit. Allerdings ist es nach Chomsky (1965, S.40-41, 43, 106 und passim) „für die produktive Entwicklung der Theorie der Sprache unumgänglich", auch weiterreichende Ziele zu verfolgen, wozu auch *explanative* Adäquatheit gehöre. Ein deskriptives Grammatikmodell wird nun freilich zunächst nach dem Prinzip der Einfachheit konstruiert. Dies kann beispielsweise bedeuten, daß „die Formulierung von Konstituentenstrukturregeln abhängig ist von den Regeln in der transformationellen Komponente; beide beeinflußen sich wechselseitig. Einsparungen in der Konstituentenstruktur führen zu Komplizierungen im Transformationsteil und umgekehrt."[229] Das sprachliche Vermögen eines Sprechers wird darum durch den generativen Apparat nur in seiner Leistung, d.h. in seinem *output* simuliert, nicht aber in der Art und Weise, wie sprachliche Produktionen zustandekommen. Die Elemente, mit denen der generative Apparat des *Aspects*-Modells operiert, sind teils in Form von syntaktischen Selektionsbeschränkungen, teils als Lexikoneinträge spezifiziert und entsprechen nicht unbedingt den sprachlichen Einheiten im Sinne eines taxonomischen Morphembegriffs.[230]

Zum Beispiel ist in den Syntagmen

(1b) John's criticizing the book
(2) John's criticism of the book

„criticism" (2) eine Lexikoneinheit, während „criticizing" (1b) ein Transform aus

(1a) John criticises the book

darstellt.[231]

Der Verzicht auf ein Funktionsmodell hat u.a. zur Folge, daß der generative Apparat bislang nicht als Analysegrammatik funktioniert, d.h.,er kann nicht alle Fähigkeiten des Hörers simulieren.

Die Semantik des Modells ist beschränkt

(1) auf die Beziehungen zwischen den Kategorien, wie sie der P-Marker darstellt (etwa: direkt von S dominiertes NP als Subjekt), und die semantische Interpretation dieser Relationen (vgl. Bechert u.a. 1970, S.22-23, 170/171);

(2) auf die Regeln zur Analyse der Kette eines P-Markers in komplexe Symbole in Form von Merkmalmengen und

(3) auf die Katzschen Projektions- oder Lexikonregeln;

(4) schließlich auf die semantischen Merkmale im Lexikoneintrag selbst.

Damit ist die semantische Leistung des *Grammatischen* auf den eigentlich syntaktischen Bereich (= sinnvolle Verkettung von Elementen) reduziert. Chomsky (1965, S.173) nimmt letzten Endes an, „daß die semantische Interpretation eines Satzes nur von seinen lexikalischen Einheiten und den grammatischen Funktionen und Relationen abhängt, die in der zugrundeliegenden Struktur, in der sie auftreten, repräsentiert sind."[232]

Die Kritik, die Isačenko und Růžička (siehe Isačenko/Růžička 1966) 1964 bezüglich der *Syntactic Structures* formuliert haben, trifft fast zur Gänze auch das *Aspects*-Modell: „Insbesondere erscheint uns die gradlinige Forderung, innerhalb der Syntax (also der Grammatik) nur Festlegungen über die Kombination von Elementen zu behandeln und alles andere der Semantik zuzuweisen, für die Zwecke der Sprachwissenschaft als unzureichend" (S. 281). Die generative Grammatik decke nicht alle wesentlichen Systembeziehungen der *langue* auf, und dies rühre daher, daß auf die Untersuchung paradigmatischer Strukturen „völlig verzichtet" werde (S.281). Wenn z.B. die paradigmatische Struktur der Tempora und Modi einfach als ungeordnete Menge von Morphemen bzw. Endungen beschrieben werde, so habe man eine „leere Morphologie", wie sie schon von Saussure abgelehnt worden sei (S.282).[233] Eine erklärungsadäquate Grammatik kann übrigens nach Chomsky nicht einfach aus einer deskriptiv adäquaten Grammatik gewonnen werden. Wohl aber gilt, daß eine erklärungsadäquate Grammatik über deskriptive Grammatiken falsifiziert wird. Der gemeinsame Bezugspunkt sei die Theorie der linguistischen Universalien (vgl. Chomsky 1965, S.54/55; vgl. ferner S.43/44 und 47/50).

Chomsky (vgl. 1965, S.20 und S.178) betont nachdrücklich, daß seine Grammatik kein Modell der Sprachverwendung sei, sie charakterisiere lediglich „die innere, unreflektierte Kenntnis oder Kompetenz, die der aktuellen Sprachverwendung zugrunde liegt" (S.178).[234]

Gegenstand einer Linguistik im Sinne des Aspects-Modells ist eben diese Kompetenz eines „idealen Sprecher-Hörers" (vgl. Chomsky 1965, S.13). Chomsky nennt in diesem Zusammenhang eine Reihe psychologischer Faktoren, um die das linguistische Modell in seiner Abgrenzung gegenüber einem sprecherbezogenen Performanzmodell von Anfang an reduziert sein muß (z.B. begrenztes Gedächtnis, Zerstreutheit, momentaner Interessenschwerpunkt, „zufällige oder typische Fehler").[235]

Was Gauger (1973a, S.169)[236] bezüglich Chomskys Begriff vom idealen Sprecher-Hörer sagt, könnte das Fazit unserer Ausführungen abgeben: „Obwohl Idealisierungen irgendwelcher Art ohne Zweifel unumgänglich sind, geht *diese* (sc. des Sprecher-Hörers, Anm.d.Verf.) – in Anbetracht des Anspruchs, den Chomskys Theorie erhebt – entschieden zu weit: Das hier methodisch Eliminierte ist für die Sprache so essentiell, daß es nicht erst nachträglich 'eingebaut' werden kann. Von dieser Idealisierung ausgehend (. . .) kommt die Untersuchung an die konkrete psychisch-soziale Wirklichkeit der Sprache und des Sprechens nicht heran."[237] Kanngießer (1971) sieht das methodische Problem, das sich hier auftut: Wie lassen sich „reine Spekulationen einerseits" und „bloße Datenkollektionen andererseits" vermeiden? Die Möglichkeit eines empirischen Nachweises stelle die oberste Grenze dar, bis zu welcher Idealisierungen zulässig seien, wobei klar sei, „daß diejenigen Kriterien, an denen sich die empirische Signifikanz der Theorie entscheidet, nicht selbst auf der Basis jener Idealisierungen gewonnen werden können, deren Zulässigkeit sie allererst entscheiden sollen" (S.26).[238]

2.1.2 Der psychologische Anspruch der Modelle Chomskys

Nach den unter 2.1.1 gemachten Ausführungen könnte es scheinen, als verstünde sich Chomskys *Aspects*-Modell als ein außerhalb der Psychologie stehendes Modell. Indes weist Gauger (1973a, S.169) zu Recht auf die diesbezüglich „zweideutige" und „schwankende" Haltung Chomskys hin, indem er Zitate aus den *Aspects* und aus *Language and Mind* gegenüberstellt. Der Einbezug weiterer Schriften Chomskys (etwa der *Cartesian Linguistics,* auf die Chomsky selbst in der Einleitung zu den *Aspects* im Zusammenhang mit dem Begriff der „Sprachbenutzung" verweist) würde den Widerspruch keineswegs auflösen, sondern eher vertiefen. Die Zweideutigkeit der Position Chomskys läßt sich, wie schon aus zwei der von Gauger angeführten Zitate erhellt, auch innerhalb der *Aspects* aufzeigen. So heißt es einerseits, die

Sprach-Theorie sei „mentalistisch in einem bestimmten Sinn", weil sie um die Aufdeckung einer „mentalen Realität, die dem aktuellen Verhalten zugrundeliegt", bemüht sei. Andererseits könnten „Beobachtungen des Sprachgebrauchs" nicht den tatsächlichen Gegenstand der Linguistik ausmachen (vgl. S.14). Umgekehrt aber „scheint die Untersuchung von Sprachverwendungsmodellen, die generative Grammatiken als Komponenten enthalten, vielversprechend zu sein; mehr noch, es ist kaum eine andere Basis vorstellbar, auf der sich eine Theorie der Sprachverwendung entwickeln könnte". Und: „Tatsächlich (. . .) sind die einzigen Studien zur Sprachverwendung (. . .) diejenigen, die als Nebenprodukt aus der Arbeit an der generativen Grammatik hervorgegangen sind" (S.28). Hierbei gilt, daß eine linguistische Theorie „in dem Maße die Bedingungen der Erklärungsadäquatheit (erfüllt), wie es ihr gelingt, eine deskriptiv adäquate Grammatik auf der Basis der primären sprachlichen Daten auszuwählen" (S.41). Es ist nun allerdings nicht recht einzusehen, wie die explanative Grammatik mit der deskriptiven Grammatik verbunden wird, wenn von sprachlichen Fakten[239] einfach abgesehen wird, um Hypothesen über die Sprache *in toto* desto leichter entwerfen zu können; warum sollen die primären sprachlichen Daten nur für Spracherwerbsgrammatiken eine Rolle spielen?[240] Immerhin darf ja der Aufbau einer Chomsky-Grammatik „als erste Annäherung" zur Charakterisierung der „Kenntnis einer Sprache" verstanden werden (vgl. Chomsky 1968, S.54).[241] Ähnlich äußert sich Chomsky S.75, wo er (mit ausdrücklichem Hinweis auf die Parallele zum syntaktischen Bereich) das In-Beziehung-Setzen von „hochgradig abstrakten zugrundeliegenden Strukturen zu der phonetischen Repräsentation" unter die „abstrakten mentalen Repräsentationen und interpretativen Operationen" rechnet, deren „Existenz" man annehmen könne. Was kann „mental" hier anderes meinen als die Postulierung einer wie auch immer gearteten psychologischen Realität? Wie anders wären Chomskys Schlußfolgerungen (S.147 bis Schluß) sonst zu verstehen:

> „Ich habe darzulegen versucht, daß die Untersuchung der Sprache durchaus (. . .) eine bemerkenswert günstige Perspektive für die Untersuchung der mentalen Prozesse des Menschen eröffnet." Und:
>
> „Es scheint mir somit, daß die Sprachwissenschaft eine zentrale Stelle in der allgemeinen Psychologie einnehmen sollte" (S.161). Und S.111:
>
> „Trotzdem (das „trotzdem" bezieht sich auf eine vorausgehende ironisierende Bemerkung Chomskys zum Untertitel seiner Vorle-

> sung „Zukunft". Anm.d.Verf.) ist es zulässig zu vermuten, daß die wesentlichste Leistung der Sprachwissenschaft in der Erklärung liegen wird, die sie für den Charakter mentaler Prozesse und die Strukturen, die sie bilden und mit denen sie arbeiten, zu liefern vermag."[242]

Andererseits fällt Chomskys Warnung vor direkten Übertragungen seines Modells in den praktischen Bereich ganz entschieden aus. So wendet sich Chomsky (1965, S.246) ausdrücklich gegen Yngves spekulative Parallelen zwischen Transformationsmodellen und Experimenten zur Satzproduktion beim Sprecher (Yngve 1960; vgl. hierzu List 1972, S.55), wobei Chomsky (S.247) freilich gern ein „weiteres interessantes Argument" aufgreift, weshalb Grammatiken Transformationsregeln enthalten sollten. Noch schärfer formuliert findet sich Chomskys Vorbehalt auf S.177/178: „So scheint es absurd, anzunehmen, daß der Sprecher zuerst mit Hilfe der Basis-Regeln einen generalisierten P-Marker bildet und ihn dann auf seine Wohlgeformtheit testet, indem er Transformationsregeln anwendet, um zu sehen, ob er am Ende einen wohlgeformten Satz ergibt. Aber diese Absurdität ist einfach eine Folge der tieferen Absurdität, ein System von generativen Regeln Punkt für Punkt als Modell für die Konstruktion eines Satzes durch einen Sprecher zu betrachten." Es sei absurd, anzunehmen, der Sprecher wähle erst Hauptkategorien, dann die analysierten Kategorien, um schließlich und endlich, am Ende des Prozesses, die Wörter zu wählen, „indem er nun entscheidet, worüber er sprechen wird".[243] Seit 1967 scheint sich Chomsky von den allzu expliziten Korrelationshypothesen zum *Aspects*-Modell zu trennen (vgl. Chomsky 1967b).[244]

2.1.3 Chomskys „Spracherwerbsapparat"

Der Grundgedanke aller Erklärungen des natürlichen Spracherwerbs nach dem Modell der generativen Transformationsgrammatik ist folgender: Das Kind konstruiert versuchsweise eine Grammatik G_1, indem es anhand der bisher erfahrenen und ihm irgendwie bewußt gewordenen sprachlichen Daten aus Äußerungen der das Kind umgebenden kompetenten Sprecher (sogenannte *primary linguistic data*) ein Regelsystem supponiert und danach eigene Äußerungen vollzieht. Aus dem Vergleich der eigenen sprachlichen Produktion mit derjenigen der erwachsenen Sprecher (der immer umfangreicher werdenden *primary linguistic data*) korrigiert und adaptiert das Kind sein Regelsystem G_1 über G_2, G_3... und nähert sich so schrittweise der Grammatik G eines kompetenten Sprechers an. Chomsky verwirft in *Lan-*

guage and Mind (Chomsky 1968, S.146, Anm.19) die etwas simplifizierende Sicht früherer Schriften: „Ich habe den Spracherwerb bisher von der offenkundig falschen Annahme aus erörtert, daß es sich hier um einen Prozeß handelt, der sich auf einen Schlag vollzieht." Qualität (z.B. „Gleichförmigkeit"; vgl. Chomsky 1965, S.44) und Geschwindigkeit in der Entwicklung des Spracherwerbs lassen sich allerdings nur erklären, wenn man einen *angeborenen Spracherwerbsapparat (Language Acquisition Device)* voraussetzt. Dieser Apparat besteht u.a. aus der intuitiven Kenntnis der sprachlichen Universalien. Anders könnte nach Chomsky der *input* der *primary linguistic data,* den das Kind in der Zeit vor der eigentlich kognitiven Entwicklung[245] aufnimmt, nicht zu einem Regelsystem G' verarbeitet werden, das einen auch nur einigermaßen adäquaten *output* ermöglichen würde. Die Theorie der Einzelgrammatik wird so auf der Basis einer Universalgrammatik konstruiert.[246] Die Prinzipien der menschlichen Universalgrammatik (die sogenannten Universalien formaler und substanzieller Natur) sind biologisch determiniert und genetisch tradiert, d.h., die Vererbung der Prinzipien der *language faculty* und die Bereitschaft *(predisposition)* zu ihrer Anwendung sind durchaus mit der Vererbung instinktiver Verhaltensmuster vergleichbar (so Chomsky in einer Radiodiskussion 1968, s. Lyons 1970, S.134). Aus dieser These ergeben sich einige psychologische Fragestellungen.

Zunächst: Wie erwirbt das Kind die einzelsprachliche Kompetenz? Der Erwerb geschieht zwar auf der Basis einer Universalgrammatik, die einzelsprachliche Grammatik muß aber aufgrund von primär-linguistischen Daten entwickelt bzw. selegiert werden. Folglich gehört zur universalgrammatischen Kompetenz auch die Fähigkeit, anhand von Primärdaten (Performanzbereich) Hypothesen über die dahinterstehende Grammatik zu entwickeln oder – was dasselbe sein kann – eine zu den Primärdaten passende Grammatik aus den der Universalgrammatik nicht widersprechenden theoretisch möglichen Grammatiken auszuwählen (vgl. Chomsky 1965, S.68-83, S.40-47, S.52, S.250 Anm. 14 und passim).[247] Die Auswahl dieser Grammatik ist nicht *allein* von den Primärdaten abhängig (darin unterscheidet sich Chomsky von taxonomischen Linguisten; vgl. Chomsky 1965, S.74/75 und S.50). Das Kind wählt nicht *irgendeine* der Grammatiken, die einen den Primärdaten entsprechenden Output garantieren würden, sondern eine Grammatik von der Art, wie sie der Universalgrammatik entspricht:

> „Für die Konstruktion eines effektiven Spracherlernungsmodells ist es notwendig, die Klasse der erreichbaren Grammatiken, die den pri-

mären sprachlichen Daten gerecht werden, bis zu dem Punkt zu reduzieren, wo eine Selektion aus ihnen durch eine formale Bewertungsprozedur möglich wird. Dies erfordert eine präzise und enge Eingrenzung des Begriffs 'generative Grammatik' – eine einschränkende und aussagestarke Hypothese über die universellen Eigenschaften, die die Form der Sprache bestimmen, im traditionellen Sinn dieses Terminus." (Chomsky 1965, S.53)

Allerdings muß Chomsky zugeben:

„Im Moment können wir kaum an eine Hypothese über angeborene Schemata herankommen, die aussagekräftig, detailliert und spezifisch genug wäre, um den Fakten der Spracherlernung gerecht zu werden. Folglich ist es Hauptaufgabe der Sprachtheorie, einen Katalog linguistischer Universalien aufzustellen, der einerseits durch die tatsächliche Vielfalt der Sprachen nicht falsifiziert wird, der andererseits aber auch reichhaltig und explizit genug ist, um Geschwindigkeit und Gleichförmigkeit der Spracherlernung zu erklären sowie der beachtlichen Komplexität und dem Umfang der generativen Grammatiken, die ja das Produkt der Spracherlernung sind, Rechnung zu tragen." (S.44; und nochmals, im Hinblick auf bestimmte Universalien, S.46:) „Formale Einschränkungen dieser Art (sc. durch Universalien, Anm.d.Verf.) (. . .) können die Wahl einer deskriptiven Grammatik (durch das Kind oder den Linguisten) bei gegebenen primären sprachlichen Daten sehr weit einengen."[248]

Chomsky sieht also im Spracherwerbsprozeß alles andere als eine bloße „induktive Generalisierung" aufgrund sprachlicher Primärdaten: Eine solche tut Chomsky als „empiristische Spekulation" des Behaviorismus und der taxonomischen Linguistik ab (vgl. S.73, S.81 und S.75).[249] Das sprachliche Primärmaterial ist einerseits zu gering und andererseits zu unübersichtlich und unsystematisch, um die spätere sprachliche Produktivität des Sprechers zu erklären. (Der letztere Gesichtspunkt tritt in Chomsky 1968 besonders in den Vordergrund.) Es ist hier angebracht, auf das Problem des *patterning* zurückzukommen und Chomskys eigenen Standpunkt hierzu zu referieren. Die Theorie der *patterns* gehört nach Chomsky (1968, S.27) der „behavioristischen Phase der Linguistik" an. Die Sprachkenntnis des Menschen wird von ihr als „eine gespeicherte Menge von *patterns*" repräsentiert, die durch ständig stimulierte Wiederholung präsent gehalten wird (und gleicherweise im Lernprozeß aufgebaut wird). „Neuerungen" seien in der Sicht dieser Linguistik „allenfalls eine Sache der Analogie". Chomsky (1968, S.27) greift nun das inzwischen weitverbreitete Argument[250] von der Größenordnung der Zahl der *patterns* übertreibend auf: „Tatsache ist (. . .), daß die Zahl der *patterns,* die unserem normalen Sprachgebrauch zugrundeliegen und sinnvollen und leicht verständlichen Sätzen in unserer Sprache korrespondieren, in der Größenordnung weit höher liegt als die Anzahl der Sekunden während einer Lebensdauer." Desgleichen lehnt Chomsky jegliche Determiniertheit der Sprache durch Koppelung an Stimuli ab und betont die *Freiheit* des Sprachgebrauchs (vgl. S.27/28). Herauszufinden, *wie* nun diese sprachliche Produktivität zu erklären ist, sei Sache der Biologie und Psychologie; wir wüßten heute darüber allerdings noch so wenig „wie Descartes vor dreihundert Jahren" (S.28). Die Aufgaben der Humanpsychologie bestünden demnach in der Erforschung der universalistischen Sprachtheorie zum einen und „in der detaillierten Untersuchung des tatsächlichen Charakters der Stimulation und der Wechselwirkung zwischen Organismus und Umwelt, die die angeborenen kognitiven Mechanismen in Gang setzt", zum anderen.[251] Die weitere Untersuchung der *innate capacity,* die sowohl der Spracherlernung als auch der späteren Sprachverwendung zugrundeliege, ist nach Chomsky jedenfalls Sache der Psychologie, als deren Teildisziplin die Grammatiktheorie sich allerdings begreift. Gleichwohl scheint es bisweilen, als sei auch Chomsky selbst, wiewohl gerade er sich über das Ausmaß der psychologischen Implikationen seines Modells gleichermaßen dezidiert und widersprüchlich geäußert hat, anfänglich der Faszination eines „empirischen" Aufweises seines Modellansatzes durch die Phänomene der Kindersprache erlegen. So wird denn die Hypothese der Tiefenstrukturen durch weitere Spekulationen „of some kind" abgesichert (Chomsky 1967a, S.88): „. . . There might be a filtering device or a projection device of some kind that operates on deep structure in some non-formal fashion in the children to give other kinds of signals." Das Kind „besitzt" also alle Tiefenstrukturen der Sprache, aber die Produktionen werden durch Mechanismen nicht-linguistischer Art deformiert. Sie seien durch den generellen Entwicklungsrückstand des Kindes bedingt und schwänden mit zunehmendem Alter.[252]

2.2 Exemplarische Diskussion einiger Arbeiten[253]

2.2.1 Bellugi/Klima (1966) und Cazden/Brown/Bellugi (1968)

In ihrer Arbeit *Syntactic Regularities in the Speech of Children* (1966) beschreiben Bellugi und Klima die allmähliche Ausdifferenzierung der kindlichen Grammatik am Beispiel von Frage, Verneinung und verneinter Frage. Die Darstellung besticht durch die Präzision, wie sie durch die Schreibkonvention der gTG erreicht wird. Ausgehend von einem Corpus kindsprachlicher Daten, stellen die Autoren die Transformationsprozesse dar, welche, auf einfache Tiefenstrukturen einwirkend, die tatsächlich beobachteten Oberflächenstrukturen generieren. In Anlehnung an Ervin-Tripp gehen sie methodisch so vor, daß sie sowohl aus der *production* als auch aus der *comprehension* Material gewinnen. Interessant ist die Beobachtung, daß die *modal auxiliary verbs* zuerst ausschließlich in *ja/nein*-Fragen (also Fragesätzen ohne Fragewort) in Inversionsform erscheinen: also *Can't it be a bigger truck?* vs. *How they can't talk?*. Dies scheint hinzudeuten auf zwei Beobachtungen, die Slobin (1973) in der gesamten kindsprachlichen Literatur bestätigt findet:

1. „Structures requiring permutation of elements will first appear in non-permuted form" (S.199; Slobin selbst verweist hierbei auf Bellugi/Klima 1966 und Menyuk 1969a).
2. „A Child will begin to mark a semantic notion earlier if its morphological realization is more salient perceptually (ceteris paribus)" (S.202).

„More salient" wäre hier das Fragewort gegenüber der Markierung der Frage durch rein syntaktische Mittel.[254] Die erste Periode der Mehrwortsätze in Frageform sei durch die nachstehenden Beispiele veranschaulicht:

Fraser water?
See hole? [255]
I ride train?
Have some?[255]

No ear?
Ball go?
usw.[256]

Für die zweite Periode geben die Autoren folgende Beispiele:

That black too?
You want eat?
Where me sleep?
What book name?
Why not he eat?
You can't fix it?
usw.[257]

Die Beispiele zeigten, daß die Entwicklung eher in einer graduellen Veränderung der Regeln bestehe als in einem plötzlichen und totalen Ersetzen eines Systems durch ein anderes (vgl. S.349). Das Spezifische einer transformationell-generativen Beschreibung kindsprachlicher Produktionen besteht nun darin, daß gewisse Elemente aus der phrasenstrukturellen Beschreibung der Basis zunächst ausgelagert werden, um dann mittels Transformationsregeln wieder zu erscheinen bzw. – bei zusätzlich angenommenen Elementen in der Tiefenstruktur – getilgt zu werden. Dies ist nur zu begründen in Form einer universal-grammatischen Hypothese, wonach eben jede Grammatik einen Transformationsteil aufweisen muß.

Die Harvard-Studie *The Child's Grammar from I to III* von Cazden/Brown/ Bellugi (1968) ist eines der allerersten Beispiele für eine im Sinne des *Aspects*-Modells differenzierte syntaktische Beschreibung, die nicht nur in groben Zügen Phrasenstruktur- und Transformationsregeln kennt, sondern auch die Ebene der Subkategorisierung und der Morphonologie – wenigstens ansatzweise – zu berücksichtigen versucht. Was die psycholinguistische Deutung betrifft, so gehen die Autoren (nicht anders als die strukturalistisch orientierten Spracherwerbsforscher) von dem Axiom aus:

> „In order to learn grammar, a child must segment the speech he hears into morphemes because morphemes are the ultimate units of grammatical rules." (S.310)

Diese These („a child must segment") scheint begründet zu werden („because"). Aber dieses *because* gilt nur im Bereich der linguistischen Theorie (wo es übrigens auch nicht „begründet", denn Segmentation ist ja gerade definiert als Morphemanalyse), es gilt nicht unbedingt auch in einem psychologischen Bereich. Ähnlich argumentiert übrigens Ervin-Tripp (1973, S.392): „All over the world children learn grammatical patterns whether or not anyone corrects their speech (. . .)". „Whether or not" suggeriert den Beweis dafür, daß die Kinder aus sich selbst heraus die normgerechte Grammatik entwickeln. Immerhin: Sprache können sie nur in der Umgebung von Sprechern lernen. Will man aber die Begründung des Nebensatzes einmal gelten lassen, so ist doch der Vordersatz unbewiesen: Kinder lernen zwar eine Sprache, d.h. das Vermögen, sich gehörter sprachlicher Zeichen und syntagmatischer Versatzstücke aktiv zu bedienen, aber lernen sie „grammatical patterns"? Wie wird bewiesen, daß sie etwas Implizites explizitieren? Ervin-Tripp gibt selbst zu, daß die Erkenntnis von „grammatical concepts" abhängt von der altersmäßigen Reife *(maturation)*, gleichzeitig betont sie aber: „Maturation cannot account for the content of language nor for the particular structures acquired" (S.392). Auch die bloße Imitation könne das *syntactical development* nicht begründen (S.405). So wird das *patterning* schließlich wieder erklärt als „building by analogy of classes and rules, a process which we infer from the child's consistent production of sentences he could not have heard" (S.405).

Das Segmentieren selbst stellt für das Kind natürlich ein gewisses Problem dar, ein Problem allerdings, „for which he has highly effective solution procedures" (Cazden/Brown/Bellugi 1968, S.312).
Fehler wie

> It's fell
> It's has wheels
> It's went on the top
> (vgl. S.312)

könnten nun auf mangelnde Segmentation zurückgehen, d.h., daß *it* und *it's* einfach als freie Varianten eines einzigen Morphems zu begreifen wären. Läge – dies wäre nach den Autoren die andere mögliche Hypothese – ein fehlerhafter Gebrauch der Form *is* (bzw. *'s*) vor, so müßten ja auch fehlerhafte Formen gefunden werden wie *I is, I are, he am.* Offensichtlich sei das *'s* in *it's* noch nicht dem Paradigma *to be* zugeordnet. Besonders auffällig sei, daß *it* und *it's* „in perfect complementary distribution" erscheinen (vgl. S.313; z.B. steht *it's* nie am Satzende, Fehler wie *get it's* finden sich nicht); das aber heißt: „The complementary distribution (. . .) seems to be conditioned by grammatical rule (sentence subject versus verb object) (. . .) (S.313)". – Bis hierhin unterscheidet sich die Interpretation der Autoren nicht von der Interpretation im Rahmen einer taxonomischen Linguistik, was übrigens nicht zu verwundern braucht, hieß es doch schon S.310:

> „In summary of this overviews, it is correct to say that the child's early grammar comprises a base structure not very different from that of the adult grammar and a syntactic transformational component that is rudimentary in III *and almost totally absent in I"* (Hervorh.d.Verf.). Und: Die Ketten, auf welche die morphologischen und phonetischen Regeln einwirkten, „seem to be chiefly those that can be generated by the base."

Die transformationelle Komponente wird nun von den Autoren nachgewiesen am Beispiel der Fragesätze *(Wh-questions).* Die kindsprachliche Frage „Where those dogs goed?" (vgl. S.319) statt: „Where did those dogs go?" wird erklärt über die Auslassung einer Permutationsregel (vgl. S.319 und 317). Die Autoren sehen in dem Umstand, daß *why-* und *why not-*Fragen so oft und so eng auf unmittelbar vorausgehende Aussagesätze der Mutter bezogen sind, „something unexpected and interesting".[258] Sie folgern daraus: „Adam's questions are a simple function of his mother's antecedent declaratives: the word *why* ist placed in front of the declarative" (S.320).

Erstaunlich ist nun allerdings, daß die Autoren es mit dieser Erklärung nicht einfach sein Bewenden haben lassen und statt dessen, von einer angenommenen Basisstruktur ausgehend, die Fragesätze über Transformationsprozesse gewinnen wollen. Beispielsweise erklären sie Formen wie „Where those dogs goed?" über eine ausgelassene Transformation (die in der Erwachsenensprache — vgl. S.319 — einer *hypothetical intermediate transformation* entspräche), anstatt sie aus Oberflächenketten erwachsener Sprecher herzuleiten: Diese Form ist nämlich bezüglich der für Fragesätze geltenden Wortfolge durchaus grammatisch und oberflächengerecht, wo sie als Übernahme aus *indirekten* Fragesätzen gedeutet wird.[259] Es läge dann eine lernpsychologisch typische Interferenz (mangels eines grammatisch-kognitiven Systemetiketts) vor. Insgesamt entspricht dieser Sachverhalt einem von Slobins Universalien des Spracherwerbs, wonach gilt: „Word order in child speech reflects word order in the input language" (1973, S.197); und (S.199): „Structures requiring permutation of elements will first appear in non-permuted form". Die Schlußfolgerung der Autoren lautet:

> „So we do have some evidence that the knowledge represented by transformational rules in the derivation of *wh-questions* was learned by the children" (S.321).

Der Satz sagt, wo man das „represented" in Chomskys deskriptivem Sinne nimmt, etwas Banales, daß nämlich die Regeln y, die für eine Sprache x so ausgedacht sind, daß sie x-konforme Sätze erzeugen, durch die Sätze der Sprache x immer wieder bestätigt werden. Wo die Sprache eine andere ist, braucht auch der simulierende Erzeugungsapparat andere Regeln. Da sich die Kindersprache nun von der Sprache der Erwachsenen nicht zuletzt bezüglich der Komplexität unterscheidet und sich ihr nur allmählich annähert, so gibt es freilich „some evidence" für Formen, die weniger T-Regeln erfordern:

> „All three children first produced a simpler form that would result from the application of just one of the two transformations required" (S.321).

Damit ist dieser Versuch von Cazden/Brown/Bellugi zunächst als formalisierte (um nicht zu sagen: komplizierte) Faktenbeschreibung zu werten ohne erklärenden Anspruch.

2.2.2 C. Chomsky (1969)

Die Arbeit *The Acquisition of Syntax in Children from 5 to 10* untersucht den Erwerb bestimmter grammatischer Strukturen, die in der Sprache der Erwachsenen geläufig sind, in der Grammatik der Fünfjährigen jedoch noch nicht vorkommen. Damit unterscheidet sich diese Untersuchung von den großen Mengen von Arbeiten, welche die sprachliche Entwicklung bis allenfalls zum 3. oder 4. Lebensjahr zum Gegenstand haben. Das methodische Vorgehen besteht in einer Reihe von *comprehension tests,* die im Stil eines Interviews durchgeführt werden, denn „there are certainly many aspects of grammar that are not at all evident from spontaneous speech" (S.3). Da es um *comprehension* geht, werden die Syntaxprobleme aus der Sicht des Hörers untersucht (vgl. S.6). Die syntaktische Interpretation eines Hörers ist – nach C. Chomsky – durch vier Bedingungen erschwert:

(a) The true grammatical relations which hold among the words in a S are not expressed directly in its structure.

(b) The syntactic structure associated with a particular word is at variance with a general pattern in the language.

(c) A conflict exists between two of the potential syntactic structures associated with a particular verb.

(d) Restrictions on a grammatical operation apply under certain limited conditions only. (S.6/7)

Auf S.7-20 werden derartige syntaktische Interpretationsprobleme am Beispiel von Infinitivkonstruktionen exemplifiziert, wobei es um das Erkennen des logischen Subjekts des Infinitivs zu tun ist. Es geht vorwiegend um die Frage der Anwendung der M.D.P.-Regel (= Minimal-Distance-Principle nach Rosenbaum u.a.[260]), und zwar um Fragen der Übergeneralisierung bzw. Differenzierung (aufgrund der Semantik der Verben), bezogen auf das Alter der Probanden. Die Darstellung ist weder konsequent phrasenstrukturell, noch konsequent generativ-transformationell. Gelegentlich intervenieren auch semantische Gesichtspunkte (z.B. S.11 und S.13, an zwei Stellen), und zwar solche, die nichts mit der phrasenstrukturellen Relation der Konstituenten zu tun haben. Die mögliche Rolle pragmatischer und kontextueller Faktoren bei der Interpretation der Sätze bleibt außer Betracht.[261] Vielmehr wirkt die Versuchsanordnung selbst (vgl. v.a. S.24 ff.) durch ihre eigene situative Prägnanz und Anschaulichkeit der Untersuchung einer abstrakt konzipierten Thematik entgegen. So liegt etwa im 1. Interview vor der Testperson eine Puppe mit verbundenen Augen. Der Interviewer fragt:

„Is this doll easy to see or hard to see?"

Die jüngeren Kinder (und zwar fast alle Fünfjährigen) antworten in der Regel „inkorrekt" mit

„hard to see" (vgl. S.26/27).

Die Aufzeichnung eines analogen Interviews mit einem Kind im Alter von 5.3 zeigt deutlich das „Gegeneinander" von situativer Prägnanz einerseits und abstrakter Intention des Interviewers andererseits (S.69):

„(. . .) Will you ask Peter his last name.
– Peter, what's your last name?
Ask Peter what time it is. Can you ask him what time it is?
– I don't know what time it is.
Can you tell him what color the book is.
– Blue.
(. . .)
Now the whole point is to listen whether you're supposed to ask or tell. (. . .) Ask Peter what color this is.
– Peter, what color's that?
And *tell* Peter what color this is.
– Peter, what color's that?
Uh-uh. Tell him. Can you tell him what color it is?
– Yellow."

Die Versuchsanordnung schließt u.E. in höchst ungenügender Weise potentielle Störfaktoren aus. Hinsichtlich der psychologischen Rahmenbedingungen, unter denen ein Kind Sprache erwirbt und anwendet, ist zu kritisieren, daß der Test allenfalls prüft, inwieweit ein Kind im Alter von 5 - 9 Jahren außer auf den *Inhalt* der Aussage (der gleichsam nur mit halbem Ohr aufgenommen wird, da die Plastizität der Situation ein ganz bestimmtes Vorverständnis suggeriert[262]) auch auf die genaue sprachliche *Form* (unabhängig vom nicht-verbalen Kontext) achtet. Man darf derartigen Formen von Experimenten durchaus vorwerfen, was List (1974, S.13-15 u. S.28) an der Mehrzahl der Wortassoziationstests kritisiert, daß nämlich die formalen Auflagen des Experiments eine natürliche Form der Kommunikation verhindern.

Daß die kindliche Aufmerksamkeit tatsächlich ganz dem *Spielgeschehen* gilt, zeigt sich schon daran, daß das Kind nach gesonderter Aufforderung sehr wohl in der Lage ist, sprachlich „richtig" zu reagieren, daß es aber zunächst immer der jeweils angefangenen Spielform folgt. Nach Hansen muß in der Interpretation der Kindersprache immer berücksichtigt werden, daß

„gefühlsbetonte Tunserlebnisse in den Gegenstandsbestimmungen des Kindes entscheidend überwiegen" (Hansen 1965, S.137). Die auf dem Tisch liegende Puppe beispielsweise hat für das Kind ausgesprochenen Valenzcharakter. Die von C. Chomsky (vgl. S.120/121) ermittelte Parallelität zwischen den einzelnen Kindern (in bezug auf Alter und erworbene Strukturen) spiegelt u.E. nichts anderes wider als den allgemeinen kognitiven Maturitätsstand, wie er durch die Art der Experimente tatsächlich angesprochen war. Daraus Spekulationen abzuleiten über die linguistische Komplexität der Strukturen („the methods and general approach of this study are shown to be fruitful for investigating questions of linguistic complexity" — S.121) und die „underlying competence" (S.121), ist wenig überzeugend.[263]

2.2.3 P. Menyuk (1969a)

Die Arbeit, die in Fühlungnahme mit dem *Massachusetts Institute of Technology,* insbesondere im Kontakt mit N. Chomsky, M. Halle und K.N. Stevens entstanden ist, versucht eine Orientierung über den Forschungsstand der 60er Jahre zu geben, bezieht aber auch umfangreiches eigenes empirisches Material mit ein. Die Autorin versucht, „within the framework of a generative model of grammar" (S.X) die Satzproduktionen von Kindern in den verschiedenen Stadien ihrer Entwicklung in syntaktischer Hinsicht zu beschreiben.

Auch in dieser Arbeit bleiben die Grenzen zwischen einem deskriptiv-linguistischen und einem psycholinguistisch deutenden Ansatz recht fließend. So heißt es (S.10) etwa:

> „Knowledge of the operations which can be applied to strings allows the child to observe that, although in some instances the surface structures of strings are different, their underlying meaning is the same (sentence paraphrases) and that although, in other instances, the surface structures of strings may be the same, their underlying meaning is different (ambiguous sentences). *Acquisition of this kind of knowledge allows the child to organize and stabilize his linguistic world."* (Hervorhebung d.Verf.)

Die Wahrscheinlichkeit, daß Paraphrasen oder Ambiguitäten im Sinne der syntaktischen Komponente der gTG in der sprachlichen Realität so aufeinanderstoßen, daß sie vom Kind bemerkt würden, scheint mir recht gering, desgleichen sind Erinnerungen und Assoziationen an *formale* Aspekte *vergangener* sprachlicher Äußerungen höchst unwahrscheinlich. Zunächst steuern Kontext und Situation das Verständnis, sie lassen syntaktische Ambiguitäten der obengenannten Art gar nicht erst aufkommen. Ein anderes grundsätzliches Problem nennt die Autorin selbst:

> „Although (children) do not produce completely well-formed negatives at some stage, or embeddings within sentences we do not know whether they understand them or not. Inversely, although they are producing sentences of a certain type one cannot be sure that they are being understood in the manner in which they are described. It is possible that there are differences between a child's production grammar and his comprehension grammar" (S.16).

Und:

> „Hypotheses about what the child knows about language at the earliest stages of development must be highly speculative" (S.24 – ganz ähnlich S.32).

Wir wollen nun drei Problemkreise herausgreifen: *Satzdefinition, Pivot-Grammatik* und *Transformationen.*

Hinsichtlich möglicher Satzdefinitionen verhält sich Menyuk pragmatisch und offen. Die prosodische Markierung ist für sie entscheidend: Sofern das Kind selbst aktiv von den prosodischen Möglichkeiten Gebrauch macht, darf als gesichert gelten, daß das Kind die Struktur „Satz" erkannt hat (vgl. S.25/26, S.29 unten, S.32). Entsprechend können dann Äußerungen wie *that there* interpretiert werden als *(put) that there!* oder *(is) that there?* oder *that (is) there.* (vgl. S.26). In der Frage, ob die *intonational markers* zusammen mit den (segmentierbaren) Lautketten gelernt und gespeichert werden oder ob sie unabhängig von bestimmten gelernten Formen im Bewußtsein sind, bleibt Menyuk unentschieden (vgl. S.26/27 und S.28, 2. Abschn.). Mit Liebermann (vgl. Menyuk, S.65, Anm.17) könne man annehmen, daß die *intonational patterns,* die das Kind gebraucht, Aufschluß geben über die „underlying structure of an utterance"; wenn dem tatsächlich so sei, dann könnten auch Aussagen über die Funktion der Morpheme, die zu einer Äußerung vereinigt sind, gemacht werden (vgl. S.32 und S.29 unten). Auf jeden Fall dürfe man annehmen, daß die Intonation die Erlernung sowohl der syntagmatischen Gruppen als auch der Bedeutung wesentlich erleichtere (l.c.).

Bei einem 20 Monate alten Buben hat Menyuk festgestellt, wie auf die Äußerung der Mutter „Let's take your shoes off" das Kind („somewhat later") sagt „shoe off" und wie auf „Oh! Your shoe fell" folgt „shoe fall":

> „It should (. . .) be stated that some of the utterances directly followed mother's utterances. (. . .) However, they were not imitative." (S.30, ähnlich S.32:) „We can definitively state that the child does not simply repeat what he hears, although there are instances in which he will."

Das spezifische Problem in der Beschreibung einer kindsprachlichen Grammatik bestehe in der Schwierigkeit, die sprachlichen Zeichen „in terms of traditional classifications" zu fassen; auf jeden Fall aber müsse die grundlegende Subjekt-Prädikat-Relation vom Kind verstanden werden, bevor es überhaupt ein Gefühl für Wortklasse entwickeln könne (vgl. S.30). Darum spricht Menyuk (S.30 ff.) in Anlehnung an Gruber (vgl. Menyuk, S.65, Anm.15) statt von *pivot* und *open-class word*[264] lieber von *topic – comment* (bzw. *modifier*), wobei sie die Subjekt-Prädikat-Konstruktion als einen Sonderfall der sonst im Englischen nicht existierenden Topic-Comment-Konstruktion ansieht (vgl. S.65, Anm.15):

> „Since, logically, classes are derived from functional relationships rather than relationships from classes it seems unlikely that the child has categorized the morphemes in his lexicon into classes (no matter how general) at this stage" (S.30).

Entsprechend den phrasenstrukturellen Pivot-Grammatikregeln[265]

$$S \rightarrow \begin{Bmatrix} 0 + P_1 \\ P_2 + 0 \\ 0\ (+0) \end{Bmatrix}$$

welche (vgl. McNeill 1966a, S.21 u. passim, und viele andere Autoren) also die Expansionen

$$^{+}S \rightarrow \begin{Bmatrix} P\ (+P) \\ 0 + P_2 \\ P_1 + 0 \end{Bmatrix}$$

ausdrücklich ausschließen, kennt Menyuk (der als seltener geltende Fall $S \rightarrow 0\ (+\ 0)$ bleibt außer Betracht) einen Typ A:

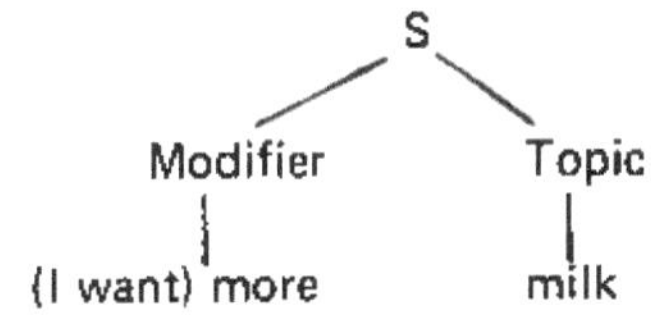

und einen Typ B:

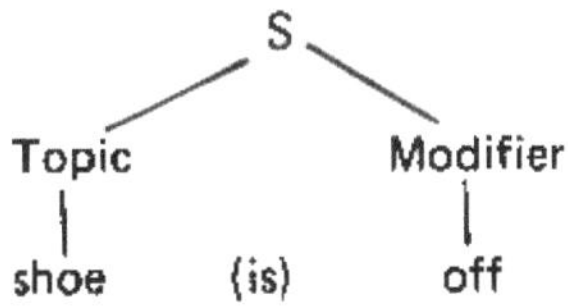

Typ A könnte dann als Prädikat aufgefaßt werden und Typ B als Subjekt + Prädikat. Dies setze allerdings voraus, daß die (im Vergleich zur Sprache der Erwachsenen so bezeichneten) Auslassungen *(omissions)*, die in Klammer gesetzt sind, zu einer *underlying structure* gehören (vgl. S.31). Auffällig sei, daß ein Typ C, in dem *S* nur aus einem Subjekt bestehen würde, fehle. Dies erkläre sich so:

> „(. . .) During this period of development, language is not a referential system, but an expression of overt acts. Subjects alone do not tell about overt acts" (S.31).

Dies entspreche auch Piagets Auffassung vom kindlichen Denken.[266] Daß die (als Hypothese durchaus legitime) Zwei-Klassigkeit des frühkindlichen Wortschatzes direkt semantisch-referentiell verursacht sein könnte, gleichsam in einem aristotelischen Sinne (wonach es (1.) solche Wörter gibt, die zur Bezeichnung der Objekte selbst dienen und (2.) solche Wörter, die etwas aussagen, was jeweils nur in bezug auf das Objekt gilt), wird von der Autorin nicht ins Auge gefaßt. Es ist aber sicherlich möglich, (a) eine Klasse von Nomina und (b) eine Klasse von Nicht-Nomina zu unterscheiden (wobei natürlich Vertreter der erwachsensprachlichen Formklasse N entsprechend der Subjektivität des kindsprachlichen Zeichenbegriffs sowohl in (a) wie in (b) erscheinen könnten). Durch die weiter fortschreitende Imitationsfähigkeit im syntaktischen Bereich würden die Elemente der ursprünglich semantisch determinierten Mengen allmählich in reguläre Formklassen auseinanderdividiert.[267] Die syntaktische Ausdifferenzierung wirkt hierbei zugleich als Instrument der Annäherung des kindsprachlichen Signifikats an den standardisierten Gebrauchswert der Erwachsenensprache.

Nach Menyuk können Kinder im Alter von drei bis vier Jahren schließlich mit allen syntaktischen Klassen umgehen, wenn auch teilweise noch fehlerhaft (vgl. S.37, S.32 u. passim).

Was die allgemeine Entwicklung der Syntax anbetrifft, so sei einerseits die kontinuierliche zahlenmäßige Zunahme der Knoten im P-Marker der Basis festzustellen und andererseits das „collapsing of several sentences into one" (S.39). Bezüglich der Transformationsregeln hält Menyuk der These aus McNeill 1966a[268], wonach das Kind zuerst nach und nach die Basisstruktur-Regeln und dann erst (ebenfalls allmählich) Transformationsregeln erwirbt, und der These Braines (1963a), daß alle Sätze der (scheinbar) prätransformationellen Phase stets einfache aktive Aussagesätze als unterliegende Strukturen aufweisen, auf die dann später die eigentlichen syntaktischen Transformationsregeln einzuwirken beginnen, eine empirische Beobachtung von Bever/Fodor/Weksel (1965) entgegen. Danach ist keineswegs erwiesen, daß Kinder wohlgeformte einfache aktive Aussagesätze als ersten Satztyp produzieren, noch ist anzunehmen, daß sie solche Sätze besonders häufig hören (vgl. Menyuk, S.68). Übrigens hänge die (psycho-)linguistische Komplexität[269] von Sätzen nicht nur von der Anwesenheit eines *Neg-* oder *Q-Elements* im P-Marker ab, es komme auf die *gesamte* Basiskette eines Satzes an. Es dürfe diesbezüglich auch nicht automatisch von der Erwachsenensprache auf die Kindersprache geschlossen werden (vgl. S.68 u. S.68/69). Auch wenn Mehler (1963) glaube, experimentell nachgewiesen zu haben, daß Erwachsene aktive Aussagesätze leichter erinnerten als entsprechende Passiv-, Frage- oder Negativsätze, so stimmten diese Ergebnisse nicht ganz mit der Hypothese überein, wonach eine Kette, je zahlreichere Transformationen sie durchlaufen habe, auch desto schwerer zu erinnern sei: Immerhin würden passive negative Fragesätze häufiger richtig erinnert als passive Fragesätze (vgl. Menyuk, S.68 u. S.108, Anm.5)[270]

Hier wird offensichtlich, daß Menyuk entsprechend der Revision des Basisteils der gTG durch Chomskys *Aspects*-Modell den Kernsätzen eine völlig andere Funktion zuweist als Mehler und die anderen psycho-linguistischen Transformationalisten, die sich noch auf die Konzeption der *Syntactic Structures* stützen können. Menyuk geht davon aus, daß Kinder sowohl im Ein-Wort-Stadium als auch im Mehr-Wort-Stadium von Anfang an sowohl deklarative wie negative, interrogative und imperative Sätze produzieren (vgl. S.25-26, S.68/69, S.108, Anm.7). Die These, wonach es im kindlichen Spracherwerb eine prätransformationelle Phase gebe, sei weder leicht zu stützen noch zu erhärten (vgl. S.68-70). Die Antwort auf diesen Problemkreis ist nach Menyuk vielmehr „a matter of theoretical opinion" und hänge im übrigen von der jeweiligen Definition von „transformation" ab (S.70). Bezüglich eines späteren Spracherwerbsstadiums meint Menyuk:

> „The basic transformations postulated as being present in the fully developed grammar are used by varying numbers of children throughout the age range during the period of 3 to 7 years" (S.76).[271]

Zusammenfassend ergibt sich nach Menyuk:

(a) Im allgemeinen werden zuerst Sätze „generiert", denen eine einzige Kette zugrundeliegt (vgl. S.105, 107). Auf S.145 zeigt sich besonders klar die revidierte Kernsatzkonzeption: Die T-Elemente der Basis sind auch im frühesten Stadium wenigstens als *intonational marker* vorhanden, so daß den verschiedenen grundlegenden Satztypen auch verschiedene Tiefenstrukturen („underlying strings") entsprechen. Doch es gibt offensichtlich Ausnahmen bezüglich des Prinzips einer einzigen Kette: So würden *Infinitival Complements* früher und zahlreicher gebraucht als beispielsweise Passiv-Konstruktionen (vgl. S.105/106).

(b) Die verschiedenen Satztypen (Aussagesatz, Fragesatz usw.) werden vom Kind anfänglich über Operationen gewonnen, welche die Tiefenstruktur (in syntaktischer Hinsicht) möglichst wenig affizieren; erst später kommt es zu Permutationen. Desgleichen werden – in einem noch späteren Stadium – „embeddings" zunächst über das Addieren von Sätzen vollzogen, bevor die (tiefenstrukturelle) Folge *NP - VP* in der Oberfläche durchbrochen wird (vgl. S.107).

(c) Hinsichtlich der Häufigkeit bestimmter Transformationsoperationen (sowohl bezüglich des einzelnen Kindes als auch bezüglich des Durchschnitts einer Population) gilt folgende abnehmende Reihenfolge: Addition, Deletion, Substitution, Permutation, Embedding, Nesting. Dabei ist nicht gesagt, daß das Kind, wenn es von einer bestimmten Operation „Gebrauch zu machen" beginnt, diese Operation auf alle Strukturen anwendet, die für die betreffende Operation als Eingabe-Ketten in Frage kämen (vgl. S.106).

(d) Das Stadium, in dem die fehlerhaften Produktionen auf „incomplete rules" (gemeint vermutlich: unvollständige *Anzahl* der eigentlich benötigten Regeln)[272] beruhen, folgt eine Phase, wo der Fehler aus „generalizations about rules" resultiert; dann erst folge eine Phase mit Produktionen, „which seem to be generated by approximations to the complete set of rules needed to generate that structure" (vgl. S.151).

Bezeichnend ist auch für Menyuk, daß bei der Hypothesenbildung zur *Erklärung* dieser generativ-transformationell beschriebenen Sachverhalte lernpsychologische Überlegungen beiseite gelassen werden. Die Tatsache, daß kindsprachliche Produktionen im Vergleich zu den „gegebenen Sätzen" der Erwachsenensprache (vgl. S.154) strukturell abweichen, dient unmittelbar dazu, die These einer kindspezifischen Übergangskompetenz abzustützen:

> „The observation that the number of rules (expansion) and type of rules (transformational operations) in children's grammar changes over the age range is supported by the fact that sentences are reproduced with certain types of modifications at various ages (. . .)" (S.154).

Ein gewisser Zirkelschluß ist hier nicht zu übersehen:
Die Tatsache, daß für die Beschreibung der (dem jeweiligen kindlichen Entwicklungsstand entsprechend) differierenden Sprachen auch unterschiedliche Regelmengen benötigt werden, kann nicht ihrerseits die Verschiedenheit der Sprachen *erklären.* Ob die Kinder die zum Zwecke linguistischer Deskription gewählten Regelkonstrukte tatsächlich *„gebrauchen",* muß anhand eines diesbezüglich neutralen Kriteriums erwiesen werden. Dieses Kriterium darf also gerade nicht aus dem Ansatz einer weitgehend apsychologischen Systemlinguistik gewonnen werden. Es ist erstaunlich, wie wenig Chomsky, der in den *Aspects* so breit auf der Unterscheidung zwischen Beschreibungs- und Erklärungsadäquatheit insistiert, diesbezüglich auf die Autorin eingewirkt haben muß.[273] Wir zitieren noch einmal Chomsky:

> „Wenn wir sagen, daß ein Satz die und die Derivation bezüglich einer einzelnen generativen Grammatik hat, dann sagen wir nichts aus darüber, wie der Sprecher oder Hörer (. . .) eine solche Derivation konstruiert. Diese Fragen gehören in die Theorie der Sprachverwendung." (Chomsky 1965, S.20).

Der Ausblick der Autorin endet damit, daß sie ein noch breiteres Datenmaterial fordert (S.155) und im übrigen Untersuchungen zum Kurzzeitgedächtnis (S.155 und passim) für wünschenswert erachtet, weil so performanzspezifische Störmomente ausgeschieden werden könnten. (Wie wir anhand Parrerens Theorien dargelegt haben, scheinen sprachliche Performanzstörungen jedoch größtenteils aus einer langfristigen Degeneration der Lernresultate zu resultieren.) Schließlich möchte Menyuk das Studium der sprachlichen Produktion ergänzt sehen durch eine systematische Erforschung der sprachlichen Hör-Verstehens-Vorgänge (S.157); denn „there is some evidence that, on the whole, the child does not produce what he does not comprehend"

(S.157). Die Frage bleibt, *was* es denn versteht (etwa dasselbe wie der Erwachsene?) und *wie* es – in seiner defekten Sprache – uns *sagen* soll, was es versteht.

Zusammenfassung:

An fast allen generativen Arbeiten zum Spracherwerb ist zu bemängeln, daß die von Chomsky in aller Ausführlichkeit und Ausdrücklichkeit dargelegten Modellreduktionen der *Aspects*-Version bezüglich der Unterscheidung *competence/performance* in der Psycholinguistik irgendwie mit Stillschweigen übergangen werden (vgl. Leont'ev 1970, S.67; vgl. ferner Gauger 1973b, S.299). Wenig Worte werden darüber verloren, daß das Kind anhand einer (notwendigerweise) fehlerhaften und besonders „kinderfreundlichen" Sprechweise der Erwachsenen und älteren Geschwister seinen generativen Apparat entwickelt, also anhand von Performanzmaterial; dabei ist es – im Gegensatz zum Linguisten – noch gar nicht in der Lage, durch Informanten- oder Selbstbefragung über Grammatikalität und Akzeptabilität im Sinne der Kompetenz zu befinden. Es ist auch überraschend, wie wenig das methodische Problem gesehen wird, das darin besteht, daß „das Inventar und die Kompetenz des Kindes anhand (von) Erwachsenenmodelle(n) beurteilt wird". Diese „normative Annäherung" hat die eigentlichen Verhältnisse „eher verschleiert als verdeutlicht" (Oksaar 1973, S.303). Noch weniger Aufhebens macht die Psycholinguistik davon, daß sie von dem kindsprachlichen Output *tel quel* ausgeht und dieses kindsprachliche Performanzprodukt über einen generativen Simulationsprozeß *wortgetreu* reproduziert: So als sei der kindsprachliche Output nicht entschieden mehr, sondern entschieden weniger als der erwachsenensprachliche Output durch Performanzprozesse deformiert und verfälscht! Dazu ein sprechendes Beispiel aus Ramge (1973, S.64-68). Bezüglich der Pluralendung heißt es da: „Möglicherweise kreuzten (sic!) sich in (der Pluralendung) /-se/ die Adaption zweier Plural-Allomorphe des Deutschen: /-s/ und /-e/ (. . .)". Damit der Leser die Möglichkeit beurteilen könnte, müßten in diesem Fall (1.) eine genauere Transkription des Materials, als sie Ramge bietet, und (2.) Angaben über individuelle und lokale Sprachgewohnheiten des Informanten vorliegen. Wenn z.B., wie im vorliegenden Falle (vgl. Ramges Vorwort), vermutet werden darf, daß die dialektale Umgebung (etwa das Oberhessische im Raum Gießen) einen gewissen Einfluß auf die kindsprachliche Produktion hat, so muß dies entweder als Performanzstörung einkalkuliert werden oder aber man muß rigoros von der Kompetenz eines Dialektsprechers ausgehen. Jeder, der das Oberhessische kennt, weiß um die vor allem im Gespräch mit Kindern auffällige Gewohnheit, an fast jedes Wort das Verkleinerungssuffix *-chen* = /ʃə/ anzuhängen (so wie in der alemannischen Schweiz das *-lein* = /li/); jeder Phonetiker weiß auch, daß Kinder vergleichsweise spät erst Phoneme wie /θ/, /ð/, /s/, /z/, /ʃ/, /ʒ/ konsequent ausdifferenziert realisieren. Diese beiden Sachverhalte könnten, zusammen betrachtet, auf sehr einfache Weise die Pluralendung /-se/ erklären. Mit „kreuzen" kann der Autor im übrigen nichts anderes als eine Kontamination meinen (ob von Regeln oder von Lautformen, ist im Grunde gleichgültig): Damit gesteht er aber indirekt ein, daß er

(1.) eine Beschreibung eines performativ geprägten Materials gibt und daß er darum

(2.) in seiner linguistischen Deskription doch punktuell auf psychologische Faktoren ausweichen muß.

Ziel unseres Versuchs ist es, zuerst (und entschiedener als bisher) von lernpsychologischen Überlegungen auszugehen, weil nur so die kindsprachlichen Daten in einer Weise analysiert und interpretiert werden, die eine Deskription mit Mitteln der Systemlinguistik überhaupt erst ermöglicht.

3. Systematische Erörterung

„. . . the need to distinguish
between what people do and
what linguists do."
(Ingram 1971, S.943)

Vorbemerkung:

Es geht in diesem zweiten Teil des Kapitels um eine thematisch neu gegliederte Zusammenstellung von Gesichtspunkten und Argumenten, die vereinzelt bereits in anderen Zusammenhängen zur Sprache gekommen sind. Gewisse Wiederholungen sind dabei, der Systematik wegen, in Kauf zu nehmen.

3.1 Das Moment der Imitation

Vergleichen wir die Kindersprache mit der Erwachsenensprache, so sind zwei scheinbar gegensätzliche Feststellungen zu treffen: Einerseits sind die kindsprachlichen Produktionen schiere Kopien erwachsensprachlicher Performanz, andererseits weist kindliches Sprechen eine eigentümliche Fehlerhaftigkeit auf, nicht selten gepaart mit spontaner Kreativität. Aus diesem Widerspruch erklärt sich das höchst unterschiedliche Gewicht, das die einzelnen Autoren der Imitation beimessen. Indes handelt es sich hier keineswegs um ein bloßes Quantitätsproblem. Betrachtet man nämlich mehrere Stadien der sprachlichen Entwicklung in ihrem zeitlichen Nacheinander, so ergibt sich ganz offensichtlich, daß Phasen mit fast perfekter Imitation mit Phasen fehlerhafter „Eigenwilligkeit" abwechseln.[274] Die am Modell der gTG orientierten Psycholinguisten erklären das Problem durch die mehr oder weniger kognitiv gesteuerte Abfolge von Hypothesenbildungen bezüglich der auszuwählenden Grammatik. Anders gesagt: Sie werten die von der Erwachsenensprache abweichenden Daten als Aufweis für die Existenz eines Spracherwerbsapparats im Sinne Chomskys.[275] Sicher ist die Vermutung nicht abwegig, daß der Wechsel von Phasen starker Imitation mit Phasen eigenwilliger grammatischer Produktion etwas mit den „Schüben" in der allgemeinen Entwicklung der geistigen Fähigkeiten und Bedürfnisse zu tun haben könnte. Irgendwie ist also in diesem Problembereich immer das Verhältnis von Sprache und Kognition angesprochen. Es ist offensichtlich, daß sich die kindliche Grammatik nur allmählich der Grammatik erwachsener Sprecher nähert. Dies geschieht jedoch nicht kontinuierlich, vielmehr sind zeitenweise ausgesprochene Rückschläge in der formalen Qualität sprachlicher Produktionen hinzunehmen. Dies allein spräche nicht gegen die transformationelle Hypothese, denn es verstünde sich von selbst, daß Fehlproduktionen immer dann (für kurze Zeit) sich häufen müßten, wenn das Kind auf Grund seines jeweiligen Maturitätsstandes zu vermehrter Hypothesenbildung neigt. Psychologisch fragwürdig ist vielmehr, daß die Hypothesenbildung, wiewohl sie gelegentlich sogar bereits erworbene, aktive Lernresultate außer acht läßt, gerade dadurch verbessert werden soll, daß das Subjekt der formalen Seite der (passiv erlebten) erwachsensprachlichen Produktionen kognitive Aufmerksamkeit zuwendet. Denn entweder ist die von der generativen Psycholinguistik postulierte Hypothesenbildung (vorwiegend) kognitiver Natur, so dürfte es keine Häufung von (retroaktiven) Interferenzen auf bereits vorhandene Lernresultate geben (da ja die Hypothese auf der bisherigen primärsprachlichen Erfahrung beruht), oder aber sie ist (vorwiegend) nicht-kognitiver Natur, dann ist es, wie gesagt, einigermaßen überraschend, daß sich die kognitive Aktivität überhaupt in so starkem Maße der formalen Seite der Sprache zuwenden sollte. Schließlich ist die Frage nach dem *Motiv* zu stellen: Das Kind hat ja die Erfahrung gemacht, daß es mit Sprache immer soviel bewältigt, wie es bewältigen will und muß. Neben der kombinatorischen Kreativität darf nämlich das Phraseologische, Stereotype und Klischeehafte der Sprache nicht übersehen werden. In jedem Fall spricht auf Anhieb nichts dafür, die Rolle der Imitation in Spracherwerbsprozessen, nachdem sie lange maßlos überschätzt worden ist, nun so gering zu veranschlagen, wie es die Transformationalisten tun.[276] Brown/Bellugi (1964a) haben in einer Untersuchung über die natürliche und spontane Imitation von Äußerungen der Mutter festgestellt, daß die Kinder – aufgrund ihrer artikulatorisch und grammatisch erst rudimentären Fähigkeiten – hierbei in etwa nach der Art des Telegrammstils Erwachsener vorgehen, d.h., sie lassen die grammatischen Wörter und Flexionsmorpheme aus und beschränken sich auf die bedeutungszentralen und stark betonten Wörter.[277]

Die Imitationen haben also den Charakter von *Reduktionen,* so wie andererseits die Imitation kindsprachlicher Äußerungen durch Erwachsene (hauptsächlich der Mutter) als *Expansion* angesehen werden kann.[278] Daneben wissen wir, daß die Eltern die Tendenz haben, auf das bescheidene sprachliche Vermögen ihrer Kinder bei der eigenen Formulierung (soweit sie direkt an das Kind gerichtet ist) gewisse Rücksichten zu nehmen (vgl. hierzu Ingram 1971, S.342) oder auch kindliche Sprachschöpfungen zu übernehmen. Menyuk (1969a, S.7) meint nun, die Imitation der Erwachsenen durch das Kind, als einfaches S-R-Modell verstanden, könne die längeren Äußerungen, wie sie das Kind mit wachsendem Alter schließlich hervorbringt, nicht erklären. Warum eigentlich nicht? Es gibt sicherlich psychologische und physiologische Gründe (Gedächtnistraining und Artikulationstraining), die erst für eine spätere Stufe umfangreichere Imitationen annehmen lassen. Dem Argument Ramges, daß bei imitativ-analogisch ablaufenden Spracherwerbsprozessen „eine ungeheure Menge an sprachlichen Einzeldaten im Gedächtnis gespeichert werden müßte" (Ramge 1973, S.27/28), kann entgegengehalten werden, daß das sprachliche Vermögen der Wirklichkeitserfahrung und Wirklichkeitserinnerung direkt folgt, ja die Erfahrung kann überhaupt erst mit Hilfe der Sprache dauerhaft, geordnet und gewinnbringend gespeichert werden[279]; desgleichen gilt, daß sprachliche Bedeutungen nicht unabhängig von konkreten Handlungszusammenhängen gelernt werden können: Der Beweis hierfür sind die von Kind zu Kind sehr unterschiedlichen „Signifikate", die ein und denselben, der Erwachsenensprache entnommenen Signifikanten zugeordnet sind. In diesem Zusammenhang dürften Wygotskis Thesen zum Spracherwerb von Interesse sein. Nach Wygotski (1934) entwickelt sich „produktives Denken" nämlich gerade in *Abhängigkeit* von der Sprache (und zwar über die sogenannte „innere Sprache", die als Zwischenglied zwischen Denken und Sprache fungiert). Die Produktivität des Denkens ist hierbei in ihrem Ausmaß abhängig von dem Grad der späteren Verselbständigung der Sprache als eines kodierenden[280] und konservierenden Instruments der Wirklichkeitserfahrung: „Wir haben gesehen, daß in der autonomen kindlichen Sprache noch keine Beziehungen der Allgemeinheit zwischen den Begriffen bestehen, weshalb sich zwischen ihnen nur die Verbindungen als möglich erweisen, die in der Wahrnehmung hergestellt werden können, d.h., daß in diesem Stadium das Denken als selbständige und von der Wahrnehmung unabhängige Tätigkeit überhaupt unmöglich ist" (S.276 – vgl. auch S.265). Wygotski betont immer wieder, daß „das Denken als selbständige und von der Wahrnehmung unabhängige Tätigkeit" nicht als „Selbstentwicklung der Begriffe" (S.271) verstanden werden kann, sondern auf jeder Stufe von den Verallgemeinerungen einer früheren gedanklichen Struktur profitiert:

> „Die neue Struktur der Verallgemeinerung entsteht nicht durch eine gedanklich erneut vorgenommene unmittelbare Verallgemeinerung, sondern aus der Verallgemeinerung der in einer früheren Struktur verallgemeinerten Dinge. Sie entsteht als Verallgemeinerung von Verallgemeinerungen, aber nicht einfach als neues Verfahren der Verallgemeinerung von Einzeldingen. Die frühere Gedankenarbeit, die in einer auf der vorangegangenen Stufe herrschenden Verallgemeinerung ihren Ausdruck gefunden hat, geht nicht verloren, sondern geht als notwendige Voraussetzung in die neue Gedankenarbeit ein" (S.271).

Die Erhaltung der früheren Gedankenarbeit, so betont Wygotski (z.B. S.11, 13, 16, 89, 102, 292 ff. usw.), geschieht über die Sprache: So wie die Sprachverwendung generell der Einsicht in die (soziale) Symbolfunktion vorausgeht (vgl. S.67, S.71, S.100/101), so gilt es auch, daß – entgegen Piagets Annahme – aus der *sozialen* Sprache die „egozentrische Sprache" und somit die „innere Sprache" sich entwickeln (vgl. S.44). Nur in dem Maße, wie Sprache in ihrer sozialen Funktion erlebt wird, tritt ihre denotative Rolle ins Bewußtsein. Erst in diesem späteren Stadium erscheint ein erkennbares Bemühen um den Wortschatz als solchen: Es ist dies der Zeitpunkt, „von dem an die Sprache intellektuell und das Denken sprachlich wird" (S.89).[281] Die soziale Sprache unterstützt also ihrerseits die Entwicklung des Denkens:

> „(. . .) Die Aneignung der grammatischen Strukturen und Operationen beim Kind geht der Aneignung der entsprechenden logischen Strukturen und Operationen voraus. Das Kind erlernt den Nebensatz, solche Sprachformen wie „weil", „wenn", „als", „dagegen", „oder aber", lange bevor es kausale, konditionale, temporale Ver-

hältnisse, Gegenüberstellungen usw. beherrscht. Das Kind erwirbt die Syntax der Sprache früher als die Syntax des Denkens. Piagets Untersuchungen haben eindeutig ergeben, daß die grammatische Entwicklung des Kindes seiner logischen Entwicklung vorauseilt (. . .)" (S.94, ähnlich S.303/304; vgl. ferner S.102: „(. . .) die Entwicklung der Logik des Kindes ist nach Piagets Untersuchungen eine direkte Funktion seiner sozialisierten[282] Sprache." (Vgl. hierzu auch Sokolow 1969, S.434.)

Höchst interessant scheint mir in diesem Zusammenhang ein von Ramge (1973, S.34) zitiertes kindsprachliches Beispiel: „Das kausale /weil/ wurde in Zusammenhang mit dem (zufälligen) Syntagma /weil ich so süß bin/ erworben. Hier zeigte sich (. . .), wie wenig die Verwendung der Kausalkonstruktion mit der entsprechenden logischen Operation zu tun hatte (. . .): /ich geh nicht ins Bett, weil ich so süß bin/, /ich kann keine Löcher (= mit dem Locher) machen, weil ich so süß bin/ (. . .)". Derartige Thesen haben nichts Überraschendes an sich, wenn wir bedenken, daß die sprachliche Ontogenese an konkret erlebte Handlungszusammenhänge gebunden ist, wie alle materialistischen Autoren nicht müde werden zu betonen.[283]

Ramges Argumentation zugunsten der Annahme generativer Prozesse ist des weiteren eine Überlegung Ingrams entgegenzuhalten. Ingram verweist auf die psychologische Literatur zur Zeitberechnung für einfache kognitive Fähigkeiten des Menschen und folgert allein hieraus: „Algorithmic procedures of sentence derivation (. . .) cannot function in real time" (S.337). Im übrigen sei es überhaupt für den Sprecher wichtiger, „to get the output quickly than to get it absolutely correctly" (l.c.).

Was immer an von der Erwachsenensprache abweichenden Daten erfaßt werden kann, sollte u.E. zunächst nach dem von Slobin (1973, S.197) formulierten Prinzip „Word order in child speech reflects word order in the input language" als sekundäre Erscheinung erklärt werden. Der experimentelle Befund von Bellugi/Brown/Fraser (1963), wonach englisch sprechende Vorschulkinder Passivsätze wie Aktivsätze (derselben Wortfolge) interpretieren, oder die Beobachtung von C. Chomsky (1969, vgl. S.7 u. S.24 ff.), daß es in der Interpretation von Sätzen wie „John is easy to see" immer wieder Schwierigkeiten gibt, braucht nicht mit Hypothesen über die Tiefenstruktur erklärt zu werden. Von „surface preservation of underlying structure"[284] zu sprechen, ist ja gerade deshalb nur möglich, weil z.B. der Aktiv-Satz (qua P-Marker) per definitionem als tiefenstruktureller P-Marker eines Passiv-Satzes fungiert: ein reiner Formalismus, der einem lediglich *deskriptiv* adäquaten linguistischen Modell entliehen ist. Aus linguistischer Sicht läßt sich in Chomskys Sinne jedenfalls nur sagen, daß Transformationen zwar als ein formales sprachliches Universale gelten, daß aber nicht von jeder konkreten linguistischen Transformation behauptet werden kann, sie laufe mit dem mentalen Prozeß natürlicher Sprachproduktion parallel. Chomsky räumt bereitwillig ein, daß viele Operationen in der Theorie der Transformationsgrammatik „keinerlei apriorische Rechtfertigung" besitzen:

> „Die zugelassenen Operationen können zum Beispiel keineswegs als die 'einfachsten' oder 'elementarsten' ausgewiesen werden, die sich ausdenken ließen. Vielmehr kommen Operationen, die generell als 'elementar' betrachtet werden können, gar nicht in grammatischen Transformationen vor, während viele der tatsächlich (sc. in der TG, Anm.d.Verf.) auftretenden Operationen alles andere als elementar im allgemeinen Sinn sind." (Chomsky 1965, S.78; Beispiele S.78-79).

Entsprechend verwirft Chomsky eine Punkt-für-Punkt-Entsprechung zwischen dem theoretischen grammatischen System einerseits und dem Vorgang des Kompetenzgebrauchs bei natürlicher Sprachproduktion andererseits.[285] Eine andere gewichtige Unterscheidung trifft Coseriu (1968b). Wenn wir z.B. Genitivus subjectivus und Genitivus objectivus unterscheiden können, so muß die jeweilige Interpretation über eine Transformation erfolgen. Dies nennt Coseriu eine „wirkliche Grundlage" der sprachlichen Deskription. Daß aber Transformationen unbedingt von einer *Tiefenstruktur* ausgehen, ist nur eine „methodisch angenommene Grundlage" (S.31). Wenn, wie Parrerens Aktualisierungstheorie herausstellt, ein komplexes Lernresultat auf bereits beherrschten Teilfertigkeiten aufbaut, so ist es psychologisch sehr unwahrscheinlich, daß sprachliche Enkodier- und Dekodiervorgänge auf Tiefenstrukturen rekurrieren sollen, die keinen wirklich sprachlichen Charakter haben, auf Strukturen also, die nicht aus der Übernahme primärer sprachlicher Erfahrung resultieren. Da aber, laut Chomsky, die Zuordnung der syntaktischen Strukturen zu Bedeutungsstrukturen gerade tiefenstrukturell verankert ist, wäre, wo immer psychologische Spekulationen oder Argumente (und seien sie nur hypothetischer Art im Sinne von Chomskys Cartesianismus!) im Spiele sind, zuerst nach der psychologischen Natur der Tiefenstrukturen und der Art ihrer Speicherung zu fragen. Coseriu (1968b, S.31-40) wirft der gTG bezüglich des Begriffs der Tiefenstruktur einen theoretischen und einen methodischen Fehler vor:

> „*Theoretischer Fehler:* Es fehlt die theoretische Abgrenzung des Sprachlichen. Diese Abgrenzung müßte noch vor der Formulierung des Begriffes 'Tiefenstruktur' da sein." Und: „Es müßte dringend un-

terschieden werden zwischen dem Einzelsprachlichen, dem Allgemeinsprachlichen und dem Außersprachlichen."

„*Methodischer Fehler:* Weder die Transformationen noch die Tiefenstruktur werden anders als operationell definiert. (. . .) Die Tiefenstruktur wird nicht in bezug auf die Sprache selbst definiert, sondern nur innerhalb der Grammatik, als Grundlage der Transformationen, als das, was immer erreicht wird, wenn man den Weg der Transformationen in umgekehrter Richtung geht."

Ein dritter Einwand erfolgt aus den Einsichten des strukturalistischen Funktionalismus:

„(. . .) Der Begriff der 'Struktur' (wird) in der TG gerade nur syntagmatisch als kombinatorische Struktur interpretiert. Es gibt aber auch einen anderen Begriff und eine andere Art von 'Struktur': die *paradigmatische* (= oppositionelle) *Struktur.* Diese paradigmatische Struktur, die verschiedenen sprachlichen Strukturen entspricht, bestimmt das Syntagmatische, nicht umgekehrt. Die Funktionen erscheinen zwar in der TG als Symbole für Elemente der syntaktischen Struktur, wenn z.B. 'Verb' oder ähnliches gesagt wird; es wird aber nicht gesagt, was 'Verb' oder z.B. 'passé défini' ist, *wie* und *warum* diese Funktionen in einer Sprache funktionieren (es ist aber klar, daß eine Funktion wie z.B. 'passé défini' usw. nur daher existiert, weil in derselben Sprache auch eine Opposition zu 'passé indéfini' da ist). Hier handelt es sich gerade um das, was syntagmatisch nicht bestimmt werden kann, da keine kombinatorische Funktion vorliegt" (S.39/40).

Das eminente Gewicht, das der Imitation in Spracherwerbsprozessen zukommt, läßt sich schon daran ermessen, daß das Kind trotz auffälliger morphologischer Verstöße doch andererseits ein Gefühl für den syntaktischen Gesamtrahmen des Satzes entwickelt hat.[286] Wenn dann z.B. eine Folge des Typs *NP + V + NP* im Englischen in der Tat eine *häufige* Folge ist[287] und in der entschiedenen Mehrzahl der Fälle eine semantische Struktur *Agens - Aktion - Objekt der Aktion* syntaktisch repräsentiert, so braucht es nicht zu überraschen, daß Kinder, sofern die Evidenz des nicht-verbalen Situationsrahmens nicht dagegen spricht, immer wieder versucht sind, alle derartigen syntaktischen Folgen in der beschriebenen Weise zu deuten (z.B. Passivsätze als Agens-Objekt-Folgen). Hinzu kommt, daß die Kindersprache grammatische Funktions- und Flexionsmorpheme in ihrem frühen Stadium nicht kennt[288] und über längere Zeit Doppelformen aufweist.[289]

Auch nach Lenneberg ist der Spracherwerb von Anfang an in einer grundsätzlichen Weise dadurch charakterisiert, daß nicht vereinzelte Elemente, sondern zusammenhängende Muster und Strukturen aufgenommen werden (Lenneberg 1967, S.343 und passim). Genau auf diesen Umstand deutet meines Erachtens auch die zeitliche Priorität der nicht-permutierten Formen in Fragesätzen.[290] Aufgrund dieses breit belegten Sachverhalts vermuten wir, daß die Syntax über Syntagmen mittlerer Größenordnung erlernt wird, wobei intonatorische und inhaltlich-referentielle Bindungen das Gefühl für größere syntaktische Einheiten (der Rahmen des Satzes und des Satzgefüges bilden die obere Grenze) entwickeln helfen, während die kreativ-imitierende Kombination mehrerer kleiner, isoliert schon gut beherrschter Syntagmen andererseits zu syntaktisch-morphologischen Verstößen (Kontaminationen) führen kann — trotz der grundlegenden und schließlich ausschlaggebenden Tendenz zur Anlehnung an elaborierte erwachsensprachliche Linearitäten.

Das Kind lernt also

- durch Extraktion häufig wiederkehrender Worte in pragmatisch zu definierenden Sprecheinheiten *(utterances)*,
- deren Grenzen nicht selten mit Satzgrenzen zusammenfallen können,
- die aber auch in sich selbst durch Prosodie, Pause und Sinneinheiten strukturiert sind,
- wobei sehr viele syntaktische Einheiten aufgrund referentieller Bindung oder aufgrund anderer konkreter Handlungszusammenhänge, in denen Sprache erworben wird, als Sinneinheiten begriffen werden können (bzw. schon isoliert beherrscht werden).

Diese Sinneinheiten decken sich keineswegs zufällig mit *linguistischen* syntagmatischen Einheiten oberhalb des Morphems und unterhalb von Satzgefügen. Die semantisch-prosodisch-syntaktischen Versatzstücke einer spontanen, natürlichen, nicht durch explizite Normvorstellungen elaborierten Sprache stellen vermutlich auch qua Lernresultate gleichsam psychologische Einheiten dar; zumindest gilt dies für die Phase, die hier zur Diskussion steht. Der mühselige Erwerb graphischer Fertigkeiten (Wortgrenzen, Satzgrenzen, Zeichensetzung, Wort- und Silbentrennung usw.) zeigt, wie wenig und wie spät die Kinder fähig sind, das sprachliche Kontinuum in *formal* und *operational* definierte Einheiten einer ganz bestimmten Ebene zu zerlegen. Sprache, das bedeutet eben doch zunächst einmal Wörter.[291] Der taxonomische Morphembegriff entspricht sicherlich am wenigsten dieser psychologischen Realität[292], so wie auch *patterns* vermutlich nur vom Linguisten, der zu diesem Zweck über ein spezifisches Instrumentarium verfügt, klar und durchgehend unterschieden werden.

Auch die Leistung eines erwachsenen Sprechers besteht (1) in der kreativen Handhabung natürlicher Sprecheinheiten und (2) in der Möglichkeit ihrer Kombination: Addition („und"), Verknüpfung (logische Konjunktionen), Einschub (Apposition, eingeschobener Satz) usw. Hierbei muß er gewisse syntaktische Regeln beachten, die – genau wie die Kongruenzregeln für die Syntagmen mittlerer Größe – durchaus auf einer wenig oder überhaupt nicht reflektierten Gewöhnung beruhen. Anhand jeder beliebigen Probe von Spontansprache läßt sich aufzeigen, *wie groß* Streubreite und Toleranzbereich eben dieser Regeln im mündlichen Bereich sind. Man betrachte unter diesem Gesichtspunkt die Reprisen, Einschübe und Anakoluthe in der folgenden Transkription einer Tonbandaufzeichnung: Man glaubt hier geradezu, die Einheiten zu erkennen, die dem Sprecher (zusammen mit den Inhalten) gleichsam vorgefertigt „zuströmen":

> «Vous savez qu'/il y a trois France/ il y a trois France/ Paris/ je suis de Paris/ ah oui (/) (ah?) Paris/ il y a la banlieue/ la banlieue/ the suburbs/ la banlieue/ la petite banlieue/ la grande banlieue/ un peu plus loin/ et la province/ et pour le Parisien/ la province c'est/ ils imaginent tout de suite/ dès qu'on n'est pas Parisien/ ils imaginent les vaches les canards et les poules/ pour eux/ oui/ la province c'est les paysans/ oui les croquants/ ah ça/ c'est ça/ c'est très curieux/ la mentalité du Parisien méprise le provincial/ le provincial hein/ Paris/ hein Paris/ alors mais vraiment (. . .).» (Vgl. Cardinal u.a. 1971, S.75; Querstriche zur Verdeutlichung vom Verf.)

Untersuchungen von authentischen, d.h. spontan und erstmals enkodierenden *actes de parole* könnten Ingrams These bestätigen, daß Sprechen nicht auf der Basis (wenn auch: weitgehend automatisierter) algorithmischer Prozesse abläuft, sondern wesentlich in der Assoziation von inhaltlich-sprachlichen Einheiten besteht. Bezüglich der kindsprachlichen Wortfolge hat Burling (1959, S.89) m.W. als erster festgestellt: „One of the striking features (. . .) was the rarity with which (the child) reversed the order of morphemes (. . .)". Fehlende Permutation wurde von den transformationell orientierten Autoren immer dahingehend interpretiert, daß das transformationelle Regelsystem noch nicht genügend entwickelt sei. Die Tatsache, daß diese Beobachtung sehr generell ist,[293] bestärkt sie – merkwürdigerweise – in dieser Hypothese. Wenn nun gilt, daß das Kind, wo immer möglich, die Wortstellung des *parental speech* beibehält,[294] so sind nicht-invertierte Frageformen, nach dem Gesetz der einfacheren Hypothese, nicht unbedingt zu erklären durch Rückgriff auf Tiefenstrukturen, die wegen Auslassung einer Permutationstransformation syntaktisch in der Oberfläche gleichsam noch durchscheinen, sondern als Aktualisierungsstörung (als Kontamination der Wortstellung eines direkten und indirekten Fragesatzes z.B.). Derartiges ist ja auch in der nicht normierten Erwachsenensprache üblich.[295] Schon für Lernprozesse ganz allgemein, um wieviel mehr also für *sprachliche* Lernprozesse gilt, daß die Lernresultate im Sinne Parrerens nicht als „statische", sondern als „funktionelle" Größen entstehen, gerade *damit* sie maximal transferierbar sind (Parreren 1964a, S.34ff.). Genau dies hat das zeichensyntaktische System einer *natürlichen* Sprache *künstlichen* Zeichensystemen voraus. Sprachlicher Transfer hängt aber, wie wir gezeigt haben, nicht nur von der Natur des Lernresultats und der zu diesem Resultat führenden Lernprozesse ab, sondern auch von der Möglichkeit eines ständigen Transfertrainings. Es müßte also beim Kinde, selbst wenn seine Gedächtnis- und Artikulationskapazität von allem Anfang an unvergleichbar größer wäre, in jedem Falle zu sprachlichen Fehlproduktionen kommen, weil die einmal gelernten Elemente einer stets weiterreichenden Verwendung zugeführt werden, beispielsweise auch zur Lösung solcher sprachlicher Aufgaben, die noch zusätzliche Kenntnisse bzw. Fertigkeiten verlangen. Ein solches „Leben im Vorgriff" ist auch beim schulischen Fremdsprachenerwerb zu beobachten und ist letztlich charakteristisch für jede Art eines engagierten Lernens. Durch „Vorgriffe" ist ja auch der kindsprachliche Gebrauch von Sprachzeichen in semantisch-referentieller Hinsicht gekennzeichnet.[296] Wenn Menyuk (1969a, S.30) bezüglich kindlicher Äußerungen, denen unmittelbar eine entsprechende Äußerung der Mutter vorausgegangen war, wegen gewisser morphosyntaktischer Unterschiede folgert: „However, they were not imitative", so läßt sich dieser Sachverhalt lernpsychologisch vergleichsweise einfach erklären: Das Kind imitiert zwar, aber es imitiert natürlich mit den Mitteln, die ihm jeweils schon zur Verfügung stehen, d.h. unter Ausnutzung der bereits erworbenen Lernresultate. Sehen wir uns Menyuks Beispiele daraufhin an:

Mutter:	Let's take your shoes off
Kind:	Shoe off
Mutter:	Oh! your shoe fell
Kind:	Shoe fall

Die morphologischen Abweichungen *(shoe* statt *shoes, fall* statt *fell)* erklären sich genau daraus, daß das Kind schon länger über die unflektierten Formen verfügt. Die vom Kind beherrschten morpho-syntaktischen Mittel dieser

Phase (Alter: 20 Monate) genügen, um in konkreten Situationen agieren zu können: Sprechen als „Berichten" oder „Planen" fällt noch nicht an. (Übrigens ist die Vermutung nicht ganz abwegig, daß gerade in einer flexionsarmen Sprache wie dem Englischen der Morphologie seitens des Kindes vielleicht noch weniger Beachtung entgegengebracht wird als etwa im Deutschen. Diese Frage wäre einer eigenen Untersuchung wert.) In einer Liste von 27 korrekten Äußerungen, die (A) von einem Dreijährigen und (B) einem fast Sechsjährigen wiederholt worden sind (Menyuk 1969a, S.137-139), ist die Reihenfolge der Wörter in keinem einzigen Fall (allenfalls könnte das bei 2 B bestritten werden) verletzt. Neben morphologischen Mängeln bleibt höchstens zu bemerken, daß in 20 B und 25 B *he* bzw. *you* durch *I* ersetzt ist.[297] Man wird u.E. also gut tun, in der Erklärung einer kindsprachlichen Äußerung zunächst auf potentiell entsprechende Sätze der Erwachsenensprache zu rekurrieren. Nichts anderes tut ja im Grunde auch der transformationell orientierte Psycholinguist, der von einer angenommenen Tiefenstruktur ausgehend, einzelne Knoten durch Null-Morpheme markiert, bzw. ein kategoriales Symbol bei der Transformation in die oberflächliche Konstituentenstruktur eines Zwei-Wort-Satzes „löscht" (vgl. Ramge 1973, S.80-81). Zu welch unterschiedlicher formaler Behandlung es hierbei kommen kann, zeige ein Beispiel aus Ramge 1973. Auf S.50 legt der Autor dar, daß im Stadium der Zwei-Wort-Sätze bezüglich eines Sachverhalts wie *Ich will zur Mami gehen* nur „die Tätigkeit und der Ort realisiert wird". Ramge gibt entsprechend folgenden P-Marker an:

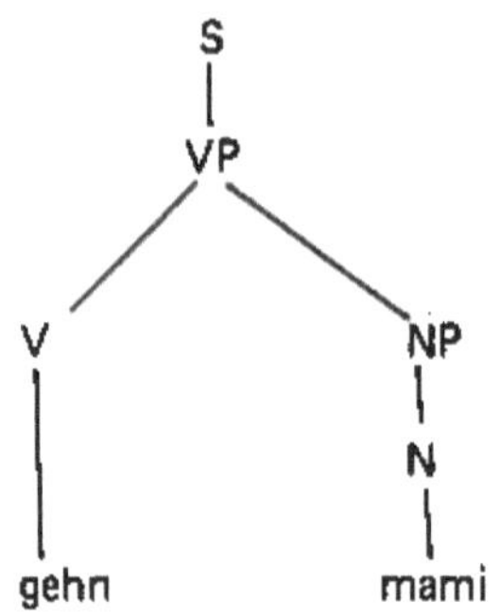

Die *NP* „wird oberflächenstrukturell zu einer *PP*, sobald sie mit einem Zeichen verbunden erscheint, das präpositionale Funktion hat" (S.50/51). An der Pivot-Grammatik kritisiert Ramge nun, daß sie nicht beschreibe, „daß die *Os* sehr oft ihren festen Platz im Syntagma haben" (S.76); z.B. trete bei einem Probanden „/gehn/ und überhaupt alles, was zur späteren Kategorie 'Verb' gehört, fast immer in Zweitstellung auf":

/mami gehn!/
/Karin gehn!/
/garten gehn!/

Nach der P/O-Regel[298] müßten die Konstituenten auch in umgekehrter Reihenfolge erscheinen können (also: /gehn mami/). Mit 25, 26 Monaten käme das vor, „aber da im Zusammenhang mit der sprachlichen Realisierung von Präpositionen". Damit wird von Ramge indirekt zugegeben, daß die jeweilige Wortstellung des Kindes von den erfahrenen erwachsensprachlichen Primärdaten abhängt: *(Ich) gehe(n) (zur) Mami* statt *(Ich will mit/zu) Mami gehn.* Alle auf S.76 zitierten Beispiele sind nämlich durchaus als Ellipsen erwachsensprachlicher Sätze interpretierbar; *gehen* erscheint übrigens gern in Verbindung mit Modalverben *(ich muß jetzt . . . gehn, darf ich zu . . . gehn, ich will mit . . . gehn* usw.). Wenn *gehn* also lediglich „fast immer" in Zweitstellung auftritt, kann dies seinen Grund durchaus auch außerhalb tiefenstruktureller Relationen haben, und was in der Schreibweise der gTG mittels P-Marker notierbar ist (vgl. Ramges Schreibweise S.50), könnte in einer Pivot-Grammatik mittels Erzeugungsregeln der Form

$$S \rightarrow \left\{ \begin{array}{l} P_1 + O_1 \\ O_1 + P_2 \\ O_2 + O_3 \\ O_3 + O_2 \end{array} \right\}$$

formalisiert werden, wobei die Indices syntaktisch restringierte Subklassen symbolisieren. Der zweite Einwand Ramges (vgl. S.76/77) betrifft die strukturelle Homonymie. Eine Äußerung wie *mami schuh,* sagt er, könne zweierlei bedeuten, nämlich

(1) Das sind die Schuhe, die Mami gehören
(2) Mami zieht mir meine Schuhe an

würde aber von ein und derselben P/O-Regel generiert.
Ramge seinerseits rekurriert in seinen P-Markers — wieder implizit — auf eine erwachsensprachliche Wortfolge, die der (elliptischen) kindsprachlichen

Wortfolge entspricht, wobei er im Falle von (2) für *V* eine Tilgungstransformation ansetzt, während er bei (1) die *NP* direkt aus *S* expandiert (vgl. S.77). Damit ist auch durch die transformationelle Darstellung so viel und so wenig erklärt, warum „beide Bedeutungen in der gleichen Oberflächenstruktur auftreten" (vgl. S.76), wie wenn man auf Anhieb zugibt, daß die spezielle Homonymie kindsprachlicher Sätze durch auslassende Verkürzung erwachsensprachlicher Muster zustandekommt. In kindlichen Satzsequenzen[299] wie

(1a) mami n haus!
(1b) mami malen!
(1c) n haus malen!
(1d) mami n haus malen! (Vgl. Ramge 1973, S.82)

treten nach Ramge nacheinander die Satzgenerierungsregeln auf. Der letzte Satz schaffe die Gesamtordnung der Konstituenten: „Die Tiefenstruktur des letzten Satzes, die für die Oberflächenstruktur der Zwei-Wort-Phase nur vermutet werden konnte (. . .), ist jetzt zweifellos in der sprachlichen Kompetenz des Kindes vorhanden" (S.82). Das Beispiel mache zugleich deutlich, was für eine „erhebliche intellektuelle Leistung" ein Satz mit mehr als zwei Konstituenten dem Kind abverlange. Wir sehen unsererseits in der Satzsequenz nichts als ein Aktualisieren von bereits *aktiv* beherrschten Teil-Syntagmen ((1a) – (1c)) in einem Augenblick,da – durch die Erinnerung an ein größeres syntagmatisches Muster, dem sie entnommen sind und welches das Kind passiv kennt – zusätzlich eine bislang passive Kenntnis in eine aktive Fertigkeit umschlägt. Alle Sätze der Sequenz sind Fragmente entsprechender erwachsensprachlicher Sätze. Ramges Argument, daß sich die Teile so schön zu einem Ganzen fügen ließen, beweise doch die vorhandene Tiefenstruktur, läßt sich das weit weniger spekulative Argument entgegenhalten, die Teile fügten sich deshalb zu einem Ganzen, weil das Kind sie aus einem Ganzen (nämlich dem Satz (1d) entsprechenden erwachsensprachlichen Muster) entnommen hat, und zwar – wie immer wieder zu betonen ist – in der unversehrten Reihenfolge der beibehaltenen Wörter. Schwerer überprüfbar ob ihrer Abstraktheit sind natürlich Aussagen wie die von Fodor und McNeill. Fodor (1966) sagt: „No child talks without having been exposed to the utterances of fluent speakers, and the language and dialect he eventually speaks are precisely the language and dialect to which he is exposed" (S.105/106); andererseits sei es aber offensichtlich, „that the child must bring to the language-learning situation some amount of intrinsic structure". Fodor insistiert, er sage eher *intrinsic* als *innate,* aber er ist eben doch nahe bei Chomsky, wenn er behauptet, „that any organism that extrapolates from its experience does so on the basis of principles *that are not themselves supplied by its experience*" (S.106; Hervorhebung d.Verf.). Ähnlich äußert sich McNeill (1966a):

> „However, the telegraphic analogy becomes misleading if we take it so far as to conclude that children are actually abbreviating well-formed sentences. A limitation on memory probably constrains the length of children's sentences, but it does not work simply by eleminating words (. . .). Rather, the child possesses a simple grammar, the output of which is telegraphic speech" (S.19). Und: „Apart from the P-O construction, early two-word sentences can involve the juxtaposition of open-class-words. (. . .) It never happens, however, that two-word sentences are made up only of pivots" (S.21).

Hierzu ist anzumerken, daß, wenn irgendwie die sprachliche Entwicklung durch primärsprachliche Daten veranlaßt ist und in Richtung Erwachsenensprache verläuft, es in der Tat merkwürdig wäre, wenn Sprachzeichen wie *this, that, the, a, here, there* untereinander zu Zweiwortsätzen verknüpft würden.[300] Zum anderen ist es Sache des Psycholinguisten, was er zum pivot-Wort dekretiert[301], wobei freilich zuzugeben ist, daß die Kinderwörter nicht unbedingt mit den erwachsensprachlichen Entsprechungen identisch sind. Auf jeden Fall bedarf es nicht der Konstruktion einer Pivot-Grammatik, um zu erklären, daß Formen wie *a blue flower, a nice nap* vorkommen, dagegen Formen wie *blue a flower, nice a nap* nicht belegbar sind (vgl. Brown/Bellugi 1964a, S.146 ff.). Die morphologische Entwicklung geht insgesamt nach Slobin (1973, S.205) in folgender zeitlicher Reihenfolge vor sich:

> (1) no marking
> (2) appropriate marking in limited cases
> (3) overgeneralization of marking (often accompanied by redundant marking)
> (4) full adult system[302]

Die Interferenzen, das scheint mir typisch, treten also gerade *nach* der imitativen Phase auf und können damit geradezu als Aufweis dafür herhalten, daß es zunächst eine Phase relativ unbewußter Imitation gegeben haben muß.

Nach den unter 3.1 angestellten Überlegungen ergibt sich für uns als Ansatz für die Analyse kindsprachlicher Produktionen:

1. Das Kind verhält sich sprachlich-ökonomisch insofern, als es die Reihenfolge der Wörter, wie sie in der Erwachsenensprache gegeben ist, in der Regel beibehält.[303]

2. Bestimmte Reihenfolgen werden aufgrund ihrer Häufigkeit favorisiert und bilden so besonders stabile Gruppen.
3. Die Favorisierung bestimmter Wortfolgen bringt es dann mit sich, daß das Kind innerhalb gegebener syntagmatischer Muster Substitutionen vornimmt.

3.2 Probleme der Segmentierung

Über die Art und Weise, wie Kinder die gehörten Äußerungen nach und nach in mehr oder weniger den linguistischen Einheiten entsprechende Elemente segmentieren können, gibt es linguistische Spekulationen zahlreicher Art. Wenn wir uns hier der Frage der Segmentierung aus dem Blickwinkel des Lernpsychologen nähern, so müssen wir die Lernsituation als Ganzes sehen. Wir möchten vermeiden, nochmals zu wiederholen, was wir diesbezüglich schon mehrfach ausgeführt haben. Im Zusammenhang mit der Segmentierung ist jedenfalls ein sehr trivialer Umstand höchst bedeutsam: Da das Kind einerseits in artikulatorischer Hinsicht und auch hinsichtlich des (lautlichen) Gedächtnisses dem erwachsenen Sprecher stark unterlegen ist, andererseits aber Sprache nur über die Imitation erwachsensprachlicher Äußerungen aneignen kann,[304] so befindet es sich in einem gewissen Zugzwang: Es *muß* Elisionen und Selektionen vornehmen. In seiner biologisch programmierten Ungeduld verhält sich das Kind so, daß es schon Wörter imitiert, bevor es sie lautlich ganz beherrscht[305], und bereits über Sätze oder Syntagmen ansatzweise verfügt, ehe es noch die Wörter im einzelnen meistert. Es bildet so syntaktische Kombinationen, die den morphosyntaktischen Gesetzlichkeiten der einzelnen Wortarten zuwiderlaufen können. Folglich segmentiert das Kind auf *allen* Ebenen (der lautlichen, der lexikalisch-semantischen der morphosyntaktischen) nicht unbedingt analog zum erwachsenen Sprecher und mit unterschiedlicher Konsequenz.[306] Da nun aufgrund imitativer Bemühungen die Erlernung der syntagmatischen Kontiguitäten der 1. und 2. Gliederungsebene (als Beziehungen in praesentia) gegenüber den paradigmatischen Beziehungen (als Beziehungen in absentia) mit einem zumindest zeitlichen Vorrang erfolgt, wird das Chaos, das durch die kindliche Lernbegierde zu entstehen droht, immer wieder durch eben diese syntagmatische Linearität gebremst.[307] Der Gedanke, daß die Morphologie letztlich doch durch die immer wieder erfahrene Sequentialität gleichzeitig und in engstem Zusammenhang mit den syntaktischen Regularitäten erlernt wird, ist psychologisch also keineswegs so unwahrscheinlich, wie die Generativisten meinen, und trägt genau der Feststellung Rechnung, die der Generativist Francescato (1970, S.98) trifft: „Unsere Frage (sc. die Frage nach der Chronologie; Anm.d.Verf.) kann (. . .) nur beantwortet werden, wenn man absolute Gleichzeitigkeit bei der Entwicklung der semantisch-lexikalischen und der grammatischen Komponenten ansetzt. Die Merkmale der MARTINET'schen *première articulation* (. . .) tauchen also in der Kindersprache gleichzeitig auf." Ist also die Frage der älteren Untersuchungen zur (zeitlichen) Priorität einzelner Wortklassen weithin eine sinnlose Frage gewesen? In unserer Kritik an der Syntaxinterpretation der Holophrasie und des Zwei-Wort-Satzes der sog. Pivot-Grammatik haben wir hierauf bereits mit ja geantwortet. Denn auch die Frage nach den kindsprachlichen Wortklassen darf zunächst keineswegs analog zur linguistischen Deskription der Erwachsenensprache angegangen werden, sondern muß die alles entscheidende Rolle der konkreten Situation und der konkreten Interaktionsform in der sprachlichen Ontogenese im Sinne etwa Wygotskis und Lorenzers berücksichtigen. So scheint, wie wir gerade am Ende des vorherigen Kapitels dargelegt haben, unmittelbar einsichtig, daß dem Kind diejenigen wiederkehrenden Sprachzeichen, Syntagmen und Sätze innerhalb des Lautkontinuums größerer sprachlicher Äußerungen zuerst auffallen, die über große plastische Referenz verfügen: Wörter wie *da* (zusammen mit dem ausgestreckten Finger) als „Aufruf" aller möglichen Gegenstände, konkrete Substantive, Verben, die konkrete Vorgänge wie „essen" oder „waschen" bezeichnen.[308] Auch die Erwachsenensprache ist ja genau in dem Maße elliptisch, als sie in das konkrete Handeln der Gesprächspartner (etwa bei der Ausführung einer gemeinsamen Arbeit) interkaliert ist oder auf ein entsprechendes, den Gesprächspartnern gemeinsames Vorwissen und Vorverständnis zählen darf (vgl. hierzu List 1974, S.55). Die tatsächliche oder bloß vorgestellte Situation, auf die sich Sprache jeweils bezieht (der sogenannte situative Kontext), wirkt der „Unschärferelation" sprachlicher Zeichen (Keil 1972), wie sie grundsätzlich auch noch in sehr elaborierten Formen der Erwachsenensprache gegeben ist, entgegen. Genau wegen der zunächst sehr vordergründigen Referenzbezüge der kindsprachlichen Worte ist die Frage nach möglichen syntaktischen Kategorien so belanglos: Die Frage, ob *mat* nun „essen" oder „das Essen" bedeutet, ist erst angebracht wenn das Kind die Syntax als grammatisches Mittel zum Ausdruck semantischer Differenzierung gebraucht: Gerade die grammatisch festgeschriebenen semantischen Vorstellungen können aber vom Kind, wie Wygotski ausdrücklich betont, erst über die bereits angelaufene sprachliche Praxis erworben werden. List (1974, S.33/34) kritisiert zu Recht, daß in der amerikanischen Wortassoziationsforschung (z.B. Berko/Brown 1960, Ervin 1961, Entwistle/Forsyth/Muus 1964) das rein formale

Kriterium der Wortart darüber entscheidet, ob eine Assoziation als syntagmatisch oder paradigmatisch gilt (gleiche Wortart = paradigmatische Assoziation). List spricht in diesem Zusammenhang von einer „bestimmten Erwartungshaltung der Psychologen an die Grammatiktheorie" (S.33). Kindsprache ist anfänglich eher eine Art lautlicher Ikonographie als ein Zeichensystem, das in semantischer Hinsicht von der Ökonomie der 1. Gliederungsebene voll profitiert. Nur die Anlehnung in der Reihung der Ikonen an die erwachsenensprachliche Linearität suggeriert einen syntaktischen Encodierprozeß, in dem bestimmte Positionen im Satz eine (funktional in die semantisch bedeutsamen Regularitäten der 1. Gliederungsebene eingebaute) besondere grammatische Wertigkeit zum Ausdruck brächten. Daß eine solche Wertigkeit zunächst allenfalls bezüglich der *Frequenz* sprachlicher Erfahrung angenommen werden darf, keineswegs aber im Sinne grammatisch systematischer Funktionalität, zeigen eben die in Experimenten von C. Chomsky und anderen Psycholinguisten gesammelten Daten, wofür vor allem die Interpretation des Passivsatzes als eines Aktivsatzes mit gleicher Wortfolge ein deutliches Beispiel gibt.[309] Nach Bloom (1970) und Schlesinger (1971) bilden, aufgrund gehäufter analoger Relationen zwischen Wirklichkeit und syntaktischer Folge, allgemein semantische Beziehungen von der Art *Agens → Aktion* oder *Agens → Objekt, Gegenstand → Detail* usw. den Anfang. Deshalb ist es kaum möglich, überindividuelle Gesetzlichkeiten bzw. Voraussagen über die Einweisung der aus der Erwachsenensprache entliehenen Wörter in eine der beiden (behaupteten) kindsprachlichen Zeichenklassen (*pivot* und *open class*) auszumachen. Diese Erfahrungstatsache ist nachdrücklich dem Umstand gegenüberzustellen, daß es andere universelle (= überindividuelle) Beobachtungen in der kindsprachlichen Entwicklung durchaus gibt (vgl. Slobins Universalien). Das eigentliche Problem, das sich hier letztlich jedoch auftut, wird von der amerikanischen Psycholinguistik gänzlich übersehen: das Problem der Identifikation von Situationen. Leopold (1956/57), Carroll (1964) u.a. haben immer wieder betont, daß sowohl der (semantische) Erwerb des Wortschatzes als auch das Operieren mit Wörtern überhaupt die Fähigkeit voraussetzt, Situationen identifizieren zu können. Hörmann (1970, S.298) macht hierbei auf einen höchst bedeutsamen Sachverhalt aufmerksam: Die Ähnlichkeiten, die das Kind (etwa bei der Begriffsbildung, vgl. Carroll 1964, S.180 f.) in einer Reihe von *experiences* (Carroll) entdeckt, liegen nicht (oder nicht nur oder nicht immer) „in den Ereignissen selbst, sondern werden gleichsam vom Individuum an diese Ereignisse herangetragen". Eben diese Sicht macht nach Parreren den feinen (kognitionspsychologischen) Unterschied aus gegenüber einer behavioristisch determinierten Sicht von Psychologen wie Thorndike oder Allport, wo die objektiv vorhandenen Äquivalenzen (Allport) bzw. gewisse „identische Elemente" (Thorndike) als auslösende Reize für die Assoziationen fungieren: Eine solche Sicht aber könnte weder das kreative, individuelle Moment der Spracherlernung und des Sprachgebrauchs erklären noch die phrasenhafte Verwendung von Sprache in allen möglichen Situationen. Oksaar (1973, S.303) scheint die Bedeutung dieses Zusammenhangs zwischen Kognition und Situationsanalyse erkannt zu haben, wenn sie der psycholinguistischen Chomsky-Schule vorwirft, daß sie weder die kognitiven Prozesse noch die Situationskontexte genügend berücksichtige. Diejenigen sprachlichen Elemente, die innerhalb wiederkehrender (objektiver) Situationsäquivalenzen eine unmittelbare und konkrete Referenzleistung erbringen, werden also als erste aus dem Redefluß selegiert. Bellugi/Brown[310] (1964a, S.83) erklären damit den vorrangigen Erwerb der Substantive, Verben und („less often") Adjektive. Auch aus pragmalinguistischer Perspektive ist neuerdings betont worden, daß die Funktion der Mehrzahl der eigentlich grammatischen Morpheme erst in situationsferner und stark elaborierter Rede sichtbar wird. „(. . .) Die grammatischen Morpheme (haben) als erste die spezifische Funktion, das Determinationsgeflecht eines Textes zu bündeln und für den Hörer zu entwirren. Sie sind Orientierungssignale im Dienste der Kommunikationssteuerung" (Weinrich 1972a, S.29).[311]

Die Interpretation bestimmter grammatischer Morpheme als „Translative" (vgl. Tesnière 1959) steht übrigens zur Deutung Weinrichs nicht unbedingt in Widerspruch, sondern kann als komplementärer Gesichtspunkt die Abgrenzung zum eigentlichen „Wort" (in einem naiven Verständnis) zusätzlich begründen. Die psychologische Mißachtung der grammatischen Morpheme, die teilweise bis in die Phase der ersten Leseübungen des Schulkindes beobachtbar ist, wird besonders verständlich, wenn man bedenkt, daß das Kind seine sprachlichen Fähigkeiten fast ausschließlich über *dialogisches* Sprechen erwirbt und daß das dialogische Sprechen entschieden weniger geplant und durchorganisiert ist als das nicht-dialogische Sprechen (vgl. hierzu Leont'ev 1970, S.22/23). Dialogisches Sprechen bedeutet, da sowohl die sprachlich-formalen wie die inhaltlichen Elemente der Rede des Partners die eigene Produktion beeinflussen (vgl. Fries 1952, S.172), außerdem hochgradig *spontanes* Sprechen. Für spontanes Sprechen ist gerade die Wiederholung und die Wiederaufnahme bestimmter syntagmatischer Einheiten typisch (sozusagen als Ausgleich zum Anakoluth und Abbruch): Auch dieses Phänomen der noch innerhalb der Zeitspanne des Kurzzeitgedächtnisses wiederkehrenden Einheiten dürfte eine wesentliche Hilfe für die Erlernung der Segmentation bedeuten.[312] Noch wesentlicher ist freilich das sprachliche Wechselspiel zwischen Kind und Erwachsenem:

a) die artikulatorisch und gedächtnismäßig erzwungene Verkürzung (vgl. hierzu Hörmann 1970, S.313 und 267ff.) der Äußerungen eines erwachsenen Sprechers durch das Kind und
b) die interpretierende Ausformung der kindsprachlichen *Elliptik* durch den Erwachsenen.

Beispiele zu a)

Erwachsener:	Kind:
Daddy's brief case	Daddy brief case
Fraser will be unhappy	Fraser unhappy
He's going out	He go out
That's an old time train	Old time train
No, you can't write on Mr. Cormer's shoe	Write Cromer shoe

(Bellugi/Brown 1964a; vgl. die Übersetzung dieser Beispiele und ihre Diskussion in Britton 1970, S.48/49, und ihre generative Interpretation bei Ramge 1973, S.81.)

Ich muß mal das Licht anmachen	Licht an
Der Peter kommt mit	Peter mit

(vgl. Ramge 1973, S.48)

Beispiele zu b)

Kind:	Erwachsener:
Baby highchair	Baby is in the highchair
Mommy sandwich	Mommy 'll have a sandwich
Sat wall	He sat on the wall
Throw Daddy	Throw it to Daddy

(Bellugi/Brown 1964a)

Die erwachsenen Bezugspersonen des Kindes helfen jedoch in der hier exemplifizierten Weise nicht nur bei der syntagmatischen Ausdifferenzierung, sondern auch bei der Isolierung und Segmentierung, indem sie beispielsweise durch eigene Elliptik und gezielte Wiederholung (z.B. der Bezeichnung eines

Gegenstandes) dem Kinde entgegenkommen. Die generativen Linguisten, welche kindsprachlichen Äußerungen einen tiefenstrukturellen Raum (notfalls mit Null-Elementen; s. beispielsweise Ramge 1973, S.76) zuordnen, nehmen im Grunde genau wie die Mutter in den letztgenannten Fällen eine ergänzende Extension vor. Wenn nun Bellugi/Brown betonen, daß es eine Reihe von spontanen Äußerungen gebe, die nicht als direkte (mit Auslassungen verbundene) Nachahmungen erwachsensprachlicher Sätze interpretiert werden dürften und die das Suchen des Kindes nach den Regeln der Syntax erkennen ließen, so gehen sie von der unausgesprochenen Behauptung aus, die kindlichen Sprachoperationen seien grundsätzlich Operationen auf *Satzebene:* Hier zeigt sich wieder die von Oksaar beklagte „Erwartungshaltung der Psychologen an die Grammatiktheorie" (hier an eine Satzlinguistik nach dem Chomsky-Modell von 1957). Wir haben demgegenüber in der Analyse einiger kindsprachlicher Äußerungen aufzuweisen versucht, daß es sich bei den kindsprachlichen Produktionen weit öfter um Kombinationen (und fehlerhafte Kontaminationen) von syntagmatischen Einheiten unterhalb der Satzebene handelt.[313] Daß das Kind noch während der Imitation ganzer Sätze bestimmte Syntagmen aussondern kann, zeigen Beispiele aus Ramge 1973:

(1) Vater: „Der Thomas wird im Kinderwagen gefahren"
Kind: „/Thomas Kinderwagen defahren. de Thomas/"
(S.26; bezeichnend, daß bei der *isolierten* Wiederholung die erste NP *differenzierter* ausfällt!)

(2) Vater: „Und jetzt sag mal: Der Peter wird heute abend gebadet."
Kind: „/Peter nich!. der Peter wird nicht gebadet. ich werd auch nich debadet. ich werd auch nich debadet, papi!?/"
(S.26; hier zeigt sich das Ineinander von inhaltlich-affektischen und sprachlich-formalen Elementen, die zu einer „Auflösung" des erwachsen-sprachlichen Musters führen.)

(3) Mutter: (schimpfend): „/wir sind doch nicht beim Zirkus!/"
Kind: „/zirkus. zirkus. bein Markus. bein Markus!/
(= Name eines Spielkameraden)"
(S.32; hier haben wir den Fall einer klanglich evozierten Assoziation im Sinne Saussures, also eine Form von paradigmatischer Substitution innerhalb des Kontextes der mütterlichen Äußerung.)

Nur wer a priori alle sprachlichen Erscheinungen ausschließlich auf eine Beschreibung mit den Mitteln einer Systemlinguistik zurückführen möchte, wird alle Formen sprachlicher Kreativität über kindliche „Regelhypothesen" erklären wollen. Die Ausgliederung in aktiv verfügbare Syntagmen verschiedener Ebenen kann aber lernpsychologisch nur über solche syntagmatische und paradigmatische Assoziationen erfolgen, bei denen gewährleistet ist, daß den sprachlichen Einheiten immer auch gut vorstellbare inhaltliche Einheiten entsprechen. Was wir an den strukturalistischen Spracherwerbsmodellen zu kritisieren haben, ist also nicht die sprachpsychologisch postulierte Prozedur der Segmentierung und Substitution als solche, sondern die Annahme, daß aufgrund eines intuitiven oder wie immer auch gearteten *Formklassenbewußtseins* syntagmatische Muster erkannt würden, innerhalb derer an grammatisch relevanten Positionen Elemente einer Formklassen-Menge ausgetauscht würden, und daß andererseits Formklassenbewußtsein aus der Beobachtung und aus dem Vollzug derartiger Substitutionen resultiere. Unbewiesen bleibt dabei die (oft genug überhaupt nicht explizit formulierte) Hypothese, wonach die natürliche psychologische Segmentierung einer Äußerung in exakter Analogie zur linguistischen Analyse ausfallen müsse. Die Einheiten, welche z.B. die taxonomische Analyse bezüglich der ersten Gliederungsebene ermitteln will, sind die Morpheme, die im Bewußtsein des natürlichen Sprechers im einzelnen einen höchst unterschiedlichen Status haben dürften: und zwar nicht nur im Grad der Bewußtheit, sondern auch im Grad der Vorstellungskraft, die zu ihrer semantischen Erfassung benötigt wird. Das kindliche Interesse ist zunächst voll auf den Erwerb eines elementaren und vordergründigen Wortschatzes ausgerichtet. Es ist kein Zufall, daß es dabei nahezu ausschließlich um solche sprachliche Zeichen geht, die man traditionell „Wörter" nennt. Sie haben auch im Sprachbewußtsein des Sprechers einen hervorragenden Status: Sprache, das bedeutet zunächst „Wörter". Dem widerspricht nicht, daß das Kind möglicherweise selbst aktiv einzelne morphologische Formen richtig gebraucht, es erinnert ja nicht so sehr isolierte Formen, als vielmehr syntagmatische Einheiten, die der Erwachsenensprache entnommen sind: Sprachbewußtsein und Sprachgebrauch sind nicht notwendigerweise identisch. Das Kind lernt gleichsam in „grammatischer Ersparnis" und mit Zentrierung auf die unmittelbare Referenz. Wir dürfen annehmen, daß weit über das Stadium der Holophrasie hinaus Wörter wie *plärren, das Plärren, das Geplärre, die Plärrerei* (in psychologischer Hinsicht) unterschiedslos als „plärren" wahrgenommen werden. Die syntagmatischen Assoziationen gehen den paradigmatischen Assoziationen nicht nur zeitlich[314] voraus, sie bilden zugleich die Basis für letztere. Nach Ervin (1962/63) antizipiert der Hörer die in der sequentiellen sprachlichen Ordnung zu erwartenden sprachlichen Einheiten auf der Basis früherer sprachlicher Erfahrungen, d.h., er stellt in jedem Augenblick entsprechend den bereits gehörten Teilen einer Äußerung Vermutungen an über die weitere Folge. Diese Vermutungen treffen desto öfter zu, je häufiger die syntagmatische Verbindung ist, d.h., in je mehr Kontexten zwei bestimmte sprachliche Elemente kollokieren können.[315] Bezüglich derartiger Kollokationen gibt es, wie jeder Sprachwissenschaftler weiß, alle Abstufungen: So sind mit *sein*[316] beispielsweise fast alle Elemente der Formklasse Adjektiv kombinierbar, im Falle phraseologischer Wendungen dagegen sind es oft nur sehr wenig Verben, die mit einer bestimmten Nominalphrase kollokieren können. Hörmann (1970, S.142) vermerkt, daß die textlichen Rahmen für Kollokationen natürlich nicht nur durch grammatische Gesetzlichkeiten (beispielsweise aufgrund der jeweiligen Formklassenzugehörigkeit), sondern auch durch inhaltliche Faktoren determiniert sind, so wie auch beim sogenannten *Clustering* (Bousfield 1953), der erinnerungsmäßigen Reproduktion einer gehörten Aufzählung heterogener Objekte, diese Objekte teils in der gehörten Reihenfolge, größtenteils aber in inhaltlich motivierten Neugruppierungen erscheinen.[317]

Bedeutsam scheint mir auch Hörmanns Hinweis (l.c.), daß die paradigmatischen Beziehungen der Sprachelemente, eben weil sie als *psychologische* Strukturen zu deuten sind, „in ständiger *dynamischer Veränderung*" begriffen bleiben. Hinzuzufügen ist nur noch, daß ganz analog zu den Verhältnissen bei den syntagmatischen Beziehungen auch bei den paradigmatischen Assoziationen von Anfang an die Beziehungen quer durch die verschiedenen Ebenen sprachlicher Konstituenten verlaufen, so daß auch schon beim Kind ein recht großes Syntagma durchaus zu einem einzelnen Morphem in assoziative Beziehung treten kann.

3.3 Zur Ausdifferenzierung grammatischer Paradigmata

Ausführliche Untersuchungen zur stufenweise paradigmatischen Ausdifferenzierung, die zudem auf einem wirklich repräsentativen Corpus beruhen, fehlen bis heute. Die Arbeit von Stern/Stern (1907) zum Auftreten der Wortarten stützt sich zwar auf hinlänglich langfristige Beobachtungen, doch betreffen diese Beobachtungen nur einige wenige Kinder.[318] Die Abfolge im Auftreten der Wortarten nach Stern/Stern (Substantiv, Interjektion, Verb, Adverb und Konjunktion, Adjektiv und Numerale, Pronomen) stellt kein strenges Gesetz dar, sondern trägt eigentlich mehr Gesichtspunkten der Frequenz Rechnung. Die wesentlich exakteren prozentualen Berechnungen des Anteils der Wortarten in verschiedenen Altersstufen in Templin 1957[319] geben nicht nur bezüglich der Bindung an die Altersstufe, sondern auch bezüglich der Reihenfolge des Auftretens ein z.T. recht unterschiedliches, jedenfalls aber sehr viel differenzierteres Bild. Beispielsweise überwiegt die Wortart Verb im Alter von 3.0 - 3.4 gegenüber dem Substantiv, wenn man den prozentualen Anteil an der Gesamtmenge der tatsächlich erfolgten Äußerungen berechnet (vgl. l.c.).[320] Die statistisch wirklich sprechenden Ergebnisse haben andererseits nichts Überraschendes an sich. Der im Vergleich zur Erwachsenensprache sehr niedere Anteil der Konjunktionen ist schon aus der langen Periode des Sprechens in unverbundenen Sätzen bzw. Syntagmen und aus der später lange dominierenden parataktischen Phase zu erschließen. Versuche, das Auftreten einzelner Formklassen und morphologischer Markierungen in Relation zueinander und in bezug auf das Alter exakt zu fassen, finden sich in der neueren Literatur kaum mehr.[321] An ihre Stelle sind Beschreibungen (meist generativ-transformationeller Art) zum jeweiligen Regelapparat getreten, nach dem die zu einem individuell bestimmten Zeitpunkt vorfindbaren grammatischen (und lexikalischen) Paradigmata gehandhabt werden. Unterstützt und begleitet werden derartige Untersuchungen durch gezielte Experimente zur Korrelationshypothese, wonach der Grad der linguistischen Komplexität einer Struktur (im Sinne des generativ-transformationellen Modells) dem (früheren oder späteren) Zeitpunkt der Beherrschung dieser Struktur entsprechen soll. Die experimentelle Anlage ist von einem entwicklungspsychologischen Standpunkt aus durchaus anfechtbar, wie wir dies am Beispiel C. Chomskys kurz angedeutet haben. Dies gilt verstärkt für abstrakt konzipierte „Erinnerungsexperimente" (z.B. Mehler 1963; vgl. die in Slobin 1966c zitierte Literatur, ferner Leont'ev 1969, S.100-108 und 119-121, Ingram 1971 und Leuninger/Miller/Müller 1972, S.14-81, List 1972, S.44-66, Průcha 1972, S.92ff., Gauger 1973b, S.301). Dabei wird vornehmlich auf der Ebene des Satzes operiert, da nachgewiesen werden soll, daß das transformationelle Modell psychologisch adäquater sei als die Konstitutentenstrukturgrammatik. Im übrigen begnügt sich die neuere Literatur zur Kindersprache mit idealtypischen Gesetzlichkeiten sehr allgemeiner Art.

Zu diesen Gesetzlichkeiten zählt beispielsweise die Tatsache, daß in dem Augenblick, da das kindliche Sprechen nicht mehr in die konkret erlebte Situation eingebunden ist, die morphologische Differenzierung in toto einsetzt.[322] Dies geshieht nach Britton (1970, S.67-70) um das Alter von drei Jahren, also nach etwa 18 Monaten Sprechzeit. Dieser Befund wurde auch in der Nachfolge Wygotskis von der sowjetischen Psycholinguistik[323] bestätigt. Das planende und erzählende Sprechen als Formen situationsunabhängiger Rede führen so binnen kürzester Zeit zu einem temporalen Dreiersystem, wobei freilich die Zukunft im verbalen Bereich nicht unbedingt formal markiert wird (im Gegensatz zur Vergangenheit).[324]

Beispiele für Tempusmarkierung.

It's has wheels vs. *It's fell*
It's went on the top
Where those dogs goed?

(Cazden/Brown/Bellugi 1968, S.312, 319)

Dagegen das Beispiel eines jüngeren Kindes (1.8):

Mutter: *Oh! Your shoe fell*
Kind (imitierend): *Shoe fall*

(Menyuk 1969a, S.30)

Im Deutschen tritt als Vergangenheitsform zunächst das „Perfekt" auf, entsprechend seinem Gebrauch bei direkter Zuwendung an den Gesprächspartner. Charakteristisch sind die falschen Partizipien:

Viele a (=zu) Weba (=Weber) bringt (zu ergänzen: *Ich habe. . .)*

(Ramge 1973, S.51)

Analoge morphologische Verstöße sind beim englischen Prätertium zu beobachten (vgl. oben: *goed*). Daß Präsensformen *(it's)* mit Vergangenheitsformen kontaminiert sind, erklärt sich aus der Nichtanalysierbarkeit bereits gelernter syntagmatischer Verbindungen.[325] Kontaminationen dieser Art sind auch beim Plural zu beobachten:

There is three lines (Menyuk 1969a, S.91)
In the woods was four dogs (S.91)
(*Woods* statt *wood* dürfte eine rein artikulatorische Interferenz sein, natürlich gerade wegen der beabsichtigten Pluralmarkierung bei *dog.)*
I makin a cakes (S. 34)
Here's the blades (S.90)[326]

Die resistenten syntagmatischen Verbindungen aus einer älteren Lernphase sind hier: *there is, here is, a cake.* Eben diese Resistenz ist generell durch die indoeuropäischen Sprachen bezüglich der Permutation bei Frageformen festgestellt worden, ohne daß sie freilich lernpsychologisch erklärt worden wäre.[327]

Beispiele:

> *How you take it out?* (Menyuk 1969a, S.89)
> (Diese Form könnte auch elliptisch erklärt werden als
> *Tell me how . . .* Dies ist nicht möglich bei Formen wie:)
> *How can he can look?* (S.90)

Bezeichnend, daß auch bei der Frageform ähnliche morphologische Kontaminationen wie beim Plural und beim Prätertium zu beobachten sind:

> *What does this does?*
> *Is that's a belt?* (Menyuk 1919a, S.90; diese Äußerung stammt von einem Kind im Alter von 4.5!)

Umgekehrt können neue Lernresultate aber auch, wie wir schon mehrfach gesehen haben, die älteren Lernresultate beeinflussen. Es handelt sich hierbei um eine zweite allgemeine Gesetzlichkeit der morphologischen Entwicklung, wie sie Slobin (1973, S.205) formuliert hat: Auf das „appropriate marking in limited cases" als 2. Stufe (die 1. Stufe besteht in „no marking") folgt als 3. Stufe die „overgeneralization of marking", die selbst bei bislang gut beherrschten Formen zu Interferenzen führen kann.[328] Hierzu scheint es nach Jakobson, Grégoire, Kegel u.a. eine Parallele beim Lauterwerb zu geben. Nachdem das Kind in der Lallperiode „wesentlich mehr unterschiedliche Laute" produzieren kann, als es für das spätere Sprechen benötigt, beginnt „mit der Notwendigkeit, Laute in bedeutungsdifferenzierender Funktion zu produzieren, (. . .) die Artikulationsentwicklung noch einmal von vorn" (Kegel 1974, S.118). Bezeichnend sei, daß auch hier der Entwicklungsprozeß „vom Einfachen und Ungegliederten zum Abgestuften und Differenzierten" führt (l.c.). Wenn dem so ist, so ist dies u.E. ein Indiz mehr dafür, daß nicht mentalistische Grammatikhypothesen die kindsprachliche Produktion bestimmen, sondern allgemeine lernpsychologische Gesetzlichkeiten, welche die kognitiven Prozesse und die automatische Lernvorgänge bestimmend beeinflussen.

Slobin (1973, S.207) betont für den morphologischen Bereich: „Errors in choice of functor are always within the given functor class and subcategory."[329] Das ist sicher richtig und keineswegs überraschend, denn – wie wir schon mehrfach aufgewiesen haben – bei Interferenzen sind die Kontaminationen durch die *Systemverbindungen* (durch Einbettung der Spuren in mehrere Systeme) verursacht. Mit den allgemeinen Bedingungen des Sprachenlernens, wie wir sie in 1.1, 1.2 und 3.2 skizziert haben, stimmt ebenfalls überein, daß nach Slobin (1973, S.202) semantische Differenzierungen um so früher erscheinen, je markanter (d.h. auffälliger) das sprachliche Mittel ist, das jene zum Ausdruck bringt. Erhebliche Zweifel sind dagegen an dem Slobinschen Universale angebracht, wonach grammatische Realisationen „in the form of suffixes or postpositions" früher erworben würden als Realisierungen „in the form of prefixes or prepositions" (vgl. S.101-102). Auch das Prinzip, wonach dem „appropriate marking in limited cases" ein „no marking" vorausgehe (vgl. Slobin 1973, S.205) ist nur idealtypisch (bezüglich der Frequenz) zu verstehen. Zunächst ist hier die von Menyuk[330] und vielen anderen gemachte Beobachtung zu berücksichtigen, daß korrekte und falsche Formen wie *he's/he be* oder *he good/he's good* oder *do/does, go/goes* im Alter von 2 - 3 Jahren lange Zeit *nebeneinander* gebraucht werden. Daneben gibt es aber Formen (z.B. der Hilfsverben), die zwar objektiv ein Paradigma bilden, in ihrem Signifikanten jedoch so stark voneinander abweichen, daß nicht eine (als unmarkiert genommene) Form[331] undifferenziert das ganze (erwachsensprachliche) Paradigma ersetzt, daß vielmehr die paradigmatische Zusammengehörigkeit lange Zeit überhaupt nicht wahrgenommen wird. Dies ist übrigens eine der Ursachen für die weiter oben angeführten Kontaminationen. Es begründet aber vor allem auch den Sachverhalt, daß trotz analoger semantischer und syntagmatischer Kontexte nicht eine unmarkierte Form, sondern die jeweils korrekte Form von Anfang an eingesetzt wird. Beispiele: *I can't, you can't, it's, I'm, that's* fürs Englische; *will, kann, is (= ist)* gegenüber Ersatz durch Infinitiv wie *haben* (für *hat*), *kommen* bzw. /tɔ mmən/ (für *kommt*) usw.[332] Man darf vermuten, daß eine Analyse kindsprachlicher Produktionen hinsichtlich wiederkehrender Syntagmen, die sich aufgrund ihrer Resistenz gegenüber der im erwachsensprachlichen Modellsatz gebotenen Differenzierung und Variabilität auszeichnen, auch erste Aufschlüsse über die grammatische Natur sprachlicher Lerneinheiten gibt. Ansatzweise soll dies im nachfolgenden Teil 3.4 versucht werden.

3.4 Syntagmatische Lernresultate

Nachstehend zitieren wir kindsprachliche Proben aus der bisher herangezogenen Literatur. Wir deuten durch doppelte Klammerung an, aus welchen syntagmatischen Einheiten diese Äußerungen sich im Rahmen lernpsychologischer Aktualisierungsprozesse zusammensetzen könnten. Die einfache Klammer soll anzeigen, daß zum Verständnis der betreffenden Kombinationshypothese die eingeklammerten Elemente in den vorgefundenen Sprachproben hinzuzudenken sind (= Pluszeichen) bzw. fakultativ sind

(= ohne Vorzeichen). Mit der Bezeichnung „syntagmatische Einheiten" belegen wir hier nicht linguistisch, sondern ad hoc sprachpsychologisch zu verstehende Größen, sprachliche Versatzstücke und Speichereinheiten also, von denen man annehmen darf, daß sie das Kind nicht nur als solche schon öfters gehört hat (= passiver Besitz), sondern auch schon (isoliert bzw. in anderen komplexen Äußerungen) produktiv gebraucht hat. Mit Schrägstrichen wird (gelegentlich) auf Stellen verwiesen, wo das Kind (bezüglich des unmittelbar vorangehenden Elements) vermutlich schon sehr früh Substitutionen vornehmen kann. Das Pluszeichen zwischen den Ausdrücken in doppelter Klammer besagt, daß die betreffenden Ausdrücke vom Kind addiert beziehungsweise kontaminiert werden. Der Doppelpunkt zwischen zwei Ausdrücken in doppelter Klammer verweist auf fehlerhafte Analogiebildungen.

(1) How you take it out? (Menyuk 1969a, S.89)
= ((you (/he. . .) take it out)) + ((How?)) [333]

(2) I making cake too (S.36)
= ((I (+make))) + (((I'm) making))[334] +
(((+ a) cake)) + ((too))

(3) I show you again (S.36)
= ((I show you (z.B.: + how to . . .))) oder aber ((I show
you/(+ my . . .))) + ((again))

(4) Why you do with this? (S.89)
= ((you (/he. . .) do (+ that))) + ((with this)) oder aber
aus einem Satz wie (((+ try it do) do with this)) +
((why?)) + ((you))

(5) How you take it out? (S.89)
= ((you take it out/now. . .)) + ((how?))

(6) What you are writing? (S.89)
= (((z.B. + oh!) you are writing)) + ((what?))

(7) Where Blacky is? Where she's going? (S.90)
= (((z.B.: + I wonder /I would like to know/tell me)) +
((where Blacky is/where she's going))

(8) What does this does? (S.90)
= ((what does (= Frageeinleitung für 3. Person)?)) +
((this does (z.B.: + not belong to . . .) /. . .))

(9) Is this is the powder? (S.90)
= ((this is (= Satzanfang))) + ((is this)) +
((z.B.: a toy/. . .))

(10) How can he can look? ((S.90)
= ((he can look (= Aussage)) + ((can he look?))
+ ((how)) bzw. ((how can he (+ look)?))

(11) Is that's a belt? (S.90)
= ((is (+ that a belt)?)) + ((That's a belt)

(12) There is three lines (S.91)
= ((there is (+ Nomen im Singular))) + (((+ there are)
three lines))

(13) I makin a cakes (S.34)
= ((I (+'m) making a (+cake))) + (((+ . . . making/eating)
cakes))

(14) Talk to mommy on the tape recorder (S.35)
= (((z.B.: + I would like to) talk to mommy/. . .)) +
((on the tape recorder))

(15) You have his one (S.219)
= ((you (+can/may. . .) have his (=this) one/. . .))
oder ((you take/have . . . this one))

(16) See snow? See the no (= snow) (S.219)
= (((+ do you) see (+ the snow/. . .)?)) + (((+ I)
see the snow))

(17) This good? (S.219)
= (((+ is) this good/. . .?))

(18) Not take mine (S.130)
= (((+ do) not take mine/hers. . .))

(19) He not like Tippy (S.129)
= ((he (+is/does. . .) not like Tippy/. . .))

(20) Him not feel good (S.129)
= ((he (+does) not feel good/. . .)) unter
Mißachtung des pronominalen Kasussystems[335]

(21) Want take this (S.129)
= (((+ do you) want (+ to take this/. . .))) bzw. I want to. . .

Nachstehend einige deutsche Beispiele aus Ramge 1973:

(22) Vater: Was macht der Herr Semler?
Kind (= Peter): Hazi (= Blumen) pflücken (S.2)
= (((+ Herr Semler tut) Hazi pflücken))

(23) (P. streut Blumen auf den Flurboden:) Gugma die Blümchen runterschmeiß (S.2)
= ((gugma (+1))) + (((+wie ich) die Blümchen runterschmeiß))

(24) Weber bringen (S.3)
= (laut Kontext) (((+ ich will/muß . . . die Blümchen) (Herrn) Weber bringen)) (Bezeichnend, daß es hier nun „Weber" undnicht wie in (26)" *a* Weba" heißt.)

(25) A Karin gehen! (S.51)
= (auch laut Ramge:) (((+ Peter will))) + ((zu (=a) Karin gehn))

(26) Viele a Weba bringt (S.51)
= (auch laut Ramge:) (((+ Peter hat) viele (gemeint: Blumen) a (= zu) Weba bringt (= gebracht))), wobei die Form *bringt* ihrerseits als morphologische Kontamination weiter analysiert werden könnte.

(27) Schornstein – ni bei de Sonn machen! (S.51)
= (laut Kontext) (((+den) Schornstein (+ sollst du) ni (cht) bei (= neben) de (+r) Sonn(e) machen (=malen)))

(28) Ich geh zuhause. – Die Mami bleibt zuhause. (S.51)
= ((zuhause (+ sein/bleiben. . .).)) + (((+ nach Hause) gehen)) + ((ich/mami. . .))

(29) Bein Papi schlafen! (S.51)
= (((+ ich will) bein (= beim) Papi schlafen))

(30) Zwei Tonbände (S.67)
= ((Bände)): ((Wände/Hände. . .))

(31) Zwei Fotoapparäte (S.67)
= ((Appa (+rate))) + (((+Ge)räte))

(32) Zwei Teleföne (S.67)
= ((Tele)) + ((fon)) : ((Ton/Sohn – Töne/Söhne))

(33) Zwei Schäfe (S.67)
= (((+ Schaf)e)) + ((Schäf(+chen)))

(34) Zwei Pünkte (S.67)
= (((+Punkt)e)) + ((Pünkt(+chen)))

(35) Peter Balla! (S.80)
= (((+ das ist) Peter(+s) Ball/. . .))

(36) Peter haben! (S.80)
= ((Peter/(+ will den Ball) haben))

(37) Balla haben! (S.80)
= (((+ Peter will den) Ball haben))

(38) Mami'n Haus! – Mami malen! – 'N Haus malen! – Mami 'n Haus malen! (S.82)
= ((Mami (+ soll mir ein Haus) malen!))
((Ein Haus malen! (= Wiederholung des vorherigen nicht ganz realisierten Syntagmas))) –
((Mami (+ soll mir) bzw. : (+ du sollst mir) 'n Haus malen!))

Und noch einige Beispiele aus Bellugi/Klima 1966, S.349:

(39) That black too?
= (((+ is) that black too?))

(40) You want eat?
= (((+ do) you want (+ to) eat/. . .?))

(41) Why not he eat?
= (((+ does) he eat?)) + ((why not?))[336]

(42) Where me sleep?
= ((where (+ do you want) me (+ to) sleep?))

Und aus Cazden/Brown/Bellugi 1968, S.312:

(43) It's has wheels
= (((+ it) has . . .)) + ((it's (+ a. . .)))
(die Kontamination ist erleichtert durch die auditive Konfusion von *It's* und *it has* in der umgangssprachlichen Aussprache und der semantischen Vagheit dieser Syntagmen, die beide eine bloß explizitierende Prädikation darstellen.)

Das Phänomen der Kontamination kann übrigens schon im holophrastischen Stadium beobachtet werden. Ein eindeutiges Beispiel vermerkt Grégoire (1937, S.141):

(44) Pamamam (17. Monat)
= ((papa (pa. . .))) + ((mamam (a)))[337]

Wir sehen also in einem bestimmten Typ von kindsprachlichen Fehlern schlicht Kontaminationen der oberflächenhaften Syntagmatik. Der theoretische Vorteil, den eine solche Sicht bedeutet, soll am Beispiel der Frageform kurz erläutert werden. Bezüglich des Problems *nicht-permutierte vs. permutierte Form* wird, wie wir bereits weiter oben ausgeführt haben, von einigen Psycholinguisten die Vermutung geäußert, es gebe generell eine *prätransformationelle Phase* (so Braine 1963a, ähnlich McNeill 1966a); andere Autoren wieder (z.B. Menyuk 1969a) meinen, das Kind wende anfangs *möglichst wenige T-Regeln* an, wolle also der Tiefenstruktur möglichst nahe bleiben. Cazden/Brown/Bellugi (1968, S.320) meinen wieder, in einem frühen Stadium werde einfach das Fragewort an die Spitze des einfachen Aussagesatzes gestellt. Diese Erklärung (von den Autoren an einer *why*-Frage exemplifiziert) würde Beispielen wie (1) oder (6) gerecht, nicht aber Beispielen wie (10)

How//can he can look?

da hier das zweifache *can,* im Gegensatz zu unserer Deutung, unerklärt bleibt. Desgleichen wäre im Beispiel (8)

What//does this does?

does this does keineswegs „ein einfacher Aussagesatz"; in (41) ist es auch denkbar, eine Kombination anzusetzen, die mit einer Auslassung verbunden ist:

(((+ does) he eat)) + ((why not)) = Why not he eat?

Was nun die grammatische Natur so verstandener sprachlicher Versatzstücke betrifft, so ist als erstes festzustellen, daß die kombinierten Syntagmen stets in der dem „dahinterstehenden" voll ausgeführten erwachsensprachlichen Satz entsprechenden Reihenfolge auftreten. Gerade deshalb ist es (auch für den generativ orientierten Psycholinguisten) so leicht, die kindsprachliche Elliptik sprachlich zu ergänzen, sofern man Redesituation und Redeanlaß kennt. Die Syntagmen ordnen sich bezüglich ihrer jeweiligen Reihenfolge in der Tat um einen konkreten verbalen Kern, *sogar wenn,* wie im Falle der frühen Zweiwortäußerungen, *das Verb selbst gar nicht realisiert wird.*[338] Allgemeine Gesetzlichkeiten, wie sie etwa von der Pivot-Grammatik herausgestellt werden, brauchen also nicht unbedingt über besondere „kindsprachliche Formklassen" erklärt zu werden, sondern ergeben sich schlicht aus der Orientierung am verbalen Zentrum des Satzes. Hinsichtlich der Nominalsyntagmen sind die von Grégoire (1947, S.23ff.) zitierten Beispiele zum Gebrauch von Partikeln wie *de, pas de, du* etc. bezeichnend.[339] Eine erste Phase ist durch das völlige Fehlen der Partikel gekennzeichnet. Danach folgt eine Phase, wo die Partikel bald gesetzt, bald ausgelassen werden. Es erscheint neben der korrekten Form *pas de* nicht selten eine fehlerhafte Verwendung von *pas du.* Bezüglich dieser Form ist aber wiederum zu bedenken, wie oft das Kind Sätze hört wie „Ce n'est *pas du* (jus/. . .), c'est *du* (vin/. . .)". Die nahezu gänzliche Abwesenheit von Fehlern wie *du* statt *de l'* oder *de la* (und umgekehrt) zeigt dagegen, daß das Kind zuerst isolierte Wörter (in einem naiven Verständnis) erlernt, dann aber bald feste Syntagmen aus der Erwachsenensprache übernimmt. Es operiert gerade nicht mit untersten Einheiten wie Morphemen und segmentiert auch keineswegs, wie dies Cazden/Brown/Bellugi (1968, S.310) behaupten, die Rede in Morpheme als die „ultimate units of grammatical rules". Fehler wie *pas du* statt *pas de, de* statt *des* u.a. zeigen vielmehr, daß in kindsprachlichen Sätzen Kombinationen (und Kontaminationen) von fertigen Syntagmen erfolgen. Die französische Sprache müßte in dieser Beziehung (etwa gegenüber dem Englischen oder Deutschen) besonders aufschlußreich sein, da Elemente wie *je, tu, il, me, te, y, en, ne* syntagmatisch extrem gebunden sind, während die ihnen entsprechenden Sprachzeichen im Deutschen und Englischen Wortcharakter haben, da sie isolierbar sind (z.B. in elliptischen Antworten). Die nahezu vollständige Abwesenheit von distributionellen Fehlern (wie *moi* statt *je* und umgekehrt), ja die fast gleichzeitig mit *je* (also sehr früh) erscheinende Doppelung *moi je* (+ Verb) oder *je (+ Verb). . ., moi* (vgl. Grégoire 1947, S.95) lassen ebenfalls vermuten, daß das Lernen über Syntagmen mittlerer Größenordnung erfolgt. Fehler wie *avec je* sind jedenfalls von Grégoire nicht beobachtet worden. Einige Formen wie *il pette moi, petit frère = il frappe moi = il me frappe, le petit frère* (vgl. Grégoire 1947, S.96) sind nur in der Deutung Grégoires fehlerhaft. Entsprechend der universell beobachtbaren Nachlässigkeit bezüglich der grammatischen Partikel könnte das *moi* nämlich auch interpretiert werden als *((il (+me) pette)) + ((moi)),* d.h. als verstärkende „Nachreichung" zu dem verkürzt realisierten Syntagma *il me pette.* Sicher interferieren auch auf dem Wege auditiver Erinnerungen Formen wie *donne-moi, laisse-moi* usw. Jedenfalls läßt sich auf Anhieb feststellen, daß im Bereich gebundener Morpheme wie *je, me, y, en* usw. die Art der Fehler zwischen natürlichem Erst- und schulischem Zweitsprachenerwerb ganz erheblich differiert. Dies ist mit dem unterschiedlichen Grad linguistischer Bewußtheit und Analysierbarkeit zu erklären (Imitation vs. Deduktion). Wir werden im Schlußkapitel dieser Arbeit darauf zurückkommen.

3.5 Abschließende Betrachtung

Wenn die vorstehenden Beispiele kindsprachlicher Äußerungen sich in der vermuteten Weise aus Teilen andernorts realisierter (eigener oder erwachsensprachlicher) Äußerungen zusammensetzen (Beispiele: (2), (4), (8), (9), (10), (11), (20), (41), (43)) bzw. als Verkürzung erwachsensprachlicher Sätze gedeutet werden dürfen (Beispiele: (3), (7), (14), (15), (17), (18), (19), (21), (22), (24), (25), (26), (27), (29), (39), (40), (42)), so wäre auch eine analoge Deutung der morphologischen Verstöße, wie wir sie anhand der Beispiele (8), (9), (11), (12), (13), (20), (28) und (30) - (34) illustrieren, naheliegend und wahrscheinlich. Auf jeden Fall hat die hier versuchte Deutung gegenüber der pivot-grammatischen oder transformationellen Interpretation den Vorteil der *Einfachheit:* Sie rekurriert ausschließlich auf *Oberflächendaten.* Zu Beispiel (43) führen Cazden/Brown/Bellugi (1968) an, daß in dem betreffenden Corpus *it's* nie am Satzende erschienen sei, vielmehr könne für die kindsprachliche Grammatik der betreffenden Informanten bezüglich *it* und *it's* eine „perfect complementary distribution" festgestellt werden (S.313). Die Autoren sehen also die mangelhafte Segmentation (S.312/313), wollen aber als Ursache für diese Distribution nicht den schlichten Umstand gelten lassen, daß auch in der Erwachsenensprache das Syntagma *it's* nie das Satzende bilden kann. Die Tatsache, daß in *anderen* Positionen fehlerhafter Gebrauch durchaus festgestellt werden kann, wird von ihnen sogar als Beweis gewertet für das Wirken eines generativen Spracherwerbsapparates. Unsere Deutung hat den Vorteil, daß sie verhältnismäßig problemlos als Sonderfall einer allgemein zu beobachtenden lernpsychologischen Gesetzlichkeit verstanden wird: Jede komplexe Handlungsstruktur, und eine solche stellt jede Form der Sprechtätigkeit zweifellos in höchstem Grade dar, setzt sich aus zuvor isoliert bzw. in anderem Kontext erlernten Teilstrukturen zusammen. Daß es hierbei nicht nur zu Transferenzen, sondern auch zu zahlreichen Interferenzen kommt, ist gerade durch die (bezüglich der sprachlichen Form) *nicht-kognitive Natur der ersten sprachlichen Lernprozesse* bestimmt. Das Ganze ist eben, auch lernpsychologisch betrachtet, mehr als die Summe der Teile: Die isoliert beherrschten Teile müssen zu einem fließenden, gut verbundenen (artikulatorischen und morphosyntaktischen) „Bewegungskomplex" verschmolzen werden. Diese Verschmelzung ist teilweise mit grammatischen Sekundäreffekten (Inversion, *Reprise pronominale* u.ä.) verbunden. (Dieser Sachverhalt wird noch ausführlicher im folgenden Kapitel IV zu erörtern sein.) Damit ist zugleich die Erklärung dafür gegeben, daß Formverstöße, die nicht mehr einfach in einem generellen

Verzicht auf morphologische Markierung bestehen, sondern in *falscher* Markierung (Fehlanalogien, Verstöße in der Opposition – siehe Beispiel (30) - (34) bzw. (8), (11), (13)), so spät auftauchen und auch bereits gefestigte sprachliche Lernresultate affizieren. Selbstverständlich wirken hierbei sekundäre Assoziationen aller Art mit: klangliche Assoziationen und groteske inhaltliche Assoziationen, wie sie durch zufällige lautliche Ähnlichkeiten heraufbeschworen werden. Es handelt sich zum Teil um Entgleisungen, die dem klassischen „Versprecher" nahekommen, der seinerseits, wie Freud gezeigt hat, aus latenten oder verdrängten Inhalten entstehen kann. Erinnert sei in diesem Zusammenhang nochmals an Saussures Begriff der assoziativen Beziehungen, der sowohl lautliche wie formale wie inhaltliche Gesichtspunkte einbezieht (Saussure 1916, S.173/74).

Im Rahmen von Parrerens Lernpsychologie können hinsichtlich der sprachlichen Linearität drei generelle Beobachtungen angemessen erklärt werden:

(a) Größtmögliche Wahrung der erwachsensprachlichen Linearität (Moment der Imitation);

(b) Verkürzung durch Auslassung: Artikulatorische Verkürzung innerhalb eines Morphems, Verkürzung des Syntagmas um bestimmte Morpheme, Verkürzung des Satzes um bestimmte Syntagmen und Positionen (Prädikativität im Sinne Wygotskis; – darüber mehr weiter unten!)

(c) die Verbindung von Syntagmen ohne Beachtung der hierbei anfallenden grammatischen Sekundäreffekte (Auslassen der Permutation oder Doppelmarkierung: „it doesn't goes" = Syntagma *it does not* + Syntagma *it goes*).

Im übrigen ist es in lernpsychologischer Sicht keineswegs unwahrscheinlich, daß ein bestimmtes syntaktisches Arrangement von Morphemen (selbst bei ein und demselben Sprecher) in einem Fall ad hoc kombiniert wird, während es in einem anderen Fall in toto aufgrund inhaltlicher und/oder situativer Assoziationen (beispielsweise in Form von subjektiver Äquivalenzbewertung) als fertiges Syntagma aus früheren Redesituationen erinnert wird. Dies ist dann zugleich die Erklärung für das lange zeitliche Nebeneinander korrekter und fehlerhafter Formen. Wenn wir in einem bestimmten Typ kindsprachlicher Fehler vorwiegend Kontaminationsinterferenzen von Syntagmen mittlerer Größe sehen möchten, so deshalb, weil dieser Fehlertyp auch beim erwachsenen Sprecher für spontane Encodiervorgänge bezeichnend ist. Er tritt immer dann in Erscheinung, wenn die Umsetzung von weitgehend vorsprachlich bzw. sprachlich verkürzt gedachten Inhalten in die Linearität explizierender Sprache die kognitive Aufmerksamkeit so stark beansprucht, daß die (vorausgreifende und rückwirkende) Kontrolle der formalen Aspekte der sprachlichen Produktion in den Hintergrund tritt.[340] Dasselbe geschieht auch bei stark affektisch geprägter Rede. Abschließend sei noch eines anderen grundlegenden psychologischen Umstands gedacht. Gestaltpsychologische Vertreter der russischen Psycholinguistik sehen es als gesichert an, daß sich das Kind seines Sprechens nur schrittweise bewußt wird. Sprache wird zunächst als situativ und inhaltlich gebundener ganzheitlicher Redeakt erfaßt und reproduziert. Erst nach und nach wird das Kind bestimmte Formen der Äußerung, die es ursprünglich als Ganzes aufgenommen hat in ihre Komponenten zerlegen können, besser gesagt: wird ihm die Strukturierung der Sprache bewußt. Leont'ev (1970, S.21) präzisiert in diesem Zusammenhang, daß bereits die Analyse in Silben auf Schwierigkeiten stößt, sofern dieses Vermögen nicht in der Schule im Schreibunterricht eigens gefördert wird; erst auf der Ebene einer „bewußten Kontrolle", wenn etwa bestimmte sprachliche Erscheinungen durch eine Normabweichung auffällig werden, treten diese sprachlichen Phänomene ins Bewußtsein (Leont'ev 1970, S.26-29). Entsprechend gewichtig beurteilt Leont'ev in der *vorschulischen* Phase des Spracherwerbs die Operationen der „einfachsten Nachahmung". Diese Überlegungen machen es insgesamt wahrscheinlich, daß in frühen Stadien nicht *linguistische,* sondern *pragmatische* sprachliche Einheiten kombiniert werden, oft genug ohne Rücksicht auf die grammatische Verträglichkeit und unter Verzicht auf grammatische Sekundäreffekte (Wortstellung, Markierung der Kongruenz u.ä.). Der Unterschied zur Tätigkeit eines erwachsenen Sprechers besteht lediglich darin, daß dieser durch einen höheren Grad an Gewöhnung und sprachlicher Erfahrung diese Sekundäreffekte automatisch vollzieht und andererseits die formale Seite seiner Rede besser kontrolliert.

Ramge (1973, S.27/28) greift, um die Hypothese vom angeborenen Spracherwerbs-Apparat im Sinne Chomskys gleichsam durch eine Argumentation ex negativo zu stützen, die Theorie an, wonach die Produktion neuer Sätze u.a. durch Analogieschlüsse bedingt sei.[341] Er veranschaulicht dies am Beispiel eines Kindes, das auf der Basis von Sätzen wie

(1) Die Mami geht in den Garten
(2) Die Mami geht in den Wald
(3) Peter geht in den Garten

einen „neuen Satz einfach analog zu den bereits bekannten" gebildet haben soll:

(4) Peter geht in den Wald

(Hier wäre also (4) aus einer Kombination des 2. Teils von (2) mit dem 1. Teil von (3) als neue Satzeinheit entstanden.) Derartige sprachliche Kombinationsvorgänge hält Ramge für unwahrscheinlich:

> „Stellen Sie sich nun aber vor, welch ungeheure Menge an sprachlichen Einzeldaten im Gedächtnis gespeichert werden müßte, damit immer wieder neue Sätze gebildet und verstanden werden könnten" (l.c.).

Nun behaupten die Behavioristen, denen die Generativisten andernorts (teils zu Recht, teils zu Unrecht) mangelnden Mentalismus vorwerfen, keineswegs, daß „sprachliche Einzeldaten" gespeichert würden, sondern Vorgänge (und zwar: erlebte Vorgänge), die sprachlich „besetzt" sind (so Bloomfield und Skinner). Differenzierte Erinnerung ist nämlich, wie schon ausgeführt worden ist, gerade erst auf Grund sprachlicher Besetzung möglich. Umgekehrt bringt jede inhaltliche Aktualisierung einen gewissen Vorrat an mehr oder weniger fertigen sprachlichen Versatzstücken zutage. Darum besteht auch der Wortinhalt (und zwar nicht nur in konnotativer Hinsicht!) beim einzelnen Sprecher in einer Vorstellung, die sich aufgrund der persönlichen Lerngeschichte (und damit der individuellen Spurensysteme) notwendig von den Vorstellungen der übrigen Sprecher in einem gewissen Maß unterscheidet. Der diesbezügliche Unterschied zwischen Kind- und Erwachsenensprache ist nur gradueller, nicht grundsätzlicher Natur. Im Sinne einer kognitionspsychologischen Lernpsychologie kommt es im Augenblick einer Wahrnehmung zu einer psychologischen Gerichtetheit, die zwar primär von aktuellen Bedürfnissen motiviert ist, aber doch via Transferenzen aus einem bereits vorhandenen Vorstellungsschatz diejenigen Assoziationen aktualisiert, die dann das allgemeine semantische Programm der sprachlichen Encodierung bestimmen. Daß die Zahl der gespeicherten Daten mit der Zahl der Wahrnehmungen in der Realität so ansteigt, daß eine „ungeheure Menge im Gedächtnis gespeichert werden müßte", kann gerade wegen der Ökonomie der 1. Gliederungsebene im Sinne Martinets ausgeschlossen werden.[342] Die Kombinatorik der 1. Gliederungsebene ist natürlich keineswegs unbeschränkt, sie wird vielmehr durch die Regeln der semantischen und syntaktischen Kategorisierung und Subkategorisierung begrenzt. Was die generativen Regeln in bezug auf die Selektionsbeschränkungen (in negativer und formalisierter Weise) zu fassen versuchen, ist letztlich nichts anderes als die „wesenhafte Bedeutungsbeziehung" zwischen den Wörtern im Sinne Porzigs (1934). Dabei handelt es sich um etwas prinzipiell anderes als um konventionell entstandene Kollokationen: Es handelt sich um sprachpsychologische Analysestrukturen konkreter Situationen. List (1974, S.31) verweist in einem ähnlichen Zusammenhang darauf, daß die spätere strukturelle Lexematik (z.B. bei Coseriu 1970a) den Ansatz Porzigs „genau um diese Bindung der Sprache an die Situation und an Sachen" wieder verkürze. Die sprachlichen Daten werden erst dann astronomisch, wenn man die *insgesamt* in einer Sprache vorhandenen Sprachzeichen durch *alle* Regelmechanismen des *linguistischen* Erzeugungsapparates schickt. Demgegenüber ist festzuhalten, daß der natürliche Sprecher (1.) jeweils nur über einen Bruchteil des Vokabulars verfügt (passiv mehr als aktiv) und (2.) auch bezüglich der syntaktischen Kombinatorik einer starken Beschränkung durch Präferenzen unterliegt und außerdem (3.) nicht jedes sprachliche Zeichen in jedes syntaktische Muster eingibt.

Trotz der hier skizzierten Sachverhalte ist nun keineswegs im kindlichen Spracherwerb der Subjektivität Tür und Tor geöffnet. Allein schon über die syntagmatischen Gesetzlichkeiten werden Kräfte wirksam, welche der *langue* als *fait social* gerecht werden und ein hohes Maß an Einheitlichkeit (und Konventionalität) im *usage de la parole* garantieren. Die linearen (oder: sequentiellen) Entsprechungen zwischen Kinder- und Erwachsenensprache sind ein sicheres Indiz für die grundsätzliche Orientierung der kindsprachlichen Lernprozesse an der Syntagmatik konkret erlebter Sprachhandlungen. Die Syntagmatik ist ein unabhängig von jeder linguistischen Theorie unmittelbar aufweisbares Faktum. Der sprachliche Lernprozeß, der in allen Bereichen sowohl durch Imitation als auch durch Kreativität gekennzeichnet ist, scheint die syntaktische Kreativität zunächst über Kombinationen (bzw. Kontaminationen) von Syntagmen zu ermöglichen, die, noch unterhalb der Satzebene liegend, mittels Segmentierung und Extraktion aus Sätzen der Erwachsenensprache gewonnen worden sind. Mit „Satz" ist allerdings keine linguistisch definierte Größe gemeint, sondern eine pragmalinguistische Einheit. Die Segmentierung wird gerade auf Grund der Parallelität von sprachlichen und inhaltlichen Einheiten vorgenommen, lange Zeit übrigens nach Gesichtspunkten einer subjektiven Äquivalenz. Die Segmentierung wird erleichtert durch die Eigentümlichkeiten spontaner, dialogischer Rede. Der für das Kind unausweichliche Zwang zur Verkürzung in der Imitation erwachsensprachlicher Äußerungen ist der eigentliche Motor für diese Art der Segmentierung. Bei produktiver Kombination der isoliert schon beherrschten Syntagmen kommt es anfangs zu morphosyntaktischen Verstößen, die hauptsächlich aus Kontaminationen resultieren. Die Segmentierung macht von Fall zu Fall auf sehr unterschiedlicher linguistischer Ebene halt und kann einen ebenso unterschiedlichen Grad an Bewußtheit erreichen. Genaue Entsprechungen zu den linguistischen Größen scheinen nicht vorzuliegen. Weder das strukturalistisch-behavioristische Konzept homogener Substituierung innerhalb vorgegebener Satzpatterns, noch die Spracherwerbsmodelle einer generativen Satzlinguistik sind mit den Befunden der Lern- und Entwicklungspsychologie zu stützen. Sie bedeuten im übrigen nicht einmal eine Vereinfachung in der Beschreibung der kindsprachlichen Produktionen. Insbesondere ist eine Segmentierung bis auf die Ebene der (distributionellen) Morphemanalyse (Cazden/Brown/Bellugi 1968, vgl. insbes. S.310) nicht einsichtig zu machen. Allen bisherigen Versuchen liegt eine Zentrierung auf den Erwerb von *Formen* zugrunde, ohne daß im Einzelfall die Lernsituation und die Sprachhandlungssituation in ihrer vorwiegend inhaltlichen Motiviertheit gewürdigt würden. Dies resultiert nicht zuletzt daraus, daß sich die Psycholinguistik an linguistische Deskriptionsmodelle anlehnt, die in hohem Maße apsychologisch sein wollen. Oksaar (1973) ist m.W. bislang der einzige Autor, der konsequent dem Spracherwerbsmodell der sogenannten „telegraphischen Rede"[343] gegenüber behavioristischen oder generativen Erklärungsversuchen den Vorzug gibt. Ansätze zu einem derartigen Modell sieht sie in Bellugi/Brown/Fraser 1963, in Brown/Fraser 1964 und in Geest 1972. Alle bisherigen Versuche in dieser Richtung haben es allerdings unterlassen, die kindsprachlichen Daten einer konsequent lernpsychologischen Analyse zu unterwerfen. In diesem Zusammenhang gilt es auch die Kritik Leont'evs (1970, S.67) an der generativ-transformationellen Psycholinguistik zu begreifen: „(. . .) Die größte Unzulänglichkeit des Chomsky-Miller-Modells besteht darin, daß es überhaupt nicht fähig ist, die *Beziehung* des Sprechenden zum Sprechen, d.h. die verschiedenen Abstufungen der Bewußtheit beim Sprecher zu formalisieren."[344] Ohne die Querverbindungen zwischen gespeicherten Wahrnehmungselementen und sprachlichen Erinnerungen wäre ja Wygotskis Theorie von der Funktion der inneren Sprache (und auch schon der egozentrischen Sprache) als „geistige Orientierung, Bewußtmachung, Überwindung von Schwierigkeiten und Hindernissen" (Wygotski 1934, S.117; vgl. insgesamt S.312-359) schlechterdings nicht verständlich. Durch verbale Repräsentation der jeweiligen Konfliktsituation profitieren die Kinder über den sprachlichen Zustrom von Erfahrungen, die zu einem früheren Zeitpunkt „assoziativ mit dem entsprechenden verbalen Material verknüpft" worden sind (List 1972, S.82). Kostjuk (1969, S.267/268) betont, unter Berufung auf Wygotski und Galperin, ausdrücklich, daß in der inneren Sprache die ursprünglich äußere, praktische Handlung in einen Erkenntnisprozeß umgewandelt ist und „daß der allererste Ursprung der geistigen Operationen die äußeren praktischen Handlungen sind".[345] Die semantisch-syntaktische Encodierung, die der artikulatorischen Ennervierung vorauseilt, läuft im wesentlichen unwillkürlich ab. Dies aber ist nur möglich, weil in der „inneren Sprache" im Sinne Wygotskis Gedankliches und Sprachliches (im Sinne einer „verkürzten Sprache") vereinigt sind. Darum aktualisiert jeder Gedanke sofort eine Reihe von sprachlichen Fassungen; und umgekehrt gilt, daß sprachliche Formen inhaltliche Assoziationen der verschiedensten Art aktualisieren.[346] Man denkt hier unwillkürlich an eine berühmte Passage aus Kleists Aufsatz „Über die allmähliche Verfertigung der Gedanken beim Reden":

> „Aber weil ich doch irgendeine dunkle Vorstellung habe, die mit dem, was ich suche, von fern her in einiger Verbindung steht, so prägt, wenn ich nur dreist damit den Anfang mache, das Gemüt, während die Rede fortschreitet, in der Notwendigkeit, dem Anfang nun auch ein Ende zu finden, jene verworrene Vorstellung zur völligen Deutlichkeit aus, dergestalt, daß die Erkenntnis, zu meinem Erstaunen, mit der Periode fertig ist."
> (Kleist 1965, S.319/320)

Und (S.322):

> „Die Sprache ist alsdann keine Fessel, etwa wie ein Hemmschuh an dem Rade des Geistes, sondern wie ein zweites, mit ihm parallel fortlaufendes Rad an seiner Achse."

Galperin (1967, S.38/39) sieht auf dem Weg von der materiellen Handlung (bzw., wie dies in der Regel für schulisches Lernen gilt – vgl. S. 37 –, bezüglich der ersatzweisen „materialistischen Handlung") hin zu ihrer geistigen Form in späteren Denkprozessen die Sprache als den entscheidenden Faktor an. Allerdings wird nicht der gesamte Inhalt der materiellen Handlung auf die sprachliche Ebene übertragen, vielmehr erleichtert gerade eine gewisse Reduktion den späteren Transfer für einen rein sprachlichen Vollzug in anderen Zusammenhängen (vgl. S.39). Auch Galperin betont in enger Anlehnung an Wygotski, daß „erst die gut angeeignete und automatisierte *äußere Sprache für sich*[347] den Übergang zur nächsten Etappe ermöglicht", nämlich zur „inneren Sprache". So wird aus einem Kommunikationsmittel ein Denkmittel (vgl. S.40). Die „Verkürzung", welche die „innere Sprache" im Vergleich zur „äußeren Sprache" erfährt, besteht nach Wygotski (1934) in der „reinen Prädikativität" (vgl. S.334-340, vgl. auch S.328/329; vgl. ebenfalls Sokolow 1969, S.435). Hierbei ist die Unterscheidung in dialogische und monologische Formen in sprachpsychologischer Hinsicht von „erstrangiger Bedeutung" (Wygotski 1934, S.335), denn in der mündlichen dialogischen Sprache erleichtern Vorwissen,[348] Situation und Intonation (vgl. S.336-338) die Kommunikation. Bezüglich der Unterscheidung grammatisches/logisches Subjekt bzw. Prädikat zeigt sich nun, daß „jeder beliebige Satzteil zum psychologischen Prädikat werden kann" (S.305).[349] Das hat Folgerungen für die Syntax: Die innere Sprache muß von der äußeren nicht nur dem Grade, sondern auch dem Wesen nach unterschieden werden (Wygotski wendet sich diesbezüglich – S.313 – ausdrücklich gegen Jackson und Head); sie hat ihre „ganz spezielle Syntax", ja hinsichtlich der Tendenz zur Verkürzung sieht Wygotski eine klare Parallele zwischen der Evolution der egozentrischen und dem Anwachsen der inneren Sprache: „Je mehr die funktionelle Bedeutung der egozentrischen Sprache im Vordergrund steht, um so deutlicher treten ihre syntaktischen Eigenarten im Sinne der Vereinfachung und des prädikativen Charakters der Syntax hervor" (S.341; vgl. ferner S.328 und S.339-340). Wenn man nun der hier in aller gebotenen Kürze skizzierten Theorie Wygotskis, wonach die innere Sprache nicht Vorbedingung ist für die äußere, sondern vielmehr aus ihr (über die Verkürzung zur reinen Prädikativität) evoluiert, zustimmt, so ergibt sich eine bemerkenswerte und keineswegs zufällige Parallele zur Theorie der Kindsprache als imitierter, verkürzter Erwachsenensprache im Sinne Oksaars. Demgegenüber wirkt die Theorie der grammatischen Hypothesenbildung vergleichsweise unmotiviert und hochgradig spekulativ. Wygotskis Sicht entsprechen übrigens neuere experimentelle Befunde, wonach die für das Kleinkindalter typischen Primärformen sprachlicher Verbindungen nicht in der Assoziation zweier gegenständlicher Bedeutungen bestehen (wie man zuvor meist angenommen hatte), sondern im „elementaren prädikativen Urteil (von der Form S → P)", das einen „realen Zusammenhang reproduziert" (Lurija 1969, vgl. insbes. S.467 f.).

Natürlich ist andererseits, ganz im Sinne Wygotskis, zu betonen, daß Sprache und Denken nicht identisch sind.[350] Die Sachverhalte sind auch keineswegs durch eine *einzige* sprachliche Besetzung gespeichert. Sprachliche Lernresultate sind vielmehr, genau wie nicht-sprachliche Lernresultate, über ein ganzes Bündel von Assoziationen abrufbar (vgl. Sokolow 1969, S.461 u. passim). Es ist ja keineswegs so, daß jeder Mensch *jeden* möglichen, grammatisch richtigen Satz einer von ihm beherrschten Sprache hervorbringt. Er produziert genau *die* Sätze, die er aufgrund seiner sprachlichen wie außersprachlichen Vorerfahrung produzieren *kann*. Der Sprecher, der alle Sätze „generieren" (= aufzählen) kann, ist ein theoretisches Konstrukt: nämlich niemand anders als Chomskys „idealer Sprecher-Hörer". Und hierbei ist nicht der generative Apparat von der Vorstellung dieses Sprecher-Hörers geprägt, vielmehr ist der „ideale Sprecher- Hörer" nach dem Bild des Erzeugungsautomaten entworfen worden, was einen nicht unerheblichen Unterschied ausmacht. Ebenso bleibt festzuhalten, daß ein determinierbarer „Reproduktionsreiz" (vgl. Parreren 1972b, S.334), wie ihn die Theorie vom Kontiguitätslernen (= Lernen durch Berührungsassoziationen) für die Aktualisierung eines Lernresultats ansetzte, zur Erklärung der sprachlichen Produktionen und Reproduktionen keineswegs ausreicht. Wichtiger als der objektiv vorhandene Evocator ist nämlich die intentionale Gerichtetheit des Subjekts (vgl. Parreren, l.c.). Diese erst entscheidet, *ob* ein gespeicherter Inhalt als Evocator für bestimmte Lernresultate in Frage kommt. Die assoziationspsychologische Gedächtnistheorie Ebbinghaus' ist inzwischen von der experimentellen Lernpsychologie aufgegeben (vgl. Parreren 1970/71, S.14). Ohne Lists Verdienst, auch ältere Literatur im Rahmen heutiger Psycholinguistik wieder aktuell gemacht zu haben (List 1974), schmälern zu wollen, ist doch zu sagen, daß ihre lernpsychologischen Ansätze (vgl. z.B. S.56 ff.) von der neueren einschlägigen Literatur in Frage gestellt sind. Bedenklich scheint mir insbesondere der Versuch, die syntagmatische Kontiguität im Sinne Saussures mit einem assoziationspsychologischen Konzept (explizit S.31-32 durch Rückbezug auf S.29ff.) in Parallele zu bringen. Eine solche Deutung verlegt lediglich die Schwierigkeit, der die behavioristische These einer Reiz-Reaktions-Generalisierung im Bereich des sprachlichen Lernens und des Sprechvorgangs begegnet, aus dem Feld der Interaktion von Sprache und konkreter Handlung (etwa im Sinne von Watson, Skinner, Bloomfield) in den innersprachlichen Bereich selbst und bleibt damit — im Gegensatz zu Skinner und Bloomfield — die Erklärung dafür schuldig, daß eine bestimmte Situation eine bestimmte sprachliche Äußerung zeitigt. Der sprachliche Lernprozeß selbst wird — gerade in seinem frühen Stadium — dadurch kaum erklärt: Die *Frequenz* bestimmter Kontiguitäten müßte ja den Ausschlag geben sowohl für die Erlernung wie für die Reproduktion (wie die Assoziationspsychologen undifferenziert alle möglichen Aktualisierungen von Lernresultaten genannt haben). Gerade die *Frequenz* könnte aber den stark kreativen und individuellen Aspekt der Kindsprache (etwa in der egozentrischen

Phase) am wenigsten erklären. List sieht zwar die eminente Rolle, welche die Linearität der Sprache, also die Syntagmatik, für die Spracherlernung spielt. Eine *lernpsychologische* Erklärung des Spracherwerbs kann List jedoch nicht geben, da sie sich nicht entschieden genug der individualpsychologischen Organisation sprachlicher Lerneinheiten zuwendet.

Was Oksaar bezüglich McNeill (1966a) und der Annahme eines angeborenen Spracherwerbs-Mechanismus gesagt hat, kann als Zusammenfassung unserer Kritik gelten, daß nämlich die linguistischen Spekulationen und die normative Annäherung an die Kindersprache die anstehenden Probleme weniger gelöst, als vielmehr „von der wissenschaftlichen Überprüfbarkeit entfernt" haben (Oksaar 1973, S.303-304);[351] oder, wie es Ingram (1971, S.343) geradezu geistreich formuliert hat: Die Hypothese vom *innate Language Acquisition Device* (samt der damit implizierten Hypothesen bezüglich einer Universalgrammatik) ist (im Gegensatz zur Komplexitätstheorie) „not vulnerable to experimental findings". Was die eigentlich experimentellen psycholinguistischen Arbeiten betrifft, so ist zum einen festzuhalten, daß sie, soweit wir sehen konnten, in ihrem theoretischen Bezugsrahmen keineswegs hinreichend detailliert auf linguistische und psychologische Modellvorstellungen bezogen sind; zum andern ist eine „gewisse Trivialität der Ergebnisse" und „Armut an Reflexion" (Gauger 1973b, S.301)[352] nicht zu übersehen. Wo hingegen beim Psycholinguisten eine theoriefreudige Erwartungshaltung überwiegt, hört er in der Kindersprache nur, was er zu hören erwartet, und der methodische Unterschied zum ältesten uns berichteten psycholinguistischen Experiment ist nur gradueller Natur: Der Pharao Psammetichos läßt zwei Kinder in völliger sprachlicher Isolierung aufwachsen. Die Beobachter hören *etwas,* was die „Sprachwissenschaftler" (entsprechend der damals herrschenden Meinung über das Alter des Ägyptischen und des Phrygischen) als *bekos* (phrygisch „Brot") identifizieren. . . (Herodot, Historien 2,2).[353]

IV. ZUR BEHANDLUNG DER SYNTAX IM FREMDSPRACHENUNTERRICHT: FOLGERUNGEN AUS DER ANALYSE KINDSPRACHLICHER AKTUALISIERUNGSPROZESSE

1. Zur Frage der Vergleichbarkeit muttersprachlicher und fremdsprachlicher Lernvorgänge

Bis heute herrscht die Meinung vor, ein Vergleich zwischen dem Erwerb einer Fremdsprache und dem Erlernen der Muttersprache sei wenig sinnvoll. Daß aus *alters-* und *motivationspsychologischer* Sicht die Vorgänge in der Tat sehr wenig gemeinsam haben, versteht sich von selbst. Was allerdings die mehr *linguistische* und *lernpsychologische* Betrachtung der Spracherwerbsprozesse betrifft, so gibt es gerade neuerdings wieder Stimmen (z.B. Newmark/Reibel 1968, Cook 1973), die dafürhalten, daß im Grundsätzlichen und Wesensmäßigen das Erlernen einer Fremdsprache (selbst im Erwachsenenalter) nicht viel anders vor sich gehe als das Erlernen der Muttersprache.[354] Cook (1973) meint, es gebe bislang weder aus theoretischer noch aus experimenteller Sicht einen überzeugenden Nachweis für die gegenteilige Hypothese. Bezüglich der von Cook geschilderten Experimente (vgl. Cook 1973, insbes. S.22-25) wäre, von unserem Standpunkt aus, freilich eine ähnliche Kritik angezeigt, wie wir sie bereits in Kapitel III betreffs gewisser generativ-psycholinguistischer Experimente formuliert haben. Cook versucht zu belegen, daß eine Person beim Zweitspracherwerb keineswegs von den beim Erstspracherwerb erfahrenen sprachlichen Prinzipien – wie beispielsweise jenem, „that sentences can contain other sentences embedded within them" (vgl. S.27) – profitiert: vielmehr lassen sich (selbst in entsprechend angelegten Wortassoziationstests: vgl. S.28) durchaus Parallelitäten im Ablauf beider Lernprozesse feststellen.

Arbeiten, welche den Vergleich von Erst- und Zweitspracherwerb unter Einbezug einer exakt benannten lernpsychologischen Theorie diskutieren, fehlen bis heute.[355] Vielmehr ist die lernpsychologische Argumentation (vgl. beispielsweise Newmark/Reibel 1968, S.154ff.) stets sehr allgemein gehalten. Mit Nickel (1973b, S.465) sind wir der Auffassung, daß für eine vergleichende Synopse des natürlichen und schulischen Spracherwerbs die „Transfer- und Interferenztheorie" (kurz: die lernpsychologische Aktualisierungstheorie) die Brücke bildet. Unter diesem besonderen Gesichtspunkt also versuchen wir, aus der Analyse der Aktualisierungsprozesse (also der *Lern*strategien) mit allen nötigen Vorbehalten gewisse Prinzipien für die Entwicklung von *Lehr*strategien im schulischen Fremdsprachenunterricht zu gewinnen. Didaktische Konsequenzen, wie sie von Autoren wie Newmark/Reibel (1968) gezogen worden sind, können wir allerdings nicht unmodifiziert übernehmen. Immerhin scheint es uns höchst bemerkenswert, daß auch Newmark und Reibel gerade aus der Erkenntnis der Parallelitäten zwischen Erst- und Zweitspracherwerb sowohl die Rolle einer „strukturalistischen" Pattern-Didaktik als auch die Bewertung der kontrastiven Grammatik wieder klar relativieren (vgl. S.148-149[356] und S.151-152).

Kielhöfer (1975, S.8/9) sieht mit Lenneberg, Andersson u.a. den wesentlichen Unterschied zwischen dem Erlernen der Muttersprache und dem späteren Erwerb einer Fremdsprache darin, daß im ersten Falle kognitive Momente (wie etwa: „bewußter Zugang zu den Regeln" einer Sprache) kaum intervenieren und auch keineswegs hilfreich wären, wogegen im zweiten Fall, etwa ab einem Alter von zehn Jahren, eine deutliche „Verschiebung der Lernprozesse" weg vom „unbewußten" und hin zum „bewußten Lernen" charakteristisch sei.

Hier sei nun zunächst, der Übersicht halber, an die in Kapitel II dargelegten lernpsychologischen Sachverhalte erinnert, die wir aus der Beobachtung von fremdsprachlichen und muttersprachlichen Aktualisierungsprozessen erschlossen und (in Kapitel III) für den kindsprachlichen Bereich näher untersucht haben. Bei aller Unvergleichbarkeit der Lernsituationen wie der lernenden Subjekte im natürlichen und im schulischen Spracherwerb[357] gilt es andererseits, die folgenden *gemeinsamen* Momente sprachlicher Lernprozesse nicht gering zu veranschlagen:

- Sprachliche Lernresultate sind hier wie dort keine überindividuellen Größen, es handelt sich vielmehr um *individuelle* Einheiten, die aus der Natur der Lernmaterialien und aus persönlichen Lerngewohnheiten, kurzum aus der *Lerngeschichte* zu begründen sind.

- Hier wie dort sind sprachliche Lernresultate keine auf Dauer unveränderlichen Größen, ihre lernpsychologische Qualität ist, ganz im Gegenteil, langfristigen *Wandlungen* unterworfen.

- Dabei gibt es zum einen den Fall einer gewissen kognitiven *„Aufspaltung"* des Resultates, die zu einem mehr und mehr differenzierenden (und damit auch bewußteren) Sprachverhalten führt; zum andern können Lernresultate ihre ursprünglich kognitive Natur verlieren und sich zu *größeren Einheiten* verbinden, die als ein Ganzes aktiviert werden. Dies bringt für den Sprecher z.B. eine gewisse „grammatische" Entlastung mit sich: Die in den größeren syntagmatischen Einheiten bzw. Mustern implizierten morphosyntaktischen Besonderheiten sind dann dem Sprecher so wenig bewußt wie phonotaktisch bedingte Lautvarianten.

- Komplexe Encodierprozesse und elaborierte grammatische Konstruktionen setzen den gleichsam automatischen Umgang mit sehr großen syntagmatischen Lerneinheiten voraus.

- Jede Textproduktion lebt von (formal und /oder inhaltlich motivierten) assoziativen Übernahmen von sprachlichen Fertigprodukten, wie sie dem Sprecher in anderen (eigenen und fremden) Texten begegnet sind.

- Bewußtes Konstruieren und automatischer sprachlicher Zustrom wirken so in mannigfaltiger Weise aufeinander ein.

- Der Transfer von syntaktischen Mustern und fertigen sprachlichen Versatzstücken (Kollokationen, Redensartlichkeiten, Vergleiche, fertige Formulierungen aller Art) kann sowohl bewußt als auch automatisch erfolgen. In manchen Fällen garantiert die mehr *kognitive Natur* eines Lernresultates (bzw. sein latenter, aber jederzeit aufrufbarer kognitiver Halt im Sinne Parrerens) größtmögliche Transferierbarkeit, in anderen Fällen wieder ist der *Automatismus* (auf niederer sprachlicher Ebene) Voraussetzung für den transferierenden Umfang mit sprachlichen Lerneinheiten höherer Ordnung.

- Diese lernpsychologische „Schichtung" entspricht nur teilweise den linguistischen Beschreibungsebenen, insbesondere kann eine auf interne Systematik ausgerichtete Grammatiktheorie die zahllosen individuellen Übergänge und Gradationen zwischen Analysierbarkeit und Nichtanalysierbarkeit bzw. bewußtem und unbewußtem Konstruieren innerhalb der syntaktischen Ebene nicht wiedergeben.

- Der Grad der Bewußtheit bzw. Nichtanalysierbarkeit bei muttersprachlichen Lerneinheiten unterstützt oder hemmt die Bildung entsprechender fremdsprachlicher Versatzstücke.

Diese Gesichtspunkte also lassen es sinnvoll erscheinen, aus der Analyse kindsprachlicher Aktualisierungen gewisse Prinzipien für die Anordnung fremdsprachlicher Lernmaterialien in schulischen Lehrverfahren abzuleiten. Dies muß allerdings im Sinne einer zwar motivierten, aber doch recht vorläufigen Bildung von Hypothesen geschehen, die nicht nur durch vergleichende Untersuchungen experimentell überprüft, sondern auch – unabhängig vom experimentellen Befund – in einer alterspsychologisch und allgemein motivationspsychologisch ausgerichteten Gesamtschau der Unterrichtsorganisation relativiert werden müßten.

Als wesentliche, allgemein beobachtbare Entwicklungslinien und Bedingungen des natürlichen Erstspracherwerbs haben wir festgestellt:

a) Das Bemühen um die *Lexis* hat einen klaren motivationalen und zeitlichen Vorrang vor dem Bemühen um grammatische Organisation und morphologische Ausdifferenzierung; semantisch „trächtige" Wörter und Formen mit besonders plastischer Referenz erscheinen vor Morphemen, die vorwiegend der syntaktischen Ausformung und Redundanz oder einer mehr sekundären semantischen Differenzierung (z.B. im Rahmen einer innertextlichen Deixis[358]) dienen. Es darf vermutet werden, daß der naive psychologische Wortbegriff in diesem frühen Stadium des Spracherwerbs seinen Ursprung hat. (Eine im Sinne des taxonomischen Strukturalismus stringente Morphemanalyse ist schon aus diesem Grunde kein geeignetes Instrument zur psychologischen Erfassung kindsprachlicher Prozesse.)

b) Das Erlernen der *Wortbedeutungen* erfolgt nicht durch einen einmaligen Vorgang (wie dies bei der Übernahme der lautlichen Seite einer bestimmten Form durchaus der Fall sein kann), sondern ist das Ergebnis eines sehr langfristigen Prozesses: Das Signifikat einer bestimmten Form resultiert aus den subjektiven Vorstellungen, wie sie aufgrund eines personalen Situationsverständnisses bei den ersten „Erfahrungen" des Wortes bzw. der Form gebildet worden sind. Erst mit wachsender *sprachlicher* Erfahrung werden diese Vorstellungen dem allgemeinen, erwachsenensprachlichen *concept* (im Sinne Saussures) angenähert.[359] Dies geschieht desto rascher und gründlicher, je plastischer und eindeutiger die Referenz eines Sprachzeichens ist.

c) Was die *Wortfolge* betrifft, so ist – trotz markanter morphosyntaktischer Verstöße – von Anfang an eine auffällige und klare Orientierung an erwachsensprachlichen Linearitäten festzustellen. Da die seitherige kindsprachliche Forschung weithin unter behavioristischen oder (im Bereich des linguistischen Generativismus) spekulativ-kognitivistischen Prämissen stand, ist die lernpsychologische Bedeutung der Syntagmatik u.E. stark unterschätzt worden.[360] Die von uns im vorigen Kapitel im Hinblick auf primärsprachliche Daten (d.h. im Hinblick auf die erwachsensprachlichen Linearitäten) vorgenommene syntagmatische Analyse kindsprachlicher Produktionen hat gezeigt, daß Kindsprache allerdings nicht schlechthin „verkürzte" Erwachsenensprache ist. Vielmehr sind Kontaminationen aller Art in Rechnung zu stellen.

d) Diese *Kontaminationen* sind lernpsychologisch zu erklären. Sie sind nicht einfach Interferenzen, die einem erwachsensprachlichen Versprecher gleichgesetzt werden dürften, sie resultieren in ihrem letzten Grunde vielmehr aus dem Grad der Durchdringbarkeit bzw. Undurchdringbarkeit bereits verfügbarer komplexer sprachlicher Lerneinheiten (Wörter und Syntagmen aller Art) zu einem gegebenen Zeitpunkt. Daß eine paradigmatisch ausgerichtete, bewußtseinsmäßige Ordnung der gelernten Elemente erst nach und nach und in höchst unterschiedlichem Ausmaß entsteht, zeigt das lange Nebeneinander von korrekten und falschen Formen (wie *he's, he goes* neben *he's goes, he be, he's already's;* vgl. Menyuk 1969a, S.108).[361] Die momentane lernpsychologische Natur eines Lernresultates ist also bei der Beurteilung von Fehlern stets in Rechnung zu stellen. Erst dann darf auf Grund der Fehleranalyse auf die sprachpsychologische Organisation der Paradigmata und der Strukturen geschlossen werden.

e) Insgesamt besteht der kindsprachliche Spracherwerb somit in einem *allmählichen Übergang* von weniger differenzierenden Formen zu paradigmatisch ausdifferenzierten und syntaktisch hoch organisierten Verkettungen.[362] Daß diese Verkettungen dennoch immer müheloser vorgenommen werden, liegt in dem Umstand begründet, daß immer mehr Teilfertigkeiten zu einem lernpsychologischen Automatismus geworden sind und daß die sprachlichen Versatzstücke, mit denen operiert wird, mit wachsender sprachlicher Erfahrung überhaupt größer werden. In der Sprache des kompetenten Sprechers führt dann eben diese „Gedankenlosigkeit" und „Weitläufigkeit" in der Organisation der Rede erneut zu ganz bestimmten Formen sprachlicher Interferenz. Allerdings verfügt der erwachsene Sprecher über eine formal ausgerichtete (begleitende oder nachfolgende) Kontrollmöglichkeit: Der Sprecher spricht nicht nur, er ist auch sein eigener kritischer Hörer.[363]

f) Allmählich löst sich so das kindliche Sprechen von seiner(momentan gegebenen oder in der Fantasie des Kindes erlebten) *situativen Gebundenheit.* Parallel zum Rückgang einer spezifisch kindsprachlichen Elliptik verläuft die bereits angedeutete „Objektivierung" der Wortinhalte und der semantischen Leistung grammatischer Formen. Eine Spracherlernung ohne ontogenetische Bindung an situativ motivierte Interaktionen („Zeigakte" im Sinne Gaugers) ist nicht denkbar.

Die im Bereich kindsprachlicher Aktualisierungen ermittelten Befunde geben nun hinsichtlich möglicher didaktischer Konsequenzen insbesondere Anlaß zu folgenden Fragen:

— Welche Lerneinheiten sollen zuerst mehr kognitiv angegangen werden, um sie erst im nachhinein zu automatisieren, welche Lerneinheiten sind, umgekehrt, zunächst als nicht näher analysierte Ganzheiten zu vermitteln und nur allmählich einer kognitiven Aufspaltung zuzuführen? Welche sprachlichen Teilfertigkeiten bedürfen überhaupt keiner kognitiven Durchdringung, welche anderen Teilfertigkeiten immerhin einer *zusätz-*

lichen Abstützung in Form eines einfachen kognitiven Halts (etwa, um Verwechslungen aufgrund von lautlichen oder semantischen Ähnlichkeiten entgegenzuwirken)?

- Welche Paradigmata erlauben auch dem Anfänger größtmöglichen Transfer, ohne daß es zu nennenswerten grammatischen Verstößen kommen muß, und sind daher zuerst zu lernen?
- Wo ist der Rekurs auf die Muttersprache nützlich, wo eher hinderlich?
- Um welche Regeln wären die traditionellen, fast ausschließlich aus einer objektiven und statischen Analyse der Sprache gewonnenen Grammatikregeln zu ergänzen, damit den dynamischen Momenten einer transferierenden Sprachverwendung besser Rechnung getragen würde?
- Wie sollte überhaupt die Natur didaktischer Grammatikregeln beschaffen sein?
- Welche linguistischen Richtungen wären somit aus psycholinguistischer Sicht zu favorisieren?

Es sind dies Fragen nach der didaktischen *Progression,* nach Umfang und Art der grammatischen *Metasprache* und nach den sprachpädagogischen *Verfahren.* Einige wesentliche Gesichtspunkte aus diesen drei Gebieten werden im vorliegenden Kapitel unter 3. beispielhaft zu erörtern sein.

2. Die Rolle der Muttersprache im fremdsprachlichen Unterricht

Nach Wygotski (1934, S.257ff.) verlaufen die Wege, auf denen natürlicherweise die Muttersprache und in der Schule die Fremdsprache erlernt werden, genau entgegengesetzt: „Wenn die Entwicklung der Muttersprache mit der freien spontanen Verwendung beginnt und mit der bewußten Einsicht in die sprachlichen Formen und ihrer Beherrschung abschließt (mittels schulischer Lernprozesse; Anm.d.Verf.), so beginnt die Entwicklung der Fremdsprache mit der bewußten Einsicht in die Sprache und ihrer willkürlichen Beherrschung und schließt mit der freien, spontanen Sprache ab."[364] Allerdings basiert die Aneignung einer Fremdsprache „ganz offensichtlich auf einem gewissen Entwicklungsniveau der Muttersprache" (l.c. – vgl. unsere obigen Ausführungen unter a), b) und f)!).[365] In den Lernprozessen, die zur Beherrschung der Muttersprache führen, mißt nun die sowjetische Psycholinguistik – sehr im Gegensatz zu den heute bei uns vorherrschenden westlichen Richtungen – der unbewußten Imitation ein erhebliches Gewicht bei:[366] Anders wäre schwerlich zu erklären, wieso die Kinder einerseits die Sprache beherrschen, andererseits jedoch über die grammatische (!) Organisation der Sprache im eigentlichen Sinne kaum reflektieren.[367]

Dagegen muß eine wirksame Didaktik des schulischen Fremdsprachenunterrichts (nach Galperin, Leont'ev u.a.) nicht nur auf der „bewußten Erfassung des muttersprachlichen grammatischen Systems" aufbauen, sondern erfordert auch „auf einer bestimmten Etappe des fremdsprachlichen Unterrichts die bewußte Erfassung des *fremdsprachlichen* Systems (vgl. Leont'ev 1969, S.116); das „kontrastive Prinzip" ist somit eine „Notwendigkeit" (vgl. S.118), denn der Schüler wird (vgl. S.116)[368] „auch *ohne unser Dazutun*" die Fremdsprache durch das Prisma seiner muttersprachlichen Kenntnisse wahrnehmen: Ein anderer Weg sei „psychologisch unmöglich", da ein fremdsprachliches grammatisches System vom Lernenden nicht selbständig neben dem muttersprachlichen aufgebaut werden könne.[369] In unserem Zusammenhang bemerkenswert ist die von Leont'ev (1969, S.114-119) nachdrücklich herausgestellte, pluralistische Sicht der psychologischen Qualität sprachlicher Prozesse: Manche resultieren aus ursprünglicher Reflexion und sind mittlerweile auf der Stufe eines Automatismus angelangt, andere stammen aus spontaner Imitation und haben erst später eine (zusätzliche) kognitive Abstützung erfahren. Darum entspricht eben auch „keineswegs jede Grammatik dem methodischen Credo der sowjetischen Psychologie" (S.114). Der in jedem Fall mögliche Rückgriff auf die Bewußtheit kann übrigens auf sehr unterschiedlichen Ebenen erfolgen (vgl. S.115) und garantiert darum die für jede Form des Umgangs mit Sprache nötige Kontrollmöglichkeit: von der bei improvisiertem Sprechen sehr beiläufigen Überwachung[370] bis zur gezielten Kontrolle etwa beim Korrekturlesen.

Unabhängig davon, daß sich in der russischen Literatur, insbesondere natürlich in Wygotskis Äußerungen (1934!), eine bisweilen recht konservative sprachdidaktische Praxis spiegelt, wird man den theoretischen Hintergrund ernst nehmen müssen. Die im Augenblick noch stark „westlich" ausgerichtete Sprachdidaktik in der Bundesrepublik Deutschland bietet heute noch weithin den einigermaßen überraschenden Fall, daß der Fremdsprachenunterricht, unter Berufung auf die strukturelle Linguistik, eine Habitualisierung von „Strukturmustern" *(habit-formation)* auf mehr oder weniger nichtkognitivem Wege[371] erstrebt, während die (ebenfalls entschieden „westlich" ausgerichtete) Psycholinguistik – auch sie gestützt auf die (herrschende) Linguistik – den Erwerb der Muttersprache als einen stark kognitiv gesteuerten Prozeß ansehen möchte. Nach Leont'ev (1969, vgl. S.109-114) ist das Prinzip der strengen Einsprachigkeit, wie es seit der sogenannten Direkten Methode bis hin zu den an Skinner orientierten programmierten audiolingualen Übungen[372] Gültigkeit hat, insofern aus behavioristischen Auffassungen herleitbar, als es im behavioristisch geprägten Fremdsprachenunterricht für den Lerner darum geht, „sich der sprachlichen Umgebung mit allen ihm zur Verfügung stehenden Mitteln unterzuordnen" (S.113). Aufgebaut werde somit ein System von *Redegewohnheiten*, und nicht ein System *intellektueller Fähigkeiten.*[373] Es geht hier nicht nur um die Frage eines wie auch immer gearteten expliziten Grammatikunterrichts,[374] es geht in erster Linie vielmehr um die Rolle, welche die Muttersprache im Fremdsprachenunterricht ganz allgemein zu spielen hat.

Es kann u.E. nicht in Abrede gestellt werden, daß der Lerner auch das einsprachig vermittelte Vokabular schließlich mit muttersprachlichen Wörtern und Wendungen assoziiert, denn „Bedeutungen" stammen, als psychologische Größen, aus einem Erfahrungsschatz, der ursprünglich in konkret erlebte Handlungszusammenhänge eingebunden war. Auch die durch didaktische Bemühungen erreichte Simulation eines situativen Kontextes bedarf einer antizipierenden Interpretation im Hinblick auf eine *bestimmte* Versprachlichung, eine *bestimmte* Sprecherintention: Diese Interpretation wird nun mit Sicherheit vom Schüler zunächst muttersprachlich vorgenommen, wie es den engen Verflechtungen zwischen Muttersprache und Denken entspricht. Bezüglich des Arguments, die Zweisprachigkeit führe zu unangemessenen „Vokabelgleichungen", ist nun allerdings folgendes zu bedenken: So wie in der Kindsprache durchaus der Fall eintreten kann, daß ein kindsprachliches Wort (qua Begriff) nicht dem (lautlich identischen) erwachsensprachlichen Wort entspricht, sondern sich mit diesem nur zufällig in bestimmten referentiellen Bezügen deckt, so hat man im audiovisuellen Unterricht immer wieder die Erfahrung gemacht, daß sowohl das Bild wie auch der gleichzeitig dazu präsentierte Text in ganz anderer Weise interpretiert wurden, als dies den didaktischen Intentionen entsprach. Neuerdings versuchen nicht zuletzt darum derartige Schulen (in Frankreich etwa das CREDIF[375]) simulierte Situationen noch entschiedener als bisher kommunikativ zu determinieren. Butzkamm (1973, S.126) faßt seine diesbezügliche Stellungnahme folgendermaßen zusammen: *„Der Einwand gegen die unvollkommene Übersetzung wird hinfällig, wenn man der einsprachigen Sinnerhellung die gleichen Unvollkommenheiten nachweisen kann* (sc. wie der zweisprachigen Bedeutungserschließung; Anm.d.Verf.). Das gesamte Beziehungsgeflecht, in das sich ein Wort einordnet, wird (sc. für den Schüler; Anm.d.Verf.) erst nach und nach sichtbar."[376] Im Rahmen einer Psychologie des bedingten Reflexes im Sinne Osgoods hofften die Didaktiker lange Zeit, eine dem natürlichen Bilinguismus vergleichbare Situation zu erreichen, die dadurch geprägt wäre, daß ein *dichotomes* System zweier Sprachen entsteht (vgl. de Grève/van Passel 1971, S.97-105).[377] Es ist jedoch offensichtlich, daß der „Bilinguismus" einer Schulstunde etwas ganz anderes ist als der Bilinguismus in Québec oder Belgien: nicht nur von der motivationalen und erlebnismäßigen, sondern allein schon von der zeitlichen Aufteilung her. Es scheint kaum möglich, daß „die konstitutiven Elemente der Fremdsprache und die betreffenden Bewußtseinsvorgänge die gleiche Unabhängigkeit erlangen wie die zur Muttersprache gehörenden geistigen Vorgänge und konstitutiven Elemente" (de Grève/van Passel 1971, S.102/103).[378] Nach realistischer Einschätzung der tatsächlichen Gegebenheiten müßte zunächst alles für die Ausbildung eines fremdsprachlichen Systems sprechen, das in bewußter In-Bezug-Setzung zum muttersprachlichen Sprachverhalten aufgebaut wird. Nun wird immer wieder behauptet, sprachpädagogische Verfahren, die sich zweisprachiger Techniken bedienten, führten in weit geringerem Maße zu freier und aktiver Verfügbarkeit der gelernten fremdsprachlichen Elemente, als dies einsprachige Verfahren tun.[379] Nur wo der Schüler einsprachig trainiert (statt auf Übersetzen gedrillt) werde, stellten sich ihm im Augenblick des Sprechens hinreichend viele fremdsprachliche Assoziationen und Möglichkeiten ein, so daß eine psychische Blockade vermieden werde. Diese tritt in der Tat immer dann ein, wenn der Schüler auf eine *ganz bestimmte Vokabel oder Wendung* fixiert bleibt, ohne die er sprachlich nicht auszukommen glaubt. Demgegenüber habe der einsprachig geschulte Schüler gelernt, jedes fremdsprachliche Element vielseitig und flexibel zu verwenden, insbesondere gingen auf Grund der einsprachigen Umschreibungsversuche (etwa bei der Wortschatzarbeit) die fremdsprachlichen Elemente bei der Speicherung im Gedächtnis vielfältige assoziative Verbindungen untereinander ein. Schließlich garantieren die einsprachigen Lerntechniken auch in besonderem Maße die andauernde immanente Repetition der früher gelernten Elemente.

Alle diese Argumente sprechen in der Tat für eine Reduzierung bzw. Abschaffung der Übersetzungsverfahren, wie sie vor den Zeiten der Direkten Methode den Anfangsunterricht geprägt haben.[380] Sie sprechen aber nicht unbedingt gegen andere sinnvolle zweisprachige Verfahren. Es ist schließlich auch ein „Übersetzen" denkbar, das so zu verstehen wäre, daß via Muttersprache gewisse Sachverhalte in der Vorstellung der Schüler evoziert werden, die sie dann, einer kommunikativ bestimmten Sprecherhaltung entsprechend, in freier Form mittels der ihnen subjektiv und momentan verfügbaren Lernresultate fremdsprachlich angehen können. Die „Brücke" zwischen Fremd- und Muttersprache könnten — beispielsweise in den didaktischen Vorstellungen Piephos — die explizit gemachten *Sprechintentionen* bilden, die muttersprachlich zu formulieren wären. Ein solches Verfahren ist unkompliziert und eindeutig, die fremdsprachliche „Beweglichkeit" bleibt erhalten.[381] Dieser Gedanke sei kurz erläutert: Man muß schlechterdings damit rechnen, daß auch bei relativ guter Beherrschung der Fremdsprache in den primären Anstößen eines Gesprächs, in der Art und Weise, Sachverhalte sprachlich anzugehen, schließlich im ganzen (gerade in der Spontansprache doch sehr *persönlichen*) sprachlichen Ausdrucksstil in der Regel die Muttersprache ohnehin mit „gefühlsartiger Unmittelbarkeit" (Kainz) dominant bleibt. Das „Sprachgefühl" (das nun einmal nicht näher zu definieren ist) dürfte, in dieser sehr allgemeinen Weise, auch die großen Bögen unseres fremdsprachlichen Redeflusses steuern und verantworten.[382] Die tatsächlich bei der fremdsprachlichen Encodierung vom Schüler schließlich in Einsatz gebrachten sprachlichen Elemente können ihrerseits dann durchaus eine einsprachige, d.h. immanente Steuerung der weiteren Versprachlichung mittels grammatischer oder phraseologischer Zwänge und allgemeiner fremdsprachlicher Assoziationen bewirken. Dies ist sogar unbedingt zu erstreben. So ist es nämlich auch in der Muttersprache: Schwerlich sind die Motive anzugeben, die einen Sprecher gerade zu diesem oder jenem sprachlichen Einstieg determinieren, nie aber braucht der Sprecher zu befürchten, auf Grund des einmal gewählten Einstiegs sprachlich nicht zu Rande zu kommen. Es sind folglich für den Fremdsprachenunterricht eigens Übungen zu entwerfen, die dem Lerner beim Aufbau einer analogen Fähigkeit helfen. Dies könnte beispielsweise bedeuten, daß die früher schon zu einem bestimmten Redezweck gelernten sprachlichen Elemente bezüglich ihrer grammatischen Konsequenzen einmal bewußt *kontrastiert* werden.[383] Die Kritik an einer kompromißlosen Einsprachigkeit, wie sie die audio-linguale amerikanische Didaktik der 60er Jahre verlangte, hat übrigens früh eingesetzt. Bereits 1966 hat Spolsky die begründete Ansicht vertreten, daß es gerade der antimentalistische Ansatz der audio-lingualen Konzeption sei, der den Lernenden dazu verführe, trotz der durch Drills „internalisierten" fremdsprachlichen Grammatik sich beim encodierenden Sprechen der grammatischen Schemata der Muttersprache zu bedienen; da nun Mutter- und Fremdsprache nie in kognitiver Weise gegeneinander abgesetzt worden sind, steht dann zu befürchten, daß negativer Transfer bei natürlich motivierten Sprechanlässen *desto zwangsläufiger* eintritt. Im übrigen sind für diesen ganzen Fragenkomplex das jeweils erreichte Niveau und die jeweilige Vorbildung zu berücksichtigen, wie dies Wunderli und Schecker-Lami (1973, S.XVI) eigens hervorheben: „Sicher sollte die Übersetzung bei Anfängern – v.a. bei Kindern, bis zu einem gewissen Grade aber auch bei Erwachsenen – so weit als möglich vermieden werden, auf der Stufe des Fortgeschrittenen spielt die Übersetzung aber immer eine gewisse Rolle, denn es ist vollkommen unrealistisch zu glauben, man könne eine Fremdsprache wirklich wie seine Muttersprache erlernen."[384] Oller/Obrecht (1968) versuchten in einem Experiment zum Spanischunterricht nachzuweisen, daß eine Lernergruppe, die das einsprachige abstrakte Patterntraining mit Übersetzung in die Muttersprache und mit anschaulicher (situativer) Kontextualisierung (aus der die sprachliche Funktion des geübten *patterns* ersichtlich wird) koppelt, eindeutig einer Lernergruppe überlegen ist, die nur mit einsprachigem und weitgehend mechanischem Patterntraining arbeitet. Was Oller/Obrecht hier speziell zur didaktischen *pattern practice* experimentell nachweisen, scheint mir eine grundlegende Gesetzlichkeit jeglicher Form eines Spracherwerbs zu sein: Sprache wird im Kontext pragmatischer Situationen erlernt, und das Erlernen der sprachlichen Formen muß mit dem Erlernen der sprachlichen Inhalte parallel gehen. Die sprachlichen Zeichen sind bezüglich ihres Signifikats keine festen Größen, sondern *Potenzen.* Entgegen der in der theoretischen Linguistik vorherrschenden Meinung gerinnen die Signifikatspotenzen gerade erst bei streng *pragmalinguistischer* Betrachtung zu beschreibbaren Signifikaten. Das *concept* Saussures ist in der Tat etwas anderes als ein bloßer „contenu".[385] Diese grundsätzliche Offenheit zur Transferenz aufgrund unstabiler Signifikate ist die wesentliche Voraussetzung für die sprachliche Ökonomie, die auch eine Ökonomie der Transferenz ist: Weder durch die Funktion der Position in der *chaîne parlée* allein noch durch beliebig lange Addition der einzelnen Zeichen wäre grundsätzlich jede Erfahrungswirklichkeit in ökonomischer Weise zu versprachlichen. R.-D. Keil sagt im Hinblick auf die endliche Zahl von Sprachzeichen einerseits und der potentiell unendlichen Zahl von mitteilbaren Phänomenen der Wirklichkeit und Vorstellungswelt der Sprecher andererseits, daß sich daraus eine „notwendige Unschärferelation" ergebe: „Um funktionieren zu können, muß die Sprache sich ihre Vieldeutigkeit bewahren" (vgl. Keil 1972). Somit ist gerade den „Wörtern" (in einem traditionellen Verständnis) auch in didaktischer Hinsicht ein Sonderstatus zuzuerkennen. Wenn die seitherigen didaktischen Schulen recht einseitig die

Einübung von „Strukturen" (was immer im Einzelfall darunter zu verstehen ist) in den Vordergrund gerückt haben,[386] so ist die Erklärung hierfür recht naheliegend: Man geht immer von derjenigen sprachlichen Seite aus, die am ehesten faßbar, beobachtbar, beschreibbar ist. Gauger (1968, zitiert nach Bittner 1969, S.13): „Was dem Bewußtsein bewußt ist, die Wortinhalte, kann letztlich nicht beschrieben werden, was aber dem Bewußtsein unbewußt ist, die Regeln, läßt sich einigermaßen klar beschreiben."[387] Bittner (S.13) bemerkt ergänzend, daß gerade das in der Sprachanwendung *Geläufige* dem Sprechenden unbewußt bleibt. Und gerade diese Momente der sprachlichen „Geläufigkeit" sind aufgrund extrem langwieriger Lernprozesse entstanden und sind so stark mit dem muttersprachlichen Bewußtsein verbunden, daß die Aussichten, parallel hierzu ein autonomes, von der Muttersprache völlig unabhängiges System aufbauen zu können, sehr gering sind. Die Mühe, die der fremdsprachliche Lerner etwa im Falle von Aspektoppositionen hat, wo Entsprechungen zur Muttersprache nicht mehr vorhanden sind (u.U. nicht einmal lexikalische Entsprechungen), die Grammatik aber doch *semantisch* bedeutsam wird, – diese Mühe ist ein Indiz für die Oberflächlichkeit der von manchen Didaktikern beschworenen Autonomie des fremdsprachlichen Systems (vgl. hierzu auch Sciarone 1972, S.74-75). Nachdem Dodson (1967) die absolute Einsprachigkeit erstmals in Frage zu stellen wagte, hat hierzulande Butzkamm (vgl. 1971a und b) in ähnlicher Weise für eine „aufgeklärte Einsprachigkeit" geworben und (1973) eine Untersuchung vorgelegt, die in der Vielseitigkeit der Gesichtspunkte und der Schärfe der theoretischen Argumentation bemerkenswert ist.[388] Psycholinguistische Aspekte treten in dieser Arbeit allerdings kaum in den Vordergrund,[389] in Butzkamms Ausführungen überwiegen zum einen die Interpretationen experimenteller Befunde und eine gewisse historisierende Gesamtschau zum anderen. In lernpsychologischer Hinsicht ist die Argumentation sehr punktuell, teilweise auch nicht ganz frei von Widersprüchen.[390]

Van Parreren selbst (vgl. Parreren 1963, S.8, und 1964b, S.214) wollte ursprünglich die Muttersprache im Fremdsprachenunterricht wegen der zu erwartenden Interferenzgefahr ausgeschaltet wissen. Wie man jedoch aus Parreren 1972a (vgl. insbes. S.96) schließen darf, hat van Parreren seine diesbezüglichen Auffassungen – nicht zuletzt unter dem Einfluß der sowjetischen Lernpsychologie[391] – revidiert. So wie der Unitarismus in der lernpsychologischen Theorie überwunden sei, müsse nun auch die Didaktik pluralistisch verfahren: selbst innerhalb bestimmter Teilbereiche, etwa in der Grammatik (vgl. Parreren 1972a, S.96-97).

Abschließend sei festgehalten, daß „Übersetzen-Können" freilich eine kognitive Fähigkeit sui generis ist, die sich keineswegs von selbst aus der Zweisprachigkeit ergibt.[392] Von der Art und Weise der didaktischen Bemühungen um den Aufbau und die Förderung eben dieser Fähigkeit wird es abhängen, ob die psychologisch dominante Muttersprache für die schulische Erlernung einer Zweitsprache vorwiegend zur Quelle der Interferenz oder Transferenz wird. Es ist also keineswegs die alte Lese-Übersetzungsmethode zu rehabilitieren, vielmehr geht es um Überlegungen zu einer *neu zu konzipierenden kontrastiven Grammatik,* die allerdings weit mehr, als dies bislang der Fall war, *psychologisch* ausgerichtet sein muß.

Es war in diesem Teil IV.2. lediglich zu begründen, warum an die Stelle natürlicher Verfahren des Spracherwerbs ab einem gewissen Alter[393] kontrastiv orientierte Lernstrategien zu setzen sind. Nachdem diese grundsätzliche Notwendigkeit herausgestellt ist, soll im nachfolgenden Teil IV 3. das Verhältnis von Linguistik und Fremdspachenunterricht, das wir erstmals in Kapitel I angesprochen haben, für einige (exemplarisch zu verstehende) Bereiche erneut erörtert werden. In dem Maße, wie wir hierbei einer psychologisch-kontrastiv orientierten Grammatik das Wort reden, werden die in Kapitel III dargelegten kindsprachlichen Beobachtungen für unsere lernpsychologische Argumentation bedeutsam.

3. Umrisse einer didaktischen Grammatik

3.1 Die Wahl des Syntaxmodells: Zur Begründung einer valenztheoretischen Komponente der pädagogischen Grammatik

Vorbemerkung:

Wir haben die Ansätze der Valenzgrammatik nicht in Kapitel I im Zusammenhang mit anderen linguistischen Modellen diskutiert, sondern tun dies erst im Rahmen des Schlußkapitels. Damit soll zum Ausdruck gebracht werden, daß den in Kapitel II und III ermittelten lernpsychologischen Anforderungen am ehesten im Rahmen valenzgrammatischer Beschreibungstechniken entsprochen werden kann. Zur Veranschaulichung unserer Aussagen werden wir uns insbesondere auf den Französischunterricht beziehen. Die für das Verständnis der Dependenzgrammatik bedeutsame Arbeit von R. Baum (1976) konnte leider im Manuskript nicht mehr berücksichtigt werden.

Slama-Cazacu (vgl. 1972b, S.121-122) möchte die Psycholinguistik in theoretischer Hinsicht gleichgewichtig auf eine psychologische und auf eine linguistische Basis gestellt sehen.[394] Sie votiert bezüglich letzterer für eine *strukturalistische* Konzeption, da der Strukturalismus ein durchgängiges Kennzeichen moderner Sprachwissenschaft sei. Wie wir im Verlauf unserer Arbeit mehrfach aufzuzeigen versuchten, sind es die bisweilen recht übersteigerten Ansprüche an explizite Axiomatik und an autonome Formalismen, die der theoretischen Sprachwissenschaft einerseits den Ruf großer Präzision und großer theoretischer Konsistenz einbringen konnten, andererseits aber eine fruchtbare wechselseitige Inspiration zwischen Theorie und empirischem Befund verhindert haben. Eine Linguistik, die dem Objekt Sprache wieder in seiner komplexen und vielschichtigen Gesamtheit (also auch in seinen psychologischen Dimensionen) gerecht werden soll, ist nach Slama-Cazacu (l.c.) zu Recht als „structuralisme contextuel-dynamique" zu entwerfen.[395]

Die *generative Transformationsgrammatik* ist, wiewohl gerade sie wie keine andere Grammatik sich als ein Modell der (allerdings: simulierten) Spracherzeugung versteht, sowohl auf Grund ihrer formalistischen Zwänge[396] als auch aufgrund ihrer spekulativen psychologischen Basis, die sich empirischer Überprüfung prinzipiell entzieht, für die oben skizzierte Zielsetzung am wenigsten geeignet. Auch die Versuche didaktischer „Vereinfachung", wie wir sie in Kapitel 1 (1.3) erörtert haben, machen sie nicht „anwendungsfreundlicher".[397] Bezüglich des *Distributionalismus* ist festzustellen, daß es gerade der für diese linguistische Schule so grundlegende Morphembegriff ist, der sich von allem Anfang an der Möglichkeit, Parallelen zwischen linguistischen und lernpsychologischen sprachlichen Einheiten zu ziehen, in den Weg stellt.[398]

Nur eine Psycholinguistik, die sich voreilig und unkritisch an einer von Haus aus apsychologischen Systemlinguistik orientiert, wird eine Kombinatorik veranschlagen, die (fern aller sprachlichen Vorerfahrung und Übung des einzelnen Lerners und fern aller Befunde lernpsychologischer Ökonomie, wie sie in natürlichen sprachlichen Transferprozessen zum Ausdruck kommen) in jedem einzelnen Fall den Satz aus Einheiten einer einzigen, formalistisch definierten Ebene (nämlich der Ebene der Morpheme) organisiert oder – wie im Falle der gTG – über ein abstraktes Startsymbol auf Satzebene einen rigorosen Expansions- und Selektionsmechanismus auslöst, der schließlich zu einer Kette von Morphemen führt. Zum Morphembegriff selbst seien an dieser Stelle einige Anmerkungen gemacht.

(Exkurs:)

Abstrakt-systematisch konzipierte Einheiten der 1. Gliederungsebene sind in psychologischer Hinsicht sehr heterogen. Der Status eines lexikalischen Morphems von Typ *Baum* unterscheidet sich von dem eines grammatischen Morphems von Typ *zu* (+ Infinitiv), dieses sich statusmäßig wiederum von Morphemen wie *-t* (= 3. Person Singular), alle zusammen von Wortbildungsaffixen; innerhalb der Wortbildungsaffixe hat wiederum ein Suffix wie *-e* in *das Schöne* eine vorwiegend translative (d.h. Formklassenwechsel ermöglichende) Funktion gegenüber etwa dem Suffix *-bar* in *machbar,* das zusätzlich eine semantische Leistung erbringt. Ein zweiter Sachverhalt ist in sprachpsychologischer Hinsicht bedeutsam: Es gibt Morpheme, die – hinreichend ausdifferenziertere Subkategorisierung vorausgesetzt – *generell kombinierbar* sind: so jedes Verb einer bestimmten verbalen Subklasse mit jedem Substantiv einer bestimmten Subklasse. Andere Morpheme, z.B. Flexionsendungen, sind auf der 1. Gliederungsebene sogar ohne semantische Subklassifizierung unbeschränkt kombinierbar, die hierbei auftretenden Allomorphe sind letztlich phonotaktisch bedingt, d.h., sie sind allenfalls im Hinblick auf die zweite Gliederungsebene von Belang. Schließlich gibt es Morpheme (z.B. Wortbildungsaffixe), bei denen gewisse Kombinationen einmal erlaubt sind, ein andermal nicht, ohne daß eine formale Linguistik die Grenzen explizit machen könnte. Diese Grenze kann übrigens im Falle von Polysemie oder Homonymie für die einzelne Bedeutung verschieden verlaufen. Um ein Beispiel aus Wandruszka (1971d, S.220 u. 221) aufzugreifen: Das Suffix *-bar,* im Sinne von „Passivität + Possibilität" verstanden (etwa in *trinkbar*), wird eher Neuschöpfungen offenstehen als das *-bar* in *zahlbar,* wo es nicht Possibilität, sondern Verpflichtung ausdrückt. Es ist richtig, eine derart reduzierte Kombinatorik entschiedener, als dies Chomsky tut (es sei an die diesbezügliche Kritik in Rohrer 1971 erinnert!), von der Syntax des Satzes abzuheben und unter einem besonderen Begriff (bei Wandruszka z.B. „Programm") zu fassen. Morphemkombinationen, die Martinet (1960, S.101-118 u. passim) als *Amalgame* bezeichnet (frz. *du, des, au,* engl. *cut* = „schneiden" + „Vergangenheit", dt. *kam, am, ins,* lat. *-orum* in *malorum* = „Genitiv" + „Plural"), sind wegen des hier nicht möglichen Rückgriffs auf die zweite Gliederungsebene (die das *signifiant* organisiert) durch eine grundsätzliche Nichtanalysierbarkeit geprägt. Diese amalgamierten Formen belegen zugleich, daß sich die Äußerungen eines Sprechers aus Einheiten zusammensetzen können, die, aus sehr unterschiedlichen linguistischen Organisationsebenen stammend, als Ganzes aus dem sprachlichen Gedächtnis abrufbar sind. Bezeichnenderweise sieht auch Martinet (1960, S.117) «une infinité de degrés possibles entre l'inséparabilité complète et l'amalgame d'une part, l'indépendance totale d'autre part», was vielleicht nicht ganz zufällig an Saussure (1916, S.173) erinnert: «(. . .) Dans le domaine du syntagme, il n'y a pas de limite tranchée entre le fait de langue, marque de l'usage collectif, et le fait de parole qui dépend de la liberté individuelle.»[399] Und (S.170): «(. . .) L'idée appelle, non une forme, mais tout un système latent (. . .).»[400]

Einen weiteren Hinweis darauf, daß der abstrakt konzipierten morphematischen Elementarisierung kaum eine analoge lernpsychologische Organisation der sprachlichen Daten im Gedächtnis entsprechen kann, geben die Fälle, wo ein *signifiant discontinu* vorliegt (vgl. Martinet 1960, S.104-105). Im Beispiel *courons* vs. *nous courons* wird sichtbar, daß das Signifikat „1.Pers. Pl." sowohl im Signifikanten *-ons* als auch im Signifikaten *nous* ausgedrückt ist.[401] Linguistische Modelle – so darf angenommen werden – deren Formalismus so angelegt ist, daß er zur Analyse morphematischer Einheiten hinführt oder, wie im Falle der gTG, Morphemketten systematisch produziert, sind didaktisch unfruchtbar. Wir untersuchen darum nachstehend ein Modell, dessen theoretische Basis nicht mit einem bestimmten Morphembegriff steht und fällt.[402]

(Exkurs Ende)

Wenn wir (in Anlehnung an das in den Kapiteln II und III dargelegte lernpsychologische Konzept) fremdsprachliche Kompetenz verstehen wollen als die Fähigkeit, mit den bei den mannigfaltigsten didaktischen Anlässen gelernten sprachlichen Elementen (sehr unterschiedlicher linguistischer Organisation) trotz einer im Vergleich zu muttersprachlichen Lernprozessen viel geringeren und andersartigen Erfahrung primärsprachlicher Daten[403] transferierend umgehen zu können, so darf und so muß die pädagogische Grammatik in ihrem Leistungshorizont sehr viel bescheidener angesetzt werden als eine deskriptive Grammatik. Sowie man nun aber die Syntax als ein generell funktionierendes Kriterium verstehen möchte für eine operationalisierbare Entscheidung, ob ein gegebenes syntaktisches Gebilde X als Satz der Sprache L zuzulassen ist, und als Mittel zur Beschreibung der Mehrdeutigkeit eines gegebenen Gebildes Y (vgl. beispielsweise Heringer 1972, S.7-8), so muß die Grammatik in der Tat auf die *Erzeugung* von Strukturen rekurrieren können, sie wird – unabhängig von ihrer gewählten Beschreibungsform – irgendwie *generativ* (vgl. als Beispiel Heringer 1972, insbes. S.139ff.). Spielarten der Valenz- oder Dependenzgrammatik, die ein wie immer auch geartetes generatives Konzept verfolgen, bleiben hier folglich außer Betracht: Alle Modelle formaler Erzeugungsgrammatiken müssen nämlich naturgemäß so weite Horizonte ins Auge fassen, daß es keinem „Adaptionsversuch" gelingen wird, sie zu einem ökonomischen Faktor in gesteuerten Spracherwerbsprozessen zu machen. Strauch (1972, S.21) hat den Sachverhalt so formuliert: „(. . .) Der Sprachlehrer kann davon ausgehen, daß die Lernenden diejenigen Eigenschaften (sc. der Sprache; Anm.d.Verf.), über deren Darstellung sich die Linguisten die Köpfe zerbrechen (. . .), bereits intuitiv erfaßt haben und — zumindest in ihrer Muttersprache — performatorisch beherrschen."[404]

Die pädagogische Grammatik versteht sich demgegenüber zum einen als Mittel und Weg zu einer (kognitiv abgestützten) geordneten Speicherung[405] der hier und da gelernten sprachlichen Daten und als eine (ebenfalls kognitiv ausgerichtete) Kontrollmöglichkeit bei der transferierenden Handhabung von Formen und syntaktischen Mustern zum anderen, soweit diese als weitreichende produktive Muster überhaupt zum aktiven Sprachschatz des Lerners gehören sollen. Wirklich kreative Sprachverwendung, Explizitierung syntaktischer Homonymien und erschöpfende Aufzählung der syntaktischen Muster können nicht die Sorge einer pädagogischen Grammatik sein. Vielmehr ist im didaktischen Feld die heute so betonte Unterscheidung zwischen produktivem und rezeptivem Sprachvermögen (als deren schwierigstes Kapitel auf fortgeschrittener Stufe die Wortbildungsgesetzlichkeiten anzusehen sind) noch zu ergänzen durch eine nicht minder bewußte Grenzziehung zwischen gewollter Explizitheit und Vertrauen in die allgemeine Intuition des Lerners.

Wunderli (1972a, S.493)[406] hat darauf hingewiesen, daß es vielleicht für den Bereich der *parole* genügen mag, ein Syntagma als *lineare Abfolge* seiner Elemente zu charakterisieren, daß aber auf der Ebene der *langue,* wegen des hier geltenden Prinzips der Simultaneität, Syntagmen aufgrund *hierarchischer Kriterien* zu beschreiben sind. Insofern findet die im Verlaufe dieses Kapitels noch weiter auszuführende[407] „Zweigleisigkeit" einer pädagogischen Grammatik (syntagmatisch-dynamische Komponente vs. kognitiv-kontrollierende statische Komponente) gewissermaßen auch eine *linguistische* Begründung.

Die an Tesnière orientierte Valenzgrammatik präsentiert im übrigen (wie dies freilich auch die Phrasenstrukturgrammatik tut) Wörter und Syntagmen in einer Weise, daß die funktional zu begreifende Zusammengehörigkeit mit außersprachlichen Zusammenhängen korreliert.[408] Abstrakte Knoten wie *Pred. Phrase, Aux, VP* oder noch abstraktere Gebilde wie sie z.B. in einem generalisierten *phrase-marker* vorkommen, werden bei Tesnière vermieden.[409] Andererseits erfordert der Stammbaum Tesnières auch nicht unbedingt eine analytische Repräsentation, die bis zu den (morphematischen) Elementen oder zu Kategorialsymbolen verstoßen müßte: Die Formen *pluit* (lat.), *il pleut, es regnet*[410] bilden beispielsweise je einen einzigen Knoten, d.h., sie werden nicht weiter analysiert, da ja auch in der außersprachlichen Wirklichkeit kein Aktant wahrzunehmen sei und die Verbform im übrigen mit keinem anderen Subjektsaktanten kombinierbar wäre.[411]

3.2 Die deskriptive Leistung des Valenzmodells hinsichtlich fremdsprachendidaktischer Belange

Nach Helbig (1971c) ist das deskriptive Vermögen eines Valenzmodells hinsichtlich didaktischer Belange[412] in einer Reihe von Punkten bemerkenswert. Helbig spricht insbesondere drei Problembereiche an:

a) Die Valenzgrammatik schafft eine linguistische Grundlage für die Erklärung von Fehlern des Typs **Ich besuche* (vs. *Ich koche*), **Er fragte* den Weg (*fragen* ist ja ein „transitives" Verb), **Er konnte so nicht machen.* Synonyme Verben wie *wissen* und *kennen, sagen* und *reden* und *sprechen* können so bezüglich ihrer zulässigen Verwendungsbreite besser unterschieden werden. (Vgl. S.31 und S.44-45).[413] Busse (1974) verweist auf den eminent praktischen Nutzen valenzgrammatischer Beschreibungen, indem er seiner Arbeit als Motto einen Satz Tesnières voranstellt: «Un verbe dont on connaît le sens, mais dont on ignore la structure actantielle, est *inutilisable*.»

b) Auch die Unterscheidung der „Varianten" eines Verbs[414] wird erleichtert: Die spezielle Bedeutung des Verbs ergibt sich aus seiner jeweiligen speziellen Valenz.
Beispiel: *Die Mutter kocht (die Suppe); Die Suppe kocht* (vgl. S.40). Aus a) und b) erhellt insgesamt die didaktische Bedeutung eines Wörterbuchs nach Art des *Wörterbuchs zur Valenz und Distribution deutscher Verben* von G. Helbig und W. Schenkel (Leipzig 1969, ²1973). (Vgl. hierzu Helbig 1971c, S.44 und S.49, Anm.49.) Für das Französische ist die Arbeit von Busse (1974, Kap.7 und 8) wegweisend.

c) Das Valenzmodell bietet eine einheitliche Basis für die Erstellung von Satzmodellen. Nach Helbig sind in den bisher angebotenen Arten von „Satzmodellen, Satzmustern, Satzbautypen, Satzbauplänen usw." meistens Ansatzpunkte verschiedener Ebenen unzulässig vermischt worden.[415] Demgegenüber orientiert sich die Valenzgrammatik an eindeutigen syntaktischen Kriterien (vgl. S.45).

Daneben verweist Helbig (S.46) beispielhaft auf zwei Einzelprobleme der deutschen Grammatik:

d) die sogenannten Erweiterungen des attributiven Partizips sind oft gar keine wirklichen „Erweiterungen", vielmehr sind sie „grammatisch notwendige, von der Valenz des Verbs determinierte Glieder", d.h., die Regularitäten der Aktanten von Partizipien im adnominalen Raum entsprechen ziemlich genau den Regularitäten der Verben selbst.
Beispiel: *der besuchte Freund* vs. **der gelegte Bleistift* (l.c.).[416]

e) Selbst ein Problem wie das der Stellung der Negation *nicht* läßt sich unter dem Aspekt der Valenz beschreiben: „Bei valenzgebundenen Adverbialbestimmungen steht das 'nicht' bei normaler Intonation prinzipiell *vor* ihnen (. . .); dagegen kann die Satznegation 'nicht' *vor* oder *hinter* valenzgebundenen, freien Adverbialbestimmungen stehen." Beispiel: *„Er legt das Buch auf den Schrank *nicht*" vs. *"Er erholt sich an der Ostsee nicht."* (Vgl. l.c.)[417] In diesem Zusammenhang ist auch Bartschs Unterscheidung „Satzadverbiale" vs. „Prädikatsadverbiale" zu sehen, insbesondere wegen der reduzierten Wortstellungsmöglichkeiten letzterer (vgl. Schecker 1975, S.116 und S. 109-110 und Anm. 10).

Das syntaktische Modell einer Dependenzgrammatik und das Modell einer Phrasenstrukturgrammatik sind nach Hays (vgl. Helbig 1971a, S.205) als „schwach äquivalent" anzusehen; aufgrund ihrer gemeinsamen Zielsetzung genügen, wie Padučeva aufgezeigt hat (vgl. Helbig, l.c.), geringe Modifikationen in der jeweiligen Notation, um sie ineinander „übersetzbar" zu machen. Insofern darf insbesondere Tesnières Syntaxmodell als linguistisch „reich" angesehen werden, erlaubt es doch, in einem übersichtlichen Stemma syntagmatische und hierarchische Strukturen[418] darzustellen und – mittels des Verbs, das als „noeud des noeuds" die oberste Dominanz hat[419] – Anzahl und Art der Aktanten zu begründen, so daß gleichzeitig das jeweilige Satz-*pattern* zum Ausdruck kommt: Hierbei ist gerade die Unterscheidung von freien und obligaten Aktanten (und Umstandsbestimmungen[420]) pädagogisch von Belang, da sie es erlaubt, das *pattern* als eine syntagmatische *Minimalausstattung* zu begreifen und so die astronomische Summe rein distributionell beschriebener Satzmuster zu reduzieren.[421]

Gerade für ein derartiges Modell gilt dann Raibles „Satzaxiom":

„Sätze sind dadurch charakterisiert, daß ihre funktionellen Teile mit

Hilfe des finiten Verbs und entsprechender Leerstellen (Fragewörter) zu erfragen sind. Daraus folgt sogleich, daß der konstituierende Faktor eines Satzes das finite Verb ist."[422]

Die Analyse mittels Erfragbarkeit fällt in den Kompetenzbereich des *native speaker*, bildet aber zugleich die Basis der „tieferrangigen Analyse" durch den Linguisten (Raible 1972, S.30). Hierbei unterscheidet Raible nach

– absoluten Formen (Text, Hauptsatz)
– freien Formen (Nebensatz, Syntagma, Lexem)
– gebundenen Formen (Morphem, Phonem)[423]

Sowohl gewisse Abhängigkeiten im Sinne einer *connexion* zwischen einem *terme régissant* und einem *terme subordonné*[424] wie auch Konnexionen von der Art der *apposition*[425] sind nur erfragbar „durch ein nominales oder durch ein Nominalergänzungs-Fragewort".[426] Während Tesnière selbst formale Entdeckungsprozeduren nur ganz gelegentlich und beiläufig in die Argumentation einfließen läßt (vgl. z.B. S.14: 4.) und weit öfter an eine intuitive Evidenz appelliert (vgl. z.B. S.163: 4.), haben Raible, Heringer (1970a) und Busse (1974), die immer wieder auf Tesnière Bezug nehmen, erste Wege zur Überprüfbarkeit der Tesnièreschen Darstellungstechniken im Sinne einer Operationalisierung aufgezeigt. Der Einbezug formaler Kontrollmechanismen wird die Tesnièresche Grammatik dazu befähigen, in pädagogischer Hinsicht die Aufgabe einer kognitiven Überprüfung fremdsprachlicher Äußerungen[427] zu übernehmen. Sie würde so anschauliche Einfachheit mit kognitiver Abstützung verbinden. Welche Modifikationen an der Grammatik vorzunehmen sind, bis sie dieser Zielsetzung voll gerecht zu werden vermag, wird an anderer Stelle noch anzudeuten sein.

Neben der impliziten Darstellung der durch das jeweilige Verb begründeten Satzbaupläne ist auch der Einbau einer Translationskomponente in die schematische Darstellung didaktisch bedeutsam. Hierbei entfällt nicht nur der erhebliche formale Aufwand, den beispielsweise eine Einbettung im Modell der generativen Transformationsgrammatik[428] (etwa mittels Deletion, Addition, Permutation, samt zugehörigem Transformationssignator bzw. generalisiertem P-Marker) mit sich bringt; die Substitution eines Wortes durch ein größeres Syntagma (oder durch einen Satz), die unmittelbar an der strukturell bedeutsamen Position selbst sichtbar wird, entspricht auch besser den psycholinguistischen Gegebenheiten, wie wir sie in Kapitel III erörtert haben: Ursprünglich ad hoc konstruierte syntagmatische Verbindungen verselbständigen sich im Verlaufe eines steten *overlearning* und werden zu sprachlichen Versatzstücken, die in der Rede jederzeit als *Ganzheiten* abrufbar sind. Die Notation größerer syntagmatischer Einheiten innerhalb einer von einem bestimmten Verb strukturell (und semantisch)[429] dominierten Äußerung in Form von Translationsoperationen ist schließlich auch *in kontrastiver Hinsicht* (und zwar nicht nur im Vergleich der Translative selbst) äußerst interessant.[430] Überdies veranschaulicht sie die Funktion der *mots vides* (insbesondere der *translatifs*[431]), deren muttersprachliche Entsprechungen am schwierigsten zu assoziieren sind (sofern es solche Entsprechungen zwischen L_1 und L_2 überhaupt gibt): Wir haben gesehen, daß gerade die grammatischen Funktionswörter in der Kindersprache am spätesten erscheinen, und dürfen wohl zu Recht ihre fehlende Referenz zu außersprachlichen Sachverhalten als Ursache hierfür annehmen, eine Ursache, welche auch die analogen Schwierigkeiten erklärt, die diese Partikel im Fremdsprachenunterricht bereiten.[432]

Die Translationskomponente ist aber auch aus linguistisch-deskriptiver Sicht unverzichtbar: So bilden beispielsweise die Translationen zweiten Grades den Zusammenhang ab, der zwischen Satz (franz. *proposition*) und Satzgefüge (franz. *phrase composée*) besteht. „Satz" im Sinne einer textkonstituierenden bzw. textstrukturierenden höchstrangigen linguistischen (nicht: textlinguistischen) Einheit kann nur eine vom *verbum regens* bestimmte Organisationseinheit sein, die nicht ihrerseits wieder Teil einer ähnlichen Organisation ist (vgl. Busse 1974, S.58-63, der hierbei insbesondere auf Bloomfield, Meillet und Martinet verweist). Sätze, die nicht den Rang einer *phrase simple* haben, sondern als *proposition* in den Rahmen eines Satzgefüges eingebunden sind, fungieren genau wie einzelne Wörter als Satzglieder oder Erweiterungen der Satzglieder (so etwa im Falle von Relativsätzen) desjenigen Satzes, dessen Kern das *verbum regens* darstellt.[433] (Vgl. hierzu Busse 1974, S.58, der dieserhalb auf Coseriu verweist.)

Schon aus diesen vorläufigen Andeutungen wird ersichtlich, wie sehr ein valenzgrammatisches Modell dem Prinzip der *didaktischen Progression* Rechnung zu tragen vermag. Dies könnte auf der Ebene unterrichtlicher Realisierung beispielsweise bedeuten, daß das Stemma eines Satztyps im Sinne eines Sprach*wissens* immer mehr ausdifferenziert wird, wobei gleichzeitig auch die syntagmatische Länge und Komplexität der den Typus repräsentierenden Beispielsätze zunehmen könnte; diese ergäben sich aus wachsender dependenzieller und translationeller Komplexität des „Füllmaterials" für die einzelnen strukturell bedeutsamen Positionen. Wofern kontrastive Gesichtspunkte hinreichend berücksichtigt werden, bildet aber auch die heute übliche Unterscheidung in (a) obligatorische Aktanten, (b) fakultative Aktanten und (c) freie Angaben[434] eine objektive Grundlage für die Bemessung der syntaktischen Schwierigkeit. Das Tesnièresche Stemma, das die Strukturen eines Satzes gleichsam „durchsichtig" macht, indem es syntagmatische Gruppierungen in ihrer wechselseitigen Abhängigkeit darstellt, bedeutet jedenfalls in lernpsychologischer Hinsicht einen gewissen kognitiven Halt inmitten der stets wechselnden syntagmatischen Umstrukturierungen, in denen fremdsprachliche Vokabeln zu erlernen sind, und verhindert überdies bestimmte unzulässige Transferenzen aus der Muttersprache (von der Art: **Er fragte den Weg*, **Er konnte so nicht machen*[435]).

Insgesamt ergeben sich somit aus der valenzgrammatischen Darstellungstechnik einige neue, bislang noch kaum beachtete Kriterien für Auswahl und Anordnung des sprachlichen Lernmaterials. Auf die Bedeutung, die eben diesen Faktoren „Auswahl und Anordnung" zukommt, hat Wienold (1973, S.149ff.) hingewiesen.[436]

3.3 Exemplarische Behandlung einiger Einzelaspekte

3.3.1 Zur Darstellung der Wortfolge im Stemma[437]

Befund: Wir haben in Kapitel III aufzuzeigen versucht, daß – entgegen der in der generativen Psycholinguistik vorherrschenden Meinung – die bloße Imitation erwachsensprachlicher Äußerungen für die Entwicklung kindsprachlicher Produktivität von erstrangiger Bedeutung ist.[438] Den erheblichen Verformungen, denen hierbei in einem frühen Stadium die erwachsensprachlichen Modellsätze ausgesetzt sind (Verkürzung einzelner Syntagmen, Ersatz der noch nicht beherrschten Formen durch bereits im Repertoire befindliche,[439] Auslassungen grammatischer Morpheme[440] und des verbalen Kerns[441]), steht – von allem Anfang an – eine nicht minder auffällige syntagmatische Festigkeit gegenüber, so daß nur höchst selten gegen die im vollen (elaborierten) erwachsensprachlichen Satz herrschende Linearität verstoßen wird.[442] Es ist eben diese syntagmatische Beständigkeit, diese lineare Resistenz, welche pivot-grammatische Beschreibungs- und Erklärungsversuche veranlaßt hat oder ganz allgemein zu gewagten Hypothesen bezüglich einer frühen grammatischen Reflexion[443] führte.

Didaktische Folgerung: Es ist a priori kein Grund auszumachen, warum nicht auch im schulischen Zweitspracherwerb die sprachliche Linearität eine entscheidende Rolle spielen sollte. Bezeichnenderweise haben die Schulgrammatiken den Gesetzlichkeiten der Wortfolge zwar ein viel zu geringes, aber im Vergleich zu wissenschaftlichen und historisch orientierten Grammatiken doch entschieden größeres Augenmerk geschenkt. Erst auf einem sehr fortgeschrittenen Stadium hat der Lerner einer Fremdsprache den Eindruck, auf eine irgendwie geartete grammatische Analyse neu zu lernender komplexer Formen (samt der damit immer verknüpften expliziten Gegenüberstellung zu entsprechenden muttersprachlichen Mitteln und Möglichkeiten) verzichten zu können, um den zu lernenden Sachverhalt (phraseologische Ausdrücke, Verbalperiphrasen u.ä.) als einen lediglich syntagmatisch wahrzunehmenden Gesamtkomplex sich anzueignen. Die Orientierung, mittels derer sich so etwas wie ein „Sprachgefühl" langsam entwickelt, scheint vorwiegend auf syntagmatischer Ebene zu erfolgen. Man neigt neuerdings in der Sprachpsychologie dazu, das Kontiguitätslernen zu unterschätzen. Wie dem nun auch sei: Schon um der Möglichkeit kognitiver Rekonstruktionen willen müssen didaktisch orientierte Schemata außer den dependenziellen Strukturen auch der sprachlichen (oberflächenhaften) Linearität gerecht werden. Und: Je *anschaulicher* ein Schema ist, desto mehr muß es, damit langfristig eintretenden Interferenzen vorgebeugt wird, der *sprachlichen Oberfläche* gerecht werden. Hierin also wäre das Tesnièresche Stemma als erstes zu modifizieren. Zwar spielt die Frage der Notation in den Dependenzgrammatiken gewiß „eine untergeordnete Rolle" (Helbig 1971a, S.205), aber mit Fourquet und Helbig (vgl. S.207 und 204) bleibt eben doch festzustellen, daß die „strukturelle Funktion" bei Tesnière[444] um einiges abstrakter zu verstehen ist als bei Fries oder Harris, da sie den Platz eines Elements im hierarchischen Stammbaum meint (unabhängig vom Vorkommen im konkreten *ordre linéaire*[445]). Nicht nur wegen der Erlernung korrekter Wortfolgen, sondern auch aus internen Ansprüchen einer exakten grammatischen Beschreibung ist zu fordern, daß eine pädagogische Grammatik neben *Vorkommen* und *Art* der Satzglieder (Aktanten und Zirkumstanten; obligat, fakultativ und frei) ebenfalls die möglichen und nicht möglichen *Reihenfolgen* dieser Glieder beschreibt. Da letztere nicht über Subklassifizierungen des Verbs zu begründen sind, ist der dependenz- und valenzgrammatische Ansatz um eine stärker syntagmatisch orientierte Komponente zu ergänzen: Vgl. hierzu unsere Ausführungen unter IV 3.3 und die entsprechenden Vorschläge für ein leicht modifiziertes Notationsverfahren weiter unten. Im Grunde reden wir einer Syntax das Wort, die – wie die Syntax Heringers (Heringer 1970a, vgl. insbes. S.98ff.) – aus zwei „Teilsystemen" besteht. Bei Heringer sind dies das „Konstitutionssystem" und das „Dependenzsystem". Wenn wir auf Heringers Grammatik hier nicht näher eingehen, so deshalb, weil auch seine Grammatik eine formalisierte „Aufzählung" aller Sätze im Sinne des generativistischen Gedankens anvisiert.

Tesnière selbst betont die psychologischen Implikationen der Beziehungen zwischen *ordre structural* und *ordre linéaire* 1959, S.19):

> «(. . .) *Parler* une langue, c'est en transformer l'ordre structural en ordre linéaire, et inversement (. . .) *comprendre* une langue, c'est en transformer l'ordre linéaire en ordre structural.» (Derselbe Sachverhalt findet sich, breiter ausgeführt, nochmals S.21.)

Wegen der Mehrdimensionalität der strukturellen Ordnung und der Eindimensionalität[446] der linearen Ordnung herrscht zwischen beiden Ordnungen Antinomie. Ihre Auflösung ist die eigentliche Leistung des Sprechakts; hierbei werden bestimmte *séquences* „geopfert": z.B. im Falle eines Syntagma wie *les petits ruisseaux* die unterbliebene Umformung der *connexion*[447] zwischen «ruisseaux» und «les» in eine lineare Sequenz zugunsten der (ebenfalls aus einer *connexion* resultierenden) Sequenz «petits ruisseaux» (vgl. S.21).[448] Trotz derartiger Schwierigkeiten, d.h. trotz der fehlenden Isomorphie zwischen linearer und hierarchischer Ebene (vgl. Helbig 1971a, S.207) wären graphische Hilfen denkbar, die ein Dependenz-Stemma für den fremdsprachlichen Lerner „lesbarer" machten.

So wie im Falle der *connexions multiples* die Vertikalität der die Dependenzen repräsentierenden Kanten relativiert ist (vgl. Tesnière 1959, S.15: 8.), so könnte grundsätzlich mit schrägen Linien gearbeitet werden. Die Tesnièreschen Stemmata 12, 13 und 14 (S.23)[449]

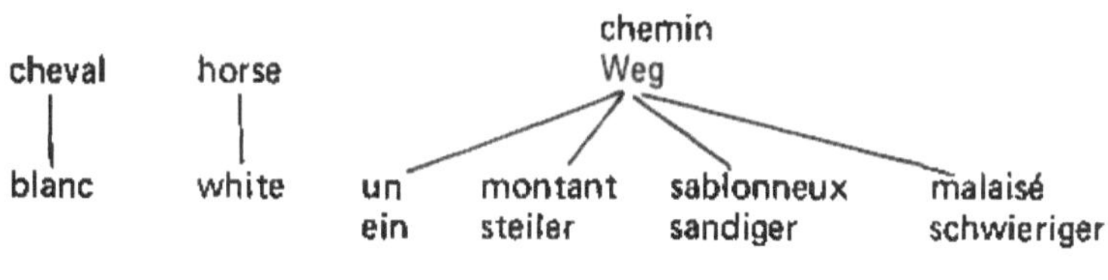

wären also im Sinne eines Von-links-nach-rechts-Lesens folgendermaßen zu modifizieren:

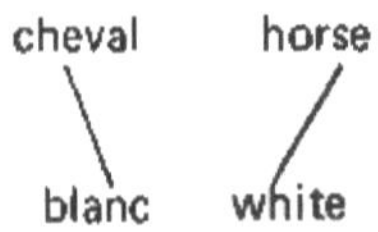

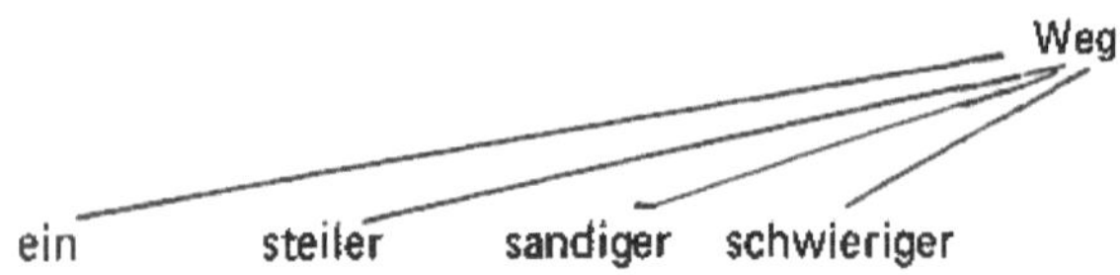

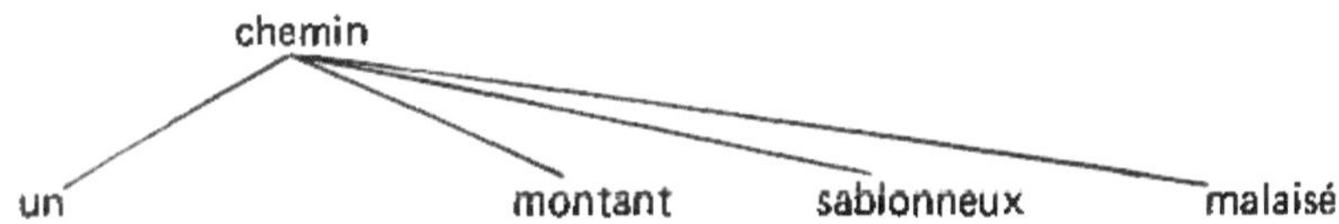

Eine Numerierung der im Abhängigkeitsbaum repräsentierten Glieder, wie sie von Padučeva (vgl. Helbig 1971a, S.205) vorgeschlagen worden ist, scheint mir entschieden weniger anschaulich und einprägsam.

Nun weist Helbig (S.207) zu Recht darauf hin, daß auch die im Vergleich zu Tesnière und im Sinne Bierwischs (vgl. Helbig 1971a, S.206-207) „konkretere Form der PS-Grammatik" amerikanischer Provenienz bei den diskontinuierlichen Konstituenten an ihre Grenzen stößt, wofern die sprachliche Linearität berücksichtigt bleiben soll. In den Sprachen nun, die wir hier zunächst im Auge haben, betreffen die diskontinuierlichen Konstituenten fast ausnahmslos den verbalen Bereich[450] («Il *a* beaucoup *parlé*», „Dort *hat* Peter *gesprochen*"): Gerade hier hat die Tesnièresche Darstellung des verbalen Knotens als *kombinierter* Kern aus *auxiliaire* und *auxilié* wie in *aurais fait* (Tesnière 1959, S.161) ihre besonderen Vorteile, und so macht denn gerade das von Helbig (1971a, S.207) zitierte Beispiel keine Schwierigkeiten:

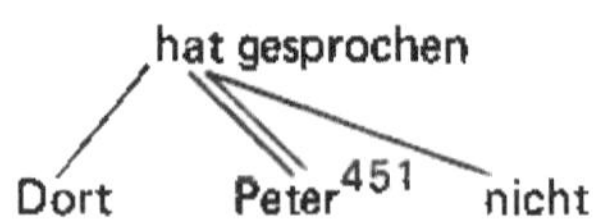

Was die in der französischen Sprache häufig anzutreffende Diskontinuierlichkeit der Verneinungswörter betrifft, so wird zu überlegen sein, ob nicht überhaupt auch die Satzverneinung in den verbalen Kern aufgenommen werden sollte.[452]

3.3.2 Imitative und kognitive Momente

Befund: Schon anhand sehr früher kindsprachlicher Fehlaktualisierungen läßt sich nachweisen, daß die ersten größeren sprachlichen Äußerungen sich stets aus Teilketten zusammensetzen, die ihrerseits isoliert (oder in *anderen* Zusammenhängen) bereits gut beherrscht werden. Die in längeren Ketten auftretenden Fehler[453] resultieren meist aus der noch fehlenden bzw. mangelhaften morphosyntaktischen Verfugung der Teile. Diese Teile, die aus früh gelernten Syntagmen bestehen (wie z.B. *he's, he comes, how is?, where is?, he can, can he?*), sind gegenüber den (auf syntagmatischer oder paradigmatischer Achse zu beschreibenden) Umorganisationen in der Sprechtätigkeit und gegenüber den damit erzwungenen morphosyntaktischen Variationen ganz generell in dem Sinne resistent, daß sie nur als *Ganzheiten,* d.h. ohne Rücksicht auf den grammatischen Kontext aktualisiert werden können. Die sequentielle Festigkeit dieser Syntagmen wird so ihrerseits zur Quelle von Fehlleistungen der Art *It's has wheels; How can he can look?; There is three lines.*[454] Diese Art Fehler läßt sich durchaus auch im Fremdsprachenunterricht (insbesondere bei stark audiolingualen Verfahren, die auf grammatische Explizitheit verzichten) beobachten.[455] Auch komplexe sprachliche Handlungsstrukturen werden sich – ganz analog zum Erlernen komplexer Bewegungsstrukturen – erst allmählich zu einem „fließenden Ganzen" (van Parreren) organisieren. Die morphosyntaktische Verfugung (Tilgungen, Verweispartikel, Kongruenz, Inversion und andere Permutationen usw.) verbessert sich in dem Maße, wie die einzelnen Syntagmen kognitiv durchdrungen, d.h. mit wachsender sprachlicher *Erfahrung* auch besser *analysiert* werden können. So wenig also wie das einzelne Wort systematisch, d.h. Laut um Laut, im Lernprozeß aufgebaut wird, so wenig kann man die jeweiligen Teilfertigkeiten beliebig in weitere (noch früher erworbene) Teilfertigkeiten zerlegen.[456] Auf keinen Fall kann man die Lernprozesse bis zu einer letzten elementaren Ebene (etwa im Sinne der Morphematik) zurückverfolgen. Vielmehr hat bereits Lenneberg (1967, S.343) festgestellt, daß das Kind in der Regel mit der Erlernung von zusammenhängenden Mustern beginnt. Diese sind *sprachlicher,* nicht *linguistischer* Natur. So finden wir schon sehr früh den korrekten Gebrauch von Formen wie *I can't; you can't; it's; I'm; (Peter) will, kann* usw.[457]

Didaktische Folgerung: Es ist zu überlegen, ob nicht auch der Fremdsprachenunterricht durch eine Dialektik von intuitiver Imitation und kognitiver Analyse verbessert werden könnte. Wir haben beispielsweise im Französischunterricht fast regelmäßig den Fall, daß, nachdem lange Zeit die Texte mit dem bestimmten und unbestimmten Artikel auskommen mußten, plötzlich – und zwar via grammatischer „Erklärung" – Formen wie *au, à la, aux* eingeführt werden.[458] In solchen Fällen wäre sicherlich (jedenfalls entschieden mehr als im Falle von ganzen Satzmustern) eine vorausgegangene, durch natürliche Texte gleichsam beiläufig vollzogene „Habitualisierung" sprachpsychologisch klüger. Die grammatische Analyse, die erst in einem gewissen *Nachhinein* erfolgen würde, hätte dann späteren fehlerhaften Transferenzen vorzubeugen. Ein *verfrühtes* analytisches Verfahren wirkt dagegen ganz allgemein der Aktualisierungsbereitschaft entgegen und verhindert andererseits, wie jeder Lehrer weiß, keineswegs negativen Transfer. Das hier empfohlene Vorgehen hat wiederum, dies sei am Rande bemerkt, eine Kontrastierung von Mutter- und Fremdsprache zur Voraussetzung *(le marché – der Markt; au marché – zum Markt, auf dem Markt; la gare – der Bahnhof; à la gare – zum, am, im Bahnhof),* damit der Lerner nicht, wie es bei rein einsprachigem Vorgehen eintreten könnte, gleichsam *zwanghaft* nach einer einheitlichen Grundbedeutung sucht oder, was ebenfalls geschehen mag, den morphologischen Elementen überhaupt keine Beachtung schenkt. Einheiten wie *au marché* und *à la gare* sind also erst einige Zeit nach der lexikalischen Einführung durch explizite grammatische Analyse kognitiv „aufzuspalten".[459] Desgleichen setzen die Amalgame *du, des* nicht die Behandlung des Teilungsartikels *voraus,* ihre (zumindest passive) Beherrschung in Form eines mehr oder weniger gegebenen Automatismus ist vielmehr Vorbedingung für eine grammatisch sinnvolle, d.h. transferförderliche Durchnahme.[460] Es ist auch in diesem Zusammenhang didaktisch bedeutsam, daß die Tesnièreschen Stemmata, eben weil sie – trotz ihrer hierarchisch orientierten Systematik – relativ nahe an der sprachlichen „Oberfläche" bleiben, weit eher didaktische Vereinfachungen erlauben als generative Strukturbäume.[461] Eine didaktische Vereinfachung, die sowohl aus Gründen der Progression als auch aus Gründen eines fruchtbaren Zusammenspiels von unreflektierter Imitation und kognitiver Analyse zu erstreben ist, müßte – insbesondere im Falle des Französischen – zuallererst den verbalen Kern des Satzes betreffen. Die im Vergleich zu isolierbaren Wörtern wie *moi, toi, là* usw. reduzierte Kombinatorik der an verbale Präsenz gebundenen grammatischen Sonderformen wie *je, tu, me, te, y, en* usw.[462] läßt es geboten erscheinen, diesen Formen im Stemma aus psychologischen Erwägungen eine andere Behandlung teilwerden zu lassen als den Aktanten und Zirkumstanten, die durch voll „bewegliche" (z.B.: isolierbare) sprachliche Versatzstücke besetzt sind.[463] Erstere können schließlich auch nicht wie letztere ihrerseits einen *terme subordonné* regieren und sind vorwiegend anaphorisch-pronominaler Natur,[464] während das Verb selbst in morphosyntaktischer Hinsicht hauptsächlich die deiktischen Relationen herstellt.[465] Tesnière betont, daß im Falle der *projection actancielle* das *pronominale indice,* welches sich mittels *connexion anaphorique* mit dem projizierten Aktanten verbindet[466], seinerseits strukturell an das Verb gebunden ist, «auquel il est d'ailleurs plus ou moins incorporé».[467]

Anstelle eines Stemmas wie

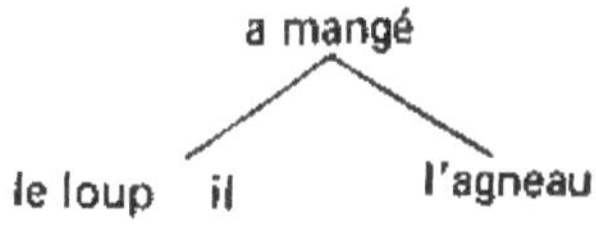

könnte man, indem man darauf abhebt, daß das *indice* völlig in das Verb einverleibt sei («complètement incorporé au verbe»[468]) und daß in dem Maße, «où le verbe incorpore l'indice-actant», das *substantif actant* dem Verb angenähert sei, auch das folgende Stemma ansetzen:

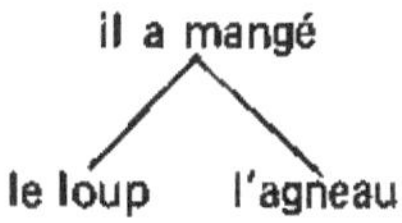

Analog (vgl. S.174):

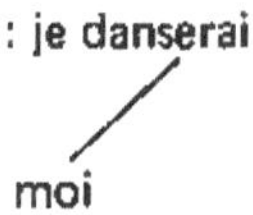

Die Begründung dafür, daß sich Tesnière nicht für diese Darstellung entscheidet, resultiert übrigens weniger aus strukturellen Überlegungen als vielmehr aus der Tatsache, daß dem »caractère phonétiquement autonome du substantif projeté loin du verbe» Rechnung zu tragen sei (vgl. l.c.).[469]

Weinrich (vgl. 1962, S.3-6) hat – nicht zuletzt unter dem Eindruck der Tesnièreschen Translationstheorie – überzeugend dargelegt, daß in der Tat Formen wie *je, tu, il* im Grunde Präfixe sind und damit keinen anderen linguistischen Status haben wie die entsprechenden Verbindungen im Lateinischen oder Italienischen oder Spanischen. Tesnière selbst (vgl. 1959, S.27) sieht, daß die Agglutination im Verlauf der Geschichte der einzelnen Sprachen stets zunimmt. Hier ergibt sich eine bemerkenswerte Parallele zu dem sprachpsychologischen Befund, daß auch beim lernenden Individuum die bewußte Wahrnehmung der in der Encodierung synthetisierten sprachlichen Elemente (in einem *elementaren* Sinn!) im Laufe der Lerngeschichte zugunsten des für kompetentes Sprachhandeln typischen Umgangs mit recht großen syntagmatischen Versatzstücken immer mehr zurücktritt. In beiden Fällen, in der Geschichte der Sprache wie in der individuellen Lerngeschichte, können hier verschiedene Grade der syntagmatischen Verschmelzung ausgemacht werden. Den sprachgeschichtlichen Befund faßt Tesnière folgendermaßen zusammen: «Il en résulte que deux mots qui sont en contact sur la chaîne parlée tendent à *adhérer* de plus en plus fortement l'un à l'autre.»[470] Und: «Il y a plusieurs *degrés* dans l'agglutination, selon que le processus est plus ou moins avancé.»[471] Daß auch der (im Vergleich zu den Verhältnissen in einer etymologisch noch auslotbaren früheren Zeitstufe) restringierte Gebrauch von *je, me, y, en* usw. mit eben dieser generellen Tendenz zur Agglutination (im weitesten Sinne) zu tun hat, ist von der historischen Sprachwissenschaft in dem Augenblick erkannt worden, als sie die Frequenz[472] einer Wortsequenz zur Erklärung für Enklise und „schwachtonige" bzw. „unbetonte" Formen heranzog: Die Sonderentwicklung ist in der Tat als ein satzphonetisch bedingter Lautwandel zu begreifen.

Bedenkt man außerdem, daß die Wortstellungsgesetzlichkeiten für sprachliche Elemente der oben genannten Art sehr streng sind und (im Gegensatz etwa zu Stellungsgesetzlichkeiten bezüglich der Abfolge von Subjekt – Verb – direktes Objekt – indirektes Objekt) weder aus inhaltlicher Motivierung (etwa nach dem „Schwerpunkt der Aussage") noch nach lautlichen Gesichtspunkten (welche beispielsweise die relative Länge der jeweiligen Syntagmen berücksichtigen würde), noch nach makrosyntaktischen Erwägungen variiert werden können und daß diese Gesetzlichkeiten schlechterdings nur in Relation zum Verb zu beschreiben sind, um das herum sie organisiert sind, so leuchtet ein, daß die typisch Tesnièresche Konzeption des verbalen Nukleus in gewisser Weise zu erweitern wäre, um ihn auch in fremdsprachendidaktischer Hinsicht zu einer «entité syntaxique élémentaire», zu einer «cellule constitutive» eines «organisme vivant» (vgl. S.45) werden zu lassen. Dies könnte in der Weise geschehen, daß die verbalen Kerne des Satzes (samt der „Verbsatelitten" von der Art wie *me, le, lui, y, en, ne . . . pas* usw.) im Stemma als *ein* Nukleus erscheinen, der bezüglich seiner strukturell expliziten Repräsentation „vernachlässigt" bleibt (natürlich in einem vorläufigen Sinne!) und zugleich als *Satzmuster* zu verstehen ist, innerhalb dessen zwar substituiert werden kann, in dem aber – in einem psychologischen Sinne –

keine *liberté de combinaison* existiert.[473] Mit Rücksicht auf die obgenannten Stellungsgesetzlichkeiten, die ausnahmslos gelten und für die das finite Verb den Orientierungspunkt darstellt, wird man gut daran tun, hierbei auch die Negationspartikel und die Frageform einzubeziehen.[474] Damit wäre eine praktisch (nämlich anhand grammatischer Fakten) begründete Auswahl von grundlegenden Satzpatterns getroffen, die überdies (in den pronominalen Elementen) die im Sinne der Valenztheorie obligate (d.h. minimale) syntaktische Ausstattung des im jeweiligen Beispielsatz stehenden Verbs zum Ausdruck brächten.[475] Langfristig ergäbe sich so eine bessere Integration von dependenzieller Strukturbeschreibung und Valenzwörterbuch. Im Grunde geht es uns um nichts anderes als um eine Weiterführung dessen, was der Fremdsprachenunterricht getan hat, wenn er einerseits dem Schüler als Kernaufgabe formuliert hat „demander qc. à qn. = jemanden um etwas bitten" (valenzlexikalischer Ansatz) und wenn er andererseits grammatische Gesetzlichkeiten mittels graphisch versetzter Wortgruppen veranschaulicht hat (kombinatorischer Ansatz):

Beispiel a):

	Est-ce que	Colette	montre	la photo	à Paul?
Qu'	est-ce que	Colette	montre		à Paul?
A qui	est-ce que	Colette	montre	la photo?	

(Nach: Lehrwerk *Salut* (Diesterweg) Grammatisches Beiheft 1968,S.9.)

Beispiel b):

Tu as	du	café?	Oui, j'	en ai		
			Non, je n'	en ai	pas	
Vous avez	encore des	pommes?	Oui, j'	en ai		encore
			Non, je n'	en ai	plus	
Il y a	assez d'	oranges?	Non, il n'y	en a	pas	assez

(Nach: *Salut,* Grammatisches Beiheft, S.19.)

Die Darstellung in a) und b) ist stark an den abstrakt-systematischen Bedürfnissen des distributionellen Strukturalismus orientiert. Die paradigmatische Differenzierung in den beiden letzten Kolumnen ist in Beispiel b) pädagogisch unnötig:[476] Kontrastive Überlegungen machen klar, daß Fehler wie **assez pas* nicht zu erwarten sind; wo sie tatsächlich eintreten sollten, müßten sie gerade als Interferenz erklärt werden, die aus einem übertriebenen Aufwand an Unterscheidungen resultiert, die über kein taugliches „Systemetikett" verfügen. Was dagegen *pas encore* vs. **encore pas* (dt. *noch nicht)* betrifft, so ist hier die Fehlerwahrscheinlichkeit tatsächlich größer. Aber: Das Problem muß nicht im Zusammenhang mit „Teilungsartikel" und „Mengenangabe" explizitiert werden. Im Sinne unseres vorwiegend syntagmatisch orientierten Lernens verdient dieses Problem eine (1.) vorausgehende und (2.) separate Behandlung, bis der sequentielle Automatismus *pas encore* entstanden ist. Hierbei würde man wieder kontrastive Gesichtspunkte einbeziehen und sich mit folgender „Übersicht" begnügen:

Ich	habe	nicht	gegessen
Je	n'ai	pas	mangé
Ich	habe	*noch nicht*	gegessen
Je	n'ai	*pas encore*	mangé

Diese Analyse genügt für eine kontrollierende kognitive Rekonstruktion ebenso wie für automatisch transferierenden Gebrauch.[477]

In Beispiel a) ist die Abfolge *la photo à Paul* kein Spezifikum der Fragekonstruktion, sie ist im übrigen nur bedingt gültig, da die Sequenz *à Paul la photo* obligat wird, wenn sich beispielsweise ein Relativsatz anschließen soll (. . . *que j'ai prise sur la plage*). Was nun die Fragekonstruktion selbst betrifft, so müßte sie in Form von a_3) auf einer vereinfachten (vorausgehenden) Darstellung nach Art von a_1) und a_2) basieren:

a_1)		Tu montres la photo à Paul. Tu ne montres pas à Paul la photo que . . . Tu lui montres la photo.
a_2)	Est-ce que	" " " ? " " " ? " " " ?
a_3) A qui	" " "	tu montres la photo?[478]

Was vermieden werden soll, ist zweierlei: 1.) allzu große *paradigmatische Explizitheit* und 2.) eine noch immer vorherrschende Systematik, die sich an *isolierten Grammatikproblemen* orientiert (die ihrerseits aus der Darstellung nach Wortarten stammen), statt sich an Gesichtspunkten der Progression im Rahmen einer großlinig konzipierten *syntagmatischen Kombinatorik* auszurichten, die den sachlich zentrierten Encodierbedürfnissen und (kontrastiv gesehen:) *Encodiergewohnheiten des Sprechers* besser Rechnung tragen würde.

Es ist also angebracht, im Stemma jeweils nur den didaktisch intendierten Teil explizit zu behandeln: Die andernorts gelernten (Teil-) Handlungsstrukturen, für die bereits ein gewisser Grad an Automatismus angenommen werden darf, werden – allein schon der Übersichtlichkeit halber – als *stemma abrégé* wiedergegeben. Insbesondere bezüglich des verbalen Nukleus wäre die grundsätzliche Vereinbarung zu treffen, daß eingerahmte Knoten als bezüglich ihrer Struktur graphisch nicht analysierte Kerne zu verstehen sind. Das wäre ein pragmatisches Vorgehen («selon les nécessités de la démonstration»: Tesnière 1959, S.160), das allerdings eine gewisse begriffliche Ausweitung des *stemma abrégé* zur Folge hat.

Die vorstehenden Überlegungen mögen an einem Beispiel veranschaulicht werden. In der französischen Form *je vais* sind zwei auch vom naiven Sprecher-Hörer unterschiedene Elemente auszumachen, von denen keines isolierbar (frei)[479] ist: weder *je-* noch *-vais*. Das *je-* (wie auch jedes andere „Pronomen" des Paradigmas) ist darum zu Recht als ein Personalpräfix des französischen Verbs zu charakterisieren. Im Deutschen sind die Verhältnisse etwas anders: Zwar ist in *ich gehe* das *gehe* ebenfalls eine gebundene Form (morphematisch betrachtet, liegen sogar zwei gebundene Formen vor), aber *ich* ist durchaus isolierbar und bezüglich seiner paradigmatischen Eigenschaften eher mit französisch *moi* vergleichbar als mit *je*. In einer kontrastiv orientierten Grammatik des Französischen und Italienischen (und anderer romanischer Sprachen) wäre der «noeud des noeuds» als gleichgeartete Einheit darstellbar:

je vais — au cinéma

vado — al cinema

Beide Sprachen können das in der Verbform implizierte Subjekt projizieren:

moi ——— je vais — au cinéma

io ——— vado — al cinema

Der im Unterricht noch häufig anzutreffende paradigmatische Vergleich

(1)	ich	gehe
	je	vais
	(io)	vado (Die Klammer signalisiert die übliche „Auslassung")

ist dagegen falsch und führt in der Tat leicht zu Interferenzen wie **je et mon ami,* insbesondere bei stark analytisch geprägten Lehrverfahren. Günstiger ist eine Zusammenstellung wie diese:

(2) ich *gehe* = je vais = vado
(3) *ich* gehe = moi je vais = io vado

Wollte man ein paradigmatisches Schema in den Vergleich einbringen, so wäre man zunächst versucht, folgendermaßen zu gruppieren:

(3)	(für (2):) ich	*gehe*
		je vais
		vado

(4)	(für (3):) *ich*	gehe
	moi	je vais
	io	vado

Aber wieder sind nur die romanischen Formen in paradigmatischer Hinsicht vergleichbar, die deutsche Form *gehe* fällt insofern aus dem Rahmen, als sie ohne *ich* nicht vorkommen kann (im Gegensatz zu den romanischen Formen). Paradigmatisch vergleichbar in einer 1:1-Entsprechung sind dagegen deutsche und englische Formen:[480]

(5)	ich	gehe
	I	go
	I	am going

Nun ist allerdings das Französische mit dem Deutschen (und Englischen) in den nicht-pronominalen Formen durchaus vergleichbar *(Pierre/va . . .; Peter/'s going* bzw. *Peter/goes . . .; Peter/geht . . .),* da jeweils eine freie Form einer gebundenen Form (bzw. zwei gebundenen Morphemen) vorangeht. Dies spräche vielleicht dafür, Tesnière (vgl. S.173) zu folgen und das Personalpronomen nicht im Sinne eines stemma *abrégé* in den verbalen Knoten zu integrieren. Gleichwohl ist andererseits zu bedenken, daß es gerade die *fonction sémantique* eines Knotens ist, «qui a fait éclater la notion trop étroite de noeud et nous a amenés à celle de nucléus» (S.45: 8.). Bedenkt man außerdem, daß der Nukleus auch Sitz der translativen Funktion ist (selbst für Translative wie das Relativpronomen *qui*), so müßte es gerade im Rahmen einer *pädagogischen* Grammatik einigermaßen überraschen, wollte man die derart eng zum finiten Verb gehörenden Partikel *je, tu, il* usw. als selbständige Subjektsaktanten markieren.[481] Wenn man, wie wir entschieden vorschlagen,[482] im Unterricht stets mit exemplarisch zu verstehenden konkreten Stemmata arbeitet statt mit einem *stemma virtuel*[483] (wobei heute stets die Gefahr bestünde, die Tesnièresche Grammatik zu „generativieren"), so ist diese (paradigmatische) Inkonsequenz zu verschmerzen. Wichtiger sind ja die (innerhalb der jeweiligen Personenmarkierung möglichen) semantisch bedeutsamen Oppositionen von der Art:

chante
a chanté

chantait
chanta
is singing
sings
was singing

has been singing
. . .

Auf dieser Ebene müßte dann die kontrastive Analyse ansetzen. Hierfür Beispiele aus drei Problembereichen:

a) *ist* gefahren } → *est* allé
ist gegangen }
ist gelaufen → *a* couru
ist herbeigeeilt → *est* accouru
ist geschwommen → *a* nagé

(grammatisch-morphologischer Bereich)

b) sang → a chanté / chantait
sang → chanta / chantait

(grammatisch-semantischer und diaphasischer Bereich)

c) er soll (schon) abgereist sein ⟶ serait (déjà) parti

(idiomatisch-stilistischer Bereich)

3.3.3 Syntagmatische Progression

Befund: Wir konnten feststellen, daß bei muttersprachlichen Lernern Fehler wie **I is*, **he am*, **it are*, **à le*, **de le*, **de un* in der Regel nicht vorkommen. Der Grund dafür ist, daß das Kind nicht (atomistisch zu verstehende) linguistische Elemente übernimmt, sondern ganze Syntagmen von der Art wie *it's*, *there's*, *du (chocolat)*, *au (marché)*, die es imitativ erlernt hat und die auch bezüglich ihrer Referenz zu der außersprachlichen Wirklichkeit nicht so ohne weiteres aufspaltbar sind. Die paradigmatische Einordnung und Zuordnung dieser Syntagmen, auch das ist eindeutig festzustellen, geschieht nur allmählich und ohne erkennbare Systematik: Ihren festigenden Abschluß finden sie unter Umständen erst im Rahmen schulischer Bemühungen. Die Syntagmen obiger Art stellen nun freilich nur insofern einen Sonderfall dar, als sie für das Kind (aufgrund phonetischer Amalgamierung und/oder wegen ihrer semantischen und referenziellen Blässe) besonders schwer „linguistisch" analysierbar sind.

Didaktische Folgerung: Im schulischen Spracherwerb sind dagegen Fehler wie **de un*, **a le*, **de les*, **il me a* . . . usw. häufig. Es ist hier zunächst darauf abzuheben, daß für den Muttersprachler entweder Amalgame vorliegen *(du, des)*, die nur im historischen Rückgriff und unter Berücksichtigung der Gesetzlichkeiten des Lautwandels und mittels paradigmatischer Reflexion in weitere Elemente „zerlegbar" sind, oder aber *(m'a, d'un)* Zwänge und Gewohnheiten der Koartikulation, welche die 2. sprachliche Gliederungsebene betreffen und über die der Muttersprachler ohne kognitive Kontrolle (ja geradezu zwanghaft) verfügt.[484] Damit stellt sich für den Didaktiker das Problem, wie für das fehlende Sprachgefühl gewissermaßen Ersatz zu schaffen wäre, um Fehler wie **à le*, **de un* besser als bisher verhindern zu helfen. Wir haben hierzu bereits erste Hinweise gegeben. Hier sei nun im Zusammenhang dargelegt, wie die Tesnièresche Anregung eines *stemma abrégé*, die wir bereits für den verbalen Kern in einigen Punkten aufgegriffen haben,[485] und die Tesnièresche Sicht der Translativ-Funktion bestimmter *mots vides* zu einer pädagogisch gemeinten Systematik folgender Art führen, daß die im Rahmen eines Satzstemma nicht weiter zu analysierenden Syntagmen lediglich *linear* (als Nukleus) erscheinen, während die im Rahmen analytischer Betrachtung von Aktanten (und Zirkumstanten) jeweils notwendig scheinende Differenzierung von Teilsyntagmen durch vertikales Aufkanten darzustellen ist. Nur Translationen zweiten Grades wären hierbei als Translationen zu charakterisieren, d.h., es wäre dem Lerner klarzumachen, daß es, in valenztheoretischer Sicht, *obligate* Nebensätze gibt. Alle *freien* Ergänzungen (Appositionen eines Aktanten, freie Zirkumstanten) sowie alle Erweiterungen eines Syntagmas, die strukturell *entbehrlich* sind und die – das ist nun entscheidend! – *keine morphosyntaktischen Modifikationen* in dem sie dominierenden Knoten nach sich ziehen, wären als solche zu kennzeichen (z.B. durch punktierte Kante). Damit zeichnet sich eine Aufteilung von Syntagmentypen ab, die für die didaktische Progression bedeutsam werden könnte:

1. isolierbare Syntagmen:
   elliptische Äußerungen wie *à demain; derrière la chaise* und ihre Erweiterungen *alors à demain; à demain donc; derrière la chaise de Paul; derrière la grande chaise;*
2. verbale Syntagmen minimaler Art, in denen (in sprachpsychologischer Hinsicht) keine Aktanten auszumachen sind und auch aus kontrastiver Sicht kein diesbezügliches Kombinationsbedürfnis des Sprechers zu erwarten ist, wie *viens; venez; allons; allons-nous-en; c'est fait; c'est drôle; ca y est; c'est le problème; il pleut* und ihre (fakultativen) Erweiterungen *viens ici; viens vite; viens donc demain; c'est vraiment le problème; c'est mon problème; ne viens pas; ce n'est pas mon problème; il pleut toujours; il fait encore beau;*
3. verbale Syntagmen nach der Art von 2., deren Erweiterungen gewisse Modifikationen nach sich ziehen: *va* → *vas-y;*
4. verbale Syntagmen, die *obligate* Aktanten und/oder Zirkumstanten aufweisen und die diesbezüglich mit der Ausgangssprache identisch sind oder abweichen;[486]
5. die Syntagmen nach 4. mit pronominaler Repräsentanz der Aktanten und Zirkumstanten.[487]
6. die Syntagmen nach 5. mit Erweiterungen, die morphosyntaktische Modifikationen zur Folge haben: *donne-le-moi* → *ne me le donne pas*[488]; *parles-en* → *parle m'en;*
7. die Syntagmen nach 5. und 6. mit projizierten Aktanten und Zirkumstanten, die unverändert projiziert werden: *De l'imagination, tu en as;*
8. Syntagmen nach 5. und 6. mit Projektionen, die Modifikationen in den projizierten Teilen zur Folge haben: *Ces vacances j'y penserai toujours* vs. *je penserai toujours à ces vacances: je m'en fous de la politique* vs. *la politique, moi, je m'en fous.*
9. Schließlich ist es didaktisch sinnvoll, gegenüber den Syntagmentypen von 1. bis 8. solche Syntagmen (und Sätze) zu unterscheiden, die überall (!) einschiebbar sind, keine Modifikationen in ihrer Umgebung hervorrufen und gleichsam als makrosyntaktische Signale und *charnières* (z.B. für Argumentationsstrategien) wirken. Beispiele: *vous savez* (in *La politique,*

moi, vous savez, je m'en fous); comme vous savez; à vous entendre parler; et ceci me paraît très important; et (ou) qui pis est; au pis aller; certes; or; c'est-a dire; à vrai dire; pour tout dire usw.

Die nachfolgend darzulegenden Beispiele einer dependenziell orientierten syntaktischen Repräsentation, die didaktischen Aufgaben gerecht zu werden versucht, versteht sich — das sei hier noch einmal betont— als *ein* Teilbereich einer pädagogischen Grammatik unter vielen. Wir werden insbesondere noch darzulegen haben, wie diese mehr *statische* Komponente der Grammatik, deren wesentliche lernpsychologische Aufgabe in der Kontrolle im Sinne eines kognitiven Halts und kognitiver Rekonstruktion besteht, zu ergänzen ist durch eine *dynamische* Komponente, die Regularitäten und Gewohnheiten, wie sie beim Zusammenbau von Syntagmen und Sätzen und bei variierender Konstruktion anfallen, im Zusammenhang berücksichtigt.[490] Erst diese Komponente kann, wenn sie zudem klar kontrastiv orientiert ist, eine direkte Basis für sprachdidaktische Übungen bilden. Eine Didaktik, die größtmögliche Transferierbarkeit der einzelnen (isoliert vermittelten) Teilfertigkeiten in Hinsicht auf die eminent komplexen sprachlichen Endhandlungsstrukturen garantieren möchte, wird dafür Sorge tragen müssen, daß eben diese sprachliche Endfertigkeit nicht aus grammatisch-linguistischen Abstraktionen resultiert, sondern aus konkreten *sprachlichen* Teilfertigkeiten.

Bekanntlich besteht nun auch eines der Hauptprobleme einer kontrastiven Grammatik darin, daß die grammatischen und lexikalischen Mittel in den beiden kontrastierten Sprachen nicht analog verteilt sind. So wäre beispielsweise zu überlegen, ob gewisse Adverbien in bestimmter Verwendung noch als Zirkumstanten zu repräsentieren wären:

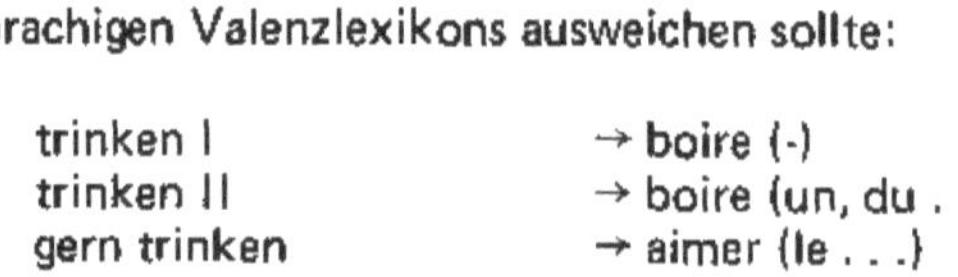

oder ob man hier nicht entschieden auf das Gebiet eines kontrastiv angelegten zweisprachigen Valenzlexikons ausweichen sollte:

trinken I	→ boire (-)
trinken II	→ boire (un, du . . .)
gern trinken	→ aimer (le . . .)

so daß sich folgende Darstellung ergäbe:

da im Französischen die Leistung des deutschen Adverbs in der *Wahl* des Verbs selbst *(aimer)* zum Ausdruck kommt. Andere Adverbien *(dauernd, nur)* werden im Französischen wiederum vorzugsweise durch Verbalperiphrasen ausgedrückt *(ne faire que, ne cesser de).* Eine besonders breite Skala für *glissements* (im Sinne Malblancs) bieten die sogenannten Abtönungspartikel im Deutschen. Man kann also gewiß einige dieser kontrastiven Probleme dem Valenzlexikon zuweisen. Hierbei stellen sich die Probleme in der unterschiedlichsten Weise, je nachdem nämlich, ob eine bestimmte Sprache Ausgangs- oder Zielsprache ist. Im Rahmen eines pädagogisch konzipierten Valenzlexikons ließe sich, von den französischen Verben ausgehend, beispielsweise auf die deutsche Redundanz (zumindest im Zusammenhang mit bestimmten Modi und Tempora) mittels bestimmter Abtönungspartikel verweisen, dagegen kann (im Falle von Deutsch als Ausgangssprache) der einzelne Abtönungspartikel schwerlich einen selbständigen Lexikoneintrag bilden. Wohl aber wäre es wiederum möglich, von deutschen Modalverben ausgehend, auf eine analoge Leistung mittels der französischen temporalen und modalen Paradigmatik aufmerksam zu machen; dasselbe gilt für die deutschen Verbpräfixe, wo sie beispielsweise eine „Perfektivierung" zum Ausdruck bringen *(aufessen, austrinken, verbrennen, zerbeißen* usw.). Es ist leicht zu markieren, daß ein einwertig gebrauchtes *trinken* gegenüber einwertig gebrauchtem *austrinken* doppeldeutig ist; der Lerner braucht aber außerdem die Information, wie er das *aus-* nun im Französischen wiedergeben soll. Die hierbei etwa anfallende Aspektunterscheidung zwischen *imparfait* und *passé simple* ist freilich valenzgrammatisch nicht zu fassen. Trotzdem beweist in all den hier genannten (und noch zu nennenden) Fällen das Tesnièresche Schema eine kontrastiv fruchtbare *Übersichtlichkeit,* wie sie kein anderes strukturelles Notationsverfahren bieten kann. Tesnière selbst hat dies erkannt und dem strukturellen Sprachvergleich in seinem Buche breiten Raum gewährt.[491] Hierbei hat er sich insbesondere durch Malblancs Werk *Pour une stylistique comparée du français et le l'allemand*[492] inspirieren lassen.

Hier zwei Beispiele (S.305 u. 310):

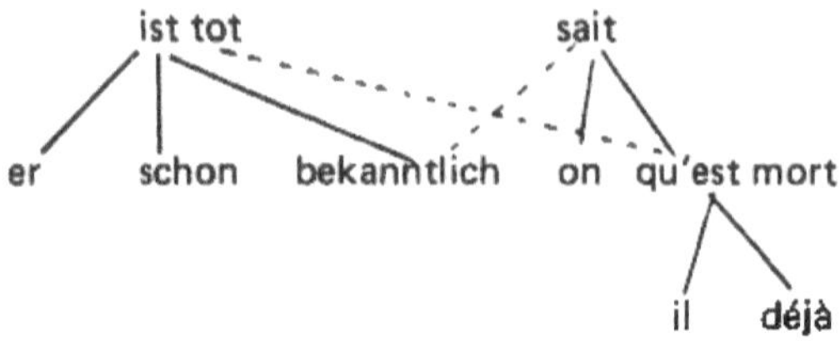

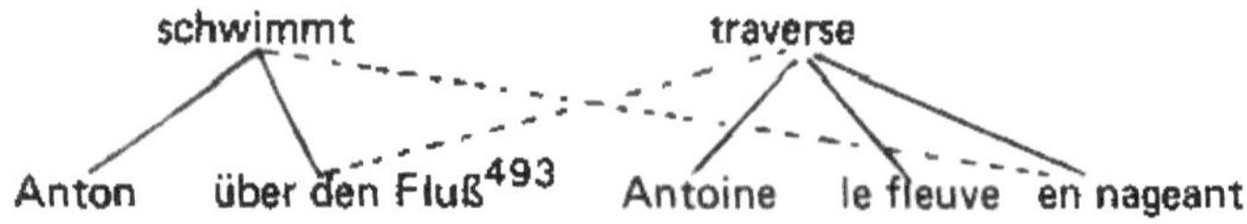

(Beim zweiten Beispiel handelt es sich um ein sogenanntes *chassé-croisé*.)

Betrachten wir ein weiteres Beispiel aus Malblancs Stylistique näher:

a) Er klopfte die Pfeife aus
   Il vida la pipe à petits coups

b) Er ritt in den Wald hinein
   Il entra dans la forêt

Die Valenz der Verben ist in beiden Sprachen jeweils analog. Nur würde kein Schüler in einem zweisprachigen (kontrastiven) Valenzlexikon die Entsprechung *klopfen – vider* überhaupt ausmachen können. Das wäre für das Beispiel b) zu bewerkstelligen.[494] Nehmen wir nun an, der Satz b) stehe nicht mitten im Text, sondern eröffne einen Text, so muß für eine adäquate Wiedergabe gerade der verbale Bereich verlassen werden *(Le cavalier entra . . .; A cheval, il pénétra . . .).*

In nicht-analytischer Form sind ferner Verbindungen darzustellen wie *être roi, faire faillite, prendre contact, avoir soif.* Daß die Elemente *roi, faillite, contact, soif* ihren ursprünglichen nominalen Charakter verloren haben, läßt sich nach Raible (1972, S.67), der sich seinerseits an Ch. Duclos anlehnt, anhand zweier wesentlicher Kriterien aufweisen: „Präpositive" wie *tout, chaque, quelque, ce, mon, un, deux* können nicht vor den o.a. Elementen stehen; diese Elemente können außerdem nie zusammen mit von ihnen abhängigen Relativsätzen bzw. Ralativsatzäquivalenten vorkommen. Die vorstehenden Beispiele machen klar, daß weder mittels valenzgrammatischer Darstellung (syntaktischer Teil) noch mittels Morphologie und Wortbildung und Valenzlexikon dem Sprecher einer Fremdsprache in allen Fällen hinreichend Hilfen gegeben werden können. Immer aber kann – und das ist nun entscheidend – eine valenzgrammatische Syntax wenigstens „im Nachhinein", d.h. nach erfolgter bzw. geplanter Encodierung im Sinne einer Überprüfung der Gesamtkonstruktion fruchtbar werden: So etwa im Falle von *Das Haus brennt* → *la maison est en flammes* vs. *Das Haus brennt am Dach* *→ *la maison est en flammes au toit* (richtig: *le toit de la maison est en flammes* oder: *le toit a pris feu).*[495] Es ist also wesentlich, daß auch die syntaktische Komponente einer pädagogischen Grammatik kontrastiv angelegt ist und zum einen die Gesetzlichkeiten der Mindestausstattung und der möglichen Erweiterungen der einzelnen Syntagmentypen beschreibt und zum anderen – ebenfalls unter kontrastivem Aspekt – die beim Zusammenbau von Syntagmen anfallenden Sekundärerscheinungen (Anaphorik, Verkürzungen, Permutationen, Überführung eines verbalen Syntagmas in eine entsprechende nominale Fügung und umgekehrt usw.). Die bereits im frühkindlichen Stadium der „Zwei-Wort-Sätze" festzustellenden Parallelitäten zwischen kindsprachlicher und erwachsensprachlicher Linearität (nicht bezüglich der absoluten Sequenzen, sondern bezüglich der Abfolge der verkürzt – meist sogar unter Auslassung des Verbs – wiedergegebenen Syntagmen) deuten darauf hin, daß das Kind schon früh ein Sprachgefühl für den morphosyntaktischen Gesamtrahmen einer Äußerung (eines Satzes) entwickelt, wobei natürlich auch die *prosodische* Klammer von entscheidender Bedeutung ist.[496] Der fremdsprachliche Lerner wird dagegen erst spät analoge Fähigkeiten aufweisen. Er wird sich, wie wir unter IV 2. dargelegt haben, bezüglich der großlinigen Gesamtorganisation seiner Äußerung weitgehend an muttersprachlichen Schemata orientieren, während im Bereich der diesen Gesamtrahmen füllenden Teilsyntagmen die Gesetzlichkeiten der fremdsprachlichen Syntax durchaus schon als autonome Teilfertigkeiten funktionieren können. Es gibt also weder eine primitive Wort-für-Wort-Übersetzung noch einen von der Muttersprache unabhängigen Umgang mit fremdsprachlichen Satzmustern. Daraus ergibt sich einerseits die Notwendigkeit einer Kontrastierung auf *Satzebene* (d.h. bezüglich der durch einen bestimmten Verbtyp verlangten Gesamtorganisation von Aktanten und Zirkumstanten) und andererseits die Notwendigkeit einer Kontrastierung von Syntagmen *mittlerer* Größenordnung.

3.3.4 Exkurs: Zur Darstellung des Subjekts im Stemma

Tesnière selbst (1959, S.102-105) spricht sich entschieden dagegen aus, daß der *prime actant* (das Subjekt) bezüglich des Verbs und im Vergleich zu den anderen Aktanten im Stemma privilegiert dargestellt wird, z.B. dadurch, daß er „auf anderer Ebene" (vgl. S.104) als die übrigen Aktanten und «sur un pied d'égalité» mit dem Verb (vgl. l.c.) abgebildet würde:

```
filius ———— amat
              |
            patrem (Stemma 87)
```

Diese «opposition du sujet et du prédicat» stamme aus einer «logique formelle a priori», die in der Tradition von Aristoteles und Port-Royal stehe (vgl. S.103/104). Eine „strikt linguistische" Betrachtung der «faits de langue» führe a posteriori zu ganz anderen Schlußfolgerungen (vgl. S.104).[497] Auf welche konkreten Fakten und operationalisierbaren Entdeckungsprozeduren diese „strikt linguistische" Betrachtung in diesem Fall rekurriert, ist u.E. nicht auszumachen.[498] Man ist zunächst versucht, gegen Tesnières Konzeption sprachpsychologische Einwände vorzubringen (übrigens nicht zuletzt auch hinsichtlich des von Tesnière – vgl. S.105 – ausdrücklich diskutierten Vergleichs der Diathesen). Zur Rechtfertigung einer pädagogisch orientierten Modifikation des Tesnièreschen Stemmas genügt es aber, auf die mittels der Fakten des *accord* aufzuweisenden strukturellen Abhängigkeiten abzuheben: Danach leuchtet ein, daß *patrem* bzw. *patres* morphologisch allein durch *amat* determiniert ist. Der Akkusativ als morphologische Erscheinung[499] ist ohne Rückgriff auf das Subjekt zu erklären, da sowohl nach *amat* wie *amant* unterschiedslos, d.h. nach Wahl des Sprechers, ein Akkusativ Singular oder Plural stehen kann; dagegen ist die paradigmatische Entscheidung zwischen *amat* und *amant* ihrerseits ausschließlich durch das jeweils vorhandene *Subjekt (filius* oder *filii)* bedingt. Die Konkordanz von Subjekt und Verb ist also „wechselseitiger" als die von Verb und Objekt.[500] Nahezu jedes Subjekt ist mit jedem Verb kombinierbar (die Restriktionen sind größtenteils außerlinguistischer Art), während in der Tat sowohl die Präsenz als auch die Form eines Objektsyntagmas von der *grammatischen* Natur des einmal gewählten Verbs abhängen: Gerade hierin sehen wir ja die ordnende pädagogische Kraft des valenztheoretischen Satzmusterbegriffs.[501] Wir deuten im folgenden (nur sehr grob differenzierenden) Beispiel, das zugleich die pädagogische Bedeutung der Valenzgrammatik für die verbale Synonymik illustrieren soll, durch doppelt gerichtete Pfeile die Freiheit der Kombination zweier Syntagmen an, während der einseitig gerichtete Pfeil den Zwang zu einer bestimmten morphosyntaktischen Ausgestaltung des tangierten Syntagmas repräsentiert bzw. die Abhängigkeit seiner Anwesenheit im Satz von der Präsenz des dominierenden Syntagmas.

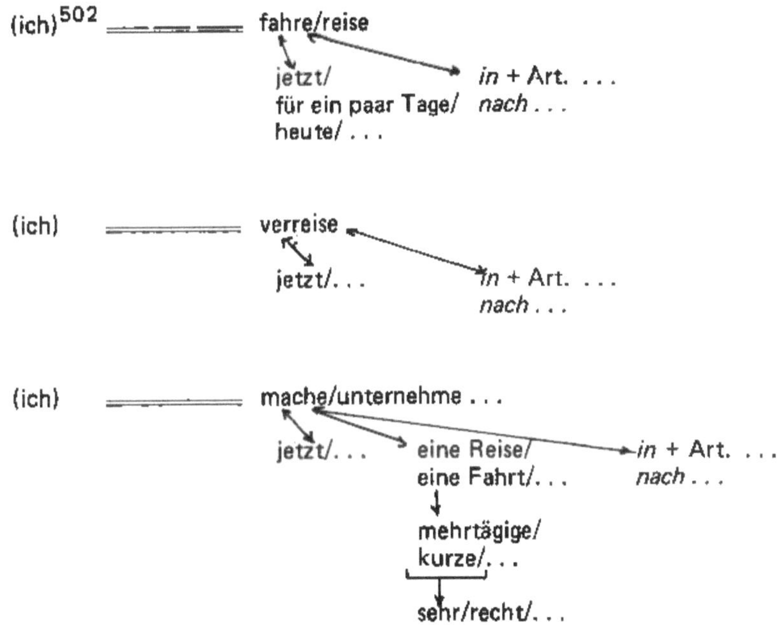

Die Übersichtlichkeit des (intra- oder interlingualen) Strukturvergleichs wird erhöht, wenn der Subjektsaktant (in der von Tesnière verworfenen Weise) gesondert markiert wird: Die Bezüge zwischen *Dorf – brennen* und zwischen *village – être en flammes* sind zweifellos kontrastiv bedeutsam, aber sie resultieren aus sprachspezifischen Kollokations- und Encodiergewohnheiten; in streng syntaktischer Hinsicht (so wie gerade Tesnière die Syntax verstehen möchte) ergeben sich die kontrastiv interessanten Konstruktionsunterschiede erst bezüglich des 2. und 3. Aktanten und bezüglich der obligaten Zirkumstanten. Dies gilt sowohl für eine relativ unterschiedliche wie auch für eine relativ analoge situative Verwendung der Verben in den konfrontierten Sprachen:

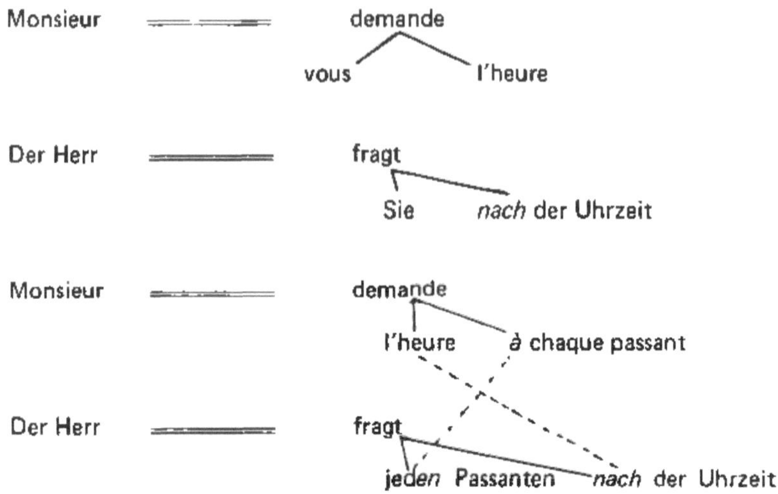

Die kontrastive Gegenüberstellung der Satzmuster wird also (durch die optische Abhebung des Subjektsaktanten) auf den relevanten Teil konzentriert. Nun kann freilich der Subjektsaktant seinerseits weitere Syntagmen dominieren, die in den beiden zu vergleichenden Sprachen unter Umständen sehr unterschiedlich organisiert sind. Allein, bei diesen Unterschieden handelt es sich dann um generelle, d.h. jedes Nominalsyntagma[503] betreffende Gesetzlichkeiten, die nicht unbedingt im Rahmen einer *Satzanalyse* explizit gemacht werden brauchen. Der speziell für den Bereich Subjekt – Prädikat kontrastiv relevante Gesichtspunkt betrifft hauptsächlich die *Reihenfolge* von Subjekt und Prädikat (bzw. finitem Verb): Auch dieser Sachverhalt tritt in der von uns gewählten Darstellungsweise nur um so deutlicher in Erscheinung.

Beispiele:

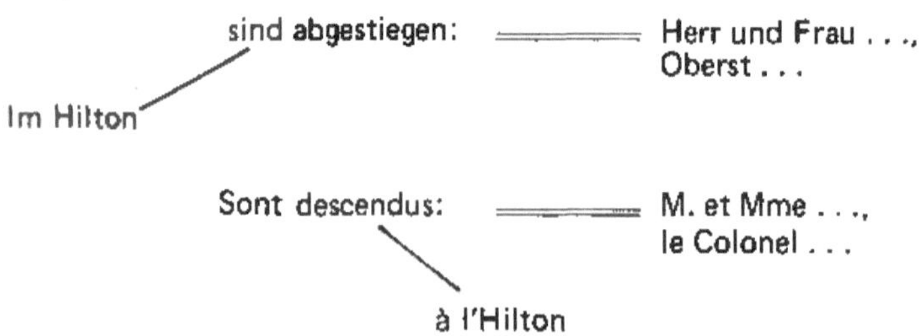

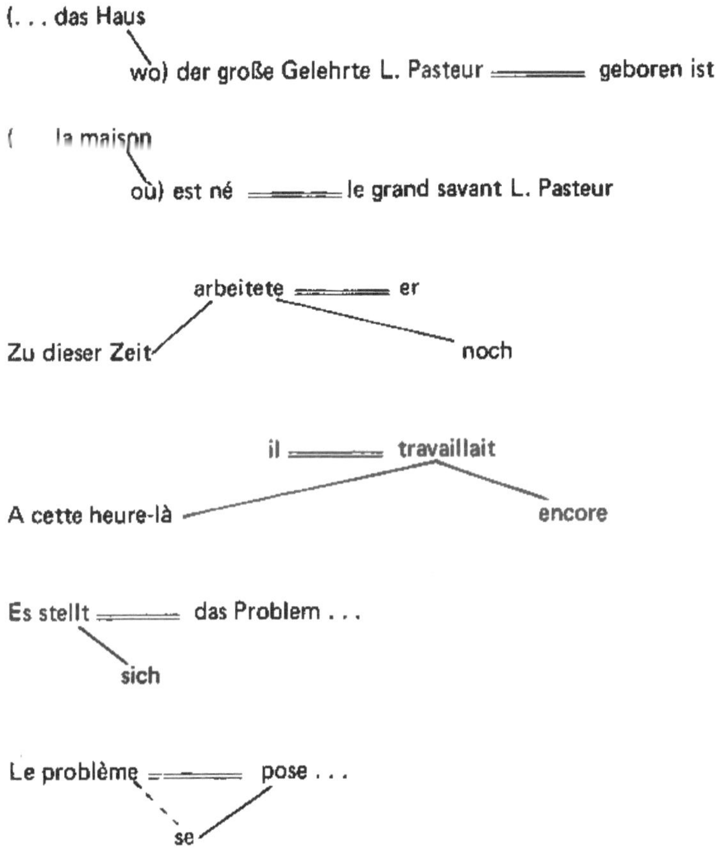

Schon um dieser Übersichtlichkeit willen wird es sich empfehlen, die Subjektsgruppe stets als *stemma abrégé* wiederzugeben.

(Exkurs Ende)

3.3.5 Anmerkungen zur Form von Grammatikregeln

Befund: Wir erinnern an die (unter III 2.2.3 und III 3.1) ausführlich diskutierten Fälle imitativer kindsprachlicher Äußerungen. Aus der Gegenüberstellung der (unmittelbar vorausgehenden) erwachsensprachlichen Äußerung mit der entsprechenden kindsprachlichen Imitation lassen sich bestimmte

Schlüsse ziehen bezüglich der vom Kind hierbei aktualisierten Handlungsstrukturen.

Beispiel a)[504]

Mutter:	fell / shoe / your	Kind:	fall / shoe / . . .

Beispiel b)

Mutter:	let's take off / shoes / your	Kind:	. . . off / shoe / . . .

Weitere frühe Beispiele eines *telegraphic speech* in Form direkter Wiederholung finden sich in Brown/Bellugi (1964a, S.78):

He's going out.	→ He go out.
No, you can't write on Mr.Cromer's shoe	→ Write Cromer shoe.

Zwei Prinzipien werden hier sichtbar: zum einen die syntagmatische „Verkürzung"[505] des erwachsensprachlichen Modells unter Beibehaltung der (relativen) Abfolge der Wörter und zum anderen der *Ersatz* bestimmter Formen *(fell, shoes)* durch *Rückgriff auf die bereits im Repertoire des Lerners befindlichen Formen (fall, shoe).* Bedeutsam ist hierbei insgesamt, wie wir auch an zahlreichen anderen Beispielen aufzuweisen versuchten, daß die Übernahme syntagmatischer Einheiten ohne Modifikation hauptsächlich in Fällen einer semantischen und/oder referentiellen Nichtanalysierbarkeit erfolgt (Syntagmen wie *it's, there's*), während der aktiv zupackende (d.h. hier: adaptierende)[506] Umgang mit Wörtern (im Sinne einer kreativen Kombinatorik) eine referentielle Distinktivität voraussetzt: Sie ist gegeben bei Wörtern bzw. Syntagmen wie *shoe, fall, take off.*

Die Fähigkeit zu einer dislokativen, gleichsam „analytischen" Syntax[507] ist also eines der entscheidenden Momente im Lernprozeß: Das Kind selegiert aus den gehörten Äußerungen das von sich aus Erkennbare und für die

Situation Relevante und operiert dann selbst aktiv mit diesen Versatzstükken in der zu einem bestimmten Zeitpunkt verfügbaren Form.[508]

Didaktische Folgerung: Wenn wir davon ausgehen dürfen, daß letzten Endes das muttersprachliche Verhalten durch die oben skizzierten Lernstrategien geprägt bleiben wird und daß fremdsprachliches Encodieren irgendwie – wenigstens in der großlinigen „Planung" – am muttersprachlichen Verhalten orientiert ist[509], so müßte der Fremdsprachenunterricht analoge Lerntechniken entwickeln. Wo und wie dies geschehen könnte, sei im folgenden exemplarisch angedeutet.

Der fremdsprachliche Lerner ist wie das Kind in der Situation, sein beschränktes produktives („aktives") Sprachvermögen im Kontakt mit kompetenten Sprechern[510] weiter zu entwickeln, um die Kluft zwischen produktivem und rezeptivem Vermögen nicht unverhältnismäßig groß werden zu lassen. Es leuchtet ein, daß die Näherung des Sprachvermögens des Lernenden an das Vermögen des Lehrenden nur schrittweise geschieht. Wenn der Lehrende (und das Lehrmaterial) hierauf *zu wenig* Rücksicht nimmt, entsteht Frustation und Mutlosigkeit. Wo er *zu viel* Rücksicht nimmt, gibt es entsprechend wenig Fortschritte: Es entsteht „Schulenglisch" oder „Schulfranzösisch", das nur ungenügenden Anschluß an die authentische Sprachgemeinschaft ermöglicht. Dem Lehrenden wie dem Lernenden muß bewußt sein, daß es einerseits in der Tat natürlichen Gegebenheiten entspricht, wenn das passive Sprachvermögen stets entschieden größer ist als das aktive, und daß andererseits weder das passive Vermögen des Schülers plötzlich *in toto* in ein aktives umschlagen kann, noch das aktive Sprachverhalten des Lehrenden *tel quel* vom Lernenden übernommen werden kann. Das aktive Vermögen des Schülers entwickelt sich zwar im *Kontakt* mit Produktionen kompetenter(er) Sprecher, aber auf der Basis des jeweils vorhandenen (schon aktiven) Sprachvermögens des Lerners, und zwar Schritt um Schritt, Stufe um Stufe.[511] Dies entspricht einer allgemeinen lernpsychologischen Gesetzlichkeit: der Aufbau neuer Handlungsstrukturen erfolgt unter Berücksichtigung bereits vorhandener Lernresultate, soweit diese überhaupt in eine komplexere Handlungsstruktur transferierbar sind. Diesen Transfer gilt es zu begünstigen.

Cook (1973) kommt in einer auf zwei Versuchen basierenden lernpsychologischen Analyse des Erst- und Zweitspracherwerbs zu dem Schluß, man müsse auch dem schulischen Lerner erlauben, seine imitierenden Reproduktionen *sehr viel freier und seinem momentanen Vermögen entsprechend* zu gestalten (vgl. insbes. S.22). Da eine (neue) komplexe Handlungsstruktur andererseits immer mehr ist als die Summe entsprechender Teilhandlungsstrukturen aus dem Repertoire der lernenden Person – diese müssen ja erst noch zu einem „fließenden Ganzen" organisiert werden –, muß sie trotzdem wieder einem gewissen *overlearning* unterworfen werden. Das Einbringen eines bereits vorhandenen aktiven sprachlichen Vermögens als Teilfertigkeit für noch zu erlernende elaboriertere Formen der Sprachverwendung muß, da automatischer Transfer in einem kognitiv orientierten Sprachunterricht[512] verhältnismäßig selten ist, eigens geübt werden. Dies könnte dadurch geschehen, daß nachstehende Prinzipien mehr als bislang beachtet würden:

a) **Übernahme und Adaption.** Der Schüler verhält sich wie der muttersprachliche Lerner insofern ökonomisch, als er es versteht, aus dem Encodat eines kompetenten (kompetenteren) Sprechers diejenigen Elemente zu extrahieren, mit denen er selbst schon aktiv umgehen kann (Prinzip der Übernahme, das auch beim Muttersprachler, insbesondere bei dialogischem Sprechen, beobachtet werden kann). Damit hat der Schüler zunächst einen „Einstieg", eine „Formulierungsidee". Von diesen (lexikalischen und strukturellen) Elementen wird der Schüler nun allerdings einen verkürzten, d.h. vereinfachten Gebrauch machen (Prinzip der Adaption), wie es seinen augenblicklichen syntaktischen Fähigkeiten entspricht: weitgehend Parataxe statt großliniger Hypotaxe, Dislocation (insbesondere bei *spontaner* oraler Versprachlichung), Bevorzugung von grammatisch „unverfänglichen" Konstruktionen und Paradigmen,[513] Zerlegung einer komprimierten nominalen Fügung in eine Folge einfacher verbaler Formulierungen usw. Hinzukommen muß die Fähigkeit zur Paraphrase, zur Korrektur («je veux dire. . .», «pour ainsi dire», «ou plutôt une sorte de . . .») und zu „Nachreichungen" aller Art, kurzum: die Fähigkeit zu analytischer Flexibilität.[514] Gerade unter diesen Gesichtspunkten sind – unter Berücksichtigung der unter IV 2. ausgeführten Einschränkungen – die einsprachigen Lehr- und Lerntechniken zu würdigen. Sprachliche Wendigkeit und Findigkeit haben ein immer neu erlebtes zupackendes Vertrauen in die bislang gelernten Sprachhandlungselemente zur Voraussetzung; es versteht sich von selbst, daß die sprachliche Wendigkeit und Findigkeit zunächst am Lehrenden, der sich ja in der Regel an den Vokabelschatz der Schüler zu halten hat, beispielhaft erlebt sein muß.[515]

b) **Erkennen grammatischer Signale.** Da der fremdsprachliche Lerner – sehr im Gegensatz zum muttersprachlichen Lerner – keineswegs davon ausgehen kann, daß sein „Gemüt", wenn er „nur dreist den Anfang macht", die „verworrene Vorstellung zur völligen Deutlichkeit ausprägt" und „die Periode", zu seinem Erstaunen, „mit der Erkenntnis fertig ist"[516], muß der Grammatikunterricht diesem Umstand Rechnung tragen: Sein Ziel muß es sein, dem Schüler das Vertrauen zu geben, *einen einmal gewähl-*

ten sprachlichen Einstieg auch zu Ende zu bringen.[517] Andernfalls wird er erst sprechen, wenn er sich seine „Periode" fertig zurecht gelegt hat, d.h., er wird selten den Mut haben, *überhaupt* zu sprechen.[518]

In dieser Hinsicht muß die pädagogische Grammatik ihre „Statik" verlieren und „dynamischer" konzipiert werden. Die Statik herkömmlicher Schulgrammatiken zeigt sich in der Vorherrschaft der Paradigmata in Form systematisierender Übersichten. Der Betonung des Paradigmatischen (in der Doppeldeutigkeit des Wortes!) stand eine sträfliche Vernachlässigung syntagmatischer Gesichtspunkte[519] gegenüber. Sie erklärt sich aus der Herkunft der Schulgrammatik aus der philologischen Tradition, die es von Hause aus mit *toten* Sprachen zu tun hatte, mit stark „synthetisch" (im Sinne Schlegels) geprägten Sprachen, die , da die Satzglieder als solche und die Zusammengehörigkeit der einzelnen Elemente eines Satzgliedes mittels eines reich ausgestatteten Flexionssystems leicht zu erkennen waren, gewisse, heute nur noch in Resten und unter der Bedingung von grammatischen Sekundäreffekten nachvollziehbare Freiheiten der Wortstellung gekannt haben.[520] Vermutlich war es die intuitive Erkenntnis dieser „Statik", welche eine Zeitlang an die generative Transformationsgrammatik so hoffnungsvolle Erwartungen knüpfen ließ: schien es doch zunächst so, als ließe sich der im Vergleich zur Phrasenstrukturgrammatik „dynamisierte" Ansatz der „Satzerzeugung" didaktisch verlängern bzw. übertragen auf das Sprechverhalten bei Encodierprozessen.

Die Hinweise auf syntagmatische Gesetzlichkeiten sind in der traditionellen Grammatik selten. Sie betreffen Stellungsgesetzlichkeiten der Wortfolge (im Französischen z.B.: Inversion von Subjekt und Prädikat: wann ist sie parallel zum Deutschen möglich, wann nicht? Folge der Objekte; Stellung der Pronomina; Sonderfälle wie *aussi, peut-être* am Satzanfang). Die neuere Linguistik scheint übrigens dieses Defizit zu fühlen: Darauf deuten Begriffe wie „Solidaritäten" (Coseriu) oder „Syntagmatisches Potential der Wörter" (Grebe). Truffaut (vgl. 1968, S.134ff.) hat darauf aufmerksam gemacht, daß — und auch dies ist kontrastiv bedeutsam — gewisse französische Entsprechungen zu deutschen Wörtern und Wendungen nicht satzeinleitend verwendet werden können. Man darf vermuten, daß hinsichtlich der syntagmatischen Gesetzlichkeiten die grammatische Beschreibung bis heute sehr lückenhaft ist. Beklagenswert ist in diesem Zusammenhang auch die auffällige *Unsystematik,* mit der selbst große Lexika bei Verbeinträgen die grammatischen „Anschlüsse" für Nominal- und Infinitivsyntagmen angeben. Wichtiger noch als die Füllung derartiger Lücken ist eine der Syntagmatik sich zukehrende Blickrichtung der grammatischen Behandlung im Unterricht. Zimmermanns „Signalgrammatik" (vgl. Zimmermann 1969, S.253) möchte insbesondere die kognitive Komponente beim grammatischen Lernen so verstehen, daß eine kognitive Handlungsstruktur aufgebaut wird, die allmählich in eine nicht-kognitive Struktur (unbewußtes Valenzhandeln im Sinne Parrerens)' überzuführen wäre. Das kognitive Schema in Form von „Reiz-Reaktionsfolgen zwischen sprachlichen bzw. situativen Auslösern und grammatischen Reaktionen" wird durch *overlearning* zu einer „festen Assoziation". Beispiel (vgl. l.c.):

Signal: I like → Reaktion going, coming, singing. . .
I'd like → Reaktion: to go, to come, to sing. . .

Eine solche Grammatik ist weniger „sprechfeindlich" als die traditionelle Form der Regeldarbietung.[521]

Es sei abschließend betont, daß die Berücksichtigung der sprachlichen Linearität selbstverständlich auch über den einzelnen Satz hinausgehen muß. Damit ist zunächst die grammatische Organisation der Satzgefüge gemeint: beispielsweise der Umstand, daß dt. *weil* stets das Gefüge eröffnen kann, frz. *parce que* dagegen nur ausnahmsweise. Bedeutsamer noch ist die Berücksichtigung von „Sekundäreffekten" bei Umorganisationen folgender Art:

frz. *Qu'*il l'a (ait) fait, je *le* sais bien
Il l'a fait, je *le* sais bien.
→ Je (-) sais bien *qu'*il l'a fait.

vs. engl. He did it, I know (that).
→ I know { (-) he did it. / that he did it. }

und vs. dt. Daß er es tat, *weiß ich* (-)
Er tat es, *ich weiß* (es, das . . .)
→ Ich weiß (es), daß er das getan hat.

Zydatiß (1975, S.323) hat den diesbezüglichen grundsätzlichen Mangel der gängigen pädagogischen Grammatiken folgendermaßen zusammengefaßt:

> Meiner Meinung nach werden (. . .) die Bedürfnisse von ziemlich fortgeschrittenen Lernenden in grober Weise vernachlässigt — im Gegensatz zur großen Zahl von Techniken, die der Lehrer zur Verfügung hat, um manipulative Fertigkeiten auf den „unteren Ebenen" einzuüben.

Entsprechende didaktische Überlegungen könnten übrigens, in einem fortgeschritteneren Stadium, bis auf die Ebene großliniger Encodiergewohnheiten („Argumentationsstratetien" z.B.) reichen: Der bisweilen unterschiedliche Gebrauch von *voici* und *voilà* (als einleitendes, auf folgende Explizitierung bzw. als abschließendes, resümierendes Element in einer Aussagekette) wäre hier ebenso zu nennen wie eigentlich stilistische Mittel (etwa: Vorliebe des Franzosen für gehäufte Parallelismen zum Ausdruck der Insistenz).[522]

Auch auf gewisse Besonderheiten dialogischen Sprechens müßte die Didaktik besser achten als bisher. Schon Fries (1952, S.172) hat gefordert, daß bezüglich der *structural arrangements* grundsätzlich zwischen solchen Äußerungen unterschieden werden müsse, die formal ohne Rücksicht auf vorausgehenden Kontext erfolgten, und solchen, die durch die unmittelbar vorhergehende Formulierung des Gesprächspartners in formaler Hinsicht mit determiniert seien. Im Extremfall kann eine Textsyntax die Satzsyntax so stark dominieren, daß es sogar zu valenzgrammatischen „Regelverstößen" kommt. So scheint beispielsweise eine elliptische Antwort wie (B) im Deutschen (im Gegensatz zum Englischen) zunächst nicht möglich:

(A) Hat Peter angerufen?
(B) * Ja, er hat. (Yes, he did)
Aber bei entsprechender Emphase (A') wird (B') möglich.
(A') Hát Peter (nun) angerufen (oder nicht)?
(B') Ja, er hát.

Oder:

(A) (Und) hát er geholfen?
(B) Ja, er hát geholfen.

wo sowohl bei (A) wie bei (B) „helfen" ohne den üblicherweise obligaten 3. Aktanten gebraucht wird (Beispiele nach Dressler 1970b, S.68).

In derartigen Fällen wie auch bezüglich der transphrastischen Verbindungsmöglichkeiten und Proformen ist nach Busse (1974, S.58) zu beachten, daß auch die Strukturierung von Texten (wenigstens „sporadisch") grammatischen Verfahren unterworfen ist. Wolf (1975, vgl. S.244) fordert als Grundlage für eine didaktische Grammatik neben der „bisher üblichen Inventarisierung" auch die Beschreibung der „transphrastischen Regularitäten in monologischen und dialogischen Texten"[523], der „wechselseitigen Determination von sprachlichen Elementen" und der „Verträglichkeit von sprachlichen Elementen untereinander bzw. mit höheren syntaktischen Einheiten".

An dieser Stelle ist, damit Mißverständnisse ausgeschlossen bleiben, nachdrücklich auf die von Parreren immer wieder herausgestellte *Pluralität der Lernprozesse* zu verweisen. Es kann nicht darum gehen, grammatische Gesetzlichkeiten ausschließlich in Form einer „Signalgrammatik" zu vermitteln: Es gibt vielmehr grammatische Bereiche, die sich prinzipiell einer derartigen Behandlung entziehen. Dazu ein didaktisches Beispiel aus Hägele 1973 (S.42):

> Nehmen wir den Fall eines Deutschen, der in einem französischen Geschäft die Ware, die er zu kaufen gedenkt, beschreibt. Wenn er sagt: *Je pense à une paire de chaussures, qui . . .,* so findet er zunächst in diesem Satzteil kein Element, das als solches zwingend wie ein Element aus der Pattern-Sequenz der Lernsituation den Subjonctif signalisiert. Wenn er dennoch im Relativsatz – richtigerweise – den Subjonctif setzt *(qui soit assortie à ce pantalon bleu),* so nicht in Reaktion auf eine *figurale* Äquivalenz, sondern durch die subjektive Sicht eines mit früheren „subjonctifträchtigen" Situationen gemeinsamen *Aspekts* (von der Art: *je voudrais que les chaussures soient* . . .). Entscheidend war die psychologische Perspektive des denkenden Individuums: die Vorstellung, die mit einem – im Feld der Wahrnehmungen allerdings nicht registrierbaren – *Wollen* verbunden ist. Die Äquivalenz mit Subjonctif-Patterns wird hier in einer ganz bestimmten Situation als *relevant* erkannt. Der Transfer entsteht also „infolge der kognitiven Einstellung auf gemeinsame Merkmale, und das ist etwas ganz anderes als der Transfer über figurale Äquivalenz. Diese beiden Typen des Transfer unter der gemeinsamen Überschrift 'Reizgeneralisierung' miteinander zu vermischen, das verwirrt die Dinge, statt sie zu klären" (Parreren 1962, S.270).

ZUSAMMENFASSUNG UND AUSBLICK

Parreren selbst (1972a, vgl. S.101) hat darauf hingewiesen, daß eine Regel-*form* nicht unabhängig von dem „psychologisch-realen" Verhalten beim Regel-Erlernen und bei der Regel-Anwendung konzipiert werden sollte. Aber auch der Regel*inhalt* muß nach Parreren psychologischen Aspekten Rechnung tragen: Darum braucht sich eine Unterrichtsgrammatik inhaltlich „durchaus nicht mit einer linguistischen Grammatik zu decken" (l.c.).[524] Alles kommt darauf an, „den Zusammenhang zwischen bestimmten Verständigungsintentionen und bestimmten sprachlichen Strukturen (zu) explizieren": Nur so „und nicht innerhalb der grammatischen Strukturen selbst" könnten Regeln als „Sprachproduktionsregeln" wirksam werden (vgl. l.c.). Es ist dies gleichsam ein „onomasiologischer" Ansatz, dessen didaktische Strategie darin besteht, für explizit gemachte Sprechanlässe und Sprechintentionen „Redemittel" bereitzustellen: Die Darbietungsform der Lehrmaterialien und die didaktische Progression überhaupt orientieren sich nicht mehr an linguistisch-grammatischer Systematik, sondern an einer noch zu entwerfenden Systematik des Sprachhandelns.[525] Im Sinne von Bühlers Organonmodell (vgl. Bühler 1934) ist hierbei die „Hymonymie" linguistischer Strukturen bezüglich ihrer Diskursfunktion berücksichtigt. Damit ist nicht gesagt, im „kommunikativen Sprachunterricht" gebe es *keine* grammatische Planung (er wäre dann hierin dem Ansatz der Direkten Methode vergleichbar), die Planung der Grammatik wird jedoch *sekundär* und in *Abhängigkeit* von psychologischen Inventaren gesehen: Die Progression der Sprachfunktionen und Redeintentionen zieht eine gewisse linguistische Progression *nach sich.* Eine so verstandene Didaktik möchte zweierlei vermeiden: Erstens soll der Lerner im Augenblick des Sprechens nicht nur auf zufällig assoziierte Textelemente zurückgreifen und im übrigen seinen sprachlichen Ausdruck aus linguistisch-grammatischen Einzelfertigkeiten synthetisieren müssen, was – wie Piepho immer wieder betont – zu unnatürlicher und inadäquater Ausdrucksweise führt, da dem Lerner ja gerade das Sprachgefühl für die Angemessenheit eines Ausdrucks noch *fehlt.* Zweitens möchte die „kommunikative Didaktik" sich vom behavioristisch verstandenen Pattern-Drill distanzieren: Die *pattern practice* hatte ja glauben gemacht, beim Erlernen von linguistischen Strukturen werde Inhalt und Intention des Redeaktes automatisch „mittransportiert", so daß im Rahmen einer bestimmten Situation mit der hierbei anfallenden Sprechintention auch ein geeignetes syntaktisches Muster sich wieder einstelle. Das Schema

Lernphase:	Struktur → Inhalt
Aktualisierungsphase:	Inhalt → Struktur

ist aber lernpsychologisch äußerst ungünstig:[526] Lern- und Aktualisierungsphase müssen parallel strukturiert sein, wenn es maximalen Transfer zu garantieren gilt. Die „kommunikative Didaktik" im Sinne Piephos entspricht damit nicht zufällig unseren Befunden aus der Analyse der sprachlichen Ontogenese, wie wir sie in Kapitel III dargelegt haben. Auch hinsichtlich der muttersprachlichen Präsenz beim Encodierprozeß, auf die in Kapitel IV eingangs abgehoben wurde, ist das neue Verfahren sprachpsychologisch richtiger. Beim Sprecher werden ja nicht lediglich *grammatische* Sachverhalte interferiert bzw. transferiert (gleichsam abstrakt von der Grammatik für L_1 zur Grammatik für L_2), vielmehr ist gerade auf der Ebene der *Inhalte* und *Sprechintentionen* die muttersprachliche Besetzung von größtem psychologischem Gewicht: Von dieser Ebene aus muß folglich der Aufbau eines sekundären Sprachsystems seinen Ausgang nehmen, was wiederum bedeutet, daß die Kontrastierung zweier Sprachen nicht primär von Ausdruck zu Ausdruck, sondern in bezug auf ein anders geartetes Drittes (den Inhalt und die Redeintention nämlich) erfolgen muß.

Auch die Tatsache, daß eine pragmatisch und kommunikativ orientierte Didaktik ebenso natürlich wie notgedrungen auf eine erschöpfende Behandlung des jeweils anfallenden grammatischen Paradigmas verzichtet, hat ihre Parallele im Erstspracherwerb: Die Zuordnung der Redemittel zu einem Paradigma erfolgt erst allmählich, nachdem das Kind lange schon mit einzelnen Elementen des betreffenden Paradigmas sprachgerecht operiert hat. Für die Fremdsprachendidaktik heißt dies: Wo Sprache in ihrer situativen Bindung und Bedingtheit vermittelt wird, braucht die „grammatische Aussparung" (im Regelwerk) nicht mehr notwendigerweise unverhältnismäßig viele fehlerhafte Transferenzen grammatischer Art nach sich zu ziehen. Diese sind vielmehr typisch für einen *grammatikzentrierten* Unterricht, der sich (mehr oder weniger bewußt) einer apsychologisch konzipierten Satzlinguistik verpflichtet fühlt und aus eben diesen Gründen eine extrem analytische linguistische Progression erstrebt und somit – trotz aller Sorge um Dosierung und Progression – doch voreilig einer möglichst erschöpfenden und „systemgerechten" Behandlung der grammatischen Inventare erliegt. So wie der naive Sprecher in seinem Sprachbewußtsein bestenfalls eine vage und intuitive Unterscheidung trifft zwischen Lexis und Grammatik, führt eine kontrastive Sicht (trotz aller weiter oben exemplifizierter Schwierigkeiten im Detail), wo sie als *tertia* die situativ und texttypisch spezifizierten Sprechintentionen wählt, die lexikalischen und grammatischen Mittel in der vom Sprecher benötigten Weise wie selbstverständlich zusammen.

Wir haben im Verlaufe unserer Darlegungen immer wieder *drei allgemeine Gesetzlichkeiten* als für jede Form von Spracherwerbsprozessen bedeutsam erkannt:

1. Komplexe sprachliche Lernresultate, wie sie bei natürlichen Sprechvorgängen benötigt werden, erwachsen langsam und gleichsam beiläufig aus (zuvor) isoliert und unsystematisch erworbenen *Teilfertigkeiten.* Dies gilt nicht nur für den Erwerb der Muttersprache. Auch in der Art und Weise, wie wir didaktisch gesteuerte komplexe Lernprozesse organisieren, ist stets die bis zum jeweiligen Zeitpunkt angefallene Lerngeschichte eines Lerners bzw. einer Lernergruppe zu berücksichtigen.

2. Diese den komplexen Fertigkeiten vorgeschalteten Teilfertigkeiten sind nun aber nicht so elementarer Natur, daß sie sich – analog etwa zu einer morphematischen Analyse und bezogen auf die (linguistisch durchaus bedeutsame) zweifache Gliederungsebene der Sprache – beliebig auf weitere, letztlich „atomar" zu verstehende Teilfertigkeiten oder Teilkenntnisse zurückführen ließen. Vielmehr sind auch die frühesten Teilfertigkeiten stets schon *sprachliche* (und nicht metasprachliche oder vorsprachliche[527]) Fertigkeiten. Sie sind allerdings, als Lernresultate, keine unveränderlichen psychologischen Größen; vielmehr ist es für die Lerngeschichte des Individuums (insbesondere für die Lernfortschritte) höchst bedeutsam, daß ihre lernpsychologische Qualität ständigen Veränderungen unterworfen ist. Die Untersuchung sprachlicher Leistungen und ihres langfristigen Wandels ist für die Psycholinguistik und die Sprachpädagogik von großem Interesse. Mit Testbatterien in der Art Riegels (vgl. Riegel 1968: „Synonymtest", „Antonymtest", „Selektions- und Klassifikationstest") ist den entscheidenden sprachpsychologischen Mechanismen, wie wir sie in Kapitel II und III theoretisch zu erschließen versucht haben, nicht beizukommen. Die Psycholinguistik muß sich diesbezüglich nicht nur um verbesserte Fragestellungen bemühen – als ein Beitrag in diese Richtung will die vorliegende Arbeit verstanden sein –, sondern auch entsprechend anders konzipierte Testverfahren entwickeln.
   Im natürlichen Spracherwerb sind die frühesten sprachlichen Teilfertigkeiten, auch wo sie bezüglich ihrer lautgerechten und morphosyntaktischen Realisierung gleichsam verkürzt[528] und (bisweilen bis zur Un-

kenntlichkeit) verzerrt wiedergegeben werden, bereits situativ und kontextuell determinierte *Sinneinheiten.* Aktives sprachliches Lernen erfolgt also im allgemeinen über derartige Syntagmen (mittlerer Größenordnung), wie sie zum jeweiligen Zeitpunkt vom Lerner als relevant empfunden werden.

3. Eine weitergehende systematisch orientierte Formenerfassung und Formenanalyse tritt nur ganz allmählich ein.[529] Erst die (oft genug mittels schulischer oder quasi-schulischer Lernprozesse unterstützte) Erfassung paradigmatischer Ordnungen führt schließlich zu distanzierendem Reflexionsvermögen über die Formen und zu eigentlichem Formenbewußtsein. Am Anfang steht nicht die Grammatik oder gar die „Grammatikhypothese" im Sinne der amerikanischen generativistischen Psycholinguistik, sondern das Wort in seiner privilegierten Bedeutung.[530] Dieser allgemeinen Tendenz hat auch der schulische Fremdsprachenunterricht gerecht zu werden: Es scheint vorteilhafter, die lernpsychologisch durchaus nötige grammatische Reflexion (im Sinne einer Superzeichenbildung und kognitiver Systemetiketts) *nach-* und *zwischenzuschalten,*[531] statt den didaktischen Prozeß aus linguistisch-systematischen Einsichten und Progressionen zu deduzieren. Genau aus diesem Grunde haben wir bezüglich der Didaktisierung generativer Grammatikmodelle die entschiedensten Bedenken vorgebracht. Die große Flexibilität im Grade der Abstraktion und Explizitheit, wie sie für die jeweilige Lernphase[532] und Lernstufe[533] angezeigt sein dürften, und die große Anschaulichkeit des *Tesnièreschen Modells* scheinen demgegenüber vielversprechend.

Aus diesen drei allgemeinen Gesetzlichkeiten, die hier in gedrängter Formulierung noch einmal skizziert worden sind und die als natürlich angelegte Lernstrategien den Erwerb der Muttersprache (samt den damit verbundenen sprachpsychologischen Entwicklungen) bestimmen, ergibt sich eine Reihe von Folgerungen für die fremdsprachlichen Unterrichtsverfahren (die es allerdings, so weit möglich, empirisch noch zu überprüfen gilt):

— Die beständigen Veränderungen in der Natur der einzelnen Lernresultate erfordern *Pluralität* und *Variabilität* in den für die einzelnen Lernetappen vorzusehenden didaktischen Verfahren.

— Die heute vorherrschende Tendenz zu einer exzessiven Isolierung in der Einübung und Kontrolle einzelner Teilfertigkeiten[534] scheint gelegentlich den Blick für die Notwendigkeit und die besondere Leistung *freierer Übungsformen* zu verstellen.[535]

– Die bloße Reduktion des Stoffes im Sinne von Mindestanforderungen ist sinnlos, wo diese nicht als Mindestanforderung für den *produktiven Sprachschatz* verstanden wird, der seinerseits durch ein entsprechend *höheres Maß rezeptiver Sprachkenntnisse* auszugleichen wäre. So erst ist die vielbeschworene „Kommunikationsfähigkeit" in natürlichen Redesituationen gewährleistet. In diesem Zusammenhang ist der verstärkte Einsatz *authentischer*[536] (oraler und skripturaler) Sprache bedeutsam, wobei auch die Textsorten der *Spontansprache* angemessen zu berücksichtigen sind.

Es könnte durchaus sein, daß die historisch bedingte Unsystematik[537] natürlicher Sprachsysteme, auf die hinzuweisen Wandruska (vgl. insbesondere 1971a und b)[538] nicht müde wird, ihre letzte Ursache in der oben skizzierten „chaotischen" Lerngeschichte ihrer einzelnen Sprecher hat. Mit Rücksicht auf die sehr unterschiedliche Art und Weise, in der einzelne Formen und Syntagmen von einem natürlichen Sprecher jeweils kognitiv-analytisch erfaßt werden, können gerade linguistische Modelle, deren zentrales Anliegen in der systematischen Abbildung und im syntaktischen Zusammenspiel der Elemente der jeweils niedrigeren Beschreibungsebene auf der jeweils höheren Ebene besteht, nicht unbedingt eine brauchbare Grundlage für psychologisch orientierte Grammatiken abgeben. Gleichwohl ist andererseits zu betonen, daß es Sinn und Aufgabe jeder pädagogischen Grammatik sein muß, ein Ordnungsprinzip im Sinne lernpsychologischer Systemetiketts und kognitiver Rekonstruierbarkeit für den allgemeinen (abstrakten) Formenbestand und für den individuellen (konkreten) Sprachschatz anzubieten.[539] Entscheidend ist hierbei die Frage, worauf in der jeweiligen Lernphase und im jeweiligen sprachlichen Teilbereich der kognitive Halt genau zu zielen hat. Im übrigen freilich dürften diejenigen grammatischen Übungsformen den meisten Erfolg versprechen, die das Ineinander und Miteinander von sprachlich-formalem und sprachlich-inhaltlichem Zustrom in der Encodierung hinreichend berücksichtigen. Dieser Anforderung können aber nur *freie* Übungsformen gerecht werden. Letztlich darf überhaupt die theoretische Linguistik das didaktische Vorgehen nicht determinieren, vielmehr ergibt sich erst aus einer sprachpsychologisch begründeten Lernstrategie die Einsatzmöglichkeit für eine (vermutlich pluralistische)[540] „Linguistisierung" des Unterrichts. Da die Sprache ein Objekt ist, das in keinem Moment unabhängig vom Menschen existieren kann, sind es andererseits auch gerade psychologische Fakten, welche die Sprachwissenschaft angehen: Das sprachliche Corpus ist wieder als Ausgangspunkt und Indiz für die nicht direkt beobachtbaren sprachpsychologischen Prozesse zu begreifen und nicht als letzte Gegebenheit für eine Systematik um der Systematik willen:

> „Der Versuch, die Linguistik als autonome Disziplin zu etablieren, ist definitiv gescheitert. Die Linguistik muß nunmehr zu dem Punkt zurück, an dem die falsche Weichenstellung geschah, nämlich zu Saussure, zu seiner berechtigten und notwendigen Fragestellung: Wie ist eine nicht-historische Linguistik wissenschaftlich möglich? Der faszinierende Satz Saussures 'la langue est un système de pures valeurs' ist unbewiesen geblieben.[541] (. . .) Die Linguistik muß wieder anknüpfen an das, was bei Saussure anfänglich, wenngleich unvollständig, da war, dann aber in den Hintergrund geriet: an den psychologischen und sozialen Aspekt." (Gauger 1973a, S.177-178)

Auch im Bereich der anwendungsorientierten kontrastiven Linguistik wird immer häufiger und immer nachdrücklicher betont, daß die kontrastive Analyse sich nicht auf eine „rein linguistische" Untersuchung (auf eine „Analyse in abstracto") beschränken darf, sondern einen klaren „psycholinguistischen Ansatz" braucht (vgl. Slama-Cazacu 1976a, S.190, 198, 200-201).[542]

In diesem Sinne ist es, nicht zuletzt, die Absicht der vorliegenden Arbeit, Fragestellungen für experimentelle Arbeiten aus der Enge einer von formalen Grammatiktheorien faszinierten Psycholinguistik wieder herauszuführen. Dies kann nur geschehen, wenn den Problemen des *Sprachbewußtseins* und der *Bewußtseinsfähigkeit der Sprache* die gebührende Aufmerksamkeit zuteil wird:

> „Es muß aber unser Interesse erregen zu erfahren, daß die wissenschaftliche Seelenkunde unter den psychischen Akten nicht nur bewußte und unbewußte unterscheidet, sondern auch solche kennt, die in einem deskriptiven Sinne weder das eine noch das andere sind. Als weder eigentlich unbewußt noch eigentlich bewußt erschien uns gerade der Sprachbesitz und die beim Sprechen hinsichtlich dessen Sprachlichkeit beteiligten Vorgänge."
> (Gauger 1970a, S.34.)

Anmerkungen:

1 Vgl. hierzu Saussure/Engler 1968, S.380 (IR 2.92): «(. . .) La langue a la conscience non seulement des éléments mais *aussi de (l'influence) qu'ils exercent les uns sur les autres* quand on les place dans un certain ordre (. . .).» Der Verfasser hat bezüglich Saussure einem Vortrag von P. Wunderli vor dem *Freiburger Linguistenkreis* zum Thema „Saussure und die Kreativität" (5.2.1975) einige Anregungen entnehmen können. (Vgl. Wunderli 1974.)

2 Wode (1974) unterscheidet zu Recht zwischen didaktischen und natürlichen Formen eines Zweitspracherwerbs und betont die Rolle, welche die Analyse des *natürlichen* Zweitspracherwerbs als *tertium* für den Vergleich des Erstspracherwerbs mit dem schulischen Fremdsprachenerwerb spielen kann. Das bislang in der Literatur vorgelegte Faktenmaterial ist allerdings zu gering, als daß wir das Thema um diesen Gesichtspunkt erweitern könnten.

3 Kielhöfer (1975, S.13-17) formuliert in dieser Hinsicht einen hohen Anspruch der „Fehlerlinguistik", ohne daß der Autor selbst einen Beitrag zur Einlösung dieses Anspruchs leistet (vgl. beispielsweise S.148).

4 Gauger verweist hierbei (vgl. S.184, Anm.33) auf analoge Thesen Apels. In eben diesem Sinne fordert er auch eine Rückkehr zu dem psychologischen und sozialen Aspekt, wie er bei Saussure ansatzweise gegeben war (vgl. S.178; vgl. hierzu ebenfalls Wunderli 1971. S.23, insbes. Anm.36). Der italienische Psycholinguist Titone allerdings kritisiert, in Anlehnung an Guntert/Scherer, den Linguistik-Begriff Saussures als psychologisch nicht ausreichend (vgl. Titone 1971, S.237).

5 wie etwa: semantisches Erfassen der Wörter, Erlernung eines Lautes, Begreifen der Leistung einer grammatischen Struktur.

6 Die Tatsache, daß van Parreren selbst unverkennbar von gestaltpsychologischen Ansätzen ausgeht, steht dazu in keinem grundsätzlichen Gegensatz.

7 So auch bei Vogel/Vogel 1975 (vgl. insbes. S.69-71 und S.88-105).

8 Das gilt auch für Kielhöfer 1975, der Parrerens Systemtheorie auf 4 1/2 Seiten abhandelt (S.99-103) und glaubt, zwischen Osgood und Parreren eine „vermittelnde Position" einnehmen zu können (S.98). Die Oberflächlichkeit dieser Rezeption zeigt sich in Kielhöfers Kritik des Parrerenschen Lernmodells (S.148).

9 Die programmatischen Appelle in didaktischen Aufsätzen dürfen hier beiseitegelassen werden; bemerkenswerte Anregungen haben wir allerdings Arndt 1973 und Parreren 1972a entnehmen können. Auch die kleine anwendungsorientierte Schrift Parreren 1964a ist hilfreich gewesen.

10 Zur Zeit herrscht bekanntlich eher die Meinung vor, die Bedingungen, unter denen in beiden Bereichen der Spracherwerb vor sich gehe, seien so grundverschieden, daß ein Vergleich für die Didaktik fruchtlos bleiben müsse.

11 Während Chomsky seit den *Syntactic Structures* (1957) über *Aspects of the Theory of Syntax* (1965) und *Cartesian Linguistics* (1966) bis hin zu *Language and Mind* (1968) immer entschiedener die mentalistischen Prämissen seiner Arbeit betont, liegt mit *Lernprozeß und Lernerfolg* eine rein empirische, aber ebenfalls kognitionspsychologisch orientierte Arbeit vor.

12 Dies ist in weit geringerem Maße ein Problem für Fächer wie Geographie und Geschichte. Selbst die Mathematik erlaubt im alternierenden Curriculum von Algebra und Geometrie gewisse motivierende „Neuanfänge".

13 Vergleiche hierzu z.B. *G.Zimmermann* 1973: *Personale Faktoren und Fremdsprachencurriculum* und die dort zusammengestellte weiterführende Literatur.

14 Nach Wode (1974, S.32) ist es bislang nicht möglich zu bestimmen, was Sprachlehrverfahren im einzelnen leisten: „(. . .) (Es) muß konstatiert werden, daß wir derzeit nicht wissen, ob unsere Kinder im Schulunterricht trotz oder wegen der angewendeten Lehrverfahren eine Sprache erwerben."

15 Vgl. zu diesem Problemkreis etwa die sehr kontroversen Stellungnahmen bei Parreren 1969, Zimmermann 1970a und Schiffler 1971, ferner Butzkamm 1973.

16 z.B. hinsichtlich der Inventare der verschiedenen Bereiche: phonologisch-phonetische Gesetzmäßigkeiten, Grammatik, Phraseologie und Lexis; Frequenzuntersuchungen; Fachsprachen und Soziolekte; diatopische, diastratische und diaphasische Unterschiede u.ä.

17 Vgl. etwa Wason 1959, 1961, 1965, G.A. Miller 1962, Mehler 1963, Mehler/Carey 1967; vgl. hierzu Ingram 1971, S.339ff. und Slobin 1966c; Johnson 1965a und 1966, Miller/Galanter/Pribram 1960 – vgl. hierzu List 1972, S.52ff.; vgl. insges. Leuninger/Miller/Müller 1972, S.14-61.

18 Vgl. hierzu Schneider 1973, S.19-20, und Vogel/Vogel 1975, S.102.

19 Vgl. beispielsweise Bausch 1973, Kielhöfer 1975 und die Arbeiten von Nickel. Eine autonome linguistische Fehleranalyse unter Einbeziehung des generativ-transformationellen Modells versucht erneut M. Hellinger (1976) zu begründen. Wir kommen auf diesen Sachverhalt noch mehrfach zu sprechen.

20 Vgl. hierzu die ausführlichere Erörterung in Hüllen 1976, S.48-57.

21 Neben der Fülle amerikanischer Literatur wären aus dem kontinentaleuropäischen Bereich Arbeiten (recht unterschiedlichen Umfangs) zu nennen wie Nickel 1964, 1967, 1968a und b, Malmberg 1967 und 1971, Csécsy 1968, Sowinski 1969 (speziell zum Strukturalismus), Arndt 1969a und 1972a, Raasch 1969 (der sich allerdings an keinem konkreten Modell orientiert), Court 1968, Franke 1970, Brekle 1970a,

Chevalier 1970a und b, Coste 1970, Bünting 1970, Roulet 1971, 1972a und b, Peytard/Genouvrier 1970, Hüllen 1971, 1972 und 1973a, Perren/Trim 1971, Götze 1971, Strauch 1972, Ibañez 1972, Barrera-Vidal 1972 (sowohl Strukturalismus wie Transformationsgrammatik), Apelt 1972, Scharf 1972, Hoffmann 1972, usw. – Einen nahezu vollständigen Überblick zu diesem Themenbereich gibt die kritisch kommentierte Bibliographie Hausmanns (1975). Repräsentativ für die Vielzahl der Standpunkte sind die Beiträge in Moser u.a. 1975.

22 Damit ist in didaktischer Hinsicht von derartigen Beschreibungen im Grunde so wenig eine Beschreibung typisch mündlicher Ausdrucksformen zu erwarten wie von traditionellen Grammatiken, die u.U. aufgrund expliziter Normangabe wenigstens noch in indirekter Weise auf den tatsächlichen Sprachgebrauch verweisen. Im übrigen ist zu bedenken, daß die Lernziele, die heute unter der Bezeichnung „Sprachfertigkeit und Hörverstehen" zusammengefaßt sind, weniger auf eine bestimmte linguistische Deskription angewiesen sind als vielmehr auf entsprechende Formen auditiver, visueller oder audiovisueller Aufbereitung von Lehrmaterialien; vgl. hierzu Olbert/Schneider 1974a und Schneider 1974 und 1975. Saussure hat seinerseits ausdrücklich eine *linguistique de la parole* gefordert. Sie ist, wenigstens in ersten Ansätzen, von Bally realisiert worden.

23 Didaktische Arbeiten, die sich der strukturellen Phonologie verpflichtet fühlen und einem größeren Kreis von Sprachlehrern bekannt geworden sind, stammen von P. Léon (1962), P. Léon/M. Léon (1964), Renard (1971) in Frankreich, von Malmberg (1967) in Schweden und Guberina (1965) in Jugoslawien. Einen weltweiten Durchbruch erzielten die didaktischen Arbeiten von Guberina und Rivenc (Zagreb/St.Cloud), die so bekannte Lehrwerke wie *La France en direct* geprägt haben.

24 Vgl. hierzu beispielsweise Helbig 1969, Hellmich 1971, Schneider 1971, Parreren 1972a, Barrera-Vidal 1972, Olbert/Schneider 1972.

25 Vgl. Gauger 1974b (oder 1976, S.73ff.), der entsprechende Doppeldeutigkeiten bereits bei Saussure nachweist.

26 Vgl. beispielsweise Delattre 1971, Mundzeck 1969, Hüllen 1971, S.25, 60/61, 63, Nickel 1969. Arnold (1967) möchte die Strukturen für die didaktischen Habitualisierungsprozesse direkt aus der linguistischen Strukturanalyse ableiten.

27 So beispielsweise Götze 1971, S.109, und Ramge 1973, S.17; Hüllen 1971 (S.60/61) scheint die *langue* ebenfalls als den die *parole* dominierenden Regelapparat im Sinne einer *competence* zu verstehen, als *oberstes Steuerorgan* für Prozeßabläufe, in denen allerdings sekundäre Störfaktoren intervenieren.

28 Eine ausführlichere Formulierung dieses Gedankens findet sich in Saussure/Engler 1968, S.383: «S'il est vrai que l'on a toujours besoin du trésor de la langue pour parler, réciproquement, tout ce qui entre dans

la langue a d'abord été essayé dans la parole un nombre de fois suffisant pour qu'il en résulte une impression durable; la langue n'est que la consécration de ce qui avait été évoqué (par) la parole.»

29 Wunderli (1971, vgl. insbes. S.22 ff.) hat m.E. überzeugend nachgewiesen, daß in Saussures Begriff der Semiologie das Zeichen zwar als „soziale Institution" zu verstehen ist, es aber doch „auf psychologischen Grundlagen beruht" (S.23); *sémiologie* und *sémantique* können, jedes für sich, sowohl unter synchronem als auch diachronem Aspekt betrachtet werden. Nach Wunderli würden so die beiden die Semiologie betreffenden Aussagen «une science qui étudie la vie des signes. . .» und «elle nous apprendrait en quoi consistent les signes, quelles lois les régissent» gerade nicht den gleichen Sachverhalt umschreiben, sondern vielmehr „die beiden auf der Dichotomie *Diachronie/Synchronie* beruhenden Teilgebiete der Semiologie" charakterisieren (op.cit., S.28).

30 Undifferenziert im Sinne Saussures als „Sprache" gebraucht, entgegen dem ärgerlichen Brauch in Teilen der Sekundärliteratur, damit in verkürzter Form Saussures Terminus *faculté de langage* zu ersetzen.

31 Damit soll nicht gesagt werden, daß das Gesamtinventar von Zeichen nicht dem einzelnen Sprecher vorgegeben ist; es gehört zur Ökonomie der Sprache, daß sie nicht ständig neue Zeichen zu schaffen braucht, vielmehr zunächst zu syntaktischen Mitteln und zu Mitteln der Bedeutungserweiterung bzw. Bedeutungsverschiebung greift.

32 Vgl. hierzu die Mitschriften aus Saussure/Engler 1968, S.285-297 und S.383-384.

33 Wunderli (1972a, S.484-485) kritisiert zu Recht Nivette, Slatka und Helbig, wenn sie in ihrer Gegenüberstellung von *langue* und *competence* Saussure eine statische Sicht vorwerfen. Man muß *langue* zunächst sehen in der begrifflichen Abgrenzung zu *parole* und *faculté de langage* und *langage* (vgl. insbes. Anm. 11, S.485).

34 Für weitere Einzelheiten siehe u.a. Doyé 1962, Schneider 1966, Coste 1970, Arnold 1973, S.21-23.

35 Vgl. etwa Hüllen 1972.

36 Die psychologische Qualität der „Versatzstücke" mag von Fall zu Fall sehr unterschiedlich sein, eine intuitive Präsenz von Satzbauplänen (etwa im Sinne Saussures) braucht hierbei nicht unbedingt ausgeschlossen zu werden.

37 Vgl. hierzu die textkritischen Einschränkungen in Wunderli 1972a, S.489ff., insbes. S.494-497, ferner S.485-487. Wunderli betont die durchgehende Rolle des Satzbauplans für die der *langue* zugewandte syntagmatische Betrachtung und kritisiert die irritierende Heraushebung der *locutions* in der „Vulgatafassung" des *Cours*.

38 Wunderli (1972a, S.488) vermerkt hierzu, daß die „Gradationskonzeption", die durch das «également» suggeriert wird, in den Quellen nicht

nachweisbar ist: „Es liegt offensichtlich eine Beifügung der Herausgeber vor."

39 Godel versteht „phrase" in Analogie zu «énoncé» und «utterance»: vgl. Wunderli 1972a, S.502, Anm.46. Vgl. im übrigen zu diesem Problemkreis die sehr klare und doch ausgewogene Meinung de Mauros (Anm. 250 und 251 in Saussure 1916, S.468-469: vgl. hierzu die weiterführenden Hinweise in Wunderli 1972a, S.487).

40 Hierin, das sei am Rande bemerkt, entspricht Saussures *langue* nicht einer strengen semiotischen Beschreibung im modernen Sinn, die ausschließlich von einem Symbolinventar (1.) und (2.) generellen Verknüpfungsregeln ausgehen dürfte. Wunderli (1972a, S.505) führt mit Godel die marginale Rolle, welche die Syntax im *Cours* spielt, darauf zurück, daß sich Saussure vorwiegend „mit alten, eine weitgehend freie Wortordnung kennenden Sprachen" befaßt hat. Im übrigen löst Wunderli das Interpretationsdilemma dahingehend, daß er das *patron*, den *type général de phrase*, als zahlenmäßig begrenztes Inventar der *langue* zurechnet, die konkreten Sätze mit aktuellem Inhalt (= „aufgefüllte" Satzbaupläne) aber der *parole* zuzählt (vgl. S.502 und passim).
Psychologisch läßt sich die strenge Trennung im Sinne Saussures wohl nicht aufrechterhalten. Es wäre zumindest nötig, neben der Möglichkeit verschiedener Formen von Rekursivität im Satzbauplan auch fakultative Stellen vorzusehen. Gleason (1961, vgl. z.B. S.147/148) hat m.E. recht überzeugend dargelegt, daß ein psychologisch vertretbarer Begriff von Satzbauplan nicht rein distributionell definiert werden darf, da sonst die Anzahl der Baupläne sehr schnell astronomisch wird.

41 Der Bloomfieldsche *marker* entspricht in gewisser Hinsicht dem *funktionalen* Monem Martinets. Eine exozentrische Phrase wie *in the house* enthält eine charakteristische Konstituente (hier: *in*), welche als *marker* die Formklassenzugehörigkeit anzeigt (vgl. Bloomfield 1933, S.268/269). Gewisse Parallelen ergeben sich auch zu Tesnières Begriff des Translativs.

42 Gemeint sind Beziehungen, wie sie durch eine IC-Analyse aufgedeckt werden können. Die Ansätze dieses Analyseverfahrens stammen von Bloomfield, Harris hat es zum tragenden Element der linguistischen Deskription gemacht.

43 So ist die Kommutation ein rein paradigmatischer Test, die Permutation ein syntagmatischer. Expansion, Reduktion und Deletion ermitteln sowohl paradigmatische als auch syntagmatische Sachverhalte.

44 Letztere ist im psycholinguistischen Experiment nur als Wortassoziationstest realisierbar, wobei semantische Störfaktoren die grammatischen Wahrscheinlichkeiten überlagern können. Es ist oft nicht auszumachen, ob das von der Versuchsperson assoziierte Wort paradigmatisch oder syntagmatisch „gemeint" war. Vgl. hierzu List 1974, S.31-34, insb. S.34. Herriot (1974, S.55ff.) und Leuninger/Miller/Müller (1972, S.14ff.) geben einen Überblick über die wichtigsten Experimente der

phrasenstrukturell orientierten Psycholinguistik. Derartige Versuche scheinen nach Neisser 1967 (vgl. S.253-267) gerade aus gestaltpsychologischer Sicht verheißungsvoll zu sein.

45 Ganz ähnlich Gleason (1961): Die Grammatik, die eine natürliche Sprache und nicht ein linguistisches Destillat beschreiben wolle, müsse insbesondere den Struktureinheiten unterhalb der Satzebene Aufmerksamkeit widmen (vgl. z.B.148).

46 Vgl. hierzu im einzelnen unsere Ausführungen unter II 2.

47 Vgl. Martinet 1960, S.107-138, insbes. S.109-114.

48 So gelten nicht nur Morpheme wie *je, tu, il* oder Syntagmen wie *l'homme, l'alcool* (vgl. S.125) als *actualisateur,* sondern auch *il y avait, voici, voilà* (vgl. S.124 und S.126 unten). – Einen noch entschiedeneren Versuch, Funktionsstellen im Satz unabhängig von der Formklassenbesetzung zu beschreiben, hat der Strukturalist Tesnière (1959) mit dem Einbau von Translationsoperationen in das Stemma des Satzes bzw. Syntagmas unternommen. Wir kommen hierauf in Kapitel IV zurück.

49 Vgl. Martinet 1960, S.128-131.

50 Hier zeigen sich klare Parallelen zu Saussure 1916.

51 Wir sagen „vorwiegend", denn zusätzlich zu der linguistischen Operation der Substitution kommen auch gewisse Formen von Transformationstests zum Einsatz.

52 In der formalen Notierung ist eine gewisse Ähnlichkeit mit Chomskys Schreibweise nicht zu übersehen. Die Weigerung der Tagmemiker, Chomskys formale Darstellung gänzlich zu übernehmen (vgl. Ivić 1971, S.150), zeigt allerdings, wie sehr der Grundgedanke der paradigmatischen Ersetzungen das gesamte Konzept prägt. Hüllen (1971, S.91-96) hat die didaktische Bedeutung dieser linguistischen Richtung kurz skizziert.

53 Zum Ineinander von psychologischen, linguistischen und situativ-pragmatischen Aspekten in den seitherigen Satzdefinitionen vgl. List 1974, S.36-42. Wir werden im übrigen in Kapitel IV im Zusammenhang mit der Valenzgrammatik auf das Problem des Satzbegriffes zurückkommen und dabei insbesondere Raibles Ansatz (Raible 1972) würdigen.

54 Dies tut die „Kommunikative Fremdsprachendidaktik", wenn sie die „Redemittel" den einzelnen „Redeintentionen" explizit zuordnet (vgl. Piepho 1974 a - c).

55 Ich würde darum das didaktische Verfahren keineswegs so stark in Parallele zu linguistischen Operationen sehen, wie das Wienold (1973, vgl. S.103-108) tut.

56 So in der stark kognitiv orientierten amerikanischen Didaktik, wie sie von Carroll, Oller, Chastain, Mueller u.a. geprägt worden ist.

57 Wie z.B. Thomas 1965, Hadé 1970, Datow 1970, Hundsnurscher u.a. 1970, Heringer 1970b, Stalb 1971, Homberger 1972 u.v.a.

58 So z.B. in Roth 1969 und 1971, Timm 1972, Peytard/Genouvrier 1970, Burgschmidt/Götz 1971 u.v.a.

59 Vgl. die diesbezügliche Kritik in Olbert/Schneider 1972, Arndt 1972b, Gutschow 1973, Christmann 1970.

60 Göller 1971: «*La femme jolie pleure», vgl. hierzu Christmann 1973, S.177/178; Hüllen 1971: „*The farmer rears what" und "*Does the farmer rear what?", vgl. hierzu Huss 1973, S.114ff.; Peuser 1973, S.60: „*Michel dormir"; usw. Dieses Verfahren ist wegen der zu erwartenden Interferenz innerhalb des zu erwerbenden fremdsprachlichen Systems lernpsychologisch höchst bedenklich.

61 Aber auch die Kernsatz-Konzeption der *Syntactic Structures* wurde gelegentlich verfälscht. Vgl. hierzu Olbert/Schneider 1972, S.42-44.

62 Entsprechend erscheint immer wieder, wenn von der Ableitung gewisser Sätze aus Kernsätzen *(kernel sentences)* die Rede ist, die fast formelhafte Anmerkung in Klammer: „more properly, from the strings that underlies them" (nämlich: den Kernsätzen; vgl. beispielsweise Chomsky 1957, S.45, 47, 92, 107).

63 Dieser Gesichtspunkt scheint mir bislang in der Kritik an Chomsky wenig berücksichtigt worden zu sein. Die fehlende Interdependenz ist neben den ganz kategorialen Aporien, wie sie z.B. von Pause (1971) dargelegt worden sind, mit dafür verantwortlich zu machen, wenn die gTG Chomskys nicht als Analyse-Grammatik funktioniert. Strenge Interdependenz sei übrigens (so Chomsky 1957, S.56-60) auch im Strukturalismus nur aufgrund eines Zirkelschlusses möglich, der darin besteht, „that (. . .) morphemes are defined in terms of phonems, and, simultaneously, morphological considerations are considered relevant to phonemic analysis" (S.56/57 – ein Beispiel findet sich auf S.96).

64 „Viele der grammatischen Eigenschaften von Formativen können nun direkt im Lexikon durch die Zuordnung syntaktischer Merkmale zu lexikalischen Formativen spezifiziert werden; sie brauchen so überhaupt nicht mehr in den Ersetzungsregeln repräsentiert zu sein. Insbesondere können morphologische Eigenschaften der verschiedensten Art in dieser Weise behandelt werden – z.B. die Zugehörigkeit lexikalischer Einheiten zu Derivationsklassen (Deklinationsklassen, starke oder schwache Verben, nominalisierbare Adjektive usw.). Da viele solcher Eigenschaften für das Funktionieren der Regeln der Basis völlig irrelevant und darüber hinaus hochgradig idiosynkratisch sind, kann die Grammatik bedeutend vereinfacht werden, wenn sie aus den Ersatzregeln ausgeschlossen und bei den Lexikon-Eintragungen verzeichnet werden, wohin sie ihrer Natur nach auch gehören. (. . .)
Jeder Versuch, eine ins Detail gehende Grammatik zu konstruieren,

wird bald zeigen, daß viele Formative einmalige oder nahezu einmalige grammatische Charakteristiken haben, so daß die Vereinfachung der Grammatik, die auf diese Weise erreicht werden kann, wesentlich sein wird." (Chomsky 1965, S.116/117). Übrigens ist schon die terminologische Tatsache sprechend genug, daß bei Chomsky „Zeichen" (so oft in den deutschen Übersetzungen, im Original *signal*) nicht unbedingt „sprachliches Zeichen" im Sinne Saussures oder Bloomfields meint, sondern die verschiedensten linguistischen Ebenen betreffen kann (etwa Bloomfields Begriff der *linguistic form* entsprechend). Und in der Tat dient „Zeichen" in Chomsky (1965 und 1966c) in der Regel zur Bezeichnung syntaktischer Einheiten hoher Ordnung. Die semantische Problematik der Zeichen (außerhalb der Syntax) ist in Chomskys Modell allenfalls über eine Arbeit von Fodor/Katz (1963) mit einbezogen worden.

65 Bellugi/Brown/Fraser 1963 und Arndt 1973 (S.12) heben m.E. zu Recht hervor, daß Chomskys Begriff *innate,* wenn er samt den damit involvierten Hypothesen aus dem Zusammenhang eines rein linguistischen Modells in einen vorwiegend psychologischen Bereich übernommen werden soll, entschieden differenzierter gefaßt werden müßte.

66 Die Mehrzahl der generativ orientierten Psycholinguisten sieht übrigens im postulierten Spracherwerbsapparat *ein* altersspezifisches Phänomen.

67 Vgl. hierzu Strauch 1972, S.26/27. Wir kommen auf diesen Problemkreis im übrigen in Kapitel III (2.1.3) erneut zu sprechen.

68 Hüllens „Kernsätze" entsprechen allerdings nicht genau dem Konzept der *Syntactic Structures.* Vgl. z.B. Chomsky 1957, S.45, S.46/47, 92, 107; S.45-55 und S.61 ff. (insbes. S.69/70); diese Stellen zeigen klar, daß Chomskys Kernsätze über obligate Transformationsregeln erzeugt werden. Entgegen der in der sprachpädagogischen Literatur weitverbreiteten Auffassung, daß Kernsätze im 1957er Modell *nicht* über Transformationen gewonnen würden, bleibt festzuhalten, daß in dieser Beziehung die Modifikationen im 1965er Modell unerheblich sind.

69 Vgl. hierzu unsere eigenen Ausführungen unter 1.4.

70 Zur terminologischen Spezifikation s. Nickel 1973b, S.462/463.

71 So Wagner 1969, S.308. Wagner zeigt allerdings recht überzeugend die Schwächen der taxonomisch orientierten KG auf (vgl. S.312-313).

72 Vgl. Nickel 1973b, S.463.

73 Zur Entstehungsgeschichte einer didaktisch orientierten KG vgl. H. Raabe, „Interimsprache und kontrastive Analyse", in: Raabe 1974, S.1 ff.

74 Im Gegensatz zu Sciarone versteht Slama-Cazacu die KG auch als Konfrontationsversuch psycholinguistischer Gegebenheiten bei den Sprechern der kontrastierten Sprachen. Wir können hier auf ihre Thesen im einzelnen leider nicht eingehen; sie finden sich kurzgefaßt in Slama-

Cazacu 1971 und 1976a. Aus unseren Darlegungen in Kapitel III und IV wird erhellen, daß die pädagogische KG Slama-Cazacus Prinzipien gerecht werden muß.

75 Bereits 1969 hat Wagner die Vermutung geäußert, daß sich für eine KG nach dem Modell der gTG die Unterschiede weniger in den KS-Regeln, als vielmehr in den T-Regeln ergäben (vgl. Wagner 1969, S.220-224).

76 Titone (1971, S.250) meint, in Anlehnung an Nickel und Wagner, die KG könne „certe fonti di difficoltà e di errore" ausmachen; das würde bedeuten, daß gewisse $L_1 \rightarrow L_2$-Interferenzen *mit Sicherheit* vorausgesagt werden könnten. Daneben gilt nach Titone (l.c.) freilich: „(. . .) Non tutti gli errori possono avere una origine puramente linguistica." Der gesamte Problembereich wird erstmals sichtbar in Raabe 1974. (Vgl. hierzu auch Slama-Cazacu 1976a und 1976b, insbes. S.258).

77 Vgl. zu diesem Problembereich auch Schneider 1977.

78 Diesen Sachverhalt werden wir ausführlich in Kapitel II erörtern.

79 Im Gegensatz zu Kielhöfer (vgl. S.68ff.) sehen wir allerdings in Chomskys TG-Modell kein Sprachmodell, das Grammatik und Lexis in dem von Kielhöfer gemeinten Sinne integrieren könnte. (Vgl. hierzu unsere Ausführungen unter I 1.3 und III 2.1).

80 Vgl. in diesem Zusammenhang auch Coseriu 1970c, S.41 und passim.

81 Vgl. hierzu unsere Ausführungen unter IV 2.

82 Zwei Beispiele hierfür, die für viele andere stellvertretend genannt seien, sind die Arbeiten von Hillebrand (1965) und Matragos (1973).

83 Vgl. hierzu Průcha 1972, S.79-91.

84 Vgl. etwa Arndt 1968, 1970, 1973, Zimmermann 1969, 1971, Heuer 1970, Kufner 1970, Denninghaus 1970/71, Hellmich 1971, Parreren 1972a, Gester 1972, Motsch 1972.

85 Vgl. hierzu die ebenso knappe wie brauchbare Darstellung bei Coste 1970 und Wienold 1973, S.103-115; Hüllen 1971, S.90 und S.96ff., skizziert die geschichtliche Entwicklung dieser Unterrichtsmethode, die hierzulande vor allem die Sprachlaborunterweisung geprägt hat.

86 Zur Kritik der *Habit Theory* vgl. Carroll 1965 u. später; Chastain 1969 und 1971; Oller 1971; Mueller 1971; Schneider 1971; 1973; Olbert/ Schneider 1972, S.89-91, und 1973b; Parreren 1972a; Hüllen 1972; Arndt 1973; Hägele 1973 u. v.a. . Das Verfahren findet aber auch noch uneingeschränkte Verteidiger: z.B. Delattre 1971.

87 Einen gedrängten Überblick über die diesbezügliche Diskussion gibt Gutschow (1975).

88 Auch die Skinnersche Reaktionsform des *tact* („a verbal operant in which a response of given form is evoked (. . .) by a particular object or event or property of an object or event"; Skinner 1957, S.81/82) kann

im Rahmen derartiger audiolingualer Übungen didaktisch nicht sinnvoll gestaltet werden.

89 *New Key:* Aus den USA stammendes didaktisches Verfahren, das mittels analoger sprachlicher Verarbeitung (Umformung) einer Vielzahl von analog konstruierten Beispielsätzen einsprachiges und audiolinguales Üben gestattet mit dem Ziel eines sprachlichen *habit.*

90 Vgl. hierzu die einschlägigen Publikationen von Roeske, Gutschow, Schrand, Tiggemann, Symma, Piepho, Raasch, Freudenstein. Zur Kritik dieser situativen Sprachlaborarbeit vgl. Schneider 1973, S.24-28 und Schneider 1971.

91 Für Skinner (1957, S.344ff., insbes. S.345/346) hat übrigens der Satz („a larger segment of verbal behavior") keine psychologische Sonderstellung; auch eine linguistisch orientierte Satzdefinition trage nichts dazu bei, „to explain how sentences are emitted" (S.345). „The 'unity' which we recognize in most sentences may have some basis in the unity of the 'facts' described or the 'ideas' expressed, but much of it is conventional" (S.346). Daneben gilt es freilich zu sehen, daß wir für vollständige und wohlgeformte Sätze (positiv) „verstärkt", für unvollständige „bestraft" werden (l.c.).

92 Vgl. z.B. Carroll 1965, Chastain 1969, Mueller 1971.

93 Jeder hat schon die Erfahrung gemacht, daß ein fremdsprachlicher Ausdruck, den man in einer als bedeutsam empfundenen Situation im Ausland vermißt hat, künftig gut verfügbar bleibt.

94 Vgl. hierzu die entschiedenen Ausführungen bei Apelt 1971 (2.Teil) und die dort (S.215-215) referierte russische Literatur.

95 das sog. *overlearning,* d.h. das übende Lernen einer Verhaltensstruktur über den Zeitpunkt der Beherrschung hinaus.

96 Inzwischen führen Piephos Arbeiten (z.B. Piepho 1974b und c) einen merklichen Umschwung herbei. Wir werden hierauf noch zu sprechen kommen.

97 Hierauf hat H.-M. Gauger schon 1968 hingewiesen.

98 Solche gibt es natürlich: Begrüßung, Dank, Erkundigung, Vorstellung u.ä.

99 Vgl. Zimmermann 1969, S.251. – Hier besonders zeigt sich das gestaltspsychologische Defizit des amerikanischen Behaviorismus.

100 Damit wollen wir nicht sagen, daß jede Metapher inhaltlich im Sinne von Analogiemerkmalen motiviert sein müsse. Es handelt sich vielmehr um die grundsätzliche Möglichkeit, ein sprachliches Zeichen in Relation setzen zu können zu „einem dessen (sc. des sprachlichen Zeichens) Anwendungsbedingungen nicht einhaltenden Nominandum" (vgl. Lüdi 1973, S.298 ff.).

101 Seit Bühler (1934) ist bekannt, daß zwischen *grammatischer Konstruktion* und der damit verbundenen *Redeabsicht* zu differenzieren ist (vgl. die in der heutigen Sprechakttheorie gängige Unterscheidung von phatischem und rhetischem Akt): Hierbei sind 1 : 1 - Entsprechungen selten.

102 Die angelsächsische Fachdidaktik faßt diese Lernziele zusammen unter der Bezeichnung „oral skills".

103 Sofern nicht anders vermerkt, beziehen sich in 1.1 - 1.5 die Seitenangaben stets auf Parreren 1970/71. – Einen guten Überblick über die gängigsten Lerntheorien gibt W.F. Hill, Learning. *A survey of psychological interpretation.* London 1963.

104 Sic! – Es muß natürlich „ihrem" lauten. Wir haben hier einen sehr typischen Fall einer holländisch-deutschen Interferenz: vgl. Sciarone 1972, S.75.

105 Vgl. S.18. – Bereits hierin unterscheidet sich Parrerens Definition wesentlich von landläufigen Definitionen (wie beispielsweise in Hofstätter 1957, S.195, oder, ganz ähnlich, Skowronek 1972, S.83 unten).

106 Zur Abgrenzung von Lern- und Reifeprozessen vgl. S.21: Das Laufenlernen des Kleinkindes ist beispielsweise ein Lernprozeß „auf der Grundlage des Reifungsprozesses".

107 Vgl. hierzu z.B. Leont'ev/Galperin 1965, insbes. S.53-54. Noch entschiedener (und gegen Watson gerichtet) äußert sich Anzyferowa 1963a, S.16-19. – Bezüglich des Stimulus-Reaktion-Verstärkung-Modells sagen Leont'ev/Galperin (1965, S.52), daß es, wenngleich „mehrfach kompliziert", auch den neueren Spielarten des Behaviorismus unverändert zugrunde liege. – Parreren selbst gibt eine ausgezeichnete Kritik der behavioristischen und neobehavioristischen *Reinforcement*-Theorie im Kapitel *Das Effekt-Gesetz* (1970/71, S.70-81): Unter Verweis auf Nuttins Forschungen betont er, daß der Effekt im Sinne Thorndikes „allein Lernen nicht auslösen kann" (S.77, ähnlich S.81).

108 Daß sich gestalttheoretische Ansätze tatsächlich nicht ohne weiteres in die materialistische Theorie integrieren lassen, zeigt sich in Anzyferowas Kritik der Gestaltpsychologie (1963b). Heute haben sich allerdings sowohl die gestaltpsychologischen als auch die materialistischen Ansätze etwas gewandelt, so daß sich bei Autoren wie Anochin, Bernstejn, Sintschenko, Sokolow, Lurija, Kostjuk, Galperin, Boiko u.v.a. durchaus Berührungspunkte aufzeigen lassen. Eine der neueren amerikanischen Arbeiten, die sich wieder entschieden an der Gestalttheorie orientieren, stellt Neisser 1967 dar.

109 Ein Beispiel typisch leistungsbezogener Betrachtung sind die Ausführungen zum Transfer in Correll (1961, S.149-160), dem mit Abstand meistzitierten Lernpsychologen des hiesigen didaktischen Schrifttums. Bei ihm verrät sich sowohl in der Auswahl der aufgeführten Experimente als auch in der weitgehend kritiklosen Anlehnung an die längst überholten

Theorien Thorndikes (vgl. beispielsweise S.158-160) eine starke Orientierung an amerikanischen Schulen. Vergleicht man hiermit Qualität und Ausführlichkeit der Darstellung von Transferprozessen in Parreren 1970/71, so versteht man unsere Ausrichtung an diesem Autor.

110 In dieser Unterscheidung zeigt sich bereits die *Pluralität* des lerntheoretischen Ansatzes bei Parreren. Parreren hat sich wiederholt und nachdrücklich gegen den lerntheoretischen Unitarismus ausgesprochen.

111 Derartige Verlaufsformen sind, wie wir in Kapitel III zeigen werden, insbesondere für den Fortschritt im Spracherwerb höchst bedeutsam.

112 Dies gilt wohl insbesondere auch für sprachliche Lernprozesse.

113 Einige Formen des Skinnerschen *tact* (vgl. Skinner 1957, S.81, 84, 92) sind wohl so zu erklären.

114 sogenannte *bedingte Valenzen* (vgl. S.39).

115 In Van der Veldts Bewegungsexperiment etwa besteht das Modellschema darin, daß die Versuchsperson „weiß", wo sie die Bewegung ansetzen muß; die weiteren Antippbewegungen werden nacheinander durch „Bewußtwerden" der einzelnen Plätze gelenkt (vgl. Parreren, S.44).

116 Hier ergeben sich interessante Parallelen zu den Theorien Anochins, Galperins, El'konins und Leont'evs.

117 Valenzen können bezüglich der Ausführung automatischer Handlungen *veranlassende* Funktion haben; es gibt aber auch eine „Veranlassung von innen her": ich *will* jetzt den Buchstaben *b* tippen, weil ich ihn für ein bestimmtes Wort eben brauche, die Valenz der Taste *steuert* also nur die Bewegung (vgl. S.51-52).

118 Ähnlich muß man sich den Erwerb einer fließenden Artikulation vorstellen. Beim Kleinkind erfolgt das entsprechende motorische Lernen spielerisch („Brabbel-Alter"), der Fremdsprachenunterricht muß gezielte Geläufigkeitsübungen vorsehen und im übrigen den Interferenzen durch die schon beherrschten muttersprachlichen Strukturen entgegenarbeiten. Vgl. hierzu Schneider 1977.

119 Nicht zuletzt unter diesem Gesichtspunkt sind auch die Übungen im Fremdsprachenunterricht zu sehen. Sie dürfen nicht ausschließlich am Prinzip der kommunikativen Relevanz gemessen werden.

120 Vgl. S.89. – Ein Materialfaktor wäre beispielsweise der Umstand, daß einige der zur Lernaufgabe gehörenden Buchstabenkomplexe gut aussprechbar sind und die betreffende Reihung somit schneller eingeprägt wird (etwa „x-a-s-e-i" vs. „j-c-u-i-m"; vgl. Parreren, S.90).

121 *Kognitives Schema* entspricht begrifflich in etwa dem, was man gemeinhin als „Kenntnis" bezeichnet. Dieser Terminus wird aber vermieden, weil damit eine gewisse verbale Formulierbarkeit suggeriert wird, die nicht unbedingt gegeben sein braucht (vgl. S.98). Andererseits ist Parrerens Begriff des Kognitiven sehr viel enger und strenger als bei den ame-

rikanischen Kognitivisten. Er entspricht insbesondere nicht dem Tolman entlehnten Begriff der *cognitive map* (vgl. S.99-103).

122 In diesem Zusammenhang sind übrigens Galperins Arbeiten von Bedeutung.

123 Für Einzelheiten s. unter Kap. III 1.2.2.

124 Häufig findet sich hierfür auch die Bezeichnung „willkürliches Gedächtnis".

125 Dieser Umstand ist insbesondere für den Aufbau fremdsprachlicher Fertigkeiten bedeutsam und erklärt auch größtenteils das für den natürlichen Erstspracherwerb typische Auf und Ab bezüglich der allmählichen Annäherung an den erwachsensprachlichen Standard: Wir kommen sowohl in Kapitel III als auch in Kapitel IV ausführlich auf diesen Sachverhalt zurück.

126 Dies gilt m.E. insbesondere für fremdsprachliches Lernen. Darum kann die Vermeidung von Interferenzen nicht oberstes Prinzip für didaktische Entscheidungen sein.

127 Eine Übersicht über die anderen Transfermodelle geben z.B. Foppa 1968 (S.277-278) und Hilgard/Bower 1971 (Bd.II, S.299ff.).

128 Auch dieser Umstand scheint mir für die Fremdsprachendidaktik von größter Bedeutung zu sein: Vgl. in diesem Zusammenhang unsere Ausführungen zur Valenzgrammatik in Kapitel IV.

129 Man ermesse bereits an dieser Stelle die lernpsychologische Naivität sprachdidaktischer Fragestellungen, die auf eine generelle Alternative (ob mehr kognitives Vorgehen oder mehr unbewußtes Lernen) abzielen!

130 Skinner (1957, S.92) verwirft in recht pauschaler Form derartige „traditional explanations". Objektiv gegebene *similarity* (= „properties shared with the original stimulus") lösen ihm zufolge den Transfer gleichsam automatisch aus; „generalization, equivalence, or analogical thinking" seitens der Person brauche sein Erklärungsversuch nicht vorauszusetzen. Auch Osgoods neobehavioristisches Transfermodell (vgl. Osgood/Ervin 1954, Osgood 1957, 1963, 1966) basiert letztlich auf gleichsam automatisch ablaufenden Aktualisierungen aufgrund der Reizgeneralisierung. Entgegen Kielhöfer (1975, S.102/103) halten wir dieses Modell fremdsprachendidaktisch nicht ohne weiteres vertretbar: Es mag nichtkognitive Formen von Interferenzen zur Not beschreiben, keineswegs aber kann es (wie Parrerens Modell) therapeutische Hilfen aufzeigen.

131 Ganz ähnliche Fähigkeiten und Vorgänge müssen vorliegen, wenn ein neuer Sachverhalt anhand sprachlicher Versatzstücke, die aus allen möglichen Zusammenhängen stammen können, encodiert werden soll: Dies gilt insbesondere für das fremdsprachliche Sprechen, da die muttersprachlichen Encodate und Encodiergewohnheiten bewußt zurückgedrängt werden müssen. Auch hier zeigt sich die Bedeutsamkeit von Parrerens Lerntheorie für das Studium von Spracherwerbsprozessen.

132 Der mit diesen Sachverhalten noch völlig unvertraute Leser orientiere sich an der kleinen popularisierenden Schrift Parreren 1964a, S.37-51. (Zur Beachtung: S.1-36 entsprechen nur noch bedingt den Ausführungen in Parreren 1970/71).

133 Terminologisch entspricht diesen Bezeichnungen in Parreren 1964a *Spurengruppe* und *Spurensystem*.

134 Bezügl. weiterer Faktoren der Systembildung s.S. 327-329 und passim.

135 Auffällig, daß hier – im Gegensatz zu S.69, 31, 103-104 – doch wieder auf beide Lernformen Bezug genommen wird.

136 Vgl. hierzu Parreren, S.18.

137 Der Evocator, der durch die Frage „Namen der Hauptstadt Italiens" gegeben ist, hat eine viel stärkere Tendenz, die Spur „Rom" zu aktualisieren, als ein Evocator von der Art „Stadt in Italien".

138 Unter *Zwischenfeld* versteht Parreren jede Form einer Aktivität, die bezüglich der Aktivität in der Lernphase heterogen ist und somit zu der Lernphase Abstand schafft, wobei die Aktivität des Lernsystems selbst nachläßt; bei erneuter Aktivierung des der Lernphase entsprechenden Systems (in Prüfungsphasen beispielsweise) zeigt sich, daß Zwischenfelder die Infusionen aus dem Lernsystem vermindern.

139 Parreren gibt (S.363) als Beispiel konkurrierender Systeme zwei nacheinander gestellte Lernaufgaben, deren jede im Memorieren einer Reihe von sinnlosen Silben besteht, wobei einige Silben in *beiden* Reihen vorkommen. Damit Interferenzen über die gemeinsamen Elemente verhindert werden, muß der Lerner bereits beim Erlernen der 1. Reihe wissen, daß er später noch eine weitere, ähnliche Reihe zu memorieren haben wird, damit er jede gelernte (Teil-)Abfolge zusätzlich mit einer Art *Systemetikett* (etwa: „Reihe 1") versieht (vgl. S.363-364).

140 Diese Bedingung ist beispielsweise ohne weiteres erfüllt, wenn ein Gymnasiast eine Aufgabe aus der Mechanik zu lösen hat und (selbstverständlich) das System „Kenntnis der Mechanik" reaktiviert, wobei ihm keine Fakten aus dem System „lateinische Grammatik" einfallen (vgl. S.356).

141 Parreren (S.142 unten) gibt das Beispiel einer Versuchsperson, die sich die Stelle m-r-l-p-d-c aus einer Buchstabenreihe einprägte, indem sie sich merkte, daß die ersten drei Buchstaben in üblicher Aussprache mit dem Vokal /ɛ/ beginnen, während die letzten drei mit dem Vokal /e/ enden.

142 Aus einer gehörten Reihe relativ heterogener Elemente (z.B.: „Stuhl, Gabel, Tisch, Löffel, Sofa, Regal, Glas, Schrank, Teller. . .") sind möglichst viele Elemente zu reproduzieren. Obwohl die Reihenfolge für die Lösung der Aufgabe keine Rolle spielt, reproduzieren die Versuchspersonen „träubchenweise", z.B. „Stuhl, Tisch, / Löffel, Gabel, Glas, / Sofa, Regal, Schrank. . .", d.h. jeweils einige „Möbel" und einige „Speisegeräte".

143 Der hierbei oft verwendete Begriff der Übergeneralisierung ist in lernpsychologischer Hinsicht nicht differenziert genug.

144 Bezeichnend hierfür ist der Sammelband „Psychologische Wissenschaft in der UdSSR" (= Hiebsch 1969).

145 Das Schrifttum zur Fehleranalyse zeigt damit besonders deutlich seine Herkunft aus der fremdsprachendidaktischen Tradition.

146 Politzer 1965, Wandruszka 1971c, vgl. S.132, Lee 1972, vgl. S.159, James 1972, Strauch 1972, vgl. S.28, Juhász 1973, Bausch 1973, vgl.S. 160/161, Raabe 1974 und 1976, u.a.

147 L1 = Muttersprache, L2, L3, L4 = Fremdsprachen. Probleme, die sich aus der Kenntnis *mehrerer* Fremdsprachen ergeben, und Fälle von Bilinguismus sollen hier ausgeklammert bleiben. Unter *Interferenz* verstehen wir einen individualpsychologischen Vorgang, der punktuell und unregelmäßig eintritt. Interferenzen in einem ursprünglich linguistischen Sinn (als Resultat von individuellem und kollektivem Bilinguismus, das ein individuelles oder kollektives Sprachsystem für dauernd affiziert: vgl. Martinet 1960, S.163-165 und Wandruszka 1971c, S.128) sind in keinem Fall gemeint. Martinets Ausführungen zur Unterscheidung von *sabir* und *lingua franca* (S.165) und Wandruszkas Ausführungen zum Problem der *faux amis* (S.132-133) zeigen hinreichend, daß psychologische Momente für den deskriptiven Interferenzbegriff unerheblich sind.

Der Einfachheit halber sprechen wir von „L1 → L2 - Interferenz" (usw.) und meinen damit *immer* den individualpsychologischen Vorgang eines Transfer, meinen aber in diesem Zusammenhang *nicht unbedingt* den Interferenzbegriff im Sinne von Parrerens Lernpsychologie. Das Problem besteht darin, daß die einschlägige Literatur zur Fehleranalyse mit „Interferenz" zwar stets einen psychologischen *Prozeß* meint, aber seine Natur nicht näher bestimmt. Darum können Arbeiten wie Wells 1967, Carroll 1968 und Jakobivits' Arbeiten aus den Jahren 1968-1971 hier keine Berücksichtigung finden. Bausch (1973, S.171) vermutet u.E. zu Recht, daß auch Fergusons Interferenzbegriff eher Lado und Fries entlehnt ist als einer bestimmten lernpsychologischen Theorie. Interferenzbegriffe wie bei Nickel, Grauberg, Juhász (z.B. explizit 1973, S.457) sind vorwiegend pragmatisch orientiert, d.h. ohne expliziten lerntheoretischen Anspruch. Vgl. im übrigen die diesbezügliche Kritik Slama-Cazacus (1976a, S.191).

148 Etwas besser scheint mir eine Aufteilung nach (1) lexikalischen und (2) grammatischen Interferenzen (vgl. Gnutzmann 1972 und König 1972). Kielhöfer (1975, S.64-68) legt in knapper Form die Schwierigkeiten einer Abgrenzung von Grammatik und Lexis dar (vgl. insbes. die Ausführungen zu den Präpositionen).

149 Das Unheil rührt daher, daß die deutsche Verbform, die als *Konjunktiv* bezeichnet wird, im Grunde keinerlei Berührungspunkte mit der Leistung des Konjunktivs in den romanischen Sprachen hat: Außer in phra-

seologischer Verwendung findet sie sich nur zum Ausdruck der indirekten Rede, und selbst diese Funktion muß sie mehr und mehr mit dem Conditionalis und dem Indikativ teilen.

150 Nach Grauberg gehen die meisten Fehler auf Verstöße gegen Selektionsbeschränkungen zurück. Zur Kritik des Begriffs „Selektionsfehler" vgl. Kielhöfer 1975, S.40-41 und S.70.

151 Zur Unterscheidung von System- und Normverletzungen vgl. Kielhöfer 1975, S.44-53.

152 Vgl. (etwas ausführlicher) Schneider 1973, S.22-24.

153 Auch Jakobovits (1968 und 1970) sieht in bestimmten Fehlern ein Charakteristikum für Übergangsstadien in Spracherwerbsprozessen und meint darum, Hauptsorge des Didaktikers dürfe nicht die Vermeidung von Fehlern um jeden Preis sein.

154 Kielhöfer (1975, S.6-8) hebt u.E. zu Recht hervor, daß es einerseits kompetenzunabhängige Fehler gibt („Flüchtigkeitsfehler" z.B.), während andererseits Fehler ihre Ursachen gerade in der Teilkompetenz des Lerners haben können. Da aber die Fehlerlinguistik ihre Daten aus der Performanz gewinne, sei die autonome Kompetenz zunächst „ein rein theoretisches Konstrukt", und Chomskys Kompetenzbegriff mache im Rahmen einer Fehleranalyse gerade wegen seines „nicht eindeutigen psychologischen Status" Schwierigkeiten.

155 Vgl. hierzu Kielhöfer 1975, S.10-11.

156 Vgl. hierzu Slama-Cazacu 1976a und b.

157 Kielhöfer (1975, S.63) spricht in dieser Hinsicht ganz richtig von „linguistischer und lernpsychologischer Interdependenz". Kielhöfer ist allerdings nachdrücklich zu widersprechen, wenn er (vgl. S.8,9 und 101 und passim) das Wesen der „Teilkompetenz" eines Lerners in der noch nicht erfolgten „Automatisierung der Regeln" sieht, die darum im Vergleich zu ihrem Status in der „Vollkompetenz" entschieden störanfälliger seien. U.E. ergibt sich die Teilkompetenz zunächst aus der bis zu einem gegebenen Zeitpunkt vermittelten Teilgrammatik. (Nickel spricht von „Interimsgrammatik", Corder von „transitional competence"; wir behalten die ältere Bezeichnung „Teilgrammatik" bei, wiewohl dieser Terminus in der Tat nicht sehr glücklich ist: Die Lerngrammatik ist ja nicht nur unvollständig, sondern zum Teil aufgrund mangelnder Restriktionen direkt fehlerhaft.)

158 Ähnlich James 1972.

159 Vgl. das unter I 1.4 Ausgeführte.

160 Da heißt es denn gelegentlich auch: aus wenig viel machen können, wie im Falle des Hochstaplers Krull in Thomas Manns gleichnamigem Roman, als dieser vor der Hoteldirektion seine Sprachkenntnisse unter Beweis stellen muß.

161 Vgl. hierzu Parreren 1972a, S.101.

162 Vgl. das Kleistzitat, das wir in Kapitel III anführen werden.

163 Hierauf kommen wir noch zurück.

164 Eine Auseinandersetzung mit der entsprechenden experimentellen psycholinguistischen Literatur würde den Rahmen dieser Arbeit sprengen und scheint auch auf Anhieb wenig ergiebig. Es wird nur punktuell darauf eingegangen werden.

165 in *Julius Schmidhauser, Das Reich der Söhne. (Ein Brief.)*

166 Eine knappe und kritische Übersicht über derartige Experimente geben Herriot 1974, S.46-72, List 1972, S.36-66, und (weniger gedrängt) Leuninger/Miller/Müller 1972, S.9-81.

167 Lado (1964, S.54) sieht in der Übersetzung „a separate skill", der I, II, III und IV als komplexere Fertigkeit noch zuzuzählen sei.

168 Zur weiteren Kritik der didaktischen Fertigkeitsbegriffe vgl. Wienold 1973, S.73-81.

169 „Für die meisten wird es überraschend sein zu wissen, daß Wörter, die beliebig aus einem Lexikon ausgewählt und eins nach dem andern auf einem Tonband wiedergegeben werden, oft nur schwer erkannt werden können." (R. Travers, *Informationsübertragung auf Menschen als Empfänger.* In: *Programmiertes Lernen* 1966/4, S.149).

170 Vgl. zu dieser Form von Lernprozessen Parreren 1970/71, S.363.

171 Gauger (1970a, S.80) sieht in den Wortinhalten grundsätzlich „flüssige Inhalte".

172 Vgl. die radikal andere Position, die in Wode 1974, S.19 (und 20), vertreten wird: „(. . .) Das Kind (muß) die sprachlichen Strukturen zunächst im Modell erkennen, ehe es sie erwerben kann. Das setzt bestimmte Fähigkeiten kognitiv-perzeptiver Art voraus."

173 Es wird hier nicht näher auf die Sapir-Whorf-Hypothese eingegangen. Eine Übersicht über die Auseinandersetzung in der Literatur und eine kritische Würdigung der Thesen Sapirs und (insbes.) Whorfs gibt eine umfangreiche Untersuchung von H. Gipper (1972).

174 Vgl. eine entsprechende Behauptung von Cazden/Brown/Bellugi 1968, S.310, auf die wir in Kap. III zurückkommen werden.

175 Pottier scheint hier Saussure gefolgt zu sein. Es ist in diesem Zusammenhang bemerkenswert, daß Saussure von der traditionellen Unterteilung in Wortschatz, Syntax und Morphologie (worunter Saussure die ebenfalls traditionelle grammatische Behandlung der verschiedenen Wortarten versteht) abweichen möchte zugunsten des Versuchs, alle Erscheinungen der *langue* in eine Theorie der syntagmatischen und assoziativen Beziehungen zu integrieren (vgl. S.183-188). Insbesondere die Trennung in Morphologie und Syntax scheint ihm nicht haltbar. Die

Flexion kann nach Saussure unter der Theorie der Assoziation subsumiert werden, die Syntax wird der Syntagmatik zugezählt: «Tous les faits de syntagmatique ne se classent pas dans la syntaxe, mais tous les faits de syntaxe appartiennent à la syntagmatique» (S.188).
Wunderli (1972a, S.483-487) gibt einen Überblick über die Interpretationsversuche dieser berühmten Textpassage in der sogenannten „Vulgatafassung" des *Cours* (S.172/173). Wunderli (vgl. S.484) sieht klar die Bedeutung der „festen Syntagmen" und gewisser „Syntagmentypen" für die Problematik der „Zuweisung der Syntax an einen der Bereiche der Dichotomie *langue/parole*". Vgl. im übrigen zum Syntaxproblem bei Saussure aus textkritischer Sicht Wunderli 1972a, S.487 bis Schluß. (Wir haben Wunderlis Interpretation in Kapitel I kurz referiert.)

176 Dies gilt freilich nur für die individuelle lerngeschichtliche Betrachtung. Im Sinne von Coserius Normbegriff sind die Speichereinheiten als Auswirkungen der Norm zu verstehen (vgl. Coseriu 1952 und 1970b), S.193 ff.).

177 Vgl. demgegenüber etwa die diesbezüglich typischen Ausführungen eines Generativisten zur Interpretation der Kindersprache in der sogenannten „Telegrammstil-Theorie" in Francescato 1970, S.109-110.

178 Die Verklumpung erklärt sich wohl daraus, daß der Sprecher sowohl den einen als auch den anderen Ausdruck unverhältnismäßig oft, aber stets gleichwertig gebraucht hat.

179 Trotzdem können auch später bei mangelnder kognitiver Kontrolle falsche „Zerlegungen" vorkommen. Etwa: «très nettement z-hostile», «il fallait donner t-à l'économie», «pourrait presque t-on dire» (vgl. Söll 1974, S.43, der die Beispiele B. Pottier entnommen hat).

180 Der Verfasser hatte 1962-1963 in Frankfurt Gelegenheit, entsprechende Schülergruppen über längere Zeit zu beobachten. – Vgl. hierzu auch Sirch 1975.

181 Zur Frage der Reihenfolge in der Entwicklung syntagmatischer und paradigmatischer Fähigkeiten vgl. Herriot 1974, S.43ff., Skowronek 1972, S.181-182, und die kritischen Anmerkungen zu einer Arbeit von S.Ervin, in List 1974, S.33. Der Verfasser teilt im übrigen Lists Standpunkt. Wir werden auf dieses Problem in Kapitel III und IV zurückkommen.

182 Vgl. das in Schneider 1973, S.22, zitierte Beispiel zum *subjonctif*.

183 Wygotski 1934, S.302; vgl. auch S.302-304, und Sokolow 1969, S.434.

184 Zumindest im verbalen Bereich gilt, daß nicht unbedingt die unflektierte Form, d.h. die Form, die wir in der Grammatik als solche konventionell festlegen, zuerst gebraucht wird.

185 Sie haben etwa eine Art Steuerungsfunktion bei der Textverarbeitung seitens des Hörers.

186 Hieraus resultiert dann z.B. eine Kontamination wie **Pünkte* (vgl. Ramge 1973, S.67, und unsere eigene Interpretation in Kap. III).

187 Vgl. hierzu die detaillierteren Ausführungen in Kap. III.

188 Statt: *de l'âge auquel . . .*

189 Wie der Kontext zeigt, liegen hier nicht einfach orthographische Flüchtigkeiten vor.

190 Nach Le Bidois, in *Le Monde hebdomadaire* v. 21-27.10.65, S.21.

191 Vgl. hierzu italienische kindsprachliche Fehlanalogien wie *ando* für *vado* oder *uomi* für *uomini;* Titone 1971, S.123.

192 Sauvageot (vgl. S.139,149) meint, der Sprecher spüre, er müsse den Fragecharakter deutlicher markieren; dies widerspricht der von Sauvageot an anderer Stelle selbst betonten Tendenz zur Intonationsfrage. Schließlich wird der Fragecharakter gerade in der *indirekten* Frage hauptsächlich durch die Semantik des Verbs im regierenden Satz ausgedrückt. Es liegt hier eine Kontamination von *style direct* und *indirect* vor, die durch die unterbewußte normative Einstellung des Sprechers (hier eines Reporters) gefördert wird, der glaubt, Inversionsformen gehörten nun einmal zur gepflegten Sprache.

193 Vgl. hierzu unsere Ausführungen zu dem kindsprachlichen Beispiel (27) und zu den Beispielen (28) und (29) aus dem Fremdsprachenunterricht.

194 Es kam uns hierbei mehr auf Veranschaulichung als auf kritische Ausführlichkeit an: Letzteres ist Aufgabe von Kap. III.

195 *„Fischers Fritz fischt frische Fische . . ."*

196 Franzosen pflegen übrigens ein Syntagma, in dem Liaison üblich ist, meist als ganzes wiederaufzunehmen.

197 Vgl. die Beispiele solcher schulischer Subsysteme in Parreren 1964a, S.34-47, insbes. S.45, und Schneider 1973, S.27/28.

198 Es handelt sich um ein französisches Diktat als Prüfungsaufgabe im Rahmen eines *Concours* zum Eintritt in die *Ecole Normale d'Instituteurs du Nord.* Deutsche Französischlehrer werden staunend bemerken, bis zu welchem Ausmaß Diktatfehler von Mutter- und Fremdsprachlern übereinstimmen können.

199 Man wird für den engeren Bereich der fremdsprachlichen Fertigkeiten annehmen dürfen, daß im allgemeinen sowohl ein Automatismus ohne kognitive Abstützung als auch ein Handeln anhand eines kognitiven Schemas ohne Automatisierung Nachteile hat. Ein Beispiel zu letzterem: Hat ein Schüler gleichzeitig *ou = oder* und *où = wo* zu lernen und gibt ihm der Lehrer dabei eine Merkhilfe zum Akzent in Form einer Eselsbrücke wie „Auf der Oder schwimmt kein Floß" oder auch: „. . . schwimmen keine Grafen", so hält dieser kognitive Halt zwar sehr lange vor, andererseits aber wird man Lerner beobachten, die gleichsam zeitlebens kurz die Merkhilfe erinnern („aufsagen") müssen, um die Verwechslung zu vermeiden.

200 Vgl. Parreren 1970/71, S.14-15.

201 Hierbei stellten die spanischen Wörter den „Reiz" und das Unterstreichen der richtigen Entsprechung die „Reaktion" dar.

202 Parreren (vgl. S.15) zeigt mit diesem Beispiel zugleich, daß das Erlernte eben gerade *nicht* an die optische Wahrnehmung der spanischen Wörter „als isolierte Reize" gekoppelt ist. Neisser (1967, S.130) betont bezüglich visueller Wahrnehmung ganz allgemein: „(. . .) We must not forget that responses are never directly activated by stimuli, but only as the result of some kind of cognitive processing."

203 So ist beispielsweise auch durchaus fraglich, ob es richtig ist, den *subjonctif* zuerst in Form von grammatischen Automatismen (etwa nach *il faut, il semble* usw.) einzuführen anstatt als semantische Entscheidung des Sprechers (z.B. nach fragend gebrauchten Verben des Sagens und Denkens oder nach *de sorte que*). Im einen Fall bedeutet die Erstbegegnung ein reines Formenlernen mit dazugehörigem Regelwerk, im zweiten Fall kann der *subjonctif* anhand eines plastischen Kontextes zunächst in seiner semantischen Leistung begriffen werden.

204 Vgl. dort insbesondere unsere Kritik an C. Chomsky 1969.

205 Dieses Kapitel erhebt nicht den Anspruch, einen Überblick über die kindsprachliche Forschung zu geben. (Hilfen hierzu bieten Kegel 1974, Leuninger/Miller/Müller 1972 und Průcha 1972, die sich gegenseitig gut ergänzen.) Wir beschränken uns auf spezielle Aspekte, die sich aus der Themenstellung der Arbeit ergeben.

206 Wygotski interpretiert, entgegen Piaget, die egozentrische Kindsprache nicht als Bindeglied zwischen dem „autistischen Denken" einerseits und der „sozialisierten Sprache" und dem logischen Denken andererseits, sie ist für ihn vielmehr die Brücke zwischen „sozialer Sprache" und „innerer Sprache". – Zur Kontroverse Piaget-Wygotski vgl. Kegel 1974, S.106-113.

207 Wygotski selbst bezieht sich auf die russische Fassung von 1926. Er bemängelt (vgl. S.96 und passim) an Watson, daß dieser Denken und Sprechen gleichsetze.

208 Wie aus dem gesamten Kontext von *Denken und Sprechen* hervorgeht, versteht Wygotski „Prädikat" hier nicht in einem vorwiegend grammatischen Sinn.

209 Ein Beispiel stark behavioristisch orientierter Betrachtung des natürlichen Spracherwerbs bietet Lane (1972).

210 Vgl. hierzu auch Wygotski 1934, S.144, und Liublinskaya 1957. Leont'ev (1969, S.18/19) betont hinsichtlich der Epoche Steinthals und Wundts, daß die *psychologische* Sicht des Prozessual-Kreativen in der Zeichenschaffung und Zeichenverwendung in direktem Gegensatz zu der damals aufkommenden *linguistischen* (statisch-passiven) Zeichenkonzeption steht.

211 Vgl. Leuninger/Miller/Müller 1972, S.149, und das dort interpretierte Beispiel „mamma" aus Leopold 1949. Wygotski (1934, S.71/72) betont unter Hinweis auf Meumann und Stern: „Es ist leicht festzustellen, daß im Grunde *nicht das Wort Mama* an sich in die Erwachsenensprache übersetzt werden kann, z.B. mit *Mutter, setz mich auf den Stuhl*, sondern das gesamte *Verhalten des Kindes in dem betreffenden Augenblick* (. . .)." Vgl. auch Wygotski S.144 und S.347.

212 Wygotski (1934, S.100) betont ebenfalls, daß das kindsprachliche Wort über eine lange Zeit „eher eine Eigenschaft als ein Symbol des Dings ist". In diesem Zusammenhang ist auch daran zu erinnern, daß Wygotski (vgl. S.15) in der „Isolierung der intellektuellen Seite unseres Bewußtseins von seiner affektiv-volitionalen" einen der schwerwiegendsten Fehler der traditionellen Psychologie sieht. – Hansen (1965, S.137) spricht bezüglich der frühen kindsprachlichen Signifikate vom Überwiegen „gefühlsbetonter Tunserlebnisse".

213 Einen ersten Überblick über die sowjetische Psycholinguistik gibt Průcha (1972).

214 Zu Bühlers Kritik am Begriff des Einwortsatzes vgl. Kegel 1974, S.90.

215 Zur Problematik der Satzdefinition unter besonderer Berücksichtigung der elliptischen Typen gibt Heringer 1970a (S.139-151) eine zusammenfassende Rückschau aus linguistischer Sicht.

216 Es ist höchst bezeichnend, daß taube Kinder sehr lange die Frage *„Was ist das?"* als *„Was tun?"* begreifen (vgl. Leont'ev 1969, S.137, unter Bezug auf R.M. Boskis).

217 Vgl. hierzu Slobin 1971a, S.41-42. Die Zweiwortphase beginnt nach Slobin (vgl. S.42) im allgemeinen Alter von 18 Monaten.

218 Zur Reihenfolge des Lauterwerbs vgl. Jakobson 1941. Burling (1959) gibt ein Beispiel für einen frühen Lautbestand, der „closely" Jakobsons Inventar entspricht, allerdings stellt er fest: „Other phonemes seemed to be added individually and it is difficult to see any consistent pattern in their order of appearance" (S.87). Auch nach Moskowitz (1973, Erstveröffentlichung 1970) ist die Jakobsonsche Systematik nicht gut nachgewiesen; es seien Zweifel erlaubt, ob eine Theorie, die mit *distinctive features, oppositions* und *phonemes* operiert, den komplexen Lernprozeß adäquat erklären könne (vgl. S.13-14 und S.67-68; vgl. ferner zu Jakobson 1941 Oksaar 1973, S.306). Kegel (1974, S.121) hält demgegenüber Jakobsons Theorie „weder in ihrem generellen Anspruch noch in ihren Detailbehauptungen" als widerlegt. Lernpsychologische Ansätze zum Lauterwerb aus behavioristischer Sicht bieten Skinner 1957, Mowrer 1960, Fry 1966. Reiches Material aus langfristigen Beobachtungen zum französischen Lauterwerb findet sich in Grégoire 1937.

219 In diesem Fall sind *he's + Adj.* und *he + Vpräs.* kontaminiert.

220 Hier sei auf Parreren 1964b verwiesen, wo auf ein analoges Phänomen des Fremdsprachenunterrichts verwiesen ist: Zuviel Reflexion über die sprachliche Form und zuviel diesbezügliche Insistenz seitens des Unterrichtenden führen dazu, daß der Schüler – freiwillig oder unfreiwillig – die ursprünglich inhaltlich motivierte Aussage schließlich ganz unterläßt.

221 Damit verbunden ist nicht selten eine Art von ständig wechselndem Rollenspiel.

222 Die methodische Diskussion über die Interdependenz von Satzpatterns (Fries: sentence frames) und Formklassen hat seit Fries 1952 nicht mehr aufgehört.

223 Wunderli (1972b, S.228) spricht im Zusammenhang mit Saussures diesbezüglicher Position von der „primären Erscheinungsgestalt der Rede". Es ist auch bezeichnend, daß die assoziativen Beziehungen im *Cours* (vgl. Saussure 1916, S.173-175 u. 177-180) weit mehr psychologisch als (im modisch eingeengten Sinne des Wortes:) linguistisch verstanden werden. Auch nach Coseriu (vgl. 1968b, S.39/40) ist eine direkte Herleitung der Paradigmatik aus der Syntagmatik nicht möglich, da bei ersterer „keine kombinatorische Funktion vorliegt".

224 Die Tatsache, daß die phonologische Syntax praktisch als Ganzes vorgegeben ist, während die morphematische Syntax dem Sprecher Freiheits-, d.h. Entscheidungsbereiche läßt, relativiert dieses linguistische Grundprinzip keineswegs, denn der kompetente Sprecher realisiert auch im „Freiheitsraum" prinzipiell nur solche Kombinationen, die das System zuläßt.

225 *The acquisition of grammatical rules by children,* paper presented at Linguistic Society of America Annual Meeting, December 1964. Zitiert nach Menyuk 1969a, S.21.

226 Hierzu ein fremdsprachliches Beispiel: +*Herzanschlag* ist kontaminiert aus *Herzschlag* und *Herzanfall,* wobei im übrigen auch das Wort *Anschlag* (= „Attacke", vgl. „Herzattacke") durchaus passend scheinen muß.

227 Für die sprachlichen Fehlleistungen im Sinne Freuds ist ebenfalls das Ineinander von Laut- und Gedankenassoziation bezeichnend (vgl. Gauger 1974a, S.573; vgl. ebenfalls S.588/589 die Anmerkungen zu einigen Versen aus dem „Faust"), desgleichen für die Bildersprache und die „Mischwörter" des Traums (vgl. S.584-585) und das dabei häufig beobachtbare „Wörtlichnehmen" sprachlicher Phraseologie und Metaphorik (vgl. S.587-588). Erinnert sei an dieser Stelle an Saussures Begriff der *assoziativen Beziehungen* (von denen die paradigmatischen Beziehungen im neueren Verständnis eine Teilmenge darstellen). Nach Saussure (1916, vgl. S.173-175) kann Gruppenbildung „par association mentale" (S.173) veranlaßt sein durch einen gemeinsamen Wortstamm *(enseignement, enseigner),* ein gemeinsames Suffix *(enseignement, armement),*

durch *bedeutungsmäßige* Nähe *(enseignement, instruction)* oder allein durch *lautliche* Nähe *(enseignement, justement)*. Entsprechend schwierig wäre hier eine Ermittlung dieser Beziehungen mit einem dem distributionellen Vorgehen vergleichbaren Formalismus. Darum sind die Gruppierungen weitgehend von der *conscience* und *mémoire* der *sujets parlants* abhängig, so daß *nombre indéfini* («on ne saurait dire d'avance quel sera le nombre des mots suggérés par la mémoire») und *ordre indéterminé* für sie geradezu charakteristisch sind. (Vgl. hierzu auch Ballys Theorie der *champs associatifs.)*

228 Die hierbei anfallenden morphosyntaktischen Fehlanalogien (= Übergeneralisierungen) werden nach traditionell-behavioristischem Verständnis über einen Regelkreis von positiver und negativer Verstärkung allmählich eliminiert, bis die Grammatik einigermaßen dem Standard der (engeren) Sprachgemeinschaft entspricht.
Wir kommen auf die Kontaminationserscheinungen unter 3. zurück.

229 Rohrer 1971, S.58; vgl. auch S.61; vgl. auch Chomsky 1965, S.56/57, S.78 und passim.

230 Dies galt allenfalls für das Modell der *Syntactic Structures;* vgl. Rohrer 1971, S.11-14. Das Gesamtinventar der den *grammatical sequences of morphemes* oder (wie die Bezeichnung in Chomsky 1965 vorherrschend wird:) *strings of morphemes* zugrunde liegenden Kombinationseinheiten (im späteren Sinne von Posts Kombinatorik) nennt Chomsky selbst bald «(finite) set of elements», bald «(finite) set of symbols», bald «morpheme set» oder «alphabet» (vgl. z.B. Chomsky 1957, S.13, 21, 57 usw.).

231 Chomsky,*Remarks on nominalization,* zitiert nach Rohrer 1971, S.14. Chomsky sagt selbst (1965, S.78), daß die in der einzelgrammatischen Theorie zugelassenen „formalen Operationen mit Ketten" keineswegs als die „einfachsten" oder „elementarsten" ausgewiesen sind, die sich denken ließen.

232 Ganz ähnlich S.204 und S.158.

233 Diese Kritik aus der Sicht von Autoren, die sich mit so stark morphologisch ausdifferenzierten Sprachen wie den slawischen befassen, findet sich verschärft bei Fillmore (1968), Lakoff/Ross, Coseriu, Rohrer und vielen anderen. So meint Ross (1967, zitiert nach Rohrer 1971, S.104/105), eine Klasse wie

$$\text{Tense} \quad \begin{bmatrix} \text{Modal} \\ \text{have} \\ \text{be} \end{bmatrix}$$

sei genauso absurd wie eine Klasse

$$\text{Prep} \quad \begin{bmatrix} \text{fish} \\ \text{the} \\ \text{tense} \end{bmatrix}$$

Tatsächlich wird in der gTG das Tempus beispielsweise als Element der morphosyntaktischen Merkmalmenge behandelt, d.h. unter rein syntagmatischen Gesichtspunkten berücksichtigt. Vgl. die diesbezügliche unkritische Darstellung in DIFF, *Funkkolleg Sprache. Eine Einführung in die moderne Linguistik.* Studienbegleitbrief 7. Weinheim (Beltz) 1971, S.41-46.

234 In vermutlich gleichem Sinne (aber entschieden unverständlicher) äußert sich Chomsky S.66/67: „Um jegliche schleichende Konfusion in dieser Sache zu verhüten, will ich noch einmal wiederholen, daß die vorliegende Erörterung über die Spracherlernung durch Formulierung von Regeln, Hypothesen usw. *nicht* auf deren bewußte Formulierung und Äußerung referiert, sondern daß sie sich auf den Prozeß der Ausbildung der internen Repräsentation eines generativen Systems bezieht, das mit diesen Mitteln angemessen beschrieben werden kann." (Vgl. in diesem Zusammenhang auch Chomsky 1968, S.54.) Dies hindert Chomsky nicht, an anderen Stellen (so besonders deutlich S.77) der taxonomischen Linguistik vorzuwerfen, daß ihre Methoden „aus inneren Gründen nicht zu den Systemen der Grammatikkenntnis führen können, die für den Sprecher einer Sprache angenommen werden müssen". (Vgl. diesbezüglich auch S.75 und 80 und Chomsky 1962b, 1963, 1964 und Katz 1966.) Chomsky vermerkt, daß „Erklärungsadäquatheit" im wesentlichen „die Frage nach der Konstruktion einer Theorie der Spracherlernung" impliziere (1965, S.43). S.52 (unter Verweis auf S.47/48) wird dann betont, daß in der *Aspects*-Theorie *nur deskriptive Adäquatheit* erstrebt werde.

235 Es ist damit grundsätzlich fragwürdig, ob die Kindersprache, die in fast allen Punkten den Bedingungen für die Kompetenz im Sinne Chomskys am meisten zuwiderläuft, mit dem Instrumentarium einer Kompetenzlinguistik sinnvollerweise beschrieben werden kann. Noch viel fragwürdiger scheint, ob unter solchen Umständen Beobachtungen und Daten aus dem kindsprachlichen Bereich in irgendeiner Form zur empirischen Fundierung eben dieser Kompetenzlinguistik beitragen können.

236 Vgl. hierzu auch Gauger 1976, S.94-97. – Eine durchaus kritische Analyse von Chomskys Sprachauffassung gibt Hildebrandt 1976.

237 Ähnlich äußert sich diesbezüglich Ingram (1971, S.344).

238 Aus ähnlichen Erwägungen kommt Lieb in einer recht originellen Kritik des Chomskyschen Kompetenzbegriffs zu der Auffassung, daß der Kompetenzbegriff wieder durch den Systembegriff Saussurescher Prägung zu ersetzen sei: „Hierbei braucht man die Sprachwissenschaft nicht mehr wie Chomsky als Zweig der Psychologie aufzufassen; zugleich ist die Relevanz des Psychischen von vornherein berücksichtigt, im Gegensatz zum amerikanischen Strukturalismus" (Lieb 1971, S.22; vgl. in diesem Zusammenhang ebenfalls seine Habilitationsschrift, Kap.11, Köln 1969).
Gauger (1974b, vgl. insbes. S.8-10) fordert ebenfalls im Hinblick auf Chomskys «compétence idéalisée» ein «retour à Saussure»: «La lin-

guistique doit être psychologique et sociologique dès son départ et dans son centre même» (S.10; ähnlich 1973a, S.177-178).

239 Wir meinen dies im Sinne von Gaugers Kritik (vgl. 1973a, S.164, 166-169, und 1973b, S.299).

240 Vgl. Chomsky 1965, S.40, 41 und 1957, S.52, 50 (und passim).

241 Irgendwie scheint Chomsky (vgl. S.66/67) ja auch den Performanzbereich im Auge zu haben, wenn er gerade aus der Sicht seiner Grammatik die „mit der Verhaltensforschung zusammenhängenden Begriffe" wie Gewohnheit oder Disposition als für die Beschreibung der Sprachkompetenz unzureichend abtut.

242 Der behavioristisch orientierten Linguistik wirft Chomsky in diesem Zusammenhang erneut „Anti-Mentalismus" vor (vgl. S.110).

243 Einer Kritik wie der in Isačenko/Růžička 1966, S.282/283, daß die grammatischen Morpheme in der Tiefenstruktur ohne phonologische Matrize lediglich als abstrakte Elemente repräsentiert seien, ist mit dem expliziten Hinweis auf die bloße Deskriptionsadäquatheit des *Aspects*-Modells dann freilich der Boden entzogen.

244 Trotzdem hat man mit Slama-Cazacu gelegentlich den Eindruck, daß die Psycholinguistik zu einem «simple annexe des théories transformationelles» zu werden droht (vgl. Slama-Cazacu 1972a, S.20). – Zur Kritik der transformationellen Psycholinguistik aus sowjetischer Sicht vgl. Průcha 1972, S.92ff.

245 Auf dieses Problem werden wir später nochmals zu sprechen kommen.

246 Vgl. Chomsky 1965, S.17 f., S.40-47 und passim; etwas differenzierter in Chomsky 1968, S.19; vgl. hierzu auch Lyons 1970, S.12.

247 McNeill (1966b, S.101) sagt darum im Hinblick auf die Geschwindigkeit des Spracherwerbs: „(. . .) It is necessery to suppose that the features of language that correspond to the linguistic universals are among the first acquired."

248 Vgl. auch S.40, 48, 49 und 52.

249 Ausführlicher äußert sich Chomsky hierzu in *Language and Mind* (Chomsky 1968, S.146/147). Vgl. hierzu auch Chomsky 1957, S.52/53 u. S.15, wo ausdrücklich der Terminus „Corpus of utterances" fällt.

250 Vgl. z.B. Gleason 1961, S.197, auf den auch Chomsky andernorts verweist: „Even the largest corpus can be only an infinitesimal portion of the language."

251 Vgl. S.145; vgl. hierzu die Abgrenzung zur Tierpsychologie S.150/151. Vgl. ferner Chomsky 1965, S.79/80, wo zugleich beklagt wird, daß sich Untersuchungen in diese Richtung (sc. zu den kognitiven Fähigkeiten und zur Verhaltensorganisation) noch nicht entwickelt haben; die Untersuchung eines gattungsunabhängigen Verhaltensrepertoires mit den

experimentellen Instrumenten der Behavioristen sei ein vergleichsweise „marginales Thema".

252 Vgl. demgegenüber Schlesinger 1967, S.398, der annimmt, das Kind lerne in einer ersten Phase überhaupt nur Oberflächenstrukturen. Hierzu ist zu bemerken, daß die Unterscheidung von Basis- und Transformationsregeln als linguistisches Universale gilt (vgl. Chomsky 1965, S.45/46 und passim): Transformationsregeln können darum im Rahmen der Chomskyschen Theorien auch in einem sehr frühen Stadium nicht einfach „entfallen".

253 Bemerkung zur Literatur:
Slobin hat (in Ferguson/Slobin 1973, S.171-173) eine Übersicht über die wichtigsten psycholinguistischen Arbeiten der Harvard-, Berkely- und Maryland-Schule bereits gegeben und die Publikationen der entsprechenden Autoren (Brown, Fraser, Bellugi, Klima, Ervin bzw. Ervin-Tripp, W. Miller; Braine, Reed usw.) zwischen 1963 und 1971 den jeweiligen linguistischen Theorien zugeordnet; hierbei hat er vor allem die Arbeiten, die auf Chomsky 1957 bezogen sind, von den Schriften, die sich auf Chomsky 1965 (und später) stützen, unterschieden. Diese Übersicht braucht hier nicht wiederholt zu werden. Für die Mehrzahl der psycholinguistischen Autoren gilt allerdings, daß sie in ihren Arbeiten zur kindsprachlichen Syntax nur selten und unzulänglich zwischen den einzelnen Modellen Chomskys unterscheiden. (Vgl. hierzu Herrmann 1972, S.73. – Eine analoge Kritik war in Kapitel I bezüglich der didaktischen Arbeiten vorzubringen.)

254 Zum Problem nicht-permutierte Form vs. permutierte Form in Frage- und Verneinungssätzen siehe insbesondere auch Bellugi/Brown 1964a, S.79, 81 und – speziell zu den *wh-questions* – Menyuk 1969a, S.67-101.

255 Dies sind natürlich klar elliptische Formen, zu ergänzen sind *Can you?, May I?*.

256 Vgl. Bellugi/Klima 1966, S.347. – Wir werden derartige Formen bezüglich der Hypothese von Transformationen im Zusammenhang mit Ramge 1973 diskutieren.

257 Vgl. Bellugi/Klima 1966, S.349. Weitgehend analoge Daten erbringt die Untersuchung von W.R. Miller (1973).

258 Vgl. S.320 (und die tabellarische Übersicht S.320-321). Es handelt sich hier schlicht um das wohlbekannte Phänomen des sogenannten „Warum-Alters".

259 Bemerkenswert sind in diesem Zusammenhang die von Sauvageot (1972) und anderen Autoren festgestellten Fälle häufiger Verwechslung des *style direct* mit dem *style indirect* im oralen erwachsensprachlichen Französisch. (Vgl. unsere diesbezüglichen Ausführungen unter 2.3 in Kapitel III!)

260 Danach wird das dem Infinitivsatz zunächst stehende N als logisches Subjekt der infiniten Form interpretiert. Ob die M.D.P.-Regel anwendbar ist, hängt vom Verb des Hauptsatzes ab. Probleme ergeben sich insbesondere bei den Pronomina. C. Chomsky ermittelt 4 Stufen: 1. Fünfjährige wenden das M.D.P.-Prinzip auf alle Beispiele an (alle *tell*-Sätze werden somit richtig, alle *promise*-Sätze falsch interpretiert); 2. Sechsjährige schwanken in der Anwendung des Prinzips; 3. Im Alter von 6 - 8 Jahren zeigen sich noch gelegentliche Unsicherheiten; 4. Alle Neunjährigen beherrschen die Regel richtig. Die gemischte Population wurde über drei Monate eine halbe Stunde getestet.

261 Normale Rede opponiert ja nicht gleichzeitig mehr oder weniger isolierte „tückische" Satzpaare wie „John is eager to see" vs. „John is easy to see" (vgl. Untersuchungsbereich 3 bei C. Chomsky), sondern findet in situativer Redundanz statt, wobei Vorwissen und Situationsverständnis wesentlich zur *comprehension* beitragen. Ein Satz wie „The book is hard to read" ist einfach deshalb weniger einer mißbräuchlichen Anwendung des M.D.P.-Prinzips ausgesetzt, weil Bücher schließlich nicht lesen können. . .

262 Es liegt insgesamt eine sehr unnatürliche Weise der Sprachverwendung vor, wenn in bezug auf eine Puppe, der die Augen verbunden sind, das Kind gefragt wird *Is this doll hard to see?*, denn die Puppe liegt ja vor dem Kind gut sichtbar da, zu versprachlichen gibt es im Rahmen des kindlichen Interessenfeldes allenfalls etwas in bezug auf das personifizierende = identifizierende Spiel mit der Puppe.

263 Eichler 1974 lobt, im Gegensatz zu uns, die „sorgfältige (. . .) Konstruktion von Testsituationen" (S.334), kritisiert im übrigen aber ebenfalls (vgl. S.332-334) den nativistischen Ansatz C. Chomskys.

264 Gleichwertige oder doch analoge Termini sind: *operator - non-operator* (Miller/Ervin), *pivot - x-word* (Braine), *functors - contentives* (Brown/ Fraser). Eine kurze Darstellung einer derartigen Konzeption findet sich bei Slobin (1971a, S.42-47). Slobin selbst betont (S.46/47), daß es außer den Pivot-Konstruktionen auch andere Formen von Zwei-Wort-Äußerungen gibt.

265 Als Beispiel einer Analyse eines größeren Corpus s. Braine 1963a, S.5ff.

266 Bekanntlich sieht Wygotski (1934, S.343 und passim) ebenfalls im „prädikativen Charakter" der „inneren Sprache" eine der wesentlichen Ursachen für ihre „Verkürztheit" im Vergleich zur äußeren, sozialen Sprache.

267 Nach Braine (1963a) beruht dagegen die strukturelle Entwicklung vor allem in einer weiteren klassenmäßigen Ausdifferenzierung der Pivot-Wörter.

268 Menyuk selbst zitiert nach einer anderen Ausgabe.

269 Sie wird bei Menyuk nicht unbedingt in einem deskriptiven Sinne verstanden.

270 Zum Problem der Relation zwischen Zeitfaktoren und linguistischer Komplexität vgl. G.A. Miller 1962, wonach die T-Operation Kernsatz → pass. *und* neg. Satz mehr Zeit braucht als die Operation Kernsatz → pass. *oder* neg. Satz. Vgl. auch Yngve 1960, ref. bei List 1972, S.55, ferner Ingram 1971, S.339/340, und Peterfalvi 1970, S.125-134. Wason (1965) betont u.E. zu Recht, daß nicht von positiver vs. negativer *Form* der Zeitfaktor bei der Bildung von Sätzen abhänge, sondern davon, ob der ausgedrückte *Sachverhalt* verneint ebenso plausibel sei wie bejaht.

271 Merkwürdig an diesem Zitat ist der logische Schwebezustand zwischen „postulated as being present" und „used"; ähnlich spricht Menyuk in ihrer Zusammenfassung von „Hypothesen", die sich aus der bloßen „Beschreibung" der Kindersprache ergäben – so allein auf S.152-154 fünfmal –, andererseits wird öfter vom „using" bestimmter Transformationstypen durch die Kinder gesprochen – so z.B. S.76, 101, 106.

272 Vgl. hierzu S.154: „Children sometimes do not use the complete set of rules."

273 Es sei hier nochmals daran erinnert, daß Menyuks Arbeit in Fühlungnahme mit N. Chomsky entstanden ist. Vgl. in diesem Zusammenhang auch Gaugers generelle Kritik am methodologischen Ansatz der gTG (Gauger 1973a, S.169-171) und der neueren Systemlinguistik insgesamt (z.B. S.166-167, 171, 179-182).

274 Eine analoge Beobachtung läßt sich übrigens im schulischen Zweitsprachenerwerb machen, vor allem in der Altersspanne zwischen 10 und 14 Jahren. Erstaunlich ist hierbei, daß die Imitationsfähigkeit nicht unbedingt mit der Dauer des Lernprozesses zunimmt, daß vielmehr gerade die Anfangsphasen durch gute Imitation gekennzeichnet sind, während später – selbst im phonetischen Bereich – die Störungen und Regelwidrigkeiten generell zunehmen und sogar die bereits erworbenen und gefestigten Lernresultate affizieren können.

275 Leroy (1975, S.36) urteilt u.E. ganz richtig: «(. . .) Il serait absurde de supposer l'existence d'une réflexion métalinguistique à cet âge.»

276 Vgl. z.B. Valdmann 1966b, S.26, Strauch 1972, S.25; nahezu alle transformationell orientierten amerikanischen Autoren; Britton 1970, S.47 u. passim; Ramge 1973, S.26ff. – Das Problem ist übrigens zusätzlich dadurch verdunkelt worden, daß eine ganze Reihe von Experimenten auf das Phänomen der Imitationsfähigkeit *(recall, remembering)* abzielen, wobei (1.) unter Imitation etwas essentiell anderes verstanden wird (nämlich ein Resultat anstelle einer Fähigkeit) und (2.) diese Experimente in einem für das Kind sehr ungünstigen psychologischen Klima vorgenommen werden. Neben den seltenen empirischen Beobachtungen in der Art von Brown/Bellugi 1964a gibt es eine Fülle von Experimenten mit recht unkindgemäß und künstlich angelegten Satzwiederholungsaufgaben. In einer wirklich empirisch orientierten Untersuchung sollten u.E. nur Daten verwendet werden, die aus spontaner und motivierter Wiederholung stammen.

277 Vgl. S.79-84; vgl. auch die bereits diskutierte Stelle in Menyuk 1969a, S.26. Sehr sprechende deutsche Beispiele finden sich bei Ramge (1973, S.48).

278 Vgl. die bei Britton (1970, S.49) angezogenen Beispiele aus Bellugi/Brown 1964a; vgl. auch Ramge 1973, S.79.

279 Das Kind imitiert sprachlich, weil es ein allgemeines und grundsätzliches Bedürfnis nach Imitation empfindet. Psychoanalytisch gesprochen, steht das Motiv der Identifikationsbestrebungen dahinter, dessen eminente entwicklungspsychologische Bedeutung Freud (in *„Massenpsychologie und Ich-Analyse")* so formuliert: „Die Identifizierung ist der Psychoanalyse als früheste Äußerung einer Gefühlsbindung an eine andere Person bekannt" (1966, XIII, S.115). Oder (S.121, Anm.2): „Von der Identifizierung führt ein Weg *über die Nachahmung* zur Einfühlung (. . .)" (Hervorheb.d.Verf.). Daraus erwächst also letztendlich alles mitmenschliche Verstehen.

280 Wygotski spricht von „signifikativer Funktion" – vgl. z.B. S.67.

281 Hier sei kurz an zwei analoge Beobachtungen erinnert: Gauger (1974a, S.578) spricht in Anlehnung an Freud von „Sprachhaftigkeit des Bewußtseins", da nach Freud ein psychischer Inhalt dann bewußt oder bewußtseinsfähig ist, wenn er „sprachlich, genauer: worthaft" (Gauger, S.577) besetzt ist. Vgl. hierzu auch Gauger 1970a, S.20-22. Ferner ist eine „unterschwellige Formulierung" (vgl. List 1972, S.110; Anm.11) nach den Ergebnissen neuerer Gedächtnisforschung für die Speicherung im Gedächtnis äußerst bedeutsam.

282 Wygotski selbst lehnt den Ausdruck „sozialisiert" ab: Die Sprache ist sozial von Anfang an (vgl. S.43).

283 Vgl. unsere Ausführungen zu Lorenzer unter 1.1 – Der hier angesprochene Problemkreis wird von den transformationellen Psycholinguisten in der Regel stillschweigend übergangen. Allenfalls bei Menyuk (1969a, S.9/10) findet sich ein kleiner Hinweis, allerdings in bezug auf eine Arbeit von Inhelder/Piaget (vgl. dazu Anm.21 auf S.21 in Menyuk 1969a).

284 So Slobin selbst (1973, S.199) bezüglich der Experimente in Bellugi/Brown/Fraser 1963.

285 Vgl. Chomsky 1965, S.177/178; vgl. in diesem Zusammenhang auch Kanngießer 1971, S.24.

286 Vgl. hierzu Menyuk 1969a (S.25-29, S.32 und 65) und die von uns bereits anderweitig kommentierten Beispiele aus Britton 1970, S.47. Vgl. insbesondere zu diesem Thema Leroy 1975.

287 Sie ist nach Grebe 1966, S.501/502, die statistisch häufigste Folge im Deutschen.

288 Vgl. Slobin 1973, S.205.

289 Vgl. Menyuk 1969a, S.15, 72-73 und 108.

290 Vgl. Cazden/Bellugi/Brown 1968, Table 6-7; Bellugi/Brown 1964a, S.81 und 79; Bellugi/Klima 1966, S.200ff. und S.347; Menyuk 1969a, S.67-101 und S.26, wo sie beispielsweise selbst eine Äußerung wie „that there" aufgrund intonatorischer Merkmale erwachsensprachlich interpretiert als „(put) that there!" bzw. „(is) that there?"; vgl. im Zusammenhang mit Menyuk ferner Slobin 1973, S.199.

291 Hierbei scheint mir bedeutsam, daß in vielen Sprachen „Wort" beides meinen kann: *mot* und *parole* (wobei übrigens auch *mot* wieder polysem gebraucht wird, etwa in Formen wie in „je vais le dire en deux mots"). Leont'ev (1969, S.136-140) betont nachdrücklich, daß bei Kindern die „Bedeutung" einer Wortart nichts Sprachunabhängiges ist („keine vorsprachliche oder psychische Kategorie") und die „semantische Charakteristik" einer Wortklasse und ein metasprachliches Unterscheidenkönnen von Wortarten sich erst *sekundär* (nämlich durch schulische Bemühungen) herausbilden; gleichwohl können die Kinder schon zuvor mit den Wortarten sprachrichtig umgehen (vgl. insbes. S.138, 140 140). Wer in der Deutung des natürlichen Spracherwerbs von anderen Prinzipien ausgehe, gerate in einen „elementaren Circulus Vitiosus" (Vgl. S.140).

292 Vgl. Gaugers einleuchtende Kritik aus der Sicht einer bewußtseineigenen Sprachwissenschaft an taxonomischen Definitionen wie der Bloomfields (Gauger 1970a, S.49).

293 Vgl. Slobin 1973, S.199 und passim.

294 Bellugi/Brown 1964a, S.81: „The imitations preserve the word order of the model sentences."

295 Französisches Beispiel: *pourquoi ton ami ne vient pas? – Où tu vas?:* eine Form, die nicht bloß als Verkürzung von *où est-ce que tu vas?*, oft reduziert zu /uktyva/, zu verstehen ist, denn wir finden auch *tu vas où?*.

296 Vgl. hierzu unsere Ausführungen unter 1.1.

297 Es ist vielleicht nicht ganz zufällig, daß es in diesen Sätzen um „ice cream" und „to have to drink milk" geht!

298 Ramge geht auf die Probleme der Subklassifizierung von *P* und *O* nicht weiter ein.

299 Vgl. zu diesem Begriff Weir 1962, S.80ff.; es handelt sich im folgenden Beispiel, in Weirs Terminologie ausgedrückt, um ein *build-up*.

300 Vgl. die Tabelle in McNeill 1966a, S.22. Slobin (1971a, S.46/47) sieht in Fällen wie „(1) cup glass, (2) party hat, (3) Kathryn sock, (4) sweater chair, (5) Kathryn ball" zurecht fünf verschiedene Arten semantischer Beziehungen, wobei die Reihenfolge der Wörter den erwachsensprachlichen Sätzen entlehnt ist, z.B. „(1) I see a cup and a glass" oder „(4) The sweater is on the chair".

301 So in der eben zitierten Tabelle nach Brown beispielsweise: *big, green, wet, dirty* usw. oder (nach Braine) *pretty, more, see* etc.

302 Slobin selbst (l.c.) gibt ein Beispiel zum englischen *past tense:* (1) *break* (2) *broke* (3) *breaked/breakted* (4) *broke.*
Leroy (1975, vgl. S.32) glaubt, auch für die Intonation eine (3) entsprechende „regressive" Phase feststellen zu können.

303 Der Satz der Erwachsenensprache wird durch Auslassungen auf das unbedingt Nötige verkürzt und damit deformiert (Prinzip der Ökonomie), die Reihenfolge der Wörter aber nicht ohne Not aufgegeben (Prinzip der Imitation, vgl. hierzu insbes. Bellugi/Brown 1964a, S.81). Beide Prinzipien könnten wir auch auf der phonetischen Ebene beobachten.

304 Vgl. das eben unter 3.1 Ausgeführte.

305 Zur kindlichen Phonetik haben wir bereits an anderer Stelle das für die Zwecke dieser Arbeit Nötigste gesagt.

306 Für den gesamten hier angesprochenen Problemkreis ist von allergrößter Bedeutung, daß es sowohl mehr rezeptiv ausgerichtete Lerner als auch aktiv strukturierende Lerner gibt und daß auch der aktiv strukturierende Lerner nur von Fall zu Fall Strukturierungen vornimmt (die meist durch „zufällige" Materialfaktoren veranlaßt sind). Es ist höchst bezeichnend, daß in der Kindersprache in der Tat jeder grammatische Bereich nur punktuell aktive Strukturierungen aufzuweisen scheint (vgl. zum Begriff der aktiven Strukturierung Parreren 1970/71, S.82ff., insbes. S.85-96).

307 Skowronek (1972, S.182) spricht in diesem Zusammenhang vom „Vorauseilen der syntagmatischen Entwicklung".

308 Bekanntlich deutete schon Wundt die „Echosprache" als ein Indiz der Wortwahrnehmung (vgl. Kegel 1974, S.24-25). Skinner (1957, S.346) hat diesbezüglich eine generelle psycholinguistische Hypothese formuliert: „The 'unity' which we recognize in most sentences may have some basis in the unity of the 'facts' described or the 'ideas' expressed, but much of it is conventional."
Vgl. im übrigen zum Wortbewußtsein Gauger 1970a, insbes. S.45-64. Gauger selbst weist auf die eminente Bedeutung des „benennenden Zeigakts" (vgl. S.55ff.) in der sprachlichen Ontogenese für das Wortbewußtsein hin.

309 Vgl. hierzu auch Mehler 1963 und Ramge 1973, S.25-26.

310 In Brown 1970 (S.14) wird in diesem Zusammenhang eigens auf die ältere Arbeit von Thorndike/Lorge 1944 verwiesen.

311 Neuerdings spricht man bezüglich der grammatischen Morpheme oft von „operativer" Leistung (vgl. z.B. Kielhöfer 1975, S.64). – Das Beispiel, das Weinreich für den bestimmten Artikel gibt, ist allerdings nicht sehr glücklich gewählt; er gibt nur bedingt die „Decodierungsanweisung": „Determiniere die Bedeutung des zugehörigen Lexems (des Artikulats) unter Benutzung des voraufgehenden, nicht des folgenden Kontextes." M.W. ist die Funktion in „*das/ein* Kleid, das mir gefällt, ist im Fenster" vs. „*ein/das* Kleid, das mir gefällt, haben sie nicht" nicht

unbedingt bezogen auf ein Vorher oder Nachher des Kontextes." Brown (1970, S.3) sieht übrigens, das sei abschließend bemerkt, im bestimmten Artikel die Referenz auf ein bestimmtes Objekt: „let me have the car", im unbestimmten Artikel die Referenz auf eine Klasse von Objekten: „let me have a car".

312 Hinzu kommt, daß gerade in affektischer Rede die Syntagmenzugehörigkeit zum Teil auch prosodisch unterstrichen wird. Vgl. im übrigen zur Rolle der Intonation beim Erwerb der Syntax die ausgezeichnete Arbeit Leroy 1975.

313 Es ist nachdrücklich zu betonen, daß diese Kombinationen vom Kind als Sätze gemeint sind, die verbundenen Syntagmen sind mit einer Satzintonation (terminale Konturen) versehen.

314 Es ist hier natürlich zwischen einer psychologischen und einer linguistisch-operationalen Ebene wohl zu unterscheiden. Skowronek (1972, S.181) bemerkt als Lernpsychologe in diesem Zusammenhang: „Interessanterweise steht dieser Allmählichkeit der paradigmatischen oder semantischen Entwicklung ein rascher Abschluß der syntagmatischen Entwicklung gegenüber."

315 Ervin selbst bezieht sich auf Saporta 1955; vgl. in diesem Zusammenhang ebenfalls Ervin 1961 und McNeill 1963; vgl. ferner Ingram 1971, S.340/341, und Kielhöfer 1975, S.38.

316 Es ist in diesem Zusammenhang bedenkenswert, daß es eine Reihe von Sprachen gibt, die über ein analoges Copulaverb nicht verfügen bzw. es nicht unbedingt setzen müssen.

317 Vgl. Hörmann, S.147/148. – Die auf S.147-156 von Hörmann referierte experimentelle Literatur wird leider keiner lernpsychologischen Diskussion unterzogen.

318 Vgl. die diesbezügliche Kritik in Kegel 1974, S.52.

319 Vgl. die Übersichten in Templin 1957, S.101, oder in Kegel 1974, S.60.

320 Daß die Pronomina so spät auftreten, wie in Stern/Stern 1907 behauptet wird, stimmt allenfalls bezogen auf bestimmte Pronomina (nämlich auf die Personalpronomina der 1. Person). Daß allerdings *korrekt* flektierte Formen sich erst spät festigen, zeigt sich sehr deutlich in den bei Menyuk 1969a, Cazden/Brown/Bellugi 1968 und Bellugi/Klima 1966 zitierten kindsprachlichen Proben, wobei natürlich auch die im amerikanischen Englisch typischen erwachsensprachlichen Barbarismen eine Rolle spielen. Vgl. im übrigen die Arbeit von C. Chomsky (1969), die ein Alter von 5.2 - 5.3 als Angelpunkt für den korrekten Gebrauch der Pronomina ermittelt.

321 Als Beispiel einer neueren Arbeit (zu den Konjunktionen) sei Chambaz/Leroy/Messeant 1975 genannt. Bezeichnend, daß auch diese Arbeit auf dem Material von nur 4 Probanden beruht.

322 Bühler (1967, S.89-90) führt diesen Umstand auf das Analogieprinzip zurück, das er als ein durchgehendes Instrument des natürlichen Spracherwerbs einschätzt. Bühler folgert hieraus sogar: „Und so müßten wir, wenn es nicht schon feststünde, theoretisch geradezu voraussagen, daß die Hauptarten der Wortabwandlung beim Kinde ungefähr gleichzeitig zu erwarten sind" (l.c.). Auch nach Slobin (1970) erscheint ab Ende des 2. Jahres die morphologische Differenzierung nahezu gleichzeitig in den verschiedensten Bereichen: Frage, Negation, Konjugation, Deklination, Komparation usw. – Vgl. ferner die in 3.2 zitierte Stelle aus Francescato 1970, S.98, und Oksaar 1973, S.307.

323 Vgl. z.B. Lurija/Yudovich 1959; vgl. hierzu auch Britton 1970, S.70. In der sowjetischen „Tätigkeitstheorie" (Wygotski, Galperin) spielen die geistigen Handlungen der antizipatorischen Widerspiegelung von Wirklichkeit eine eminente Rolle. Ihre Loslösung von der konkreten materiellen Handlung ist insbesondere durch die Sprachfähigkeit vermittelt. (Vgl. Leont'ev 1969, S.111-116 und S.44ff.).

324 Vgl. im übrigen zu diesem Thema Ferreiro 1971.

325 Dieser Sachverhalt ist eingehend unter 2.2.1 und 3.4 dargestellt, u.a. auch am Beispiel des Syntagmas *it's*.

326 Vgl. im übrigen die Untersuchung zum kindsprachlichen englischen Plural von Anisfeld/Tucker (1973), die allerdings Sprachproben älterer Kinder zum Gegenstand hat.

327 Vgl. hierzu unsere Ausführungen unter III 3.4 und II 2.3 (insbes. zur direkten und indirekten Frage im Französischen). Die syntagmatische Stabilität gilt auch für den semantischen Bereich, wie die kindliche Interpretation eines Passivsatzes als Aktivsatz gleicher Wortfolge zeigt (vgl. Bellugi/Brown/Fraser 1963 und Slobin 1973, S.198; vgl. ebenfalls Bellugi/Brown 1964a, S.79, 81, und Menyuk 1969a, S.67-101).

328 Wir zitieren nochmals Slobins Beispiel für die 3 ersten Stufen: *break* → *broke* → *breaked/breakted*. – Ein gewisser fühlbarer Abschluß im grammatischen Lernen erfolgt nach der Untersuchung von C. Chomsky (1969) erst im Alter von 7 - 9 Jahren.

329 Zum Begriff des *functor* in Anlehnung an Fries und Halle vgl. Herriot 1974, S.45f.

330 Vgl. Menyuk 1969a, S.15, 108.

331 In der Regel ist dies der Infinitiv und der Nominativ Singular; es gibt aber zahlreiche Ausnahmen.

332 Ein Ersatz von *ist, sind* durch *sein* ist in der Kindersprache m.W. bislang nicht beobachtet worden. Der Verfasser hat erlebt, wie selbst 12jährigen französischen Hilfsschülern in Paris eine Form wie *fut* so fremd war, daß sie den Lehrer (bei der Besprechung eines Diktates) direkt nach der Paradigmenzugehörigkeit der Form fragten: «Et ce *fut* – qu'est-ce que

ça veut dire?» Der Unterrichtende hatte die verbalen Endungen insgesamt sehr intensiv kommentiert, über die Form *fut* hatte der Akademiker dagegen kein Wort verloren. . . Bezeichnenderweise überwiegen bei erwachsenen Lernern, die auf unsystematische Weise eine Fremdsprache lernen (z.B. Gastarbeiter), lange die unmarkierten Formen: *Einem* (muttersprachlichen) Paradigma wird durch *eine* (fremdsprachliche) Form entsprochen.

333 Es kann hier (ebenso wie in (5), (6), (7) u.a.) selbstverständlich auch Kontamination mit indirekten Fragesätzen vorliegen, z.B.: *I wonder how. . ., Show me how. . .*

334 Hierbei kann das [m] von *I'm* und von *making* für das Kind gleichsam „zusammenfallen".

335 Die Mißachtung der Kasusmarkierung Subjektfall vs. Akkusativ ist eine durchgängige Erscheinung im kindsprachlichen Deutsch.

336 *Why not?* wird ja oft als elliptische Frage oder gar phraseologisch gebraucht!

337 Grégoire sagt selbst in diesem Zusammenhang: «Deux mots peuvent se fusionner en un seul.»

338 Diesen Hinweis verdanke ich P. Wunderli.

339 Es spielt dabei keine Rolle, ob Formen wie *du* als *article partitif* oder als sonstiges präpositionales Amalgam fungieren.

340 Bereits *Hermann Paul* hat in seinen „Prinzipien der Sprachgeschichte" (in Kapitel VIII) die Kontamination als eine ebenso vielgestaltige wie häufige sprachliche Erscheinung gewürdigt. Die nachfolgende „Systemlinguistik" hat dieses wichtige sprachpsychologische Faktum natürlich nicht mehr thematisiert.

341 Ramge scheint in dieser These ein Spezifikum des Behaviorismus zu sehen (vgl. l.c.).

342 In psychologischer Hinsicht beruht die Ökonomie u.a. auf kreativer Transferenz.

343 d.h.: Kindsprachliche Sätze sind verkürzte Imitationen erwachsensprachlicher Sätze. Der Terminus „telegraphic speech" stammt aus Brown/Fraser 1964. Die in Cohen/Hecaen (1965) und neuerdings von Lentin (1975, S.18) vorgebrachte Kritik mag die Wahl des Terminus betreffen, für den dahinter stehenden Begriff selbst scheint sie mir nicht überzeugend.

344 Nach Průcha (1972, vgl. S.92/93) hat der Moskauer Psychologe Il'jasov 1968 Millers Hypothese der transformationellen Dekodierung durch ein mit Millers Versuchsanordnung übereinstimmendes Experiment widerlegt.

345 Ganz ähnlich äußert sich Sokolow (1969, S.461).

346 Von großem Interesse wären in diesem Zusammenhang Beobachtungen Ananjews über Traumstörungen bei Aphasien; vgl. Shinkin 1969, S.413, Anm.2.

347 Gemeint sind kindliche Selbstgespräche im Sinne der egozentrischen Sprache nach Wygotski.

348 Z.B. die Kenntnis des Subjekts (in einem doppelten Sinn!)

349 Dies ist m.E. einer der ganz wesentlichen Gründe, warum der Muttersprachler über so viele Möglichkeiten der sprachlichen Fassung verfügt und nie, welchen sprachlichen „Einstieg" er auch immer wählen mag, fürchten braucht, sprachlich nicht „zu Ende" zu kommen.

350 Vgl. beispielsweise Wygotski 1934, S.96.

351 Vgl. hierzu auch List 1974, S.33, 44-66. Vgl. ferner Engel 1973, S.9.

352 Gauger verweist hierbei seinerseits auf Slobin 1971a, S.23 und passim.

353 Es ist höchst bemerkenswert, daß – wie Herodot eigens vermerkt – als erstes „Wort" nur dasjenige Lautgebilde gelten sollte, das die beiden Knaben sprechen würden, „wenn das undeutliche Lallen vorüber wäre": Herodot hebt also – höchst modern! – die Lallphase ab vom eigentlichen Beginn des Spracherwerbs.

354 Nickel (1973b, S.465) hebt jedoch zu Recht hervor, daß derartige Positionen eher die Ausnahme sind.

355 Allenfalls für den Bereich eines relativ späten Bilinguismus finden sich hierzu nennenswerte Passagen: Das Problem des Bilinguismus soll jedoch in unserer Arbeit ausgeklammert bleiben.

356 Newmarks und Reibels Überlegungen basieren auf dem durchaus einleuchtenden Argument, daß die abstrakt-systematische und vollständige Schau, die den Linguisten auszeichnet, dem Lerner noch fehlt.

357 Vgl. hierzu beispielsweise Schneider 1966, wo aufgrund dieser Unvergleichbarkeit die sogenannte Direkte Methode in Frage gestellt wird.

358 Vgl. Weinrich 1972a, S.29: „Angenommen also, die semantische Referenztheorie sei für Lexeme haltbar, für die Morpheme der Grammatik jedoch nicht, so ist nun weiter zu fragen, wozu Morpheme dann überhaupt gut sind. Die Antwort soll lauten, daß die grammatischen Morpheme als erste die spezifische Funktion haben, das Determinationsgeflecht eines Textes zu bündeln und für den Hörer zu entwirren. Sie sind Orientierungssignale im Dienste der Kommunikationssteuerung." Zu ganz analogen Befunden kommt der Psychologe Neisser (1967, vgl. S.259/260): Ein Hörverstehen auf der Basis einer gestaltpsychologisch verstandenen „analysis-by-synthesis" ist nicht denkbar ohne eine gewisse „initial information", die gleichsam eine Art von „cue" darstellt: „otherwise (the constructive process) will hallucinate rather than perceive". Und: „Perhaps the most obvious of the cues involved are the so-called 'function words'."

359 Gauger (1970a, S.65) nennt diesen Prozeß höchst treffend eine „Verdichtung" und begreift den Wortinhalt als ein „gleichsam *kumulatives Sediment*" der Erinnerungsspuren, die aus der Summe der „Zeigakte" (vgl. S.55-60) stammen. Gauger (vgl. Anm.1 auf S.65) verwendet den Begriff in einem von der Psychoanalyse unterschiedlichen Sinne, aber die Wahl des Terminus ist dennoch psychoanalytisch motiviert. Nach Freud (1966, VI, S.192) setzen *singuläre Eindrücke* dem Vergessen Schwierigkeiten entgegen, während „irgendwie" *analoge Eindrücke* einzeln umso mehr dem Vergessen anheimfallen, je mehr sie „von ihren Berührungspunkten aus verdichtet werden" (aus: *„Der Witz und seine Beziehung zum Unbewußten"*). Freud (in *„Die Traumdeutung"*, in 1966 II/III, S.309) gibt übrigens selbst als Quelle aller Verdichtungsarbeit den *Spracherwerb* an: „Die Sprachkünste der Kinder, die zu gewissen Zeiten die Worte tatsächlich wie Objekte behandeln, auch neue Sprachen und artifizielle Wortfügungen erfinden, sind für den Traum wie für die Psychoneurosen hier (sc. bezüglich der Verdichtung; Anm.d.Verf.) die gemeinsame Quelle."

360 Der Lernpsychologe Skowronek (1972, S.181) hat m.W. als erster das Prinzip syntagmatischen und paradigmatischen Lernens klar so formuliert: „(Der) Allmählichkeit der paradigmatischen oder semantischen Entwicklung steht ein rascher Abschluß der syntagmatischen Entwicklung gegenüber."

361 Vgl. hierzu unsere Ausführungen unter III 1.2.2, 2.2.1 und 3.4.

362 Dies meint Wygotskis Satz, wonach beim Kind die semantische Seite der Sprache in der Entwicklung vom Ganzen zum Teil fortschreitet, vom Satz zum Wort, während ihre äußere (lautliche) Seite vom Teil zum Ganzen, vom Wort zum Satz, erfolgt (vgl. Wygotski 1934, S.295-311, insbes. S.302, und S.319-343; ferner Sokolow 1969, S.434). – In diesem Zusammenhang sei auch auf ein analoges Phänomen im natürlichen Zweitspracherwerb im Erwachsenenalter verwiesen: nämlich auf den Gebrauch infiniter Formen etwa im Deutsch der Gastarbeiter.

363 Erst hieraus resultiert die von Skinner (1957, S.311) angesprochene Fähigkeit, die dem Kind in einem sehr frühen Stadium weithin noch abgeht: „The speaker may talk about himself talking." Übrigens hat bereits Skinner (vgl. l.c.) die Rolle der Lerngeschichte grundsätzlich erkannt, obgleich er sie in behavioristischer Verengung sieht: „The preceding chapters have presented verbal behavior as a repertoire of responses, *some of them minimal in size, others complex but susceptible to fracturing* (Hervorheb. d.Verf.), existing in various states of strengths under the control of variables in the environment and history of the speaker."

364 S.258. Vgl. hierzu auch Leont'ev 1969, S.115-116.

365 Diesen Sachverhalt hebt auch Wienold (1973, S.29-30) ausdrücklich hervor, ohne daraus allerdings konkrete Schlüsse zu ziehen. Er gibt aber

zu, daß der Grundsatz, nur die Zielsprache im Unterricht zu gebrauchen, „nicht zweifelsfrei" ist (S.102).

366 Leont'ev (1969, S.115 und andernort) spricht vom „Wege einfachster Nachahmung". Vgl. auch Wygotski (1934, S.257): „Das Kind eignet sich die Muttersprache ohne bewußte Einsicht und unabsichtlich an (. . .)" Hierzulande werden demgegenüber sehr häufig noch Auffassungen vertreten, denen zufolge der Erstspracherwerb gerade nicht aufgrund bloßer Nachahmung erklärt werden könne. Vgl. zu diesem Problem auch Kielhöfer 1975, S.8-9.

367 Vgl. hierzu die bereits in Kapitel III angezogene Stelle aus Leont'ev 1969 (S.136-140).

368 Fast identische Formulierungen finden sich auch in Leont'ev 1971, S.34.

369 Nach Leont'ev (1969, S.116) treten das muttersprachliche und das fremdsprachliche grammatische System „unbedingt" miteinander in Kontakt. „Der partielle Erfolg der direkten Methode hängt gerade damit zusammen, daß sich dieses Verhältnis auf jeden Fall herstellt."

370 Vgl. beispielsweise in diesem Zusammenhang Ausdrücke wie *quasi; sozusagen; wie soll ich jetzt sagen; eine Art . . .; wenn ich so sagen darf; gleichsam; verstehen Sie, was ich meine; mir fällt gerade kein passendes Wort ein* usw.

371 Dies geschieht vorwiegend mittels Imitation und Gewöhnung (overlearning).

372 Diese Übungen prägten insbesondere die Sprachlaborarbeit in den Jahren 1960 - 1972. Nach Leont'ev (1969, S.111) liegt ihnen der gravierende Irrtum zugrunde, daß „die Sprache in das Verhalten des Menschen nichts prinzipiell Neues einbringt".

373 Es ist nicht zufällig, daß die sowjetische Methodik nicht von Sprech*verhalten* (= verbal *behavior)* spricht, sondern von Sprech*tätigkeit*. Vgl. hierzu auch Parrerens Bemerkungen zum *Pattern Drill* (1972a, S.95).

374 Hierauf kommen wir unter 3. noch ausführlich zu sprechen.

375 CREDIF = Centre de Recherce et d'Etude pour la Diffusion du Français, Paris.

376 Bemerkenswert scheint mir, daß Butzkamm – wie der dem Zitat folgende Satz nahelegt – hierbei auch an den natürlichen Spracherwerb zu denken scheint.

377 Vgl. hierzu auch S. Ervin/C.E. Osgood, „Second Language Learning and Bilinguism". In: C.E. Osgood/T.A. Sebeok (eds.), *Psycholinguistics: A Survey of Theory and Research Problems.* Bloomington (Ind. Univ. Press) 1965, S.139-140.

378 Vgl. im übrigen hierzu die ausführlichere Kritik in Butzkamm 1973, S.131-134.

379 Zur didaktischen Begründung der Einsprachigkeit vgl. die ausgezeichnete Darstellung bei Butzkamm 1973, S.114ff.

380 Diese Grammatik-Übersetzungs-Methode wird selbstverständlich auch von der sowjetischen Didaktik als psychologisch unangemessen verworfen (vgl. z.B. Leont'ev 1969, S.114).

381 Butzkamm (1973, S.92ff.) vermittelt eine erste Vorstellung von der breiten Skala didaktischer Möglichkeiten, die in einer so verstandenen „Übersetzung" stecken. Auch im Rahmen der Sprachlborarbeit könnte die Übersetzung u.E. vielfältige Aufgaben übernehmen. Sie stellt z.B. eine unkomplizierte Form dar, in der die zuvor in einzelnen Übungen isoliert trainierten grammatischen Erscheinungen in bunter Mischung „abgerufen" werden können (vgl. bei Wunderli/Schecker-Lami (1973, S.126) den Übungstyp „exercice mixte de traduction").

382 Daraus erklären sich die typischen Verstöße in der *Wortfolge* (vgl. die deutsch-englischen Beispiele in Zydatiß 1975, S.306-322). Man darf mit Zydatiß (vgl. S.323) der Meinung sein, daß in diesem Fehlerbereich der Interferenztyp $L_1 \rightarrow L_2$ in der Tat entschieden häufiger ist als Interferenzen, die aus Übergeneralisierungen der noch unvollständig erlernten Grammatik der Zielsprache resultieren. Höchst bemerkenswert ist, daß auch Zydatiß (vgl.S.324) gerade aus dieser Erkenntnis heraus die didaktische Rolle der Muttersprache auf fortgeschrittener Stufe neu durchdacht haben möchte.
Höchst verräterisch sind jedenfalls „Fehler", wie wir sie nicht selten selbst bei Personen beobachten können, welche die Fremdsprache an sich recht gut und flüssig beherrschen:

Sind Sie schon mal in Deutschland gewesen?
→ Est-ce que vous avez déjà été en Allemagne?

statt:

Est-ce que vous *êtes* déjà *allé* en Allemagne?
Von wo (genau) in Frankreich kommen (stammen) Sie?
(Eine Frage, wie sie etwa ein Deutscher einem Franzosen in Deutschland stellen wird.)
→ D'où *venez*-vous en France? (Die Frage wird auf Anhieb kaum verstanden.)

statt etwa:

D'où *êtes*-vous? De quelle région (ville etc.) êtes-vous?

Hier liegen Probleme vor, die nicht mit dem traditionellen Begriff der Idiomatik zu fassen sind.

383 Ein Beispiel. – Basissatz der Übung *Il l'a fait exprès?*
Zu übende „Einstiege":
– je me demande. . . (si)
– je suis curieux. . . (de savoir si)
– j'ignore . . . (si)
– la question est . . . (de savoir si)
– peut être . . . *(inversion!)*

— il me semble . . . (que)
— il semble . . . (que + *subj.)*
(vgl. Olbert/Schneider 1973b, S.55).

384 Wie Wygotski, Galperin und Leont'ev sprechen auch Wunderli und Schecker-Laml (l.c.) von einer Art „Vorprogrammierung" durch die Muttersprache, was „unweigerlich" früher oder später zur Übersetzung führe.

385 Vgl. hierzu Gauger 1970a, S.45-64.

386 Vgl. in diesem Zusammenhang auch Gaugers Kritik an H.A. Gelason (Gauger 1970a, S.46-47); vgl. ferner die entschiedenen Äußerungen in Gauger 1976, S.32-33.

387 Eine breitere Ausführung dieses Gedankens findet sich in Gauger 1976, S.46-47.

388 Dodsons experimentelle Befunde und die darauf beruhenden Schlußfolgerungen lassen sich nicht unbedingt generalisieren, da der Charakter mancher Experimente sehr elementar ist und — dies ist gravierender — die Population, die im didaktisch orientierten Experiment getestet wurde, auch in einer gewissen zweisprachigen kulturellen Umgebung lebte: Englisch und Walisisch stehen somit keineswegs idealtypisch für „Muttersprache" und „schulische Fremdsprache".

389 Vgl. hierzu die Seiten 129-142 in Butzkamm 1973.

390 Man vgl. z.B. unter dem Gesichtspunkt der Aktualisierungsproblematik Butzkamms Ausführung zu van Parreren (S.146ff.) und zu Priesz (S.176).

391 Insbesondere Galperin, El'konin und Beljajev finden sich wiederholt erwähnt.

392 Bilingual aufgewachsene Kinder können eine Übersetzung (im eigentlichen Sinn) aus demselben Grunde nicht leisten, aus dem ihnen Interferenzen weitgehend erspart bleiben. Sie können einen nicht-sprachlich vorgegebenen bzw. (durchaus auch aufgrund sprachlicher Mitteilung) vorgestellten Sachverhalt sowohl in Sprache L_1 als auch in Sprache L_2 irgendwie sprachlich fassen, aber sie können eben nicht direkt zu einem Encodat in L_1 die in L_2 denotativ und konnotativ nächste Entsprechung (oder umgekehrt) angeben.

393 Eine allgemein gültige Altersgrenze ist nicht anzugeben. Neben individuellen Faktoren, die für den allgemeinen Maturitätsstand in einem gewissen Alter verantwortlich sind, dürfte vor allem die Art und Weise, in welcher der muttersprachliche Unterricht gestaltet wird, von entscheidender Bedeutung sein. Die beispielsweise in Kufner (1971, S.204) angesprochene Begründung für eine Altersgrenze von etwa zehn Jahren, wonach der *Language Acquisition Device* (im Sinne der Generativisten: vgl. unsere Ausführungen unter III 2.1.3) auf Grund der biologischen Reife seine Funktion aufgebe, scheint mir rein spekulativer Natur zu sein.

394 Vgl. hierzu auch Slama-Cazacu 1976a.

395 Es müßte auch in der Sprachwissenschaft wieder selbstverständlich werden, daß die Abstraktheit einer Theorie für sich allein kein Gütesiegel bedeutet, daß die Wissenschaft vielmehr Modelle zu erstreben hat, die nicht möglichst viele Fakten *außer acht* lassen, sondern letztendlich möglichst viele Phänomene befriedigend *beschreiben* (und, wo immer möglich, auch *erklären).*

396 Die Kritik an den in der gTG üblichen Formen der Subkategorisierung und Selektionsbeschränkungen (vgl. z.B. Busse 1974, S.49-57) zeigt auch, in welche Auswegslosigkeiten der Zwang zur Formalisierung geführt hat.

397 Chomsky (vgl. beispielsweise Chomsky 1965, S.25-28) hält der Kritik, daß im Rahmen des gTG „das Studium der Sprachverwendung vernachlässigt werde", entgegen, die einzigen Studien hierzu seien gerade „als Nebenprodukt aus der Arbeit an der generativen Grammatik hervorgegangen". Er selbst wirft seinerseits den strukturalistischen Richtungen vor, es sei „die deskriptivistische Beschränkung-aus-Prinzip" auf (1.) Klassifizierung und Anordnung der Daten, (2.) auf „Extrahierung von Patterns", und (3.) auf Beschreibung von „Sprechgewohnheiten" und „Gewohnheitsstrukturen", welche der Entwicklung einer Theorie der aktuellen Sprachverwendung entgegenstehe (S.28). Es wäre sicherlich leicht, diese Vorwürfe terminologisch so umzuformulieren, daß sie auf Chomsky selbst zurückfallen.

398 Vgl. dazu Gauger 1970a, S.45-88, insbes. S.49.

399 Saussure scheint, wie aus Saussure/Engler 1968 (S.282-287) zu entnehmen ist, diese Auffassung mit einem gewissen Nachdruck und mit großer Explizitheit vorgetragen zu haben. Für eine differenzierte Interpretation der Saussureschen Auffassungen vgl. Wunderli 1972a, insbes. S.490 bis Schluß.

400 Wenn auch, wie der Kontext nahelegt und wie Wunderli (1972a, vgl. insbes. S.495ff.) überzeugend nachweist, Saussure hier zunächst an (relativ abstrakte) Satzbaupläne denkt, die allerdings (vgl. S.173) abgestützt sind «sous forme de souvenirs concrets», und zwar wegen der in der *langue* gespeicherten «spécimens suffisamment nombreux», so scheint mir doch die Berücksichtigung syntagmatischer Bindungen in psychologischer Hinsicht höchst bemerkenswert.

401 Es handelt sich hierbei nicht um einen *accord,* der bloße Redundanz bewirkt, denn die Signifikate „Aussage (= *énoncé*)" vs. „Aufforderung (= *injonction*)" werden nur durch die Opposition *nous* vs. Nullmorphem zum Ausdruck gebracht (vgl. hierzu S.121).

402 Was im übrigen die *Kontrastive Grammatik* betrifft, so haben wir (ebenfalls in Kapitel I) aufgezeigt, daß sie, wo sie „systemlinguistisch" ausgerichtet ist, d.h. sich als objektiven Vergleich zweier Systeme versteht,

nur einen begrenzten Voraussagewert bezüglich möglicher Interferenzen hat. Andererseits kann sie, wie von der Mehrzahl der Autoren zugestanden wird, ihre allgemeinen Zielsetzungen unabhängig von der Wahl eines ganz bestimmten linguistischen Beschreibungsmodells verfolgen.

403 Vgl. unsere Ausführungen unter IV. 1. und 2.

404 Wir haben mehrfach auf die für didaktische Belange zu große Explizitheit von Grammatiken nach der Art des *Aspects-Modells* hingewiesen (vgl. insbes. unsere Ausführungen in I 1.3.2.). Es scheint uns auch nicht möglich, etwa für den Bereich der indoeuropäischen Sprachen das Modell mittels der kontrastiven Grammatik nennenswert zu „entlasten", ohne seinen Grundansatz zu zerstören.

405 Diese darf nicht ausschließlich paradigmatisch orientiert sein: Hierauf ist noch an anderer Stelle näher einzugehen.

406 Vgl. hierzu auch Anm.15 auf S.228 in Wunderli 1972b: Das Linearitätsprinzip kann nicht, wie R. Godel das tut, unmodifiziert aus der *parole* in die *langue* übernommen werden.

407 Vgl. insbes. Teil 3.2 - 3.3.5.

408 Vgl. hierzu unsere Ausführungen in I 1.2.2. – Die wichtigsten Arbeiten zur psychologischen Realität der unmittelbaren Satzkonstituenten sind in Gauger 1973 (S.301) verzeichnet; vgl. auch Lists Darstellung von Johnsons Experimenten in List 1972, S.52. Eine besonders wichtige Arbeit stellt Fodor/Bever 1965 dar. Die Phrasenstrukturgrammatik und die IC-Analyse gehen im Grunde auf Bloomfield (1933) zurück, wo sich sowohl der Terminus *immediate constituents* (z.B. S.161) findet als auch der viel zitierte Beispielsatz *Poor John ran away*. Allerdings ist für Bloomfield der hierarchische Aspekt noch sehr marginal. Aufgegriffen wurde der Gedanke der unmittelbaren Konstituenten u.a. von Pike (1943), Wells (1947) und Chatman (1955). Breit diskutiert wurde die IC-Analyse aber erst im Anschluß an Z. Harris (1951a und b), der die Methode in aller Ausführlichkeit begründete. Harris arbeitete noch allein auf der Basis distributioneller Kriterien, der Prager Funktionalismus hatte keinen Einfluß auf sein Werk. Ivić (1972, S.147) weist zu Recht darauf hin, daß die im Rahmen einer IC-Analyse ermittelten syntaktischen Regularitäten auch semantische Gesetzlichkeiten implizieren. Dies ist natürlich für eine pädagogische Grammatik bedeutsam.

409 Überhaupt wird ja das Schema als solches nicht aus einem abstrakten Formalismus deduziert.

410 Tesnière, 1959, S.239. – Vgl. die Diskussion derartiger Satztypen in Busse 1974 (S.64ff.).

411 Tesnière (l.c.) spricht von einem Vorgang, «qui se déroule (. . .) sans que nous puissions concevoir un actant qui en soit à l'origine». Vgl. demgegenüber Heringers Syntax (1970a, insbes. S.283-284), der die Dependenz konsequent bis auf die Ebene der Plereme darstellt.

412 Helbig (1971c, S.31 und S.46) spricht ausdrücklich von *Fremdsprachenunterricht* (vgl. auch Helbig 1965). Flämigs Aussage (vgl. Flämig 1971, S.105), daß der muttersprachliche (Deutsch-)Unterricht bislang von der Valenztheorie kaum Notiz genommen habe, läßt sich übrigens heute sicher nicht mehr aufrecht halten.

413 Neben der von Helbig herausgestellten Explizitierung des Fehlers scheinen mir die Möglichkeiten, die sich hier für die kontrastive Grammatik ergeben, bedeutsam. Hierüber wird an anderer Stelle noch zu sprechen sein.

414 Vgl. zu diesem Begriff Helbig 1971c, S.40.

415 Termini wie „Handlungssatz" oder „Vorgangssatz" deuten auf Kriterien außerlinguistischer Art (vgl. hierzu auch Helbigs Literaturangaben in Anm.52 und 53, S.49); wegen der „fehlenden 1 : 1-Entsprechung von Form und Inhalt" ist die „Annahme von einem invarianten Inhaltswert der einzelnen Kasus", wie sie der Satztypologie der inhaltbezogenen und funktionalen Grammatik zugrunde liegt, nicht haltbar (vgl. S.45). Auch Flämig (1971, S.120) sieht den didaktischen Wert verbzentrierter Valenzmodelle in der „typisierenden Beschreibung der Satzstrukturen im Sinne von Satztypenplänen".

416 Vgl. hierzu auch die von Schenkel (1971) an zahlreichen Beispielen aufgewiesenen Gesetzlichkeiten.

417 Man vgl. hierzu die Ausführungen Tesnières (1959, S.217ff.), der die Stellung der *négation connexionnelle* noch weitgehend (vgl. etwa S.219-223) unter rein komparatistischen Gesichtspunkten angeht.

418 Erstere werden bezüglich ihrer oberflächenhaften (konkreten) Linearität in der Phrasenstrukturgrammatik besser abgebildet (vgl. hierzu Helbig 1971a, S.204 unten). Hierbei darf allerdings nicht vergessen werden, daß die amerikanische Linguistik im wesentlichen mit englischen Beispielsätzen operiert, während Tesnière viele Sprachen berücksichtigt, insbesondere das Deutsche mit seinen eigentümlichen Klammerstellungen (Verb und Hilfsverb, Verb und Verbzusatz) und Inversionen, ferner das Lateinische und Griechische, die vergleichsweise reichhaltigere Wortstellungsmöglichkeiten bieten (bei einer generellen Präferenz zur Endstellung des Verbs). Nach Helbig (1971a, S.207) stößt auch die Phrasenstrukturgrammatik bei diskontinuierlichen Elementen („Dort *hat* Peter nicht *gesprochen*") „sehr bald an ihre Grenzen". Dagegen werden in Tesnières Notationsverfahren die hierarchischen Beziehungen mitunter wesentlich detaillierter und übersichtlicher berücksichtigt als in der Phrasenstrukturgrammatik: Man vergleiche beispielsweise bei Tesnière (1959) den Einbau des von einem Adjektiv dominierten Adverbs in Stemma 5 (S.15) mit der Darstellung eines vom *noeud central* dominierten Adverbs in der Funktion eines freien *circonstant* wie in Stemma 39 und 40 (S.61). Vgl. auch S.181 ff.; ferner Stemma 72 und 73 (S.100). Bezüglich des zeitlich sehr viel früheren Ansatzes einer depen-

denziellen Betrachtung bei Jespersen siehe die knappe Darstellung bei Heringer (1970a, S.15ff.). Heringer betont (vgl. S.20), daß Tesnière, wiewohl er sich nicht auf Jespersen beruft, letzterem in wichtigen Punkten verpflichtet ist. Die Darstellung der Dependenzen in Form übersichtlicher Stemmata reklamiert Tesnière (vgl. 1959, S.15, Anm.1) ausdrücklich als eigene Schöpfung.
Eine ebenso qualifizierte wie kurze Einführung in die Tesnièresche Syntax (allerdings ohne Berücksichtigung der Tesnièreschen Translationstheorie) gibt im übrigen Helbig (1971a, S.198-204). Eine Zusammenfassung der Kritik an Tesnières Valenzbegriff findet sich in Helbig 1971c, S.32-36.

419 Es ist bekannt, daß keinesfalls immer ein Verb den obersten Knoten einer Äußerung bildet (vgl. Tesnière 1959, S.15: chap. 3; 7. und passim). Sätze ohne Verb sind sogar «fréquent dans la conversation courante» (l.c.), sie sind aber in aller Regel, gerade wegen ihres elliptischen Charakters, wesentlich kürzer und strukturell schlichter als Sätze, deren oberster Knoten verbaler Natur ist.

420 Tesnières Konzept ist in der Tat im Sinne Erbens (vgl. Erben 1964, S.231ff.) dahingehend zu modifizieren, daß auch die durch ein bestimmtes Verb strukturell erzwungenen Adverbialbestimmungen berücksichtigt werden. Vgl. hierzu Helbig 1971a, S.210 und das Beispiel S.209; ferner Helbig 1971c, S.36ff. Erbens Modifikation ist insbesondere bedeutsam für die Beschreibung *kontrastiver Sachverhalte* (z.B. Funktionen französischer Präpositionen im Vergleich zur deutschen Nominalflexion) oder für die Erfassung der diaphasisch oder diastratisch bedingten Doubletten des Deutschen („das Auto *von* Herrn Meier" vs. „Herrn Meiers Auto"; „wir erinnern uns dieser Tage" vs. „wir denken *an* diese Tage"). Busses Kriterien für die Unterscheidung zwischen notwendigen Satzgliedern („Satzkernglieder") und fakultativen Satzgliedern sind bezüglich ihrer Operationalisierbarkeit gegenüber Erben schärfer gefaßt (vgl. Busse 1974, S.73-81 und S.90ff.).

421 Von zentraler Bedeutung ist hierbei Busses Begriff des „Satzkerns" bzw. der „Satzkernstruktur" (= die durch das Verb bedingte notwendige Minimalausstattung mit „Satzkerngliedern") und der (Martinet entlehnte) Begriff der „Expansionen", zu denen Busse (vgl. S.73-78 und S.118-119) die freien Satzglieder rechnet. Wie wir andernorts bereits ausgeführt haben, geht Martinet (1960) bei der syntaktischen Analyse vom *syntagme prédicatif* (als der strukturellen Minimalausstattung eines Satzes) aus, dessen *expansions par coordination* und *par subordination* schließlich die gesamte syntaktische Ausgestaltung eines Satzes ausmacht. — In einer pädagogischen Grammatik muß es allerdings auch um die konkrete Wortfolge in der Darstellung des Stemmas zu tun sein. Zu ergänzen wäre eine valenztheoretisch orientierte pädagogische Grammatik — und das scheint mir noch viel entscheidender — überdies durch einen Regelapparat, der die bei Verbindungen von Syntagmen und Sätzen

anfallenden grammatischen Sekundäreffekte beschreibt (Permutationen; pronominale Reprisen und andere anaphorische Erscheinungen; Zeitenfolge u.a.). Hierüber wird noch genauer zu sprechen sein.

422 Raible 1972, S.6; vgl. hierzu auch Raibles Exkurs S.242-243. Mit dem Kriterium der Erfragbarkeit können die linguistischen Größen nach selbständigen Einheiten *(free forms)* und unselbständigen Einheiten *(bound forms)* unterschieden werden. Raible verweist hier bei auf Apollonios Dyskolos, der lange vor Bloomfield diese Unterscheidung getroffen habe (vgl. S.6/7). Vgl. im übrigen unsere Ausführungen zum Satzbegriff in Kapitel I.

423 Vgl. Raible 1972, S.26 und 28.

424 Vgl. Tesnière 1959, S.13-16.

425 Vgl. Tesnière 1959, S.163ff., insbes. S.164: 5. und 6. Auf die Konnexion der Junktion, die natürlich – schon vom begrifflichen Ansatz her – in Vergleich zur gTG nicht unerheblich zur Vereinfachung und Anschaulichkeit einer pädagogischen Grammatik beiträgt, werden wir nicht weiter eingehen, da diese Form einer Konnexion ohne jede Modifikation der Definition oder Darstellungsweise in die pädagogische Grammatik übernommen werden kann.

426 Vgl. Raible 1972, S.19. – So ist in dem von Raible selbst (S.8) zitierten Beispiel «Le chasseur eskimo de la baie d'Hudson qui abat un morse» die syntagmatische Gruppe *eskimo . . . morse* an die Anwesenheit von *le chasseur* gebunden: Darum muß sowohl auf die Frage *qui?* wie auch auf die Frage *quel chasseur?* jeweils *chasseur* (bzw. die pronominale Vertretung) wiederholt werden. Nach dem Kriterium der Erfragbarkeit mittels des finiten Verbs unterscheidet Raible auch die Sätze selbst in erfragbare und nicht erfragbare Sätze (vgl. S.18-19 und passim). Raibles definitorischer Ansatz ist sehr viel expliziter (und damit operationalisierbarer) als eine „Definition", die den Satz einfach als „ein Muster für kleinste, potentiell selbständige Äußerungen" (vgl. Heringer 1972, S.11 und die Beispiele S.12-14) charakterisiert, ohne zu sagen, was denn nun „kleinst" und „potentiell selbständig" in jedem Einzelfall konkret zu bedeuten habe. Allerdings ist Heringer zuzustimmen, wenn er aus seiner Annahme gleichzeitig die Berechtigung dafür herleitet, „die linguistische Beschreibung mit der Beschreibung von Sätzen zu beginnen" (vgl. S.11/12).

427 Durch die Gruppierung sprachlicher Elemente in den Funktionsstellen der *actants* und *circonstants,* die ihrerseits weitere Hinzufügungen dominieren oder sogar in Form ganzer Sätze erscheinen können (vgl. hierzu Raible 1972, S.201, und Busse 1974, S.58ff.), kommt ein derartiges Grammatikmodell den sprachpsychologischen Anforderungen insofern in besonderem Maße entgegen, als es bei natürlicher sprachlicher Encodierung in lernpsychologischer Hinsicht in der Tat darum geht, Wortgruppen unterschiedlichen Umfangs und unterschiedlicher linguistischer

Organisation zu (relativ) neuen Zwecken und (relativ) neuen syntaktischen Zusammenhängen zu verbinden, wie wir dies insbesondere bei frühen kindsprachlichen Produktionen deutlich beobachten konnten. (Vgl. im übrigen unsere Ausführungen zur Rolle der Linguistik im Schlußteil dieses Kapitels.)

428 Sowohl für Chomskys Transformationen wie auch für Tesnières Translationen 2. Grades hängt die Interpretation – sie ist bei Chomsky durch formale Bedingungen garantiert, während Tesnière einen eher intuitiven Prozeß voraussetzt – von ihrer Rückführbarkeit auf frühere Zustände und syntaktische Bedingungen ab. Das Mißliche an Chomskys Ansatz liegt in der (mindestens teilweise) willkürlichen Zuweisung von u.U. psychologisch identischen Prozessen in (1.) die Wortbildungsmorphologie und (2.) die syntaktische Komponente (vgl. hierzu Rohrer 1971, S.14). – Helbig (1971a, S.206ff.) bewertet die Abhängigkeitsgrammatik neben der generativen Grammatik als „eine der wesentlichsten expliziten grammatischen Theorien im Weltmaßstab". Das 1964 in Magdeburg abgehaltene II. Internationale Symposion *Zeichen und System der Sprache* sei keineswegs zufällig im Zeichen einer „immanenten Auseinandersetzung" zwischen diesen beiden Grammatiktypen gestanden.

429 Vgl. Tesnière 1959, S.39ff., insbes. S.40 (chap. 20: 3. und 7.).

430 Auf diesen besonderen Sachverhalt wird im Rahmen dieser Arbeit nicht weiter eingegangen.

431 Vgl. Tesnière 1959, S.80ff.

432 Vgl. unsere Ausführungen unter III 3.3.

433 In der *phrase composée* ist darum zu unterscheiden, ob die Konnexionen zwischen den *propositions* einer bloßen *jonction* entsprechen oder aber zur Ausdifferenzierung der hierarchischen Dependenz beitragen.

434 Vgl. Helbig 1965, ferner 1971c, S.35ff., ferner Helbig 1971a, S.214, wo Helbig anläßlich der seit Tesnière offenen Frage, ob die Valenz als Erscheinung der semantischen oder strukturellen Ebene (bzw. der Inhalts- oder Ausdrucksebene) zu begreifen ist, dem Valenzbegriff u.a. die Aufgabe zuweist, durch eben diese Unterscheidung in (a), (b) und (c) ein „strukturelles Minimum" im Rahmen der syntaktischen Satzanalyse aufzudecken.

435 Die Beispiele (Deutsch als Fremdsprache) stammen aus Helbig 1971c, S.31.

436 Vgl. hierzu auch unsere Ausführungen unter II 2.1.

437 Kritik und Modifikationen, die das Tesnièresche Modell im Laufe der Zeit erfahren hat, sind ebenso knapp wie treffend in Helbig 1971a, S.205ff., und in Helbig 1971c, S.32ff., zusammengefaßt. Vgl. auch Hundsnurscher 1973, Kap. 5, S.193-196. Im übrigen muß man sich darüber im klaren sein, daß die Valenzgrammatik weit weniger einen Bruch mit einem traditionellen Grammatikverständnis bedeutet als andere

Formen moderner Systemlinguistik. Ihre theoretischen Prämissen sind im Umfang geringer und in ihrer Natur weniger spekulativ als bei den zu Erzeugungsgrammatiken evoluierten strukturalistischen Richtungen. In unserer Erörterung stehen daher zu Recht die Darstellungstechniken im Vordergrund, und auch ihre Problematisierung bleibt weitgehend auf unterrichtspraktische Aspekte beschränkt.

438 Auf die von der Psychoanalyse herausgestellte generelle Bedeutung dieses Phänomens haben wir bereits verwiesen.

439 Beispiel: „Oh! Your shoe *fell*" → „shoe *fall*" (Menyuk 1969a, S.30).

440 Beispiel: „Let's take your *shoes* off" → „*shoe* off" (l.c.).

441 Beispiel (vgl. Anm.5): *let's take* entfällt als ganzes.

442 Vgl. unsere Ausführungen unter III 3.1. und III 3.4.

443 Es sei hier lediglich an unsere Erörterung (in III 2.2.1) der „perfect complementary distribution" von *it* und *its* (Cazden/Brown/Bellugi 1968, S.312-313) erinnert, die u.E. nicht über generative Regeln erklärt werden braucht.

444 Vgl. Tesnière 1959, S.39.

445 Vgl. Tesnière 1959, S.18 (8.). Tesnière betont die Bedeutung des *caractère linéaire* der *chaîne parlée,* «dont l'observation préalable est à la source de toute spéculation linguistique»; da wir in einer uns bekannten Sprache immer nur auf den Sinn achteten, bleibe uns ihre wahre Natur verschleiert: «(Le sens) en masque la véritable nature.» (Vgl.S.17)

446 Diese Eindimensionalität ist zugleich eine „Einbahnstraße": vgl. Tesnière 1959, S.18 unten.

447 Die Definition dieses Begriffes gibt Tesnière (1959) S.11.

448 Die Sequenz *les* und *ruisseaux* ist allenfalls eine *séquence médiate.* In diesem Zusammenhang ist für Tesnière (vgl. S.20: 9. und S.21/22) der *accord grammatical* von zentraler Bedeutung: Je mehr *accord* in einer Sprache zum Ausdruck gebracht wird, desto größer ist die Freiheit der Wortfolge. Man wird im Zusammenhang mit dem *accord* die didaktische Bedeutung einer dependenziellen Darstellung erkennen und Göller widersprechen, der hier Vorteile in der Darstellung der gTG zu erkennen glaubt (vgl. Göller 1971 und Christmanns Gegenargumentation 1973, S.177ff.).

449 Der Artikel wird in der neueren Literatur (systematischer als bei Tesnière) als integrierendes Bestandteil der Formklasse Substantiv und der durch Substantive besetzten Satzpositionen gesehen. Doch schon Tesnière sieht im Artikel ein bloßes Translativ.

450 Im Deutschen insbesondere: Verb - Verbzusatz, Verb - Präfix, Verb - Hilfsverb bzw. Modalverb.

451 Die Sonderstellung des Subjekts im Tesnièreschen Stemma als *erster*

Aktant könnte, unabhängig von den noch zu erörternden Alternativvorschlägen, jeweils durch *halbfette* Markierung der Konnexion ausgedrückt werden.

452 Linguistisch gesehen, ist es sicherlich noch zutreffender, die Satzverneinung dem verbalen Knoten überzuordnen (vgl. Wunderli 1975).

453 Gemeint sind Fehler wie *How they can't talk?; It's has wheels; There is three lines; How can he can look?* usw. (Vgl. IV 3.4).

454 Vgl. Kap. III 3.4.

455 Z.B.: **Voilà est un livre. *Le livre il y a sur la table* (nach *Sur la table il y a un livre).* Das Beispiel zeigt zugleich, daß hier die Muttersprache interferiert: Diese Interferenz ist nur auf dem Weg eines expliziten grammatischen Hinweises auszuschließen.

456 Übrigens geht gerade in dieser Beziehung jedes Kind wieder anders vor: Im Extremfall überspringt ein Kind (bezüglich seines aktiven Vermögens) sogar das Einwort – oder Zweiwortstadium.

457 Es ist bezeichnend, daß die Kinder auf dieser Stufe noch kein Gefühl für die Zugehörigkeit zu bestimmten Paradigmata haben: Vgl. hierzu unsere Ausführungen unter III 3.3.
Gauger (1970a) weist wiederholt auf ein ähnliches Defizit des naiven *erwachsenen Sprechers* hin. Am Beispiel der deutschen Adjektivflexion *(der grüne Baum* vs. *ein grüner Baum* vs. *der Baum ist grün)* weist Gauger auf, daß der Sprechende weder weiß, *warum*, noch weiß, *wie* und *daß* er Formen von *grün* unterscheidet. („Sofort aber weiß er, daß *der grüner Baum* nicht richtig ist. Es ist also klar, daß er etwas weiß; was er aber weiß, weiß er nicht. Sein Wissen ist 'unbewußt': nescio me scire." (S.31.)

458 Man vergleiche unter den oben auszuführenden Gesichtspunkten die auf dem deutschen Markt gängigen Lehrbücher. Erste Schritte in die von uns angedeutete Richtung scheint mir *Etudes Françaises - Cours de base* (Stuttgart: Klett 1972) zu gehen, wo lange vor der systematischen und analytischen Behandlung von *à + article* (Leçon 15) Formen wie *au café, thé au lait, au citron* (Leçon 4), *au marché* (Leçon 5), *à une amie, à la fenêtre* (Leçon 6) in den Texten mit unterlaufen. Analoge Belege ließen sich für Formen wie *une tasse de café* (Leçon 2; die systematische Behandlung erfolgt erst in Leçon 5) beibringen. (Bedenklich dagegen scheint mir das Verfahren, das Konjugationsparadigma eines bestimmten Verbs erst nach und nach, d.h. nach einzelnen Personen getrennt, zu vervollständigen: Dies ist nicht nur für den Unterrichtenden ärgerlich, das verstößt auch gegen das Transferbedürfnis des Lerners.)

459 Titone (1971, S.241) sieht hierin die wesentliche Funktion der grammatischen Unterweisung, „particolarmente in riferimento ad una seconda lingua, appresa successivamente alla prima": „(. . .) La grammatica, come insieme di conoscenze, non può e non deve constituire il primo

passo nell'apprendimento di una lingua, ma soltanto sopravvenire a livello molto avanzato in funzione complementare e come amplificatrice della consapevolezza linguistica del parlante (. . .)." Sie hat somit zwei (zeitlich verschobene) Ziele: 1. Unterstützung bei der Herausbildung eines „Sprachgefühls", 2. (auf wesentlich fortgeschrittener Stufe) ein systematisch orientiertes Wissen über die linguistische Struktur einer Sprache (vgl. l.c.). – Vgl. in diesem Zusammenhang unsere Anregungen zur Ausspracheschulung in Schneider 1977.

460 Auch diese ist nötig, um beispielsweise Formen wie *du pain* (= „Brot") gegenüber Formen wie *(avoir besoin de) – pain* (= „Brot„) abzuheben.

461 Das didaktisch vorteilhafte Notationsverfahren ergibt sich gleichsam zufällig aus Tesnières translationellem Ansatz. Wir haben in Kapitel I festgestellt, daß die „Didaktisierungen" der generativen Grammatik entweder auf der Stufe der *Syntactic Structures* stehen bleiben oder aber, wo sie die *Aspects*-Version in irgendeiner Form berücksichtigen wollen, die Vereinfachung im Formalismus und in der Darstellung durch *fehlerhafte Sprache* erkaufen: Dies ist nun gerade in einem pädagogisch ausgerichteten Modell am allerwenigsten zu vertreten. (Vgl. unsere Ausführungen zu Göller 1971, Hüllen 1971 und Peuser 1973 in Kapitel I 1.3.1; vgl. auch das von Hausmann (1975, S.189) formulierte Fazit der Rezensionen zu Peuser 1973.)

462 Vgl. hierzu Weinrich 1962, S.5-7, und Rothe 1965, S.22-23.

463 Tesnière selbst spricht bezüglich einiger der o.a. Sonderformen (= *indices)* von der Tendenz «à s'agglutiner au verbe» und von «groupement plus ou moins indissoluble», von «bloc indissociable» (vgl. Tesnière 1959, S.134) und faßt deshalb (vgl. Stemmata 130 und 131, S.133) in Sätzen wie *Alfred vous en remercie beaucoup* und *J'en remercie la Providence* die Wortgruppen *remercie, vous en* bzw. *remercie, j', en* im Stemma mittels eines *cercle de nucléus* (vgl. hierzu S.46) zusammen zu einem Nukleus, dessen Zentrum verbaler Natur ist. (Zum Begriff des Nukleus vgl. im übrigen S.44ff.) Formen wie *moi, toi, lui* usw. faßt Tesnière unter der Bezeichnung *substantifs personnels* zusammen (vgl. S.67: 5. - 8.).

464 Dies zeigt sich besonders im Falle der sogenannten *reprise pronominale.* Auch Tesnière selbst (1959, S.172-173) spricht im Zusammenhang mit der *projection actancielle* (wie in *le loup, il a mangé l'agneau* oder *l'agneau, le loup l'a mangé)* von einer *connexion anaphorique,* die den projizierten Aktanten mit dem Pronomen verbindet. Die Rolle des Pronomens (vgl. S.173: 9.) besteht darin, die übliche *séquence* wiederherzustellen: im Französischen geschieht dies allerdings nur im Sinne einer *relativen* Nachbarschaft, da die *reprise pronominale* des 2. oder 3. Aktanten meist dem Verb *vorangeht,* während der entsprechende Aktant selbst, wäre er nicht projiziert, dem Verb *folgen* würde.

465 Bekanntlich ist der nominale Bereich weit weniger an die Deixis gebunden.

466 Vgl. die Beispiele der vorletzen Anmerkung.

467 Tesnière 1959, S.173 (oben).

468 L.c. (Abschnitt 6.).

469 Diese phonetische Argumentation ist einigermaßen überraschend. Der projizierte Aktant *kann* zwar (aber *muß* nicht) durch eine Pausenmarkierung irgendwelcher Art vom restlichen Satz abgehoben werden, er bleibt aber doch durch die (suprasegmentale) Prosodie mit dem verbalen Satzzentrum verbunden. Von „Autonomie" kann gerade in phonetischer Hinsicht kaum die Rede sein. Im übrigen ist festzustellen, daß phonetische Gesichtspunkte an anderer Stelle nicht intervenieren: Die strukturelle Repräsentation des Realtivsatzes z.B. (der mittels Translation zweiten Grades als *subordonnée adjective* zum Stellvertreter eines adjektivischen Nukleus geworden ist: vgl. S.557 ff.) in Form eines von einem bestimmten Aktanten direkt dominierten Knotens läßt die Tatsache außer acht, daß der französische Sprecher den Unterschied zwischen Relativsätzen, die eine notwendig-determinierende Ergänzung bedeuten, und solchen, die eine bloß beiläufige Zusatzinformation geben, sehr wohl phonetisch (und auch durch Interpunktion!) zu markieren vermag. Tesnière selbst hat in der Einleitung zu seiner Syntax ausdrücklich vermerkt: «(Les) connexions ne sont indiquées par rien», nur der *Geist* des Sprecher-Hörers nehme sie wahr (S.11). Dies ist natürlich wieder in anderer Hinsicht übertrieben formuliert, denn die zahlreichen morphologischen Kongruenzen der flektierenden Sprachen sind zweifellos Ausdruck eben dieser syntaktischen Konnexionen.

470 Tesnière 1959, S.27. Vgl. hierzu auch S.45/46.

471 S. 28.

472 Auch Tesnière nennt (neben der linear und strukturell bedingten Kontiguität der in einer Agglutination zusammentreffenden Wörter) die Frequenz als Bedingung für das Zustandekommen der Agglutination (vgl. S.28: 8.-10.). Die sprachpsychologischen Konsequenzen liegen damit auf der Hand.
Im einzelnen könnten die hier angesprochenen Sachverhalte sowohl synchron wie diachron am Beispiel des italienischen *troncamento* in aller Breite dargelegt werden.

473 Vgl. hierzu Tesnière 1959, S.132-137 und S.44-48: Auf diese Textstellen und die entsprechenden Beispiele sind wir weiter oben ausführlicher eingegangen. — Es versteht sich von selbst, daß zu gegebener Zeit der verbale Nukleus in ein ausführliches Stemma zu analysieren ist.

474 Vgl. hierzu die Nukleusmarkierung in den Tesnièreschen Stemmata 30 (S.54) und 204 (S.218).

475 Hierbei sind Oppositionen wie die zwischen *y* und *en* oder zwischen *le (la, les)* und *lui (leur)* valenzgrammatisch zu erklären, während die Gesetzlichkeiten der bloßen Wortfolge im Sinne von kompletten Satzbau-

plänen zu vermitteln wären. Das Valenzlexikon würde außerdem Restriktionen vermerken wie +*lui penser* (statt *penser à lui).*
Es ist im übrigen bezeichnend, daß Tesnière selbst vom (fakultativen) *cercle de nucléus* gerade im prädikativen Bereich Gebrauch macht: vgl. Stemma 27, 38, 39 usw. (Hilfsverb + Vollverb), Stemma 30 (Verb + Subjektspronomen in Inversionsform), Stemma 33, 34, 131, 192 usw. (Verb und Subjektspronomen), Stemma 28, 166, 157 (Verb und Prädikatsnomen), Stemma 130 und 131 (Verb und Subjektspronomen und *en* bzw. Verb und Pronomina *vous* und *en),* Stemma 204 (Verb und Verneinungspartikel).

476 Sie ist im übrigen insofern inkonsequent, als auch innerhalb der 2. Kolumne (vgl. den 2. Beispielsatz) und der 5. Kolumne (vgl. den letzten Satz) entsprechend zu verfahren wäre.

477 Eine wirkliche Wort-um-Wort-Übersetzung wie sie gelegentlich zu parodistischen Zwecken vollzogen wird, steht nicht zu befürchten: Die Dominanz muttersprachlicher Gewohnheiten bei der fremdsprachlichen Encodierung führt zwar zu Störungen in der Handhabung des fremdsprachlichen Systems, sie schaltet aber keineswegs die bereits gefestigten fremdsprachlichen Fähigkeiten *in toto* aus. So bringt beispielsweise die fehlerhafte Übertragung englischer Idiomatik im Falle von +*Er konnte so nicht machen* (vgl. Helbig 1971c, S.31) eine Verletzung der Valenzgesetzlichkeit mit sich, der *calque* geht aber nicht so weit, daß nun auch noch die typisch deutsche „Klammerstellung" durchbrochen würde und das *so,* analog zum Englischen, an das Satzende rücken würde. Kielhöfers Interpretation der $L_1 \rightarrow L_2$ -Interferenz (vgl. Kielhöfer 1975, S.107-110) ist entschieden zu grob und zeigt zugleich, daß ein exaktes Studium syntagmatischer Gewohnheiten der psychologischen Fehleranalyse vorausgehen muß.

478 Hier die „Leerstelle" für *à Paul* (wie im Originalbeispiel) zu markieren, ist für pädagogische Belange bestenfalls verwirrend, da der pronominale Ersatz *(à qui?)* eine erneute Besetzung der alten (linear fixierten) Funktionsstelle *sachlich* ausschließt; der durch die Pronominalform nötig gewordene Platzwechsel hat im übrigen seine Parallele im Deutschen.

479 Weinrich (1962, S.3-7) hat dargelegt, daß Trennbarkeit *(je/ne/vais pas)* allein kein hinreichendes Kriterium für den Wortstatus ist. Trennbarkeit ist auch gegeben in den lateinischen Formen *canto* vs. *cant-ab-o.*

480 Mißlich wäre in (5) allenfalls die Trennung der in der gesprochenen Sprache heute fast durchweg amalgamierten Formen *I'm* in *I* und *'m.*

481 Es ist bezeichnend, daß auch Tesnière beiläufig das *stemma abrégé* verwendet hat (vgl. Stemma 30 und 33). Denkbar wäre auch eine Repräsentation des *je, tu, il* „auf halber Höhe": Wichtig ist, daß die graphische Symbolisierung den Unterschied zu den deutschen Formen erkennen läßt.

482 Tesnière selbst (vgl. S.66: 19. und 20.) sieht allerdings gerade in der Ty-

pologisierung der Stemmata gewisse «prolongements pédagogiques possibles»; was aber damit letztlich gemeint ist, deckt sich durchaus mit unseren eigenen Vorstellungen: Hinter der Fülle der syntagmatischen Verbindungen, die der Lerner erfährt, muß eine kognitiv rekonstruierbare Ordnung und Gesetzlichkeit sichtbar werden.

483 Stemma, das einen syntaktischen *Typ* zum Ausdruck bringen will und darum mit Kategorialsymbolen besetzt ist (vgl. Tesnière 1959, S.64-65).

484 Damit soll nicht behauptet werden, alle phonetischen Gesetzmäßigkeiten hätten bezüglich ihrer Bewußtheit bzw. Bewußtseinsfähigkeit denselben Rang, als wäre also die Erscheinung der Elision auf eine Stufe zu stellen wie z.B. die Neutralisierung einer Opposition in einer bestimmten Position, die der Sprecher als solche gar nicht wahrnehmen kann. Der Verfasser hörte eine Verkehrsmeldung in *France Inter:* «A. . . un bouchon de 2 km, à. . . un bouchon de 3 km, (. . .), et à. . . un bouchon *de un* km.» „Hier hat sich also ein momentales System «bouchon de» gebildet, das (momentan) resistent geworden ist. Daß der Muttersprachler in paradigmatischer Hinsicht hier mit stark reduzierter Bewußtheit operiert, darauf deutet die unterschiedslose Graphie von *m'a (dit)* und *ma (mère)* als *ma,* wie man sie insbesondere im Rahmen einer an Freinet orientierten Schreiberziehung gehäuft feststellt. (Ähnliche Fälle: *la* für *l'a* und *la, qui la* für *qu'il a* usw.; selbst bei mangelnder Homophonie kann sich falsche Homographie einstellen.)

485 Vgl. unsere Ausführungen zu *me, te, je, tu, en, y* usw. im vorigen Abschnitt.

486 In lexikalischer Hinsicht sind dabei die in den verglichenen Sprachen typischen Kollokationsgewohnheiten gebührend zu berücksichtigen.

487 Es wären in diesem Zusammenhang insbesondere auch Phraseologie und Idiomatik zu berücksichtigen. Beispiel: *Je suis d'avis (que . . .)* $^{+}\rightarrow$ *l'en suis; . . . prenait fin* $^{+}\rightarrow$ *. . . la prenait; j'ai le temps* $^{+}\rightarrow$ *Je l'ai; Il jette l'argent par la fenêtre* $\rightarrow$ *Il le jette par la fenêtre* $^{+}\rightarrow$ *Il l'y jette.* Desgleichen muß Restriktionen Rechnung getragen werden von der Art *Va chez le docteur - J'*$^{+}$*y irai quand j'aurai le temps.*

488 Im Falle von *allons-nous-en* (vgl. unter 2.) ist eine Verneinung unwahrscheinlich; sie geschähe wohl im Französischen wie im Deutschen mit lexikalischen Mitteln: *Bleiben wir doch noch.* Darum findet sich das Beispiel unter 2. eingeordnet.

489 Selbstverständlich gibt es auch hierfür gewisse Regeln: Beispielsweise steht *or* nur am Satzanfang, Einschübe in Form von *propositions incidentes* stehen unmittelbar nach dem Relativpronomen, es sei denn der Relativsatz enthält ein Hilfsverb mit Partizip, in diesem Falle steht der Einschub bisweilen zwischen Hilfsverb und Partizip. Syntagmen mit Konjugationspronomen *(je voudrais)* sind (im Gegensatz zum Syntagma *le ministre voudrait)* nicht zu unterbrechen. Auch in diesem Bereich sind kontrastive Gesichtspunkte zu berücksichtigen.

490 Vgl. hierzu die Ausführungen unter 3.3.5.

491 Vgl. beispielsweise Tesnière 1959, S.300-319.

492 Vgl. Tesnière S.298ff. (= Malblanc 1961).

493 Der (translationstheoretisch bedingte) Verzicht auf weiteres „Aufkanten" von *über den Fluß* bzw. *en nageant* scheint uns auch in lerntheoretischer Hinsicht bedeutsam, da hier sicher (syntagmatische) Lerneinheiten vorliegen. Man vergleiche die hier bei aller Theoriebedingtheit erhaltene Anschaulichkeit und Übersichtlichkeit mit einer entsprechenden Kontrastierung des deutschen und französischen P-Markers (ob tiefenstrukturell oder nicht) im Rahmen der generativen Transformationsgrammatik.

494 Hierfür sei ein noch deutlicheres Beispiel genannt:
„kochen" kann (a) einwertig oder (b) zweiwertig (oder auch dreiwertig) konstruiert werden. In der Übersetzung ergeben sich dabei u.a. folgende lexikalische Aufteilungen in der Zielsprache:

(a) *(La mère) fait la cuisine*
(L'eau) bout

(b) *(La mère) prépare (la soupe)*
(La mère) fait buillir (le lait)
(= bringt zum Kochen, abkochen)

495 Insbesondere gilt dies auch für die „Übersetzungsfigur" der *activation* (Malblanc) mit Akkusativzusatz in der Zielsprache.

496 Vgl. Leroy 1975, S.37. (Vorsichtiger formuliert Leroy auf S.26/27.)

497 Um so mehr überrascht dann allerdings die auf S.108ff. breite semantische Diskussion in der Funktionsbestimmung der einzelnen Aktanten.

498 Die Argumentation bezüglich Symmetrie und Dissymmetrie der Repräsentation im Stemma (vgl. S.104: 10. u. 11. und S.105: 13.-16.) ist eine *petitio principii.* Nachvollziehbar ist nur der Hinweis darauf (vgl. S.104: 9.), daß das Subjekt oft nur aus einem einzigen Wort bestehe und sogar nur indirekt ausgedrückt sein könne («pas pleinement exprimé»). Nun müßte aber gerade eine agglutinierte Form wie *amat* (vgl. S.104:7), in der Subjekt und Verb zugleich zum Ausdruck kommen, schon deshalb zu genau konträren Schlüssen führen, weil eben in den zur Argumentation herangezogenen Sprachen analoge Agglutinierungen zwischen Verb und Objekt nicht aufweisbar sind. Statt dessen erachtet Tesnière seinen Einwand gegen eine Gleichstellung von Subjekt und Prädikat als «d'autant plus grave que le prédicat peut comporter des éléments dont la *nature* et la *structure* interne sont entièrement *comparables à celles du sujet«* (vgl. S.104:10.). Es zeigen sich hier die Schwächen der auf Introspektion beruhenden «analyse iterne» Tesnières. (Vgl. hierzu Tesnières Ausführungen S.37-38.) — Die von Busse (1974, Vgl. S.58ff. und S.73) diesbezüglich angestellten Überlegungen überzeugen jedoch insofern, als die zentrale Rolle des Verbs eine einheitliche syntaktische Beschreibung

der verschiedensten Satztypen („Normalsätze"; Sätze wie: „Es regnet"; Imperativsätze, Ellipsen usw.) erlaubt und die syntaktische Gesamtorganisation der Satzglieder und Gliedsätze wesentlich – wenn auch keineswegs ausschließlich! – bestimmt. Hierin ist Busse der denkbar beste Sachwalter Tesnières. Die von Busse aufgewiesenen Sachverhalte sind ja gleichzeitig die entscheidenden Gesichtspunkte, die uns bestimmt haben, die Valenzgrammatik zur linguistischen Basis einer pädagogischen Grammatik zu nehmen. Dennoch möchten wir, rein optisch sozusagen, den Subjektsaktanten aus der Ebene der übrigen Aktanten ausgelagert wissen.

499 Tesnière (vgl. S.39 oben) mißt dem Studium der «marquants morphologiques» durchaus die zukommende Bedeutung bei. Allerdings postuliert er eine von Phonetik und Morphologie unabhängige, autonome Syntax, die er als innere Form des Satzes der äußeren (morphologisch geprägten) Form entgegenstellt (vgl. S.34). Auf die damit verbundenen Schwächen im Dependenzbegriff kommen wir noch zurück.
Wunderli (1972a, vgl. S.505/506) führt bezüglich Saussure) aus, daß es für einen „hierarchisch konzipierten Satzbauplan" bedeutsam ist, die „Morphemindikationen" als Hinweise für die Realisierung hierarchischer Strukturen in der *parole* zu verstehen.

500 Aus sprachpsychologischer Perspektive wäre außerdem darauf hinzuweisen, daß die Beziehung Subjekt – Prädikat häufig mit der Beziehung Thema - Rhema parallel geht und auch von daher eine gewisse Heraushebung verdient.

501 In diesem Zusammenhang ist auch bedeutsam, daß Tesnière (vgl. S.44) die «connexions structurales» so versteht, daß sie zugleich eine «connexion sémantique» implizieren. Nicht zuletzt darum ist das dependenzielle Strukturmodell den psychologischen Gesetzlichkeiten einer natürlichen Sprechtätigkeit leichter anzunähern als ein rein taxonomisches Modell.

502 Zur Unterscheidung von Kanten der Apposition, Projizierung, Junktion und des *dédoublement* markieren wir die horizontale Kante zwischen Subjekt und Verb *halbfett.* Wie wir bereits an anderer Stelle ausführlich begründet haben, versuchen wir – im Gegensatz zu Tesnière – die Reihenfolge der Aktanten und Zirkumstanten samt der von ihnen dominierten Syntagmen entsprechend der tatsächlichen sprachlichen Linearität wiederzugeben. Die horizontale Verkantung zwischen Subjekt und Verb meint die psychologische Privilegierung des 1. Aktanten innerhalb der übrigen Aktanten und Zirkumstanten, sie meint nicht eine strukturelle Gleichwertigkeit zwischen Subjekt und Prädikat: Gegen letztere spräche schon das Erfragbarkeitskriterium im Sinne Raibles.

503 Es erübrigt sich, im Rahmen dieser Arbeit, die hier lediglich zur Veranschaulichung und des Beispiels halber auf Einzelheiten der grammatischen Darstellung eingeht, das Tesnièresche Nominalsyntagma kritisch zu erörtern. Im Sinne größerer Operationalisierbarkeit (etwa mittels der

heute üblichen syntaktischen Proben) müßte eine Reihe von Modifikationen ins Auge gefaßt werden. So betont beispielsweise Tesnière (vgl. S.82, chap. 40:2. und S.372:10.), daß das *translatif* «intranucléaire» sei. Zu den *translatifs* zählt er auch (vgl. S.82) den Artikel, Es ist nun erstaunlich, daß der Artikel zwar im Falle eines nicht ausführlich analysierten Nukleus „horizontal" geschrieben wird (vgl. Stemmata 32, 33, 56, 63, 65, 67, 76, 77, 96, 1-8, 116 usw. vs. Stemmata 9, 15, 19 usw.), im ausführlichen Stemma dagegen (vgl. Stemma 361, S.648) seinerseits einen Knoten bildet. Ähnlich bedenklich scheint mir die Behandlung des *adjectif personnel (mon, ton, son* usw.: vgl. S.70): Man vgl. die Stemmata 2, 3, 5, 14, 18, 30, u.a. vs. Stemmata 138, 162, 166, 175, 188 u.a. Es müßte, wie auch das *adjectif démonstratif* (vgl. Tabelle S.71 und Stemma 52, S.70), ganz analog zum Artikel (als obligater „Nomenbegleiter") behandelt werden.

504 Die Beispiele stammen aus Menyuk 1969a, S.30ff. Wir geben sie hier in der bei Tesnière üblichen dependenzgrammatischen Schreibweise wieder, wobei wir – der Einfachheit und Übersichtlichkeit halber – auf die von uns weiter oben vorgeschlagene Markierung der linearen (= sequentiellen) Ordnung verzichten und den verbalen Kern im Sinne eines *stemma abrégé* behandeln.

505 Die im sogenannten Zweiwortsatz übrig bleibenden Elemente sind darum in einem pivotgrammatisch orientierten System von Formklassen nicht adäquat zu beschreiben. Das pivotgrammatische syntaktische Notationsverfahren hat – im Gegensatz etwa zu einer dependenziellen Darstellung – zwar den Vorteil einer rein „immanenten" Beschreibung kindsprachlicher Daten, verschleiert aber in psychologischer Hinsicht den wirklichen Sachverhalt viel eher, als daß es ihn erklären hilft.

506 Hierbei kommt es zu den mehrfach erörterten typischen Fehlern durch Auslassung und (fehlerhaften) Ersatz.

507 Vgl. hierzu auch die bereits in Kapitel III angezogenen Beispiele (11) und (12) aus Ramge 1973, S.82-83.

508 Auch spontane orale Texte erwachsener Sprecher haben in gewisser Weise einen dislokativen Charakter: Projizierung (wei in *La politique, moi, vous savez, je m'en fous),* Parataxe, Abbrüche , Reprisen, Anakoluthe. Dem hinzuzurechnen ist die für situationsabhängige, d.h. in nichtsprachliches Handeln eingebundene Sprechweise typische Elliptik. Verkürzungen finden sich ferner bei dialogischen „Echo-Reaktionen" wie *So? hat er?; Was? eingebrochen?; und noch nicht 'mal was gemerkt!.* Derartiges sprachliches Verhalten ist u.E. mit der oben dargelegten kindsprachlichen Strategie in einigen Punkten vergleichbar. Die *Motive* freilich sind verschieden: hier souveräne Ökonomie, dort Zwang, der aus mangelndem Vermögen resultiert.

509 Vgl. unsere Ausführungen unter IV 2.

510 Diese Rolle spielt der Lehrer im Fremdsprachenunterricht. Bedeutsam

ist in diesem Zusammenhang die frühzeitige und häufige Konfrontation des Schülers mit *authentischen* (skripturalen und oralen) Texten.

511 Noch entschiedener gilt dies im Bereich der Musikerziehung: Häufiges Anhören einer Klaviersonate allein garantiert im Normalfall keinen Fortschritt für das aktive Vermögen eines Anfängers im Klavierspiel.

512 Über die Begründung des kognitiven Ansatzes ist in Kapitel II (2.3.) und IV (2.) ausführlich gesprochen worden.

513 Z.B. *il faut + infinitif* statt *il faut que ...*; Ausschöpfung analytischer Zeitformen; Bevorzugung polyvalent einsetzbarer Versatzstücke wie *le fait que ..., et ceci avec .../de facon ...* und von «charnières» (Wandruszka) aller Art.

514 So verfährt übrigens auch der Muttersprachler bei improvisierten Formen der Versprachlichung (vgl. das unter III 3.1. zitierte Beispiel aus Cardinal u.a. 1971: «Je suis de Paris ...»). Darum ist das strukturalistische Prinzip vom Primat der gesprochenen Sprache didaktisch so umzudeuten, daß gerade spontane orale Texte jene „Beweglichkeit" und syntaktische „Kurzatmigkeit" beispielhaft vorführen, zu welcher der Schüler nach Lage der Dinge zunächst befähigt werden muß. Das Studium solcher Texte ist darum gerade für den Didaktiker aufschlußreich. (Unterrichtliche Arbeitsformen mit derartigen Texten sind in Olbert/Schneider 1974a skizziert.) Im übrigen ist zu bedenken, daß das *Hörverstehen* genauso auf Transferprozessen beruht wie das aktive Reproduzieren sprachlicher Versatzstücke: Das Ausfiltern bekannter Wörter und Syntagmen aus nur Halbverstandenem bzw. Vermutetem und die Fähigkeit, anhand des zur Verfügung stehenden aktiven Vokabulars den Rest durch gezielte Rückfragen zu erschließen, sind in sich selbst wichtige Lernziele aus dem Bereich der „sprachlichen Fertigkeiten".

515 Dies ist dann zugleich eine stichhaltige Begründung für einsprachige Verfahren der Texterschließung: vgl. hierzu Schneider 1975, S.180/181.

516 Vgl. das in III 3.5. angeführte Kleistzitat.

517 Einige erste Skizzen für Übungsformen, die dazu beitragen könnten, finden sich in Olbert/Schneider 1973b, S.53-56.

518 Das bedeutet natürlich nicht, daß die Grammatik nicht auch die Möglichkeit zu einer begleitenden und nachfolgenden (mehr oder weniger kognitiv gesteuerten) Kontrolle bieten muß: vgl. hierzu Parreren 1972a, S.101-102.

519 Die eminente Bedeutung der Syntagmatik für natürliche Spracherwerbsprozesse haben wir in Kapitel III (vgl. insbesondere 3.2. und 3.4.) und in Kapitel IV (3.3.1. - 3.3.3.) dargelegt.

520 Diese waren vermutlich trotz allem weniger groß, als man zunächst glauben möchte, und ganz bestimmt gab es keine Willkür im eigentlichen Sinne. Man muß vielmehr sehen, daß für die klassische Philologie die Wortstellung an sich nicht von Interesse war: Sie interessierte allenfalls als *stilistisches* Mittel.

521 Die bis vor einiger Zeit im Fremdsprachenunterricht noch üblichen „Lückenübungen" waren – entsprechend der Art und Weise der Regeldarbietung – „paradigmatisch" ausgerichtet. Wegen der mit dieser Übungsform verbundenen ständigen Unterbrechung natürlicher syntagmatischer Prozesse waren sie vielleicht (insbesondere für den *nicht* vorwiegend kognitiv eingestellten Lerner) eher lernerschwerend als hilfreich. Lernerschwerend ist auch ein rein paradigmatisch orientiertes didaktisches Vorgehen etwa bei der deutschen Deklination: In vielen gängigen Deutschlehrbüchern in Frankreich muß der Schüler die Deklination einer Artikelsorte (samt dem jeweiligen Substantiv) mit der entsprechenden Deklination des Adjektivs (stark oder schwach) erst „addieren" und „kombinieren", anstatt daß die Übung von allem Anfang an auf das Deklinieren ganzer Nominalsyntagmen ausgerichtet wäre und so zugleich eine gewisse Habitualisierung mit sich brächte.

522 Die Kenntnis bzw. Intuition fremdsprachlicher und muttersprachlicher „Planungsgewohnheiten" ist auch für die Übersetzung bedeutsam, insbesondere das richtige Gefühl für die Wiedergabe durch (jeweils kontrastiv bewertet:) *raccourci* (Malblanc) oder analytische Explizitation. Beispiel: „Eine um die Jahreswende 1974/75 vorgenommene Schätzung der Umsätze von 163 befragten Firmen aus der Gruppe 235 im Ost-West-Handel engagierten westlichen Unternehmen durch das Wiener Institut für Standortberatung ergab . . ." = «Un institut viennois d'enquêtes statistiques a fait une estimation du chiffre d'affaires portant sur 163 des 235 entreprises occidentales engagées dans le commerce. . .» (*Europa* 10/1975, S.31).

523 Als Beispiel einer transphrastischen Studie, die in ihrer deskriptiven Leistung den hier erhobenen Forderungen entspricht, sei Wunderli 1975 genannt.

524 Parreren (l.c., Anm.14) beruft sich hierbei auch auf Titone.

525 Ausgearbeitete didaktische Realisationen des hier skizzierten Ansatzes liegen bislang nicht vor. Es kann aber auf die zum Teil recht ausführlichen Arbeitspapiere „Qualifikationen im Fach Englisch am Ende der integrierten Sekundarstufe I", „Protokoll der 1. und 2. Arbeitstagung der Bundesarbeitsgemeinschaft Französisch an Gesamtschulen" (Vervielf. Manuskripte des Hessischen Instituts für Lehrerfortbildung, Hauptstelle Reinhardswaldschule, Fuldatal 1975) und auf parallele Arbeiten zur Lernzielbestimmung im Deutschen Volkshochschulverband (vgl. z.B. „materialien zu den vhs-zertifikaten nr.12" der Pädagogischen Arbeitsstelle, Frankfurt 1974) verwiesen werden. Alle diese Arbeiten sind wesentlich durch die theoretischen Anstöße H.E. Piephos (vgl. z.B. Piepho 1974 a - c) angeregt worden. Spuren einer entsprechenden Argumentation finden sich jedoch bereits bei Newmark/Reibel 1968 (vgl. insbes. S.148-149).

526 Vgl. Parrerens Analyse der Experiments mit spanischen Wörtern (Parreren 1970/1971, S.25ff.).

527 Wir haben an anderer Stelle auf den überraschenden Umstand hingewiesen, daß *nach* der sogenannten (lautlich sehr reichhaltigen) *Lallphase*, wenn das eigentlich *sprachliche* Lernen beginnt, auch die Laute (in sprachlicher Funktion) gleichsam von neuem gelernt werden müssen.

528 Wir haben in Kapitel III in aller Breite aufzuweisen versucht, daß auch das verkürzt wiedergegebene Syntagma (selbst bei Auslassung des verbalen Zentrums) von Anfang an sich an der Linearität erwachsensprachlicher Sätze orientiert.

529 Das syntagmatische Lernen eilt der paradigmatischen Erfassung entschieden voraus. Für den Fremdsprachenunterricht bedeutet dies, daß zu viel Insistenz auf der grammatischen Analyse und zu abstraktes Vorgehen im Sprachunterricht einerseits zu einer ganz allgemeinen Transferblockade führen können, während andererseits – wollte man, wie beim Erstspracherwerb, alle Formverletzungen anfänglich einfach hinnehmen – das ganze didaktische Verfahren unökonomisch würde. Für die Kontrolle der Lernfortschritte und die Analyse der Fehler ist es in jedem Fall wichtig, klar zwischen *mistakes* und *errors* (als einem für die „Übergangskompetenz" im Sinne Jakobovits' charakteristischen Fehlertyp) zu unterscheiden. (Vgl. hierzu Jakobovits 1968, 1970; Corder 1967, S.166 und Kielhöfer 1975, S.6-8.)

530 Vgl. Gauger 1970a. – Titone (1971, S.241) sagt ausdrücklich, die Grammatik *dürfe* und *könne* nie den ersten Schritt darstellen («non può e non deve costituire il primo passo»).

531 So wäre beispielsweise zu überlegen, ob nicht die Sachverhalte, die mittels der Tesnièreschen Translationstheorie beschrieben werden, erst verhältnismäßig spät einer kognitiven Durchdringung zuzuführen wären. Tesnière selbst hat in Aufbau und Darstellungsweise seines Buches didaktische Rücksicht walten lassen.

532 Gemeint sind beispielsweise Phasen im Sinne Zimmermanns (1969).

533 Hier ist, im Gegensatz zum Begriff der Lernphase, an ausgesprochen langfristige Evolutionen gedacht (vgl. etwa herkömmliche Bezeichnungen wie Anfängerstufe, Mittelstufe, Fortgeschrittenenstufe).

534 Dieser „Atomismus" erfährt im Augenblick eine gewisse Verlängerung in der Minimalisierung der sprachlichen Konzeption von Lehrmaterialien: „Mindestwortschatz", „Grundwortschatz", „Mindestgrammatik", „basic English", «français fondamental» u.ä. wollen zu einer sicherlich nötigen Entrümpelung der Lehrwerke beitragen, sie werden aber in ihrer Bedeutung leicht überschätzt und zu dogmatisch gehandhabt. Durchschnittswerte betreffen immer die *langue* einer Sprecherpopulation, nicht aber den einzelnen natürlichen Sprecher: Die diaphasische und diastratische Pluralität der Sprache ist nicht zu umgehen.

535 Wir haben bereits in IV 2. darauf verwiesen, daß aus dieser Blickverengung letztlich die Unfähigkeit resultiert, die Rolle der Muttersprache für

den Bereich der freien Übersetzung und der kontrastiven Lerntechniken überhaupt in stufenspezifischer Differenzierung zu bewerten.

536 „Authentisch" meint, daß die betreffenden Texte von einem *native speaker* zu anderen als didaktischen Zwecken unter natürlichen Umständen und aufgrund natürlicher Anlässe produziert worden sind.

537 Im wesentlichen greifen zwei Prozeßursachen ineinander: der Lautwandel kann Formenverfall (Homonymie oder fehlende Markierung) bewirken, so daß Teile des grammatischen Systems umorganisiert werden müssen, die dann ihrerseits wieder, in zufälliger und wenig logischer Weise, via Analogiebildung auf die Lautentwicklung zurückwirken können. Das Merkwürdige ist, daß alle diese Prozesse große Bereiche affizieren, aber doch meist zum Stillstand kommen, *ehe* eine vollendete Systematik erreicht ist: Und so sterben denn die Relikte und Ausnahmen in der Sprache nie aus.

538 Vgl. hierzu auch Gauger 1973a, S.177-178.

539 Hierbei übernimmt, wie wir gezeigt haben, die an der Verbvalenz orientierte Darstellungstechnik eine ganz wesentliche Aufgabe.

540 Ein ausgesprochen unitaristisches Gegenbeispiel ist Peusers transformationelle Unterrichtsgrammatik (Peuser 1973).

541 Einige Seiten davor (S.172) schreibt Gauger: „Saussure schwankt – ohne erkennbare Vermittlung – zwischen einem psychologischen und dem – im klassischen Sinn – strukturellen Ansatz." Vgl. im übrigen insbes. die entsprechenden Ausführungen in Gauger 1974b.

542 Slama-Cazacu bemängelt in diesem Zusammenhang (vgl. S.191) mit vollem Recht den in der KG üblichen Transfer- und Interferenz-Begriff.

BIBLIOGRAPHIE

Vorbemerkung: Für den Kurztitel (Autor und Jahreszahl) findet in der Regel die Jahresangabe der zitierten Ausgabe Verwendung. Nur bei mehrfach genannten, wichtigen Werken ist im Kurztitel die Originalausgabe genannt, desgleichen in Fällen, wo die zeitliche Markierung für das Textverständnis bedeutsam werden kann. Wegen der Vielzahl der in dieser Arbeit angesprochenen Disziplinen mußte auf eine repräsentative Auswahlbibliographie schon aus räumlichen Gründen verzichtet werden. Weiterführende bibliographische Hinweise finden sich jedoch gelegentlich im Text. Das Manuskript ist im Juli 1976 abgeschlossen worden. Die Schreibweise der slavischen Namen ist nicht vereinheitlicht, sie entspricht der Schreibweise der jeweiligen Publikation.

Achtenhagen 1969a = F. Achtenhagen, Didaktik des fremdsprachlichen Unterrichts. Grundlagen und Probleme einer Fachdidaktik. (. . .) (= Didaktik – Analysen und Modelle 7, Veröff. d. Päd. Zentr.) Weinheim (Beltz) 1969 (^{3}1973).

Achtenhagen 1969b = F. Achtenhagen, „Didaktik des fremdsprachlichen Unterrichts und Linguistik – Überlegungen zu den Möglichkeiten und der Notwendigkeit einer Kooperation". In: Linguistische Berichte 1969/4, S.80-85.

Alatis 1968 = J.E. Alatis (ed.), Report of the 19th Annual Round Table Meeting on Linguistics and Language Studies: Contrastive Linguistics and its Pedagogical Implications (= Monograph Series on Language and Linguistics 21). Washington (Georgetown UP) 1968.

Allen 1959 = W.St. Allen, Living English Structure. London ^{4}1959.

Anisfeld/Tucker 1973 = M. Anisfeld/G.R. Tucker, „English Pluralization Rules of Six-year-old Children". In: Ferguson/Slobin 1973, S.211-266.

Antinucci/Parisi 1973 = F. Antinucci/D. Parisi, „Early Language Acquisition: A Model and Some Data". In: Ferguson/Slobin 1973, S.607-619.

Anzyferowa 1963a = L.I. Anzyferowa, „Der Behaviorismus". In: Anzyferowa/Schorochowa 1963, S.7-64.

Anzyferowa 1963b = L.I. Anzyferowa, „Die Gestaltspsychologie". In: Anzyferowa/Schorochowa 1963, S.65-125.

Anzyferowa/Schorochowa 1963c = L.I. Anzyferowa/E.W. Schorochowa (Hrsg.), Behaviorismus – Gestaltpsychologie (Aus d.Russ. übers. v. E. Däbritz). (= Psycholog. Beiträge, Heft 11) Berlin (Volk u. Wissen) 1969 (Originalausg. 1963). Irrtümlich steht i.d. dt. Ausg. Mansurow (statt Schorochowa) als Mitherausgeber.

Apelt 1971 = W. Apelt, „Grundprobleme der Fremdsprachenpsychologie (2.Teil)". In: Deutsch als Fremdsprache 1971/4, S.209-215 (Teil 1 in Heft 1971/3; Teil 3 in Heft 1971/5).

Apelt 1972 = W. Apelt, „Zur Problematik: Sprachwissenschaft und Sprachunterricht". In: Deutsch als Fremdsprache 1972/4, S.193-200.

Arcaini 1967 = E. Arcaini, Principes de linguistique appliquée à l'enseignement scientifique: structure – fonction – transformation (trad. de l'italien par E. Pedri et Cl. Darmouni). Paris (Payot) 1972 (ital. Orig. 1967).

Arndt 1968 = H. Arndt, „Linguistische und lerntheoretische Grundaspekte des Grammatikunterrichts im Englischen". In: Der fremdsprachliche Unterricht 1968/2, S.3-22.

Arndt 1969a = H. Arndt, „Wissenschaftliche Grammatik und pädagogische Grammatik". In: Neusprachliche Mitteilungen 1969/2, S.65-76.

Arndt 1969b = H. Arndt, „Grammatik – Semantik – Discourse Analysis. Zum Verhältnis von Linguistik und Fremdsprachenunterricht". In: Der fremdsprachliche Unterricht 1969/3, S.9-22.

Arndt 1970 = H. Arndt, „Sprachlerntheorien und Fremdsprachenunterricht". In: Der fremdsprachliche Unterricht 16 (1970), S.2-25.

Arndt 1971 = H. Arndt, „Erkenntnistheoretische Grundlagen von Chomskys Theorie des Spracherwerbs". In: Neusprachliche Mitteilungen aus Wissenschaft und Praxis 1971/2, S.65-72.

Arndt 1972a = H. Arndt, „Fragestellungen in der neueren linguistischen Forschung und deren Anwendbarkeit im Fremdsprachenunterricht". In: Die neueren Sprachen 1972/7, S.391-406.

Arndt 1972b = H. Arndt, „Tendenzen der transformationellen Schulgrammatik in Deutschland". In: Linguistik und Didaktik 12 (1972), S.247-265.

Arndt 1973 = H. Arndt, „Fragen zum gegenwärtigen Stand einer Fremdsprachenlerntheorie". In Hüllen 1973b, S.7-29.

Arnold 1967 = W. Arnold, „Die Stellung der Grammatik in der Didaktik des Französischunterrichts an Unter- und Mittelstufe". In: Der fremdsprachliche Unterricht 1967/2, S.23-34.

Arnold 1973 = W. Arnold, Fachdidaktik Französisch. Stuttgart (Klett) 1973.

Atkinson/Shiffrin 1968 = R.C. Atkinson/R.M. Shiffrin, „Human memory: A proposed system and its control processes". In: K.W. Spence/J.T. Spence (eds.), The Psychology of Learning and Motivation. New York ²1968, S.90-195.

Ausubel 1963 = D.P. Ausubel, The Psychology of Meaningful Verbal Learning. New York and London (Grune + Stratton) 1963, ²1968.

Barrera-Vidal 1972 = A. Barrera – Vidal, «Les modèles linguistiques et l'enseignement des langues vivantes. Structuralisme et théorie générative». In: Zielsprache Französisch 1972/1, S.3-12.

Bartlett 1932 = F. Bartlett, Remembering. Cambridge (Univ.Press) 1932.

Baum 1976 = R. Baum, „Dependenzgrammatik". Tesnières Modell der Sprachbeschreibung in wissenschaftsgeschichtlicher und kritischer Sicht. (= Beihefte zur ZRPh, 151) Tübingen (Niemeyer) 1976.

Baur-Langenbucher 1972 = W. Baur-Langenbucher, „Frankreichkunde und Sprachunterricht". In: französisch heute 1972/1, S.7-20.

Bausch 1971 = K.-R. Bausch, „Ausgewählte Literatur zur kontrastiven Linguistik und Interferenzproblematik". In: Babel XVII/2 (1971), S.45-52.

Bausch 1973 = K.-R. Bausch, „Kontrastive Linguistik". In: W.A. Koch (Hrsg.), Perspektiven der Linguistik I. Stuttgart 1973, S.159-182.

Bechert u.a. 1970 = J. Bechert/D. Clément/W. Thümmel/K.H. Wagner, Einführung in die generative Transformationsgrammatik. Ein Lehrbuch (= Linguistische Reihe 2). München (Hueber) 1970. Zitiert nach ²1971. (Inzwischen ist eine weitere Auflage in revidierter Fassung erschienen.)

Beiner/Bussmann 1972 = F. Beiner/H. Bussmann, Zur unterrichtswissenschaftlichen Organisation individueller Lernprozesse. Düsseldorf (Schwann) 1972.

Bellugi 1965 = U. Bellugi, „The development of interrogative structures in children's speech". In: K.F. Riegel (ed.), The Development of Language Functions. Rep. No. 8 Univ. of Michigan, Center for Human Growth and Development. Ann Arbor, Mich., 1965, S.103-137.

Bellugi 1968 = U. Bellugi, „Linguistic mechanisms underlying child speech". In: H. Zale (ed.), Proceedings of the Conference on Language and Language Behavior. New York (Appl.-Cent.-Corfts) 1968.

Bellugi/Brown 1964a = U. Bellugi/R. Brown, „Three Processes in the Child's Acquisition of Syntax". In: Harvard Educational Review 34 (1964), S.133-151. (Hier zitiert nach Brown 1970, S.75-99.)

Bellugi/Brown 1964b = U. Bellugi/R. Brown (eds.), The Acquisition of Language. Report of the Fourth Conference Sponsored by the Committee on Intellective Processes, Research of the Social Science Research Council. Lafayette, Ind., 1964.

Bellugi/Brown/Fraser 1963 = U. Bellugi/R. Brown/C.Fraser, „Control of Grammar in Imitation, Comprehension, and Production". In: Ferguson/Slobin 1973, S.465-485. (Erstveröff. in Journal of Verbal Learning and Verbal Behavior 2 (1963).)

Bellugi/Klima 1966 = E.S. Klima/U. Bellugi, „Syntactic Regularities in the Speech of Children". In: Ferguson/Slobin 1973, S.333-355 (Erstveröff. 1966).

Belyayev 1963 = B.V. Belyayev, The Psychology of Teaching Foreign Languages (Transl. by R.F. Hingley). Oxford 1963.

Beresford 1971 = R. Beresford, „Some comparative descriptions of children's language". In: Perren/Trim 1971, S.121-131.

Bergius 1972 = R. Bergius, Psychologie des Lernens. Einführung in die moderne Forschung. Stuttgart (Kohlhammer) [2]1972.

Berko 1958 = J. Berko, „The child's learning of English morphology". In: Word 14 (1958), S.150-177.

Berko/Brown 1960 = R.W. Brown/J. Berko, „Word associations and the acquisition of grammar". In: Child Development 31 (1960), S.1-4.

Bever 1970a = T.G. Bever, „The cognitive basis for linguistic structures". In: Hayes 1970, S.279-352.

Bever 1970b = T.G. Bever, „The influence of speech performance on linguistic structures". In: Flores d'Arcais/Levelt 1970, S.4-30.

Bever/Fodor/Weksel 1965 = T.G. Bever/J.A. Fodor/W. Weksel, „On the acquisition of syntax: a critique of 'contextual generalization' ". In: Psychological Review 72 (1965), S.467-482.

Bierwisch 1966 = M. Bierwisch, „Strukturalismus, Geschichte, Probleme und Methoden". In: Kursbuch 5 (1966), S.77-162.

Bittner 1969 = G. Bittner, Sprache und affektive Entwicklung. Stuttgart (Klett) 1969.

Blankertz 1969 = H. Blankertz, Theorien und Modelle der Didaktik. München (Juventa) 1969.

Bloch/Trager 1942 = B. Bloch/G.L. Trager, Outline of Linguistic Analysis. Baltimore 1942.

Bloom 1970 = L. Bloom, Language Development: Form and Function in Emerging Grammars. Cambridge, Mass., (M.I.T. Press) 1970.

Bloom 1973 = L. Bloom, „Why Not Pivot Grammar?" In: Ferguson/Slobin 1973, S.430-440.

Bloomfield 1914 = L. Bloomfield, Introduction to the Study of Language. New York 1914.

Bloomfield 1933 = L. Bloomfield, Language. New York (Holt) 1933. (Zitiert nach der englischen Ausgabe London: Allen, 1962.)

Bohlen 1966 = A. Bohlen, Methodik des neusprachlichen Unterrichts. Heidelberg (Quelle + Meyer) ^{5}1966.

Bolinger 1948 = D.L. Bolinger, „On Defining the Morpheme". In: Word 4 (1948), S.18-23.

Bonnekamp 1970 = U. Bonnekamp, „Zum Begriff 'Intensivkurs' ". In: Praxis des neusprachlichen Unterrichts 1970/3, S.323-325.

Bonnekamp 1973 = U. Bonnekamp, „Intensivkurse: Versuch einer didaktischen Ortsbestimmung". In: Neusprachliche Mitteilungen aus Wissenschaft und Praxis ^{26}(1973), S.97-103.

Bornemann 1967 = R. Bornemann, Der französische Unterricht. 2 Bde. Hannover (Schroedel) ^{4}1967.

Bousfield 1953 = W.A. Bousfield, „The occurrence of clustering in the recall of randomly arranged associates".
In: Journal of genetics psychology 49 (1953), S.229-240.

Braine 1963a = M.D.S. Braine, „The ontogeny of English phrase structure: The first phase". In: Language 39 (1963), S.1-13.

Braine 1963b = M.D.S. Braine, „On learning the grammatical order of words". In: Psychological Review 70 (1963), S.323-348.

Braine 1971a = M.D.S. Braine, „The acquisition of language in infant and child". In: Reed 1971, S.7-95.

Braine 1971b = M.D.S. Braine, „On two types of models of the internalization of grammars". In: Slobin 1971b, S.153-186.

Braine 1973 = M.D.S. Braine, „Three Suggestions Regarding Grammatical Analyses of Children's Language". In: Ferguson/Slobin 1973, S.421-430.

Brandt 1972 = B. Brandt, „Anforderungen des Fremdsprachenunterrichts an die sprachwissenschaftliche Forschung". In: Deutsch als Fremdsprache 1972/4, S.200-205.

Brekle 1970a = H.E. Brekle, „Allgemeine Grammatik und Sprachunterricht". In: Linguistik und Didaktik 1 (1970), S.48-55.

Brekle 1970b = H.E. Brekle, „Generative Satzsemantik versus generative Syntax als Komponenten eines Grammatikmodells". In: Linguistik und Didaktik 2 (1970), S.129-136.

Brekle 1970c = H.E. Brekle, Generative Satzsemantik und transformationelle Syntax im System der englischen Nominalkomposition (= Internat. Bibliothek für Allgem. Linguistik 4). München 1970.

Brekle 1972 = H.E. Brekle, Semantik. Eine Einführung in die sprachwissenschaftliche Bedeutungslehre. München (Fink) 1972.

Brinker 1972 = K. Brinker, Konstituentenstrukturgrammatik und operationale Satzgliedanalyse. Methodenkritische Untersuchungen zur Syntax des einfachen Satzes im Deutschen. Frankfurt (Athenäum) 1972.

Britton 1970 = J. Britton, Die sprachliche Entwicklung in Kindkeit und Jugend. (Übers. v. G. Scharmacher) Düsseldorf (Schwann) 1973. (Originalausgabe: London 1970).

Brooks 1972 = N. Brooks, Sprache und Spracherwerb. Bielefeld (Cornelsen – Velhagen u. Klasing) 1972.

Brown 1968 = R. Brown, „The development of wh-questions in child speech". In: Journal of Verbal Learning and Verbal Behavior 7 (1968), S.279-290.

Brown 1970 = R. Brown (ed.) Psycholinguistics. Selected Papers. New York (Free Pr.) 1970.

Brown/Fraser 1964 = R. Brown/C. Fraser, „The Acquisition of Syntax". In: Bellugi/Brown 1964b, S.43-79.

Brown u.a. 1958 = R. Brown/Copi/Dalaney/Frankena/Henle/Stevenson, Language, Thought, and Culture. Univ. of Michigan 1958. Deutsch (Hrsg. P. Henle): Sprache, Denken, Kultur. Frankfurt (Suhrkamp) 1969.

Bühler 1934 = K. Bühler, Sprachtheorie. Die Darstellungsfunktion der Sprache. Jena (Fischer) 1934.

Bühler 1967 = K. Bühler, Abriß der geistigen Entwicklung des Kleinkindes. Heidelberg (Quelle + Meyer) [9]1967.

Bühler/Mühle 1974 = H. Bühler/G. Mühle (Hrsg.), Sprachentwicklungspsychologie. Weinheim (Beltz) 1974.

Bünting 1970 = K.D. Bünting, „Wissenschaftliche und Pädagogische Grammatik (Sprachwissenschaft und Sprachlehre)". In: Linguistische Berichte 5 (1970), S.73-82.

Bünting 1971 = K.D. Bünting, Einführung in die Linguistik. Grundbegriffe — Methoden — Analysetechniken (. . .). Frankfurt/Main (Athenäum) 1971.

Bung 1972 = K. Bung, Arbeiten zum Programmierten Unterricht. Bd. II: Ansätze zu einer Theorie des programmierten Sprachunterrichts. Heidelberg (Groos) 1972.

Burgschmidt/Götz 1971 = E. Burgschmidt/D. Götz, „Grammatikmodelle und Englischunterricht". In: Zielsprache Englisch 0/1971, S.5-9.

Burling 1959 = R. Burling, „Language development of a Garo and English speaking child". In: Word 15 (1959), S.45-68. (Zitiert nach Ferguson/Slobin 1973, S.69-90).

Busse 1974 = W. Busse, Klasse, Transitivität, Valenz. Transitive Klassen des Verbs im Französischen. Avec un résumé en français. München (Fink) 1974.

Buteau 1970 = M.F. Buteau, „Student's Errors and the Learning of French as a Second Language". In: IRAL 8 (1970), S.133-145.

Butzkamm 1971a = W. Butzkamm, „Aufgeklärte Zweisprachigkeit. Darstellung und Diskussion von C.J. Dodsons Bilingual Method." In: Praxis des neusprachlichen Unterrichts 1971/1, S.40-55.

Butzkamm 1971b = W. Butzkamm, „Zum Prinzip der Einsprachigkeit — Dogma oder Forschungsproblem der Fremdsprachendidaktik?" In: Neusprachliche Mitteilungen aus Wissenschaft und Praxis 1971/1, S.39-45.

Butzkamm 1973 = W. Butzkamm, Aufgeklärte Einsprachigkeit. Zur Entdogmatisierung der Methode im Fremdsprachenunterricht. Heidelberg (Quelle + Meyer) 1973.

Cardinal u.a. 1971 = J. Cardinal u.a., Langue et Civilisation. (Publikation des B.E.L.C.) Paris 1971.

Carroll 1963a = J.B. Carroll, The Study of Language. A Survey of Linguistics and Related Disciplines in America, Cambridge, Mass., (Harvard U.Pr.) 1963.

Carroll 1963b = J.B. Carroll, „Linguistic relativity, contrastive linguistics and language learning". In: IRAL 1 (1963), S.1-20.

Carroll 1963c = J.B. Carroll, „Research on Teaching Foreign Languages". In: N.L. Gage (ed), Handbook of Research on Teaching. Chicago (Rand Mac Nally) 1963, S.1060-1100.

Carroll 1964 = J.B. Carroll, „Words, meanings, and concepts". In: Harvard Educational Review 34 (1964), S.178-202.

Carroll 1965 = J.B. Carroll, „The Contributions of Psychological Theory and Educational Research to the Teaching of Foreign Languages". In: Modern Language Journal 49 (1965), S.273-281.

Carroll 1968 = J.B. Carroll, „Contrastive Analysis and Interference Theory". In: Alatis 1968, S.113-122.

Carroll/Sapon 1959 = J.B. Carroll/S.M. Sapon, Modern Language Aptitude Test: Manual. New York 1959.

Carstensen 1966 = B. Carstensen, Die „neue" Grammatik und ihre praktische Anwendung im Englischen (= Schule und Forschung 9). Frankfurt (Diesterweg) 1966, [2]1969.

Cassirer 1953 = E. Cassirer, Philosophie der symbolischen Formen. 4 Bde. Bd.1: Die Sprache. Darmstadt (Wiss.Buchges.) [2]1953 (Originalausg. 1923).

Catford 1963 = J.C. Catford, «Langue maternelle et seconde langue. Interférences et points d'appui». In: Le Français dans le Monde 17 (1963), S.8-11.

Catford 1968 = J.C. Catford, „Contrastive Linguistics and Language Teaching". In: Alatis 1968, S.159-173.

Cazden 1973 = C.B. Cazden, „The Acquisition of Noun and Verb Inflections". In: Slobin/Ferguson 1973, S.226-240.

Cazden/Brown/Bellugi 1968 = C.B. Cazden/R. Brown/U. Bellugi, „The Child's Grammar from I to III". In: Ferguson/Slobin 1973, S.295-333. (Erstveröffentlichung 1968.)

De Cecco 1968 = J.P. de Cecco, The Psychology of Learning and Instruction: Educational Psychology. Englewoos Cliffs, N.J., (Pentrice-Hall) 1968.

Chambaz/Leroy/Messeant 1975 = M. Chambaz/Chr. Leroy/G. Messeant, «Les 'petits mots' de coordination: Etude diachronique de leur apparition chez quatre enfants entre 3 et 4 ans». In: Langue Française 27 (1975), S.38-54.

Chase 1966 = R.A. Chase, „Evolutionary Aspects of Language Development and Function". In: Smith/Miller 1966, S.253-268.

Chastain 1969 = K. Chastain, „The Andio-Lingual Habit Theory Versus the Cognitive Code-Learning Theory: Some Theoretical Considerations". In: IRAL 1969/7, S.97-106.

Chastain 1971 = K. Chastain, The Development of Modern Language Skills: From Theory to Practice. Philadelphia (Center for Curriculum Development) 1971.

Chatman 1955 = S. Chatman, „Immediate Constituents and Expansion Analysis". In: Word 11 (1955), S.377-385.

Chauchard 1970 = P. Chauchard, Le langage et la pensée (= Que sais-je? 698). Paris [8]1970.

Chevalier 1970a = J.-C. Chevalier, «Grammaire, linguistique et enseignement des langues». In: Les Langues Modernes 64 (1970), S.33-47.

Chevalier 1970b = J.-Cl. Chevalier, «La linguistique moderne et les expériences pédagogiques». In: Neusprachliche Mitteilungen aus Wissenschaft und Praxis 1970/3, S.129-130.

Chomsky 1955 = N. Chomsky, „Semantic considerations in grammar". In: Monograph 8 (1955), S.141-153.

Chomsky 1957 = N. Chomsky, Syntactic Structures. Den Haag u. Paris (Mouton) 1957 (zitiert nach: Janua Linguarum, Series Minor 4; [7]1968).

Chomsky 1959 = N. Chomsky, Review zu B.F. Skinners 'Verbal Behavior'. In: Language 35 (1959), S.26-58.

Chomsky 1962a = N. Chomsky, „A transformational approach to syntax". In: A.A. Hill (ed.), Proceedings of the 1958 Conference on Problems of Linguistic Analysis in English. Austin, Texas, 1962, S.124-148.

Chomsky 1962b = N. Chomsky, „Explanatory models in linguistics". In: Nagel/Suppes/Tarski (eds.), Logic, Methodology and Philosophy of Science. Stanford, Calif., (Univ.Press) 1962.

Chomsky 1963 = N. Chomsky, „Formal Properties of Grammars". In: Luce/Bush/Galanter (eds.), Handbook of Mathematical Psychology, Vol.II, New York (Wiley) 1963, S.323-418.

Chomsky 1964 = N. Chomsky, Current Issues in Linguistic Theory. Den Haag (Mouton) 1964.

Chomsky 1965 = N. Chomsky, Aspects of the Theory of Syntax. Cambridge, Mass., 1965. Zitiert wird nach der deutschen Ausgabe: Aspekte der Syntax-Theorie. Frankfurt (Suhrkamp) 1969.

Chomsky 1966a = N. Chomsky: Cartesian Linguistics. A Chapter in the History of Rationalist Thought. New York und London (Harper + Row) 1966.

Chomsky 1966b = N. Chomsky, „Linguistic Theory". In: R.G. Mead (ed.), Northeast Conference on the Teaching of Foreign Languages 1966. Reports of the Working Commitee: Broader Contexts. Menasha, Wisc., 1966.

Chomsky 1966c = N. Chomsky, Topics in the Theory of Generative Grammar. Den Haag (Mouton) 1966.

Chomsky 1966d = N. Chomsky, The Utility of Linguistic Theory to the Language Teacher (1966). Zitiert nach: J.P.B. Allen/S.P. Corder (eds.), Readings for Applied Linguistics. Oxford (Univ.Pr.) 1973, S.234-240.

Chomsky 1967a = N. Chomsky, „The formal nature of language". In: Lenneberg 1967 (deutsche Ausgabe, S.483-540).

Chomsky 1967b = N. Chomsky, „The general properties of language". In: F.L. Darley (ed.), Brain Mechanisms Underlying Speech and Language. New York (Grune + Stratton) 1967.

Chomsky 1968 = N. Chomsky, Language and Mind. New York (Harcourt) 1968. Zitiert nach der deutschen Übersetz.: Sprache und Geist. Mit einem Anhang: Linguistik und Politik. Frankfurt (Suhrkamp) 1970.

C. Chomsky 1969 = C. Chomsky, The Acquisition of Syntax in Children from 5 to 10. Cambridge, Mass., (M.I.T. Press) 1969.

Christ 1971 = H. Christ (Hrsg.), Probleme der Korrektur und Bewertung schriftlicher Arbeiten im Fremdsprachenunterricht. Berlin (Cornelsen) 1971.

Christmann 1973 = H.H. Christmann, „Generative Sprachwissenschaft. Einführung in die Grundlagen und Diskussion ihrer Verwendbarkeit im schulischen Fremdsprachenunterricht". In: französisch heute 1973/4, S.168-180.

Church 1971 = J. Church, Sprache und die Entwicklung der Wirklichkeit. Über den Spracherwerb des Kleinkindes. (Aus dem Engl. übers. v. H. v. Allesch.) Frankfurt (Fischer) 1971.

Clark 1973 = E.V. Clark, „How Children Describe Time and Order". In: Ferguson/Slobin 1973, S.585-606.

Cloerkes 1971 = F. Cloerkes, „Fehler und Fehlerquellen aus der Sicht des Franzosen". In: Christ 1971, S.35-46.

Closset 1965 = F. Closset, Didaktik des neusprachlichen Unterrichts. München (Hueber) 1965 (frz. Original 1963).

Cofer/Musgrave 1963 = C.N. Cofer/B.S. Musgrave (eds.), Verbal behavior and learning: Problems and processes. New York (Mc Graw Hill) 1963.

Cohen/Hécaen 1965 = D. Cohen/H. Hécaen, «Remarques neurolinguistiques sur un cas d'agrammatisme». In: Journal de psychologie normale et pathologique 1965/3, S.273-296.

Conseil de l'Europe 1967 = Conseil de l'Europe. Conseil de la Coopération Culturelle: Les théories linguistiques et leurs applications. Strasbourg (AIDELA) 1967.

Cook 1973 = V.J. Cook, „The Comparison of Language Development in Native Children and Foreign Adults". In: IRAL 11 (1973), S.13-28.

Corder 1967 = S.P. Corder, „The Significance of Learner's Errors". In: IRAL 5 (1967), S.161-171.

Corder 1972a = S.P. Corder, „Zur Beschreibung der Sprache des Sprachlerners". In: Nickel 1972b, S.175-184.

Corder 1972b = S.P. Corder, „Die Rolle der Interpretation bei der Untersuchung von Schülerfehlern". In: Nickel 1972a, S.38-50.

Corder/Roulet 1975 = S.P. Corder/E. Roulet, Some Implications of Linguistic Theory for Applied Linguistics (= Etudes Linguistiques, AIMAV). Bruxelles 1975.

Correll 1961 = W. Correll, Lernpsychologie. Grundfragen und pädagogische Konsequenzen. Donauwörth (Auer) 1961. (Zitiert wird nach der Ausgabe ^{12}1972.)

Coseriu 1952 = E. Coseriu, Sistema, norma y habla. Montevideo 1952.

Coseriu 1968a = E. Coseriu, Einführung in die strukturelle Linguistik (Autorisierte Nachschrift einer Vorlesung vom Wintersemester 1967/68). Tübingen (o.J.).

Coseriu 1968b = E. Coseriu. Einführung in die transformationelle Grammatik (Autorisierte Nachschrift einer Vorlesung vom Sommersemester 1968). Tübingen (o.J.).

Coseriu 1969 = E. Coseriu, Die Geschichte der Sprachphilosophie von der Antike bis zur Gegenwart. Eine Übersicht. Teil I: Von der Antike bis

Leibniz (Autorisierte Nachschrift einer Vorlesung vom Wintersemester 1968/1969). Tübingen 1969.

Coseriu 1970a = E. Coseriu, Einführung in die strukturelle Betrachtung des Wortschatzes (= Tübinger Beiträge zur Linguistik 14). Tübingen (Narr) 1970.

Coseriu 1970b = E. Coseriu, Sprache – Strukturen und Funktionen. XII Aufsätze zur Allgemeinen und Romanischen Sprachwissenschaft (= Tübinger Beiträge zur Linguistik 2). Tübingen (Narr) 1970.

Coseriu 1970c = E. Coseriu, „Über Leistung und Grenzen der Kontrastiven Grammatik". In: Moser u.a. 1970, S.9-30. (Hier zitiert nach Nickel 1972b, S.39-58.)

Coste 1969 = D. Coste, «Quel français enseigner?» In: Le Français dans le Monde 65 (1969), S.12-18.

Coste 1970 = D. Coste, «Le renonvellement méthodologique dans l'enseignement du français langue étrangère: remarques sur les années 1955-1970«. In: Langue Française 8 (1970), S.7-23.

Court 1968 = G. Court, La grammaire nouvelle à l'école. Paris (P.U.F.) 1968.

Cromer 1970 = R.F. Cromer, „Children are nice to understand". In: British Journal of Psychology 61 (1970), S.397-408.

Crothers/Suppes 1967 = E. Crothers/P. Suppes, Experiments in Second Language Learning. New York und London 1967.

Csécsy 1968 = M. Csécsy, De la linguistique à la pédagogie. Le verbe français (= Coll. Le Francais dans le Monde, B.E.L.C.) Paris (Hachette-Larousse) 1968.

Csécsy 1970 = M. Csécsy, « Grammaire française et enseignement du français aux étrangers». In: Langue Française 1970/8, S.98-106.

Czochralski 1966 = J.A. Czochralski, „Grundsätzliches zur Theorie der kontrastiven Grammatik". In: Linguistica 24 (1966), S.17-28.

Czochralski 1971 = J.A. Czochralski, „Zur sprachlichen Interferenz". In: Linguistics 67 (1971), S.5-25.

Damoiseau 1969 = R. Damoiseau, «La classe de conversation». In: Le Français dans le Monde 65 (1969), S.58-62.

Datow 1970 = W. Datow, „Sprache als Kommunikationsmittel und Zeichensystem. Bericht über eine Unterrichtseinheit im 5. und 6. Schuljahr". In: Linguistik und Didaktik 2 (1970), S.118-128.

Dayan 1972 = M. Dayan, «Sémiotique et langage». In: Semiotica 1972/VI, S.143-156.

Debyser 1970 = F. Debyser, «La linguistique contrastive et les interférences». In: Langue Française 8 (1970), S. 31-61.

Debyser/Houis/Rojas 1967 = F. Debyser/M. Houis/C. Rojas, Grille de classement typologique des fautes. (Publikation des B.E.L.C.) Paris 1967.

Delattre 1965 = P. Delattre, Comparing the Phonetic Features of English, French, German, Spanish. Heidelberg (Groos) 1965.

Delattre 1971 = P. Delattre, «La notion de structure et son utilité». In: P. Delattre (éd.), Les exercices structuraux – pour quoi faire? (= Coll. «F»). Paris (Hachette) 1971, S.5-14.

Denig 1973 = F. Denig, „Fremdsprachenintensivkurse in lernpsychologischer Sicht". In: Neusprachliche Mitteilungen aus Wirtschaft und Praxis 26 (1973), S.103-106.

Denninghaus 1965 = F. Denninghaus, „Probleme der einsprachigen Bedeutungserklärung". In: Praxis des neusprachlichen Unterrichts 1965/1, S.9-22.

Denninghaus 1970/1971 = F. Denninghaus, „Die wechselseitigen Einflüsse zwischen der Linguistik und dem Fremdsprachenunterricht". In: Praxis des neusprachlichen Unterrichts 1970/4, S.407-418 und 1971/1, S.31-40.

Dewey 1894 = J. Dewey, „Psychology of Infant Language". In: Psychological Review I (1894), S.45-72.

Dirven u.a. 1976 = R. Dirven/W. Hünig/W. Kühlwein/G. Radden/J. Strauß, Die Leistung der Linguistik für den Englischunterricht. Tübingen (Niemeyer) 1976.

Dodson 1967 = C.J. Dodson, Language Teaching and the Bilingual Method. London (Pitman) 1967.

Dodson/Price/Williams 1968 = C.J. Dodson/E. Price/I.T. Williams, Towards Bilingualism: Studies in Language Teaching Methods. Cardiff 1968.

Doyé 1962 = P. Doyé, „Zur Problematik der direkten Methode". In: Praxis des neusprachlichen unterrichts 1962/1, S.6-14.

Dressler 1970a = W. Dressler, „Modelle und Methoden der Textsyntax". In: Folia Linguistica 1970/4, S.64-71.

Dressler 1970b = W. Dressler, „Textsyntax und Übersetzen". In: P. Hartmann/H. Vernay (Hrsg.), Sprachwissenschaft und Übersetzen. Symposion an der Univ. Heidelberg, 24.2.–26.2.1969 (= Commentationes Societatis Linguisticae Europaeae III). München (Hueber) 1970, S.64-77.

Drubig 1972 = B. Drubig, „Zur Analyse syntaktischer Fehlleistungen". In: Nickel 1972a, S.78-91.

Dubois 1965 = J. Dubois, Grammaire structurale du français: nom et pronom. Paris (Larousse) 1965.

Dubois 1967 = J. Dubois, Grammaire structurale du français: le verbe. Paris (Larousse) 1967.

Dubois 1969 = J. Dubois, Grammaire structurale du français: la phrase et les transformations. Paris (Larousse) 1969.

Dupont 1972 = L. Dupont, «Les réalites humaines du langage». In: französisch heute 1962/2, S.78-85, und 1972/3, S.105-110.

Eichler 1974 = W. Eichler, „Bericht und Diskussion über Carol Chomsky, 'The Acquisition of Syntax in Children from 5 to 10' ". In: Eichler/Hofer 1974, S.321-324.

Eichler/Hofer 1974 = W. Eichler/A. Hofer, (Hrsg.), Spracherwerb und linguistische Theorien. Texte zur Sprache des Kindes (= Erziehung in Wissenschaft und Praxis 23). München (Piper) 1974.

Ek 1971 = J.A. van Ek, „Linguistics and Language Teaching". In: IRAL 9 (1971), S.319-333.

E.L.A. 1962–1967 = Etudes de Linguistique Appliquée (Univ. de Besançon, Faculté des Lettres). Paris (Didier) 1962-1967.

Engel 1970 = U. Engel, „Die deutschen Satzbaupläne". In: Wirkendes Wort 1970/6, S.361-392.

Engel 1973 = D. Engel, „Aphasie und Linguistik. Möglichkeiten Angewandter Linguistischer Forschung". In: Linguistische Berichte 26 (1973) S.7-20.

Entwistle/Forsyth/Muus 1964 = D.R. Entwistle/D.F. Forsyth/R. Muus, „The syntactic-paradigmatic shift in children's word associations". In: Journal of Verbal Learning and Verbal Behavior 3 (1964), S.19-29.

Erben 1964 = J. Erben, Abriß der deutschen Grammatik. Berlin (Akademie-Verl.) 1964, ^{11}1972.

Ervin 1961 = S.M. Ervin, „Changes with age in the verbal determinants of word associations". In: American Journal of Psychology 74 (1961), S.361-372.

Ervin 1962/63 = S.M. Ervin, „Correlates of associative frequency". In: Journal of Verbal Learning and Verbal Behavior 1 (1962/63), S.422-431.

Ervin-Tripp 1973 = S.M. Ervin-Tripp, „Imitation and Structural Change in Children's Language". In: Ferguson/Slobin 1973, S.391-406; zuvor in: E.H. Lenneberg (ed.), New Directions in the Study of Language. Cambridge, Mass., 1964, S.163-189.

Faensen 1969 = J. Faensen, „Zur linguistischen Ausbildung der Sprachlehrer". In: Linguistische Berichte 1 (1969), S.84-86.

Ferguson/Slobin 1973 = Ch.A. Ferguson/D.I. Slobin (eds.), Studies of child language development. New York (Holt) 1973.

Ferreiro 1971 = E. Ferreiro, Les relations temporelles dans le langage de l'enfant. Genf (Droz) 1971.

Ferster/Skinner 1957 = C.B. Ferster/B.F. Skinner, Schedules of reinforcement. New York (Appleton) 1957.

Filipović 1971 = R. Filipović (ed.), Zagreb Conference on English Contrastive Projects. Papers and Discussion. Zagreb 1971.

Filipović 1972 = R. Filipović (ed.), Active Methods and Modern Aids in the Teaching of Foreign Languages. London (Oxford Univ.Pr.) 1972.

Fillmore 1968 = Ch. Fillmore, The case for case. In: Bach/Harms (eds.), Universals in Linguistic Theory. New York (Holt) 1968, S.1-88.

Findly 1950 = J.J. Findly, Modern Language Learning. London (Gregg) 1950.

Flämig 1971 = W. Flämig, „Valenztheorie und Schulgrammatik". In: Helbig 1971b, S.105-121.

Flores d'Arcais/Levelt 1970 = G.B. Flores d'Arcais/W.J.M. Levelt (eds.), Advances in Psycholinguistics. Research papers presented at the Bressanone Conference on Psycholinguistics, Univ. of Padova, July 1969. Amsterdam (North-Holland Publ.) 1970.

Fodor 1966 = **J.A. Fodor,** „How to Learn to Talk: Some Simple Ways". In: Smith/Miller 1966, S.105-122.

Fodor/Bever 1965 = J. Fodor/T.G. Bever, „The psychological reality of linguistic segments". In: Journal of Verbal Learning and Verbal Behavior 4 (1965), S.414-420.

Fodor/Katz 1963 = J.J. Katz/J.A. Fodor, „The Structure of a Semantic Theory". In: Language 39 (1963), S.170-210.

Fodor/Katz 1964 = J.A. Fodor/J.J. Katz (eds.), The Structure of Language. Readings in the Philosophy of Language. Englewood Cliffs, N.J., (Prentice Hall) 1964.

Fodor/Katz 1966 = J.A. Fodor/J.H. Katz, „Sprachphilosophie und Sprachwissenschaft". In: Kursbuch 5 (1966), S.153-177.

Fónagy 1972 = I. Fónagy, „A propos de la genèse de la phrase enfantine". In: Lingua 30 (1972), S.31ff.

Foppa 1968 = K. Foppa, Lernen Gedächtnis, Verhalten. Ergebnisse und Propleme der Lernpsychologie. Köln und Berlin (Kiepenheuer + Witsch) 1965, [3]1968.

Francescato 1970 = G. Francescato, Spracherwerb und Sprachstruktur beim Kinde (Aus dem Ital. übers. v. J. Fonrobert). Stuttgart (Klett) 1973 (Originalausgabe 1970).

Franke 1970 = L. Franke, „Moderne Sprachwissenschaft und Französischunterricht". In: Neusprachliche Mitteilungen aus Wissenschaft und Praxis 1970/4, S.203-214.

Freud 1966 = S. Freud, Gesammelte Werke, chronologisch geordnet. 17 Bde. und 1 Registerband. (Fotomech. Nachdruck der Londoner Ausgabe) Frankfurt/M. (Fischer) 1966-1969.

Freudenstein 1970a = R. Freudenstein, Unterrichtsmittel Sprachlabor. Technik, Methodik, Didaktik. (= Kamps pädagog. Taschenbücher 42) Bochum 1970.

Freudenstein 1970b = R. Freudenstein, „Lernpsychologische Aspekte im neusprachlichen Unterricht". In: Der fremdsprachliche Unterricht 16 (1970), S.26-41.

Freudenstein 1970c = R. Freudenstein, „Aufgaben und Möglichkeiten der Unterrichtsmethodik. Dargestellt am Beispiel des Fremdsprachenunterrichts". In: W. Klafki u.a. (Hrsg.), Funkkolleg Erziehungswissenschaft, Bd.2, Frankfurt/M., (Fischer) 1970, S.167-197.

Freudenstein 1972 = R. Freudenstein (Hrsg.), Focus '80. Fremdsprachenunterricht in den siebziger Jahren (. . .). Berlin (Cornelsen) 1972.

Freudenstein/Gutschow 1972 = R. Freudenstein/H. Gutschow (Hrsg.), Fremdsprachen Lehren und Erlernen (= Erziehung und Wissenschaft 16). München (Piper) 1972.

Fried 1967 = V. Fried, „Contrastive Linguistics und analytischer Sprachvergleich". In: J. Schilling (Hrsg.), Linguistische und methodologische Propleme einer spezialsprachlichen Ausbildung. Halle 1967, S.24-32.

Fried 1972 = V. Fried (ed.), The Praque School of Linguistics and Language Teaching. London (Oxford Univ. Press) 1972.

Fries 1952 = Ch.C. Fries, The Structure of English. An introduction to the construction of English sentences. New York 1952, London (Longmans) 1957.

Fry 1966 = D.B. Fry, „The development of the phonological system in the normal and the deaf child". In: Smith/Miller 1966, S.207-216.

Fuckerieder 1972 = J. Fuckerieder, „Linguistische Modelle und ihre didaktischen Konsequenzen". In: französisch heute 1972/3, S.110-119.

Gage 1961 = W.W. Gage, Contrastive Studies in Linguistics: A Bibliographical Checklist. Washington 1961.

Gagné 1970 = R.M. Gagné, Die Bedingungen des menschlichen Lernens. Hannover (Schroedel) ^{2}1970.

Galichet 1970 = G. Galichet, Grammaire structurale du français moderne. Paris (Hatier) ^{3}1970.

Galichet 1972 = G. Galichet, «Au-dela des structuralismes. Fonctions de la langue et finalités de l'enseignement grammatical». In: französisch heute 1972/4, S.165-172.

Galisson 1968 = R. Galisson, Structuralisme et fonction. (Publikation des B.E.L.C.) Paris 1968.

Galocsy-Giblet 1971 = C. de Galocsy-Giblet, «Grammaires d'enfants agrammatiques». In: Perren/Trim 1971, S.247-255.

Galperin 1967 = P.J. Galperin, „Die geistige Handlung als Grundlage für die Bildung von Gedanken und Vorstellungen". In: Kossakowski/Lompscher 1967, S.33-48.

Gauger 1968 = H.-M. Gauger, „Determinatum und Determinans im abgeleiteten Wort?" In: Wortbildung, Syntax und Morphologie. Festschrift zum 60. Geburtstag von Hans Marchand. Den Haag und Paris 1968, S.93-108.

Gauger 1969 = H.-M. Gauger, „Die Semantik in der Sprachtheorie der transformationellen Grammatik". In: Linguistische Berichte 1 (1969), S.1-18.

Gauger 1970a = H.-M. Gauger, Wort und Sprache. Sprachwissenschaftliche

Grundfragen (= Konzepte der Sprach- und Literaturwissenschaft 3). Tübingen (Niemeyer) 1970.

Gauger 1970b = H.-M. Gauger, „Sprachbewußtsein und Sprachwissenschaft. Diskussion mit H. Hörmann und U. Bonnekamp". In: Poetica 3 (1970), S.570-593.

Gauger 1970c = H.-M. Gauger, „S.J. Schmidt und die bewußtseinseigene Sprachwissenschaft". In: Zeitschrift für Dialektologie und Linguistik 37 (1970), S.322-326.

Gauger 1971a = H.-M. Gauger, Durchsichtige Wörter. Zur Theorie der Wortbildung. Heidelberg (Winter) 1971.

Gauger 1971b = H.-M. Gauger, „Sprache und Linguistik (und H.H.B.)". In: Sprache im technischen Zeitalter 38 (1971), S.167-177.

Gauger 1972a = H.-M. Gauger, Zum Problem der Synonyme. Avec un résumé en français: Apport au problème des synonymes (= Tübinger Beiträge zur Linguistik 9). Tübingen (Narr) 1972.

Gauger 1972b = H.-M. Gauger, „Die durchsichtigen Wörter des Französischen. Ein Beitrag zur Wortbildung". In: französisch heute 1972/1, S.20-28.

Gauger 1972c = H.-M. Gauger, „Bedeutung als Semstruktur? Anmerkungen zu einem Aufsatz von Gerold Hilty". In: Vox Romanica 31 (1972), S.24-39.

Gauger 1972d = H.-M. Gauger, „Die Wörter und ihr Kontext. Ein Beitrag zu den Synonymen". In: Neue Rundschau 83 (1972), S.432-450.

Gauger 1973a = H.-M. Gauger, „Die Linguistik und ihr Objekt". In: Wirklichkeit und Reflexion, Walter Schulz zum 60. Geburtstag. Pfullingen (Neske) 1973, S.163-186.

Gauger 1973b = H.-M. Gauger, „Psycholinguistik". In: Lexikon der Germanistischen Linguistik, Studienangabe, Bd.II. (hrsg. v. Althaus/Henne/Wiegand). Tübingen (Niemeyer), 1973, S.299-303.

Gauger 1973c = H.-M. Gauger, Die Anfänge der Synonymik: Girard (1718) und Roubaud (1785). (. . .) (= Tübinger Beiträge zur Linguistik 39) Tübingen (Narr) 1973.

Gauger 1973d = H.-M. Gauger, «Les difficultés de la structuration sémantique du lexique». In: Meta. Journal des traducteurs 18 (1973), S.145-160 (= Actes du 2e coll. int. de ling. et de traduct., Montréal 4-7 oct. 1972).

Gauger 1974a = H.-M. Gauger, „Sprache und Sprechen im Werk Sigmund Freuds". In: Neue Rundschau 85 (1974), S.568-590.

Gauger 1974b = H.-M. Gauger, L'ambiguïté du «Cours de linguistique génerale». (Vervielf. Mskr. eines Vortrages, gehalten auf dem XIV. Congrès International de Linguistique et de Philologie Romanes in Neapel, 15.-20.4.1974. In überarb. dt. Fassung abgedruckt in Gauger 1976, S.73-87.)

Gauger 1976 = H.-M. Gauger, Sprachbewußtsein und Sprachwissenschaft (= Serie Piper 144). München 1976.

Geest 1972 = Ton van der Geest, Evaluation of Theories on Child Grammars. Amsterdam 1972, Den Haag (Mouton) 1974.

Genouvrier 1969 = E. Genouvrier, «Grammaire et sens interdits, ou: quelques observations sur l'enseignement grammatical». In: Le Français Aujourd'hui 1969/4, S.15-20.

Genouvrier 1970 = E. Genouvrier, «Recherches sur une symbolisation adaptée à l'enseignement de la grammaire dans les classes élémentaires». In: Langue Française 6 (1970), S.84-101.

Gester 1972 = F.W. Gester, „Pattern und pattern practice. Kritik und Bestätigung". In: Praxis des neusprachlichen Unterrichts 1972/1, S.37-46.

Gipper 1971 = H. Gipper, Denken ohne Sprache? Düsseldorf (Schwann) 1971.

Gipper 1972 = H. Gipper, Gibt es ein sprachliches Relativitätsprinzip? Untersuchungen zur Sapir-Whorf-Hypothese. Frankfurt (Fischer) 1972.

Girard 1972 = D. Girard, Linguistics and Foreign Language Teaching. London (Longman) 1972.

Gleason 1961 = H.A. Gleason, Jr., An Introduction to Descriptive Linguistics. New York (Holt), rev. edition 1961 (Erstausg. 1955).

Gleason 1969 = H.A. Gleason, Jr., An Introduction to Descriptive Linguistics. New York (Holt), rev. edition 1969.

Glinz 1970 = H. Glinz, Linguistische Grundbegriffe und Methodenüberblick (= Studienbücher zur Linguistik und Literaturwissenschaft Bd.1). Bad Homburg v.d.H. (Athenäum) 1970.

Gnutzmann 1972 = C. Gnutzmann, „Zur Analyse lexikalischer Fehler". In: Nickel 1972a, S.67-72.

Göller 1971 = A. Göller, „Das Problem der accords bei Adjektiven und Partizipien im Französischen. Ein Versuch, die Methoden der strukturellen, funktionellen und transformationellen Grammatik für den Schulunterricht fruchtbar zu machen". In: Die Neueren Sprachen 1971/5, S.237-246.

Götze 1971 = L. Götze, „Zur Applikation moderner linguistischer Theorien im Fremdsprachenunterricht". In: Zielsprache Deutsch 1971/3, S.105-117.

Godel 1957 = R. Godel, Les sources manuscrites du Cours de Linguistique Générale de F. de Saussure. (= Société des publications romanes et françaises 61) Genève 1957, [2]1969.

Gough 1965 = 1965 = P.B. Gough, „Grammatical Transformations and Speed of Understanding". In: Journal of Verbal Learning and Verbal Behavior 4 (1965), S.107-111.

Gough 1966 = P.B. Gough, „The verification of sentences: The effects of delay of evidence and sentence length". In: Journal of Verbal Learning and Verbal Behavior 5 (1966), S.492-506.

Grauberg 1917 = W. Grauberg, „An error analysis in German of first-year university students". In: Perren/Trim 1971, S.257-263.

Grebe 1966 = P. Grebe (Red.), Grammatik der deutschen Gegenwartssprache. (Der Große Duden, Bd. 4., Mannheim: Bibl.Inst. [2]1966, 1.Aufl. 1959.)

Grégoire 1937 = A. Grégoire, L'apprentissage du langage. Vol.I: Les deux premières années. Paris (Droz) 1937.

Grégoire 1947 = A. Grégoire, L'apprentissage du langage. Vol.II: La troisiéme année et les années suivantes. Paris (Droz) 1947.

De Grève/van Passel 1968 = M. de Grève/F. van Passel, Linguistique et enseignement des langues étrangères.
Bruxelles//Paris (Labor/Nathan) 1968. Zit. nach der dt. Übers.: Linguistik und Fremdsprachenunterricht. München (Hueber) 1971.

Grünert 1972 = H. Grünert, „Sprachwissenschaft und Sprachunterricht". In: Linguistik und Didaktik 11 (1972), S.185-196.

Gruber 1973 = J.S. Gruber, „Correlations between the Syntactic Constructions of the Child and of the Adult". In: Ferguson/Slobin 1973, S.440-445.

Grzesik 1971 = J. Grzesik, „Zur Bedeutung der Genesis von Fehlleistungen für ihre Beurteilung". In: Christ 1971, S.5-20.

Guberina 1965 = P.Guberina, «La méthode audio-visuelle structuro-globale». In: Revue de phonétique appliquée 1 (1965), S.35-64.

Guhl/Scherfer 1961 = B.Guhl/P. Scherfer, „Strukturübungen in der Kritik der Angewandten Linguistik". In: Französisch an Volkshochschulen 1971/2, S.34-51.

Guillaume 1927 = P. Guillaume, «Le dévelopement des éléments formels dans le langage de l'enfant». In: Journal de Psychologie 24 (1927), S.203-229. (Engl. Fassung in: Ferguson/Slobin 1973, S.240-251.)

Gutschow 1968 = H. Gutschow, „Der Beitrag des britischen Kontextualismus zur Theorie und Praxis des Fremdsprachenunterrichts". In: Der fremdsprachliche Unterricht 1968/2, S.23-39.

Gutschow 1970 = H. Gutschow, „Der Einfluß linguistischer Theorien und technischer Entwicklungen auf die Gestaltung des Fremdsprachenunterrichts". In: Neusprachliche Mitteilungen aus Wissenschaft und Praxis 1970/2, S.92-102.

Gutschow 1973 = H. Gutschow, „Linguistische und methodische Norm". In: Hüllen 1973b, S.53-65.

Gutschow 1975 = H. Gutschow, „Die 'aufgeklärte Einsprachigkeit' ." In: Praxis des neusprachlichen Unterrichts 1975/2, S.117-126.

Hägele 1973 = H. Hägele, „Pattern-Drill und Transfer – Eine kritische Besinnung". In: Olbert/Schneider 1973a, S.38-43.

Hadé 1970 = L. Hadé, „Zur Einführung von Monemkategorien auf der Unterstufe". In: Linguistik und Didaktik 2 (1970), S.102-117.

Halliday 1961 = M.A.K. Halliday, „Categories of the Theory of Grammar". In: Word 17 (1961), S.241-292.

Halliday/McIntosh/Strevens 1964 = M.A.K. Halliday/A.McIntosh/P.Stevens, The Linguistic Sciences and Language Teaching. London (Longmans) 1964.

Hammer/Rice 1965 = G.H. Hammer/F.A. Rice (eds.), A Bibliography of Contrastive Linguistics. Washington (Center f. Appl.Ling.) 1965.

Hamp 1968 = E.P. Hamp, „What a Contrastive Grammar is not, if it is". In: Alatis 1968, S.137-150.

Hansen 1965 = W. Hansen, Die Entwicklung des kindlichen Weltbildes. München (Kösel) 1938, [6]1965.

Harris 1942 = Z.S. Harris, „Morpheme Alternants in Linguistic Analysis". In: Language 18 (1942), S.169-180.

Harris 1945 = Z.S. Harris, „Discontinuous morphemes". In: Language 21 (1945), S.121-127.

Harris 1946 = Z.S. Harris, „From Morpheme to Utterance." In: Language 22 (1946), S.161-183.

Harris 1951a = Z.S. Harris, Structural Linguistics. Chicago (Univ. of Chicago Pr.) 1951.

Harris 1951b = Z.S. Harris, Methods in Structural Linguistics. Chicago (Univ. of Chicago Pr.) 1951.

Harris 1952a = Z.S. Harris, „Discourse Analysis". In: Language 28 (1952), S.1-30.

Harris 1952b = Z.S. Harris, „Discourse Analysis: A Sample Text". In: Language 28 (1952), S.474-494.

Harris 1954a = Z.S. Harris, „Distributional Structure". In: Word 10 (1954), S.146-162.

Harris 1954b = Z.S. Harris, „Transfer Grammar". In: International Journal of American Linguistics 20 (1954), S.259-270.

Harris 1955 = Z.S. Harris, „From Phoneme to Morpheme". In: Language 31 (1955), S.190-222.

Harris 1957 = Z.S. Harris, „Co-occurrence and Transformation in Linguistic Structure". In: Language 33 (1957), S.283-340.

Harris 1962 = Z.S. Harris, String Analysis of Sentence Structure (= Papers on Formal Linguistics 1). Den Haag (Mouton) 1962, ^{2}1964.

Hartmann 1969 = W. Hartmann, „Unterrichtsbeispiele zur Arbeit mit der generativen Grammatik im Deutschunterricht". In: Wirkendes Wort 5 (1969), S.289-310.

Hausmann 1975 = F.J. Hausmann, Linguistik und Fremdsprachenunterricht 1964—1975. Ausführlich kommentierte Bibliographie für Schule und Hochschule (mit besonderer Berücksichtigung des Französischen). Mit einer Einleitung von H.H. Christmann. (= Tübinger Beiträge zur Linguistik 60) Tübingen (Narr) 1975.

Hayes 1970 = J.R. Hayes (ed.), Cognition and the development of language. New York (Wiley) 1970.

Hécaen/Dubois 1971 = H. Hécaen/J.Dubois, «La neurolinguistique». In: Perren/Trim 1971, S.85-99.

Heger 1971 = K. Heger, Monem, Wort und Satz (= Konzepte der Sprach- und Literaturwissenschaft 8). Tübingen (Niemeyer) 1971.

Helbig 1965 = G. Helbig, „Zum Begriff der Valenz als Mittel der strukturellen Sprachbeschreibung und des Fremdsprachenunterrichts". In: Deutsch als Fremdsprache 1965/1, S.10ff. Wiederabdruck in: Probleme der Sprachwissenschaft. Beiträge zur Linguistik (= Janua Linguarum, Series Minor 118). Den Haag (Mouton) 1971, S.316-335.

Helbig 1969 = G. Helbig, „Zur Anwendbarkeit moderner linguistischer Theorien im Fremdsprachenunterricht und zu den Beziehungen zwischen Sprach- und Lerntheorien". In: Sprache im technischen Zeitalter 32 (1969), S.287-305.

Helbig 1971a = G. Helbig, Geschichte der neueren Sprachwissenschaft unter dem besonderen Aspekt der Grammatik-Theorie. Leipzig 1971, [2]1973.

Helbig 1971b = G. Helbig (Hrsg.), Beiträge zur Valenztheorie (= Janua Linguarum, Series Minor 115). Den Haag (Mouton) 1971.

Helbig 1971c = G. Helbig, „Theoretische und praktische Aspekte eines Valenzmodells". In: Helbig 1971b, S.31-49.

Helbig/Schenkel 1969 = G. Helbig/W. Schenkel, Wörterbuch zur Valenz und Distribution deutscher Verben. Leipzig (VEB Bibl.Inst.) 1969, [2]1973.

Hellinger 1976 = M. Hellinger, „Über die Theorieabhängigkeit der Fehleranalyse". In: Linguistische Berichte 41 (1976), S.88-97.

Hellmich 1971 = H. Hellmich, „Der Behaviorismus und seine Überwindung im Fremdsprachenunterricht". In: Deutsch als Fremdsprache 1971/4, S.198-208.

Heringer 1970a = H.-J. Heringer, Theorie der deutschen Syntax (= Linguistische Reihe 1). München (Hueber) 1970. Zitiert wird nach der leicht überarbeiteten 2. Auflage 1973.

Heringer 1970b = H.-J. Heringer, „Zur Analyse von Sätzen des Deutschen auf der Unterstufe". In: Linguistik und Didaktik 1 (1970), S.2-28.

Heringer 1972 = H.-J. Heringer, Deutsche Syntax (Sammlung Göschen 5246). Berlin (De Gruyter) [2]1972.

Hermann 1966 = W. Hermann, Phonétique française à l'usage des germanophones. (Publikation des B.E.L.C.) Paris 1966.

Herriot 1974 = P. Herriot, Einführung in die Psychologie der Sprache (Aus dem Engl. übers. v. J.Arnsperger u. W.Nötzold). München (List) 1974. (Originalausg.: London 1970.)

Herrlitz/Hundsnurscher 1971 = W.Herrlitz/F. Hundsnurscher, Funkkolleg Sprache, Studienbegleitbrief 1. Weinheim (Beltz) 1971.

Herrmann 1972 = Th. Herrmann, Sprache (= C.F. Graumann (Hrsg.), Einführung in die Psychologie, Bd.5). Frankfurt (Akad. Verlagsgesellschaft) 1972.

Heuer 1970 = H. Heuer, „Zur Struktur der Fremdsprachen-Lernpsychologie". In: Der fremdsprachliche Unterricht 16 (1970), S.42-58.

Hiebsch 1969 = H. Hiebsch u.a. (Hrsg.), Ergebnisse der sowjetischen Psychologie. Mit einer Einführung von H. Aebli. Stuttgart (Klett) 1969 (Lizensausgabe nach der dt. Ausg. des Akademieverlages Berlin 1967).

Hildebrandt 1976 = R. Hildebrandt, Cartesianische Linguistik. Eine Analyse der Sprachauffassung Noam Chomskys. Frankfurt/M. und Bern 1976.

Hilgard/Bower 1971 = E.R. Hilgard/G.H. Bower, Theorien des Lernens (Aus dem Amerik. übers. von H.E. Zahn, hrsg. v. H. Aebli/H.E. Zahn) 2 Bde. Stuttgart (Klett) 1971.

Hill 1963 = F.W. Hill, Learning. A survey of psychological interpretation. London 1963.

Hillebrand 1965 = M.J. Hillebrand, Kind und Sprache. Psychologische Voraussetzungen des Deutschunterrichts in der Volksschule. Teil 1: Grundschulalter. München (Kösel) ^{3}1965.

Hjelmslev 1943 = L. Hjelmslev, Omkring sprogteoriens grundlaeggelse. Kopenhagen 1943. Engl. Übers. v. F.J. Whitfield: Prolegomena to a Theory of Language (= Memoir 7.Erg. zu vol.19 des Intern. Journal of American Linguistics, Ind. Univ.Publ. in Anthrop. and Ling. 1953.).

Hjelmslev 1949 = L. Hjelmslev, «Existe-t-il des catégories qui soient communes à l'universalité des langues humaines?» In: Actes du 6e Congrès Internat. des Linguistes. Paris (Klincksieck) 1949, S.419-430.

Hockett 1947 = C.F. Hockett, „Problems of Morphemic Analysis". In: Language 23 (1947), S.321-343.

Hockett 1950 = C.F. Hockett, „Peiping Morphophonemics". In: Language 26 (1950), S.63-85.

Hockett 1954a = C.F. Hockett, „Two Models of Grammatical Description". In: Word 10 (1954), S.210-234.

Hockett 1954b = C.F. Hockett, „Translation via Immediate Constituents". In: International Journal of American Linguistics 20 (1954), S.313-315.

Hodgson 1955 = F.M. Hodgson, Learning Modern Languages. London (Routledge and Paul) 1955.

Hörmann 1970 = H. Hörmann, Psychologie der Sprache (Verbess. Neudruck). Berlin (Springer) 1970.

Hörmann 1971 = H. Hörmann, „Semantische Anomalie, Metapher und Witz. Oder: Schlafen farblose grüne Ideen wirklich wütend?" In: Folia Linguistica V 3/4 (1971), S.310ff.

Hoffmann 1972 = L. Hoffmann, „Zehn Bemerkungen über den Nutzen sprachwissenschaftlicher Untersuchungen für den Fremdsprachenunterricht". In: Deutsch als Fremdsprache 9 (1972), S.129-132.

Hofstätter 1957 = P.R. Hofstätter, Psychologie (= Fischer Lexikon 6). Frankfurt 1957 (Zit. nach ^{11}1967).

Homberger 1972 = D. Homberger, „Methoden strukturalistischer Sprachbetrachtung. Ein Beitrag zum Thema 'Linguistik und Schule' ". In: Der Deutschunterricht 1972/1, S.53ff.

Hombitzer 1971 = E. Hombitzer, „Das Nebeneinander von Englisch und Französisch als Problem des Fremdsprachenunterrichts". In: Christ 1971, S.21-34.

Hornby 1954 = A.S. Hornby, A. Guide to Patterns and Usage in English. London (Oxford Univ.Pr.) 1954, ^{3}1956.

Hüllen 1971 = W. Hüllen, Linguistik und Englischunterricht. Didaktische Analysen. Heidelberg (Quelle und Meyer) 1971.

Hüllen 1972 = W. Hüllen, „Zur linguistischen Begründung fremdsprachlicher Übungsformen". In: Linguistik und Didaktik 9 (1972), S.32-41.

Hüllen 1973a = W. Hüllen, „Linguistische Modelle und didaktische Grammatiken". In: Neusprachliche Mitteilungen aus Wissenschaft und Praxis 1973/1, S.8-16.

Hüllen 1973b = W. Hüllen (Hrsg.), Neusser Vorträge zur Fremdsprachendidaktik. Berlin (Cornelsen) 1973.

Hüllen 1973c = W. Hüllen, „Pragmatik – die dritte linguistische Dimension". In: Hüllen 1973b, S.84-98.

Hüllen 1976 = W. Hüllen, Linguistik und Englischunterricht 2. Didaktische Analysen. Heidelberg (Quelle + Meyer) 1976.

Hundsnurscher u.a. 1970 = F. Hundsnurscher u.a., TSG-Transformationelle Schulgrammatik. Erster Versuch (= Göppinger Akademische Beiträge Nr.7). Göppingen (Kümmerle) ^{3}1970.

Hundsnurscher 1973 = F. Hundsnurscher, „Syntax". In: Lexikon der Germanistischen Linguistik. Studienausgabe Bd.I. Tübingen (Niemeyer) 1973, S.184-221.

Huss 1973 = V.Huss, „Generative Transformationsgrammatik und Fremdsprachenunterricht". In: französisch heute 1973/3, S.113-119.

Huxley/Ingram 1971 = R. Huxley/E. Ingram (eds.), Language Acquisition: Models and Methods. (. . .) London (Acad.Pr.) 1971.

Hymes 1971 = D. Hymes, „Competence and Performance in Linguistic Theory". In: Huxley/Ingram 1971, S.3-23.

Ibañez 1972 = R. Ibañez, „Deskriptive Grammatik und Pädagogische Grammatik". In: Linguistik und Didaktik 9 (1972), S.58-62.

Ingram 1971 = E. Ingram, „A Further Note on the Relationship Between Psychological and Linguistic Theories. (. . .)" In: IRAL 9 (1971), S.335-346.

Inhelder/Piaget 1958 = B. Inhelder/J. Piaget, The Growth of Logical Thinking from Childhood to Adolescence. New York (Basic Books) 1958.

Isačenko/Růžička 1966 = A.V. Isačenko/R. Růžička, „Semantik der Grammatik (Thesen)". In: G.F. Meier (Hrsg.), Zeichen und System der Sprache. Band III (Veröff. d.II. Int. Symposions vom 8.9.–15.9.1964 in Magdeburg). Berlin (Akademieverlag) 1966, S.281-287.

Ivić 1971 = M. Ivić, Wege der Sprachwissenschaft (übers.v. M. Rammelmeyer). München (Hueber) 1971 (Serbokroat. Original 1963).

Jakobovits 1968 = L.A. Jakobovits, „Implications of Recent Psycholinguistic Developments for the Teaching of a Second Language". In: Language Learning 18 (1968), S.89-109.

Jakobovits 1969a = L.A. Jakobovits, A Psycholinguistic Analysis of Second Language Learning and Bilingualism. Univ. of Illinois 1969.

Jakobovits 1969b = L.A. Jakobovits, „Second Language Learning and Transfer Theory: A Theoretical Assessment". In: Language Learning 19 (1969), S.55-86.

Jakobovits 1970 = L.A. Jakobovits, Foreign Language Learning: A Psycholinguistic Analysis of the Issues. Rowley, Mass., (Newburg) 1970.

Jakobson 1941 = R. Jakobson, Kindersprache, Aphasie und allgemeine Lautgesetze. Frankfurt (Suhrkamp) 1969 (Erstveröffentl. Uppsala 1941).

Jakobson 1970 = R. Jakobson, Poesie und Sprachstruktur. Zwei Grundsatzerklärungen (Übers. aus dem Tschech. und Franz. von F.Ph. Ingold). Zürich (Arche) 1970.

Jakobson/Halle/Chomsky 1972 = R. Jakobson/ M. Halle/ N. Chomsky, Hypothèses. Trois entretiens et trois études sur la linguistique et la poétique. Paris (Seghers/Laffont) 1972.

James 1972 = C. James, „Zur Rechtfertigung der Kontrastiven Linguistik" In: Nickel 1972b, S.21-38 (Erstveröff. in engl. Fassung in: Nickel 1971, S.53-68).

Jantos 1972 = W. Jantos, „Die Entwicklung des Abstrahierens und Verallgemeinerns im Grammatikunterricht der Klassen 2 und 3". In: Lompscher 1972a, S.133-176.

Johnson 1965a = N.F. Johnson, „The psychological reality of phrase-structure rules". In: Journal of Verbal Learning and Verbal Behavior 4 (1965), S. 469-475.

Johnson 1965b = N.F. Johnson, „Linguistic Models and Functional Units of Language Behavior". In: Sh. Rosenberg (Hrsg.): Directions in Psycholinguistics. New York 1965, S.29-65.

Johnson 1966 = N.F. Johnson, „On the relationship between sentence structure and latency in generating the sentence". In: Journal of Verbal Learning and Verbal Behavior 5 (1966), S.375-380.

Joos 1966 = M. Joos (ed.), Readings in Linguistics. The development of descriptive linguistics in America, 1925-1956, vol. 1. Chicago (Univ.Press) ^{4}1966 (Originalausgabe Washington 1957).

Juhász 1970a = J. Juhász, Probleme der Interferenz. München (Hueber) 1970.

Juhász 1970b = J. Juhász, „Ungarisch – deutsche Interferenzerscheinungen im verbalen Bereich". In: Moser u.a. 1970, S.139-149.

Juhász 1973 = J. Juhász, „Interferenzlinguistik". In: Lexikon der Germanistischen Linguistik. Studienausgabe Bd.III, Tübingen (Niemeyer) 1973, S.457-462.

Jungblut 1973 = G. Jungblut, „Zum Wissenschaftsverständnis von Fachdidaktik". In: Neusprachliche Mitteilungen aus Wissenschaft und Praxis 1973/2, S.65ff.

Kainz 1960 = F. Kainz, Psychologie der Sprache. 5 Bde. Stuttgart (Enke) 1941-1969. (Zit. wird Bd.2 nach der 2. verb. Aufl. 1960.)

Kanngießer 1971 = S.Kanngießer, „Untersuchungen zum Aufbau einer generativen Linguistik". In: D. Wunderlich (Hrsg.), Probleme und Fortschritte der Transformationsgrammatik. Referate des 4.Ling. Kolloquiums Berlin 6.–10. Okt. 1969 (= Linguistische Reihe 8). München (Hueber) 1971, S.24-46.

Katz 1966 = J.J. Katz, The Philosophy of Language. New York 1966. (Deutsch: Frankfurt: Suhrkamp 1969.)

Katz/Postal 1964 = J.J. Katz/P.M. Postal, An Integrated Theory of Linguistic Descriptions. Cambridge, Mass., (M.I.T.Pr.) 1964.

Kaufmann 1974 = F. Kaufmann, Der Fehler im Französischunterricht. Bern und Frankfurt/M. (Lang) 1974.

Kegel 1974 = G. Kegel, Sprache und Sprechen des Kindes. (= rororo studium, Linguistik) Hamburg 1974.

Keil 1972 = R.-D. Keil, „Sprachenlernen ist vielerlei. Zum Thema Intensivkurse"(=Entgegnung auf einen Beitrag H. Weinrichs in der FAZ v. 5.2. 1972). Frankfurter Allgemeine Zeitung vom 4. Nov. 1972.

Kielhöfer 1975 = B. Kielhöfer, Fehlerlinguistik des Fremdsprachenerwerbs. Linguistische, lernpsychologische und didaktische Analyse von Französischfehlern. (= Skripten Linguistik und Kommunikationswissenschaft 14) Kronberg/Ts. (Scriptor) 1975.

Klein 1964 = H.-W. Klein, „Die moderne linguistische Forschung und der Grammatikunterricht im Französischen". In: Praxis des neusprachlichen Unterrichts 1964/1, S.6-17.

Kleist 1965 = H.v.Kleist, Sämtliche Werke und Briefe (hrsg. v. H. Sembdner) Bd.2. München 1965 (= Lizenzausgabe der Büchergilde Gutenberg, Frankfurt, Wien und Zürich).

König 1971 = E. König, Adjectival Constructions in English and German: A Contrastive Analysis. Heidelberg (Groos) 1971.

König 1972 = E. König, „Fehleranalyse und Fehlertherapie im lexikalischen Bereich". In: Nickel 1972a, S.73-77.

König/Nickel 1970 = E. König/G. Nickel, „Transformationelle Restriktionen in der Verbalsyntax des Englischen und Deutschen". In: Moser u.a. 1970, S.70-81.

Kohler 1973 = K. Kohler, „Anwendungsorientierte Phonetik. Sinn und Unsinn der Kontrastiven Phonologie für den Fremdsprachenunterricht". In: Linguistische Berichte 26 (1973), S.70-78.

Kossakowski/Lompscher 1967 = A. Kossakowski/J. Lompscher (Hrsg.), Probleme der Lerntheorie (Aus d.Russ.übers. v. E.Däbritz). Berlin (Volk u. Wissen) 1967.

Kostjuk 1969 = G.S. Kostjuk, „Fragen der Denkpsychologie". In: Hiebsch 1969, S.241-366.

Kreter 1965 = H. Kreter, Bibliographie zur Didaktik der neueren Sprachen, besonders des Englischunterrichts (= Schule + Forschung 3). Frankfurt (Diesterweg) 1965.

Kruppa 1973 = U. Kruppa, „Lernpsychologische Grundaspekte des Englischunterrichts in der Erwachsenenbildung". In: Zielsprache Englisch 1973/2, S.2-9.

Kruppa 1975 = U. Kruppa, „Kontrastive Analyse von Interferenzerscheinungen im deutsch-englischen Bereich". In: Neusprachliche Mitteilungen aus Wissenschaft und Praxis 28 (1975), S.92-99.

Krzeszowski 1972 = T.P. Krzeszowski, „Kontrastive Generative Grammatik". In: Nickel 1972b, S.75-84.

Kufner 1970 = H.L. Kufner, „Lerntheorie, Linguistik und Sprachunterricht". In: Moser u.a. 1970, S.160-174.

Kufner 1971 = H.L. Kufner, „Deskriptive Grammatik, Kontrastive Grammatik, Pädagogische Grammatik". In: H. Moser u.a. (Hrsg.), Fragen der Strukturellen Syntax und der Kontrastiven Grammatik (= Sprache der Gegenwart Bd. XVIII). Düsseldorf (Schwann) 1971, S.201-209.

Lado 1957 = R. Lado, Linguistics Across Cultures. Applied Linguistics for Language Teachers. Ann Arbor, Mich., (Univ. of Mich.Pr.) 1957, [9]1968.

Lado 1964 = R. Lado, Language Teaching. A Scientific Approach. New York (McGraw-Hill) 1964. (Deutsch: Moderner Sprachunterricht. (. . .) München (Hueber) [2]1969.)

Lado 1972 = R.Lado, „Meine Perspektive der Kontrastiven Linguistik 1945-1972". In: Nickel 1972b, S.15-20.

De Laguna 1927 = G.A. de Laguna, Speech: Its function and development. New Haven 1927.

Lakoff 1969 = R. Lakoff, „Transformational Grammar und Language Teaching". In: Language Learning 19 (1969), S.117-140.

Lakoff 1972 = G. Lakoff, „The arbitrary basis of transformational grammar". In: Language 48 (1972), S.76-87.

Lamendella 1969 = J.T. Lamendella, „On the Irrelevance of Transformational Grammar to Second Language Pedagogy". In: Language Learning 19 (1969), S.225-270.

Lamérand 1971 = R. Lamérand, Programmierter Unterricht und Sprachlabor. Theorie und Methoden. München (Hueber) 1971.

Lane 1972 = H. Lane, „Zu einigen Unterschieden zwischen dem Erwerb der Muttersprache und einer Fremdsprache". In: Freudenstein/Gutschow 1972, S.47-56.

Lee 1972 = W.R. Lee, „Überlegungen zur Kontrastiven Linguistik im Bereich des Sprachunterrichts". In: Nickel 1972b, S.157-166 (engl. Original 1968).

Lees 1957 = R.B. Lees, Besprechung von N. Chomsky, „Syntactis Structures". In: Language 33 (1957), S.375-408.

Legenhausen 1975 = L. Legenhausen, Fehleranalyse und Fehlerbewertung. Bielefeld (Cornelsen) 1975.

Leisi 1972 = E. Leisi, „Theoretische Grundlagen der Fehlerbewertung". In: Nickel 1972a, S.25-37.

Leisinger 1966 = F. Leisinger, Elemente des neusprachlichen Unterrichts. Stuttgart (Klett) [2]1966.

Lenneberg 1967 = E.H. Lenneberg, Biological Foundations of Language. New York 1967. (Dt.: Biologische Grundlagen der Sprache. Mit einem Anhang: N. Chomsky, Die formale Natur der Sprache. O. Marx, Die Geschichte der Ansichten über die biologische Grundlage der Sprache. Frankfurt: Suhrkamp 1972. Zitiert wird nach der dt. Ausgabe.)

Lentin 1975 = L. Lentin, «Problématique de l'acquisition de la syntaxe chez le jeune enfant». In: Langue Française 27 (1975), S.14-23.

P. Léon 1962 = P. Léon, Laboratoire de langues et correction phonétique. Paris (Hachette) 1962.

P. Léon/M. Léon 1964 = P. Léon/M. Léon, Introduction à la phonétique corrective. Paris (Hachette/Larousse) 1964.

P. Léon 1966 = P. Léon, Prononciation du français standard. Aide-Mémoire d'orthoépie à l'usage des étudiants étrangers. Paris (Didier) 1966.

Leont'ev 1957 = A.N. Leont'ev, „Das Lernen als Problem der Psychologie". In: Kossakowski/Lompscher 1967, S.11-32 (Erstveröff. 1957).

Leont'ev 1969 = A.A. Leont'ev, Sprache – Sprechen – Sprechtätigkeit.

(Übers. u. herausg. v. C. Heeschen/W. Stölting; = Sprache und Literatur 71). Stuttgart (Kohlhammer) 1971 (Originalausgabe 1969).

Leont'ev 1970 = A.A. Leont'ev, Psycholinguistik und Sprachunterricht. (Übers. u. hrsg. v. G. Schulz und G. Seyfarth.) Stuttgart (Kohlhammer) 1971 (Originalausgabe 1970)

Leont'ev/Galperin 1965 = A.N. Leont'ev/P.J. Galperin, „Die Theorie des Kenntniserwerbs und der programmierte Unterricht". In: Kossakowski/ Lompscher 1967, S.50-65 (Erstveröff. 1965).

Leopold 1949 = W.F. Leopold, Speech development of a bilingual child: A linguist's record. 4 Bde. Evanston, Illin., (Northwestern Univ.Pr.) 1939-1949.

Leopold 1956/57 = W.F. Leopold, „Das Sprechenlernen der Kinder". In: Sprachforum 2 (1956/57), S.117-125.

Leroy 1975 = Chr. Leroy, «Intonation et syntaxe chez l'enfant français à partir de dix-huit mois». In: Langue Française 27 (1975), S.24-37.

Lester 1970 = M. Lester (ed.), Readings in Applied Transformational Grammar. New York (Holt) 1970.

Leuninger/Miller/Müller 1972 = H. Leuninger/H.M. Miller/F. Müller, Psycholinguistik. Ein Forschungsbericht (= Fischer Athenäum Taschenbuch 2018). Frankfurt 1972.

Levenston 1972 = E.A. Levenston, „Über- und Unterrepräsentation – Aspekte der muttersprachlichen Interferenz". In: Nickel 1972b, S.167-174.

Lieb 1971 = H.H. Lieb, „Das System eines Verständigungsmittels und seine Grundlage im Sprecher. Zur Kritik des Kompetenzbegriffs". In: D. Wunderlich (Hrsg.), Probleme und Fortschritte der Transformationsgrammatik (. . .) (= Linguist. Reihe 8). München (Hueber) 1972,S.16-23.

List 1972 = G. List, Psycholinguistik. Eine Einführung (Urban Taschenbuch 146). Stuttgart (Kohlhammer) 1972.

List 1974 = G. List, Syntagmatische Sprachpsychologie. Sprache als System von Kommunikation und Lernerfahrung. Stuttgart (Kohlhammer) 1974.

Liublinskaya 1957 = A.A. Liublinskaya, „Development of Children's Speech and Thought". In: B. Simon (ed.), Psychology in the Soviet Union. London (Routledge and Paul) 1957.

Lompscher 1972a = J.Lompscher (Hrsg.), Theoretische und experimentelle Untersuchungen zur Entwicklung geistiger Fähigkeiten. Berlin (Volk und Wissen) 1972.

Lompscher 1972b = J. Lompscher (Hrsg.), Probleme der Ausbildung geistiger Handlungen. Neuere Untersuchungen zur Anwendung der Lerntheorie Galperins. Berlin (Volk und Wissen) 1972.

Lorenzer 1972 = A. Lorenzer, Zur Begründung einer materialistischen Sozialisationstheorie. Frankfurt (Suhrkamp) 1972.

Lüdi 1973 = G. Lüdi, Die Metapher als Funktion der Aktualisierung. (= Romanica Helvetica, 85) Bern (Francke) 1973.

Lurija 1969 = A.R. Lurija, „Die Entwicklung der Sprache und die Entstehung psychischer Prozesse". In: Hiebsch 1969, S.465-546.

Lurija/Yudovich 1959 = A.R. Lurija/F.I. Yudovich, Speech and the Development of Mental Processes in the Child. London (Staples Press) 1959.

Lyons 1968 = J. Lyons, Introduction to Theoretical Linguistics. Cambridge (Univ.Press) 1968.

Lyons 1970 = J. Lyons, Noam Chomsky. London (Collins) 1970. (Zit. nach der dt. Übers.v. M. Immler, dtv-Band 770. Nördlingen 1971).

Lyons/Wales 1966 = J. Lyons/R.J. Wales (eds.), Psycholinguistic Papers. The Proceedings of the 1966 Edinburgh Conference. Edinburgh (Univ.Press) 1966.

Maas 1973 = U. Maas, „Sprache als Gegenstand der lehrerbildenden Studienfächer". In: Linguistische Berichte 26 (1973), S.59-66.

Maas/Wunderlich 1972 = U. Maas/D. Wunderlich, Pragmatik und Sprachliches Handeln. Mit einer Kritik am Funkkolleg 'Sprache', Frankfurt (Athenäum) 1972.

Mackey 1965 = W.F. Mackey, Language Teaching Analysis. London (Longmans) 1965.

Malblanc 1961 = A. Malblanc, Stylistique comparée du français et de l'allemand. Paris (Didier) 1961.

Malmberg 1967 = B. Malmberg, Uttals undervisning: Teori och metodik. Stockholm (Svenska Bokförl.) 1967.

Malmberg 1971 = B. Malmberg, „Applications of linguistics". In: Perren/Trim 1971, S.3-18.

Martinet 1960 = A. Martinet, Eléments de linguistique générale. Paris (Colin) 1960. Zitiert nach der Ausgabe: Collection U2, [2]1971.

Martins 1970 = E. Martins, Studien zur Frage der linguistischen Interferenz. Stockholm (Svenska Bokförl.) 1970.

Matragos 1973 = G. Matragos, „Sprachpsychologische Probleme bei Ausländern". In: Die Neueren Sprachen 72 (1973/9), S.467-473.

De Mauro 1968 = T. de Mauro, Ferdinande de Saussure, 'Corso di lingùistica generale'. Introduzione, traduzione e commento. Bari [2]1968.

Mauthner 1901 = F. Mauthner, Beiträge zu einer Kritik der Sprache. 3 Bde. Leipzig (Meiner) [3]1923 (Originalausgabe 1901).

McCarthy 1954 = D. McCarthy, „Language development in children". In: L. Carmichael (ed.), Manual of Child Psychology. New York (Wiley) 1954, S.492-630.

McCarthy 1966 = D. McCarthy, „Affective Aspects of Language Learning". In: A.H. Kidd/J.L. Rivoire (eds.), Perceptual Development in Children. New York (Internat.Univ.Press) 1966, S.305-343.

McGeoch/Irion 1952 = J.A. McGeoch/A.L. Irion, The Psychology of Human Learning. New York [2]1952.

McNeill 1963 = D. McNeill, „The origin of associations within the same grammatical class'. In: Journal of Verbal Learning and Verbal Behavior 2 (1963), S.250-262.

McNeill 1966a = D. McNeill, „The Acquisition of Language. The Study of Developmental Psycholinguistics". In: Smith/Miller 1966, S.15-84.

McNeill 1966b = D. McNeill, „The Creation of Language by Children". In: Lyons/Wales 1966, S.99-115.

McNeill 1970 = D. McNeill, The Acquisition of Language. The Study of Developmental Psycholinguistics. New York (Harper) 1970.

McNeill/McNeill 1968 = D.McNeill/N.B. McNeill, „What does a child mean when he says 'no'?" In: E.M. Zall (ed.), Proc. of the Conf. on Language and Language Behavior. New York 1968, S.51-62.

Mehler 1963 = J. Mehler, „Some effects of grammatical transformations on the recall of English sentences". In: Journal of Verbal Learning and Verbal Behavior 2 (1963), S.346-351.

Mehler/Carey 1967 = J. Mehler/P. Carey, „The Role of Surface and Base Structure in the Perception of Sentences". In: Journal of Verbal Learning and Verbal Behavior 6 (1967), S.335-338.

Meier 1966 = G.F. Meier, „Noematische Analyse als Voraussetzung für die Ausschaltung der Polysemie". In: G.F. Meier (Hrsg.), Zeichen und System der Sprache, Bd. III., Veröff. des II. Intern. Symposions „Zeichen und System der Sprache" v. 8.9. bis 15.9.1964 in Magdeburg (= Schriften zur **Phonetik**, Sprachwissenschaft und Kommunikationsforschung Nr.11). Berlin (Akademie-Verlag) 1966.

Menyuk 1963 = P. Menyuk, „A premilimary evalution of grammatical capacity in children". In: Journal of Verbal Learning and Verbal Behavior 2 (1963), S.424-439.

Menyuk 1964 = P. Menyuk, „Alternation of rules in children's grammar". In: Journal of Verbal Learning and Verbal Behavior 3 (1967), S.480-488.

Menyuk 1968 = P. Menyuk, „The role of distrinctive features in children's acquisition of phonology". In: Journal of Speech Hearing Research 11 (1968), S.138-146. (Zitiert nach Ferguson/Slobin 1973, S.44-52.)

Menyuk 1969a = P. Menyuk, Sentences Children Use (= M.I.T. Press Research Monograph No. 52). Cambridge, Mass., und London 1969.

Menyuk 1969b = P. Menyuk, „Children's Grammatical capacity". In: T. Bever/W. Weksel (eds.), The Structure and Psychology of Language. New York (Holt) 1969.

Messelken 1971 = H. Messelken, Empirische Sprachdidaktik. Heidelberg (Quelle u. Meyer) 1971.

Meyer 1970 = H.L. Meyer, „Zur Anwendung der Transformationsgrammatik im Englischunterricht". In: Linguistik und Didaktik 2 (1970), S.137-154.

Mihm 1972 = E. Mihm, Die Krise der neusprachlichen Didaktik. Frankfurt (Hirschgraben) 1972.

Miller 1962 = G.A. Miller, „Some Psychological Studies of Grammar". In: American Psychologist 17 (1962), S.748-762.

Miller 1965a = G.A. Miller, „Some Preliminaries to Psycholinguistics". In: American Psychologist 20 (1965), S.15-20.

Miller 1965b = G.A. Miller, „The psycholinguists. On the new scientists of language". In: Osgood/Sebeok 1965. Erstveröffentl. in: Encounter 23 (1964), S.29-37.

Miller 1973 = W.R. Miller, „The Acquisition of Grammatical Rules by Children". In: Ferguson/Slobin 1973, S.380-391.

Miller/Ervin-Tripp 1973 = W.R. Miller/S.M. Ervin-Tripp, „The Development of Grammar in Child Language". In: Ferguson/Slobin 1973, S.355-380.

Miller/Galanter/Pribram 1960 = G.A. Miller/E.Galanter/K.H. Pribram, Plans and the Structure of Behavior. New York (Holt) 1960 (dt. Übers.: Stuttgart: Klett 1973).

Miller/Norman 1964 = G.A. Miller/D.A. Norman, „Research on the Use of Formal Languages in the Behavioral Sciences". In: Semi-annual Technical Report, Departement of Defense, Advanced Research. Projects Agency. Jan.-June 1964 (Cambridge Harvard Univ., Center for Cognitive Studies), S.10-11.

Mindt 1971 = D. Mindt, Strukturelle Grammatik, generative Transformationsgrammatik und englische Schulgrammatik (= Schule und Forschung 18). Frankfurt (Diesterweg) 1971.

Morton 1971 = J. Morton (ed.), Biological and Social Factors in Psycholinguistics. London (Logos Press) 1971.

Moser u.a. 1970 = H. Moser u.a. (Hrsg.), Probleme der Kontrastiven Grammatik. Jahrbuch 1969 des Instituts für deutsche Sprache (= Sprache der Gegenwart 8). Düsseldorf (Schwann) 1970.

Moser u.a. 1975 = H. Moser u.a. (Hrsg.), Sprachwissenschaft und Sprachdidaktik. Jahrbuch 1974 des Instituts für deutsche Sprache (= Sprache der Gegenwart 34). Düsseldorf (Schwann) 1975.

Moskowitz 1973 = A.I. Moskowitz, „The Two-year-old Stage in the Acquisition of English Phonology". In: Ferguson/Slobin 1973, S.52-69.

Motsch 1972 = W. Motsch, „Gedanken zum Verhältnis zwischen Linguistik, Psychologie und Fremdsprachenunterricht". In: Deutsch als Fremdsprache 1972/4, S.213-221.

Moulton 1968 = W.G. Moulton, „The Use of Models in Contrastive Linguistics". In: Alatis 1968, S.27-38.

Moulton/Freudenstein 1972 = W.G. Moulton/R. Freudenstein, Wie lernt man fremde Sprachen? Ein linguistischer Ratgeber. Dortmund (Lensing) 1972.

Mowrer 1960 = O.H. Mowrer, Learning Theory and Personality Dynamics. Selected Papers. New York (Ronald Pr.) 1960 (Erstausg. 1950).

Müller 1973 = R.M. Müller, „Grammatische Strukturen in Lehrwerken des Englischen. Der Begriff Struktur/Pattern". In: Praxis des neusprachlichen Unterrichts 1973/4, S.361-367.

Mueller 1971 = Th.H. Mueller, „Could the New Key be a Wrong Key?" in: french review 6 (1971), S.1085-1093.

Mues 1962 = W. Mues, Strukturanalyse und ihre Bedeutung für den modernen Englischunterricht (= Schule und Forschung 1). Frankfurt (Diesterweg) 1962, [2]1969.

Mundzeck 1969 = F. Mundzeck, „Wissenschaft und Praxis. Anmerkungen zum Verhältnis von Sprachbeschreibung und Strukturübungen (im Französischunterricht)". In: Neusprachliche Mitteilungen aus Wissenschaft und Praxis 1969/3, S.152-159.

Neisser 1967 = U. Neisser, Cognitive Psychology. New York (Appleton) 1967.

Newmark/Reibel 1968 = L. Newmark/D.A. Reibel, „Necessity and Sufficiency in Language Learning". In: IRAL 6 (1968), S.145-164.

Nickel 1964 = G. Nickel, „Der Englischunterricht im Lichte der modernen Linguistik". In: Praxis des neusprachlichen Unterrichts 11 (1964), S.29-35.

Nickel 1967 = G. Nickel, „Welche Grammatik für den Fremdsprachenunterricht?" In: Praxis des neusprachlichen Unterrichts 14 (1967), S.1-16.

Nickel 1968a = G. Nickel, „Der moderne Strukturalismus und seine Weiterführung bis zur generativen Transformationsgrammatik". In: Neusprachliche Mitteilungen aus Wissenschaft und Praxis 21 (1968), S.5-15.

Nickel 1968b = G. Nickel, „Angewandte Sprachwissenschaft und Fremdsprachenunterricht". In: Deutsche Schule 60 (1968), S.218-230.

Nickel 1969 = G. Nickel, „Angewandte Sprachwissenschaft und Schulunterricht". In: Neusprachliche Mitteilungen aus Wissenschaft und Praxis 22 (1969), S.2-8.

Nickel 1971 = G. Nickel (ed.), Papers in Contrastive Linguistics. (= Second Internat. Conf. of Appl.Ling.). Cambridge (Univ.Pr.) 1971.

Nickel 1972a = G. Nickel (Hrsg.), Fehlerkunde. Beiträge zur Fehleranalyse, Fehlerbewertung und Fehlertherapie. Berlin (Cornelsen) 1972, ^{2}1973.

Nickel 1972b = G. Nickel (Hrsg.), Reader zur Kontrastiven Linguistik. Frankfurt (Athenäum) 1972.

Nickel 1972c = G. Nickel (ed.), Papers from the International Symposium on Applied Contrastive Linguistics, Stuttgart, Oct. 11-13, 1971. Bielefeld (Cornelsen) 1972.

Nickel 1972d = G. Nickel, „Zum heutigen Stand der Kontrastiven Sprachwissenschaft". In: Nickel 1972b, S.7-14.

Nickel 1972e = G. Nickel, „Problems of Error Analysis in Foreign Language Instruction". In: Freudenstein 1972, S.112-120.

Nickel 1973a = G. Nickel (ed.), Contrastive Linguistics (= Proceedings of the Third Intern. Congress of Applied Linguistics, ed. by International Assoc. of Applied Linguistics, Vol I.). Heidelberg (Groos) 1973.

Nickel 1973b = G. Nickel, „Kontrastive Linguistik". In: Lexikon der Germanistischen Linguistik. Studienausgabe Bd.III. Tübingen (Niemeyer) 1973, S.462-469.

Nickel 1974 = G. Nickel (ed.), Aspects of Contrastive Linguistics. Papers Read in the Contrastive Section of the 3rd Intern. Congress of Applied Linguistics Copenhagen, August 21 - 26, 1972. Heidelberg (Groos) 1974.

Nickel/Wagner 1968 = G. Nickel/K.H. Wagner, „Contrastive Linguistics and Language Teaching". in: IRAL 6 (1968), S.233-255.

Nida 1943 = E.A. Nida, A Synopsis of English Syntax. Glendale, Calif., 1943. (Revid.Fassung: Janua Linguarum, Series practica 19. Den Haag 1966.)

Nida 1946 = E.A. Nida, Morphology. Ann Arbor, Mich., (Univ. of Mich.Pr.) 1946, rev. ed. 1949.

Nida 1948 = E.A. Nida, „The Identification of Morphemes". In: Language 24 (1948), S.4-41.

Nida 1951 = E.A. Nida, Outline of Descriptive Syntax, Glendale, Calif., 1951.

Nida 1960 = E.A. Nida, A Synopsis of English Syntax. Norman, Oklah., 1960 (Wiederveröff.: Den Haag: Mouton 1966).

Oksaar 1971 = E. Oksaar, „Zum Spracherwerb des Kindes in zweisprachiger Umgebung". In: Folia Linguistica 4 (1971), S.330-358.

Oksaar 1972 = E. Oksaar, „Sprachliche Interferenzen und die kommunikative Kompetenz". In: Indo–Celtica. Gedächtnisschrift für Alf Sommerfelt. München (Hueber) 1972, S.126-141.

Oksaar 1973 = E. Oksaar, „Spracherwerb". Lexikon der Germanistischen Linguistik, Studienausgabe, Bd.II. Tübingen (Niemeyer) 1973, S.303-308.

Olbert/Schneider 1970 = J.Olbert/B. Schneider, Programmierte Übungen zur französischen Grammatik für das Sprachlabor und den konventionellen Unterricht zum Lehrbuch Français Moderne, Ausg.B., Frankfurt (Diesterweg) 1970.

Olbert/Schneider 1972 = J.Olbert/B.Schneider, „Mißverstandene Linguistik". In: französisch heute 1972/1, S.32-46, und 1972/2, S.85-91.

Olbert/Schneider 1973a = J. Olbert/B. Schneider (Hrsg.), Gesammelte Aufsätze zum Transfer. Einige Beiträge zur Fremdsprachendidaktik (= Schule und Forschung 20). Frankfurt (Diesterweg) 1973.

Olbert/Schneider 1973b = J.Olbert/B.Schneider, „Möglichkeiten der Organisation von Transfer im fremdsprachlichen Unterricht". In: Olbert/Schneider 1973a, S.52-77.

Olbert/Schneider 1974a = J. Olbert/B. Schneider, „Beispiele für den Einsatz von auditiven Medien in der Mittelstufe des Französischunterrichts". In: K. Schüle/G. Krankenhagen (Hrsg.), Audiovisuelle Medien im Fremdsprachenunterricht (= Schriftenreihe AV-Pädagogik). Stuttgart (Klett) 1974, S.113-129.

Olbert/Schneider 1974b = J. Olbert/B. Schneider, Salut labo. Lehrerbuch. Sprachlabormaterial zu Salut Grundkurs. Frankfurt (Diesterweg) 1973.

Oller 1971 = J.W. Oller, Jr., „Language Use and Foreign Language Learning". In: IRAL 9 (1971), S.161-166.

Oller/Obrecht 1968 = J.W. Oller/D.H. Obrecht, „Pattern Drill and Communicative Activity: A Psycholinguistic Experiment". In: IRAL 6 (1968), S.165-174.

Osgood 1957 = Ch.E. Osgood, „A behavioristic analysis of perception and language as cognitive phenomena". In: J.S. Brunner et al. (eds.), Contemporary approaches to cognition. Cambridge, Mass.,(M.I.T.Pr.) 1957, S.75-118.

Osgood 1963 = Ch.E. Osgood, „On understanding and creating sentences". In: American Psychologist 18 (1963), S.735-751.

Osgood 1966 = Ch.E. Osgood, „Meaning cannot be r_m?" In: Journal of Verbal Learning and Verbal Behavior 5 (1966), S.402-407.

Osgood/Ervin 1964 = Ch.E. Osgood/S.M. Ervin, „Second language learning and bilingualism". In: Osgood/Sebeok 1965, S.139-146 (Erstveröffentl. 1954).

Osgood/Sebeok 1965 = Ch.E. Osgood/T.A. Sebeok (eds.), Psycholinguistics. A Survey of Theory and Research Problems, 1954-1964. (. . .) Bloomington [2]1965, Erstveröffen.: Baltimore (Warerly Pr.) 1954.

van Overbeke 1972 = M. van Overbeke, Introduction au problème du bilinguisme. Paris (Nathan)/Bruxelles (Labor) 1972.

P.A.K. 1968 ff = Arbeitsberichte des Projekts für Angewandte Kontrastive Sprachwissenschaft. Bd. 1-6. Kiel/Stuttgart 1968—1970; Bd. 7 ff. Bielefeld 1973ff.

Palmer 1964 = H.E. Palmer, The Principles of Language Study. London (Oxford U.P.) 1964 (Erstveröff. 1917).

Palmer 1968 = H.E. Palmer, The Scientific Study and Teaching of Languages (Ed. D. Harper). London (Oxford U.P.) 1968 (Originalausgabe 1917).

Parreren 1962 = C.F. van Parreren, Lernprozeß und Lernerfolg. Eine Darstellung der Lernpsychologie auf experimenteller Grundlage. Braunschweig (Westermann) 1900. Holländ. Original: Psychologie van het leren, 1. Teil [2]1963, 2. Teil 1962 (Siehe auch Parreren 1970/71!).

Parreren 1963 = C.F. van Parreren, „Psychologie und Fremdsprachenunterricht". In: Praxis des neusprachlichen Unterrichts 1963/1, S.6-10.

Parreren 1964a = C.F. van Parreren, Leren op school. Groningen (Wolters-Noordhoff) 1964. (Zitiert wird nach der deutschen Ausgabe: Lernen in der Schule. Weinheim (Beltz) [3]1971.)

Parreren 1964b = C.F. van Parreren, „Die Systemtheorie und der Fremdsprachenunterricht – Lernpsychologische Befunde". In: Praxis des neusprachlichen Unterrichts 1964/3, S.213-219.

Parreren 1969 = C.F. van Parreren, „Lautbild und Schriftbild im Anfangsunterricht". In: Praxis des neusprachlichen Unterrichts 1969/4, S.359-365.

Parreren 1970/71 = C.F. van Parreren, Lernprozeß und Lernerfolg. Eine Darstellung der Lernpsychologie auf experimenteller Basis (Übers. aus dem Niederländ. v. W. Vontin). Braunschweig (Westermann), 2. völlig neu bearb. Aufl. 1972. (Holländ. Original 1970 und 1971 = verb. u. erw. Auflage von Parreren 1962.)

Parreren 1972a = C.F. van Parreren, „'Reine' Lernpsychologie und Fremdsprachen-Lernpsychologie". In: Freudenstein 1972, S.94-104.

Parreren 1972b = C.F. van Parreren und J.A.M. Carpay, Sovjetpsychologen aan het woord. Groningen 1972.

Paul 1880 = H. Paul, Prinzipien der Sprachgeschichte. Halle 1880, Tübingen (Niemeyer) [8]1968.

Pause 1971 = E. Pause, „Zur Umkehrung von Transformationsregeln". In: D. Wunderlich (Hrsg.), Probleme und Fortschritte der Transformationsgrammatik. Referate des 4. Ling. Kolloquiums, Berlin 6.-10. Okt. 1969 (= Linguistische Reihe 8). München (Hueber) 1971, S.87-100.

Pelz 1972 = M. Pelz, „Psychologische Grundlagen des Fremdsprachenlernens". In: französisch heute 1972/3, S.119-130.

Pelz 1974 = M. Pelz (Hrsg.), Freiburger Beiträge zur Fremdsprachendidaktik. Berlin (Cornelsen) 1974.

Perren/Trim 1971 = G.E. Perren/J.L.M. Trim (eds.), Applications of Linguistics. Selected papers of the Second International Congress of Applied Linguistics. London/Cambridge (Univ.Press) 1971.

Peterfalvi 1970 = J.-M. Peterfalvi, Introduction à la psycholinguistique. Paris (Presses Univ.) 1970.

Petersen (a) = H. Petersen, Untersuchungen zur Praxis des Englischunterrichts auf der Grundlage der generativen Grammatik (= Linguistische Berichte, LB-Papier Nr.10). (o.J.)

Petersen (b) = H. Petersen, Zur Anwendung der generativen Transformationsgrammatik im Englischunterricht an deutschen Schulen (= Linguistische Berichte, LB-Papier Nr.11). (o.J.)

Peuser 1973 = G. Peuser, Eine Transformationsgrammatik für den Französischunterricht. Grundlagen, Methodik, Didaktik. Freiburg (Rombach) 1973.

Peytard/Genouvrier 1970 = J.Peytard/E. Genouvrier, Linguistique et enseignement du français. Paris (Larousse) 1970.

Piaget 1923 = J. Piaget, Le langage et la pensée chez l'enfant. Neuchâtel (Delachaux) 1923 u. 1948. Deutsche Übers. v. N. Stöber: Sprechen und Denken des Kindes (=Sprachen und Lernen) Düsseldorf (Schwann) 1972.

Piaget 1924 = J. Piaget, Le jugement et le raisonnement chez l'enfant. Neuchâtel (Delachaux) 1924.

Piaget 1926 = J. Piaget, La représentation du monde chez l'enfant. Paris (Alcan) 1926.

Pickett 1956 = V. Pickett, An Introduction to the Study of Grammatical Structure. Glendale, Calif., 1956.

Piepho 1974a = H.E. Piepho, „Pragmalinguistische Grundlagen der Lernzielbestimmung für den Englischunterricht auf der Sekundarstufe I". In: Pelz 1974, S.111-117.

Piepho 1974b = H.E. Piepho, Kommunikative Kompetenz als übergeordnetes Lernziel des Englischunterrichts. Dornburg-Frickhofen (Frankonius) 1974.

Piepho 1974c = H.E. Piepho, „Kommunikative Kompetenz, Pragmalinguistik und Ansätze zur Neubesinnung der Lernzielbestimmung im Fremdsprachenunterricht". In: Schriftenreihe des Pädagogischen Instituts der Stadt Düsseldorf 12 (1974).

Di Pietro 1968 = R.J. di Pietro, „Contrastive Analysis and the Notions of Deep and Surface Structure". In: Alatis 1968, S.65-80.

Di Pietro 1971 = R.J. di Pietro, Language Structures in Contrast. Rowley, Mass., (Newbury House) 1971.

Pike 1943 = K.L. Pike, „Taxemes and immediate constituents". In: Language 19 (1943), S.65-82.

Pike 1971 = K.L. Pike, Language in Relation to a Unified Theory of the Structure of Human Behavior. Den Haag (Mouton) 1967, [2]1971.

Pilch 1972 = H. Pilch, „A linguistic view of aphasia". In: Language Sciences 20 (1972), S.6-12.

Pimsleur/Quinn 1971 = P. Pimsleur/T. Quinn (eds.), The Psychology of Second Language Learning. Papers from the second intern. Congress of Appl. Ling. Cambridge, 8-12 Sept. 1969. Cambridge (Univ.Press) 1971.

Pintiaux 1972 = J.-Cl. Pintiaux, « Réflexions sur un concours». In: Le Français Aujourd'hui 19 (1972), S.45-49.

Politzer 1965 = R.L. Politzer, Teaching French: An Introduction to Applied Linguistics. New York (Blaisdell) 1965.

Politzer 1968 = R.L. Politzer, „An Experiment in the Presentation of Parallel and Contrasting Structure". In: Language Learning 18 (1968), S.34-43.

Politzer 1970 = R.L. Politzer, Foreign Language Learning. A Linguistic Introduction. Englewood Cliffs, N.J., (Prentice-Hall) 1970.

Porzig 1934 = W. Porzig, „Wesenhafte Bedeutungsbeziehungen". In: Beiträge zur Geschichte der deutschen Sprache und Literatur 58 (1934), S.70-97.

Porzig 1950 = W. Porzig, Das Wunder der Sprache. Probleme, Methoden und Ergebnisse der modernen Sprachwissenschaft. Bern (Francke) und München (Lehnen) 1950.

Pottier 1969 = B. Pottier, Grammaire de l'espagnol (= Que sais-je? 1354). Paris (Presses Univ.) 1969.

Premack/Schwartz 1966 = D. Premack/A. Schwartz, „Preparations for Discussing Behaviorism with Chimpanzee". In: Smith/Miller 1966, S. 295-335.

Preuschen 1972 = K.A. Preuschen, „Kritische Anmerkungen zur didaktischen Bedeutung der Transformationsgrammatik für den Fremdsprachenunterricht". In: Praxis des neusprachlichen Unterrichts 1972/2, S.151-156.

Průcha 1972 = J. Průcha, Soviet Psycholinguistics. Den Haag (Mouton) 1972. Zitiert wird nach der dt. Übersetzung: Sowjetische Psycholinguistik (= Sprache und Lernen 34). Düsseldorf (Schwann) 1974.

Raabe 1972 = H. Raabe, „Zum Verhältnis von Kontrastiver Grammatik und Übersetzung". In: Nickel 1972b, S.59-74.

Raabe 1974 = H. Raabe (Hrsg.), Trends in kontrastiver Linguistik Band I: Interimssprache und kontrastive Analyse. Das Zagreber Projekt zur angewandten Kontrastiven Linguistik (= Forschungsberichte des Instituts für deutsche Sprache 16). Tübingen (Narr) 1974.

Raabe 1976 = H. Raabe (Hrsg.), Trends in kontrastiver Linguistik II (= Forschungsberichte des Instituts für deutsche Sprache 28). Tübingen (Narr) 1976.

Raasch 1969 = A. Raasch, „Französischunterricht und Sprachwissenschaft". In: Französisch an Volkshochschulen 1969/1, S.3-5.

Raffler-Engel 1973a = W. von Raffler-Engel, „The Development from Sound to Phoneme in Child language". In: Ferguson/Slobin 1973, S.9-12.

Raffler-Engel 1973b = W. von Raffler-Engel, „An Example of Linguistic Consciousness in the Child". In: Ferguson/Slobin 1973, S.155-158.

Raible 1972 = W. Raible, Satz und Text, Untersuchungen zu vier romanischen Sprachen (= Beihefte zur Zeitschrift für Romanische Philologie 132). Tübingen (Niemeyer) 1972.

Ramge 1973 = H. Ramge, Spracherwerb. Grundzüge der Sprachentwicklung des Kindes (= Germanistische Arbeitshefte 14). Tübingen (Niemeyer) 1973.

Rath 1973 = R. Rath, „Zur linguistischen Beschreibung kommunikativer Einheiten in gesprochener Sprache". In: Linguistik und Didaktik 15 (1973), S.169-185.

Raupach 1973 = M. Raupach, „Kontrastive Linguistik und Französischunterricht". In: französisch heute 1973/2, S.75-81.

Ravem 1967 = R. Ravem, „Some Current Trends in the Study of Language Acquisition". In: Pedagogigsk Forskning 2 (1967), S.61-86.

Reboullet 1971 = A. Reboullet (éd.), Guide pédagogique pour le professeur de français (= Collection «F»). Paris (Hachette) 1971.

Reboullet 1972 = A. Reboullet, «L'interférence culturelle dans l'enseignement d'une langue étrangère». In: französisch heute 1972/1, S.1-6.

Reed 1971 = C.E. Reed (ed.), The Learning of Language. New York 1971.

Renard 1971 = R. Renard, Introduction à la méthode verbotonale de correction phonétique. Paris (Didier) 1971.

Rieber 1976 = R.W. Rieber (ed.), The Neuropsychology of Language. Essays in Honor of Eric Lenneberg. New York (Plenum) 1976.

Riegel 1968 = K.F. Riegel, „Untersuchungen sprachlicher Leistungen und ihrer Veränderungen". In: Zeitschrift für experimentelle und agewandte Psychologie 15 (1968), S.649-692.

Rigault 1971 = A. Rigault, La grammaire du français parlé (= Collection «F»). Paris Hachette 1971.

Rivers 1964 = W.M. Rivers, The Psychologist and the Foreigen Language Teacher. Chicago (Univ.Press) 1964.

Rivers 1968 = W.M. Rivers, Teaching Foreign-Language Skills. Chicago (Univ.Press) [3]1968.

Roeper 1973 = Th. Roeper, „Theoretical Implications of Word Order, Topicalization, and Inflections in German Language Acquisition". In: Ferguson/Slobin 1973, S.541-554.

Rogovin 1964 = S. Rogovin, Modern English Sentence Structure. New York (Random) 1964.

Rohrer 1971 = Chr. Rohrer, Funktionelle Sprachwissenschaft und transformationelle Grammatik. Die Verwandlung von Sätzen zu Satzteilen im Französischen. München (Fink) 1971.

Rojas 1971 = C. Rojas, «L'analyse des fautes». In: Le Français dans le Monde 81 (1971), S.58-63.

Rondeau (s.d.) = G. Rondeau, Introduction à la linguistique appliquée à l'enseignement des langues. Montréal (Centre Educatif et culturel) s.d.

Rosenbaum 1965 = P. Rosenbaum, „On the Role of Linguistics in the Teaching of English". In: Harvard Educational Review 35 (1965), S.332-348.

Roth 1969 = E. Roth, „Transformationsgrammatik im Englischunterricht". In: Neuere Sprachen 68 (1969), S.313-323.

Roth 1971 = E. Roth, Transformationsgrammatik in der englischen Unterrichtspraxis (= Schule und Forschung 11). Frankfurt (Diesterweg) 1971.

Rothe 1965 = W. Rothe, „Traditionelle und moderne französische Sprachlehre". In: Lebende Sprachen 10 (1965), S.181ff. Zit. nach der etwas später erschienenen überarbeiteten Fassung in Langenscheidt-Mitteilungen für den Philologen, Sonderheft 5 (s.d.): „Moderne französische Grammatik", S.17-31.

Roulet 1971 = E. Roulet, «Les modèles de grammaire et leurs applications à l'enseignement des langues vivantes». In: Le Français dans le Monde 85 (1971), S.6-15.

Roulet 1972a = E. Roulet, Théories grammaticales, descriptions et enseignement des langues. Paris (Nathan)/ Bruxelles (Labor) 1972.

Roulet 1972b = E. Roulet, «Quel peut être l'apport des théories et des descriptions grammaticales à l'enseignement des langues?» In: Freudenstein 1972, S.50-57.

Ruwet 1967 = N. Ruwet, Introduction à la grammaire générative. Paris (Plon) 1967.

Sapir 1921 = E. Sapir, Language. An Introduction to the Study of Speech. New York 1921. Zit. nach der dt. Ausgabe: Sapir, Die Sprache. Eine Einführung in das Wesen der Sprache. München (Hueber) 1961.

Sapir 1925 = E. Sapir, Sound Patterns in Language. New York 1925. (Hier zit. im Nachdruck: Selected Writings of Edward Sapir. Berkeley and Los Angeles 1949, S.33-45.)

Saporta 1955 = S. Saporta, „Linguistic structure as a factor and as a measure in word association". In: J.J. Jenkins (ed.), Associative processes in verbal behavior. Minnesota Conference 1955, S.210-214.

Saporta 1966 = S. Saporta, „Applied Linguistics and Generative Grammar". In: Valdman 1966a, S.81-92.

Saussure 1916 = F. de Saussure, Cours de linguistique générale. Publié par Ch. Bally/A. Sechehaye/A. Riedlinger. Edit. crit. prép. par T. de Mauro. Paris (Payot) 1972 (Erstausg. des CLG.: 1916).

Saussure/Engler 1968 = F. de Saussure, Cours de linguistique générale. Edit. Critique par Rudolf Engler. Bd.1. Wiesbaden (Harrassowitz) 1968.

Sauvageot 1962 = A. Sauvageot, Français écrit, français parlé. Paris (Larousse) 1962.

Sauvageot 1972 = A. Sauvageot, Analyse du français parlé (= Collection «F»). Paris (Hachette) 1972.

Scharf 1972 = A. Scharf, „Der Fremdsprachenunterricht – ein Bewährungsfeld für die Zusammenarbeit von Fremdsprachenmethodiker und Sprachwissenschaftler". In: Deutsch als Fremdsprache 1972/4, S.205-212.

Scharlau 1971 = B. Scharlau, „Die Anwendung der generativen Grammatik auf Beschreibung und Lehre der Romanischen Sprachen". In: Linguistische Berichte 16 (1971), S.46-47.

Schatzmann/Strauss 1965 = L. Schatzmann/A. Strauss, „Social Class and Modes of Communication". In: American Sociological Review 60 (1965), S.329-338.

Schenkel 1971 = W. Schenkel, „Die Valenz im adnominalen Raum". In: Helbig 1971b, S.67-83.

Schecker 1975 = M. Schecker, „Verbvalenz und Satzthema". In: Schecker/Wunderli 1975, S.107-145.

Schecker/Wunderli 1975 = M. Schecker/P. Wunderli (Hrsg.), Textgrammatik. Beiträge zum Problem der Textualität (= Konzepte der Sprach- und Literaturwissenschaft 17). Tübingen (Niemeyer) 1975.

Schiffler 1971 = L. Schiffler, „Klasseninterne Untersuchungen zum 'Mitlesen' im Anfangsunterricht". In: Praxis 1971/3, S.285-290.

Schiwy 1970 = G. Schiwy, „Bedeutung und Grenzen der strukturalistischen Sprachtheorie". In: Linguistik und Didaktik 2 (1970), S.81-91.

Schlesinger 1967 = I.M. Schlesinger, „A Note on the Relationship between Psychological and Linguistic Theories". In: Foundations of Language 3 (1967), S.397-402.

Schlesinger 1971 = I.M. Schlesinger, „Learning Grammar: From Pivot to Realization Rule". In: Huxley/Ingram 1971, S.79-94.

Schlösser 1973 = H. Schlösser, „Didaktische Perspektiven des fremdsprachlichen Unterrichts". In: französisch heute 1973/1, S.1-10.

Schmidt/Lützenkirchen 1971 = H. Schmidt/F.J. Lützenkirchen, Erziehungswissenschaftliche Dokumentation, Bd. 7.: Bibliographie zur Besonderen Unterrichtslehre. Teil 1: Deutsche Sprache, Literatur und Fremdsprachenunterricht. Weinheim (Beltz) 1971.

Schneider 1966 = B. Schneider, „Moderne Sprachpädagogik und Direkte Methode". In: Das Sprachlabor und der audiovisuelle Unterricht, Sept. 1966, S.1-15.

Schneider 1967 = B. Schneider, „Lehrbuch und Sprachlabor. Das Anfertigen von Repetitionsprogrammen". In: Das Sprachlabor und der audiovisuelle Unterricht 1967/3, S.65-81.

Schneider 1968 = B. Schneider, „Sprachlaborübungen für die gymnasiale Oberstufe (Französisch)". In: Praxis des neusprachlichen Unterrichts 1968/2, S.169-180.

Schneider 1970 = B. Schneider, „Zum Einsatz graphischer Elemente in der Nach-Labor-Phase". In: Das Sprachlabor und der audiovisuelle Unterricht 1970/2, S.51-59 (wiederabgedruckt in Olbert/Schneider 1973a).

Schneider 1971 = B. Schneider, „Kritische Anmerkungen zu den audio-lingualen Übungstypen im fremdsprachlichen Unterricht". In: Praxis des neusprachlichen Unterrichts 1971/1, S.56-66.

Schneider 1972 = B. Schneider, (a) „Thesen zur Fachdidaktik der Neuen Sprachen". (b) B. Schneider u.a., „Ergebnisprotokoll des Arbeitskreises Neue Sprachen". In: J. Timmermann (Hrsg.), Fachdidaktik in Forschung und Lehre. Hannover (Schrödel) 1972 ((a): S.132-134, (b): S.91-93).

Schneider 1973 = B. Schneider, „Transfer — Schlüsselproblem einer Fremdsprachendidaktik". In: Olbert/Schneider 1973a, S.12-38.

Schneider 1974 = B. Schneider, „Fachdidaktische Überlegungen zum Einsatz von Medien im Fremdsprachenunterricht". In: K. Schüle/G. Krankenhagen (Hrsg.), Audiovisuelle Medien im Fremdsprachenunterricht (= Schriftenreihe AV-Pädagogik). Stuttgart (Klett) 1974, S.22-37.

Schneider 1975 = B. Schneider, „Das Bild im fremdsprachlichen Unterricht". In: französisch heute 1975/4, S.178-201.

Schneider 1977 = B. Schneider, „Kognitive Momente in der Ausspracheschulung". In: Der fremdsprachliche Unterricht 41 (1977), S.49-55.

Schrand 1968 = H. Schrand, „Von mechanischen Drills zu kommunikativen Ubungen". In: Der fremdsprachliche Unterricht 8 (1968), S.38-46.

Schröder 1971 = K. Schröder, „Fachwissenschaft — Fachdidaktik — Fachbereich. Arbeitsthesen zur Fachdidaktik Englisch". In: Th. Finkenstaedt/K. Schröder (Hrsg.), Quo vadis? — Englisch als Zielsprache (= Hochschuldidaktische Materialien 26). Hamburg (Arbeitskreis Hochschuldidaktik) 1971, S.64-84.

Schweisthal 1971 = K.G. Schweisthal (Hrsg.), Grammatik, Kybernetik, Kommunikation. Festschrift für Alfred Hoppe. Bonn (Dümmler) 1971.

Sciarone 1972 = A.G. Sciarone, „Möglichkeiten und Grenzen der kontrastiven Analyse". In: Freudenstein/Gutschow 1972, S.63-76.

Segerstedt 1947 = T.T. Segerstedt, Die Macht des Wortes. Eine Sprachsoziologie. Zürich (Pan) 1947.

Shinkin 1969 = N.J. Shinkin, „Zur Erforschung des Mechanismus der Sprache". In: Hiebsch 1969, S.406-429.

Sigurd 1970 = B. Sigurd, Die generative Grammatik (Übers. u. hrsg. von U. Peterson). (= Tübinger Beiträge zur Linguistik 15) Tübingen (Narr) 1970.

Sintschenko 1969 = P.I. Sintschenko, „Probleme der Gedächtnispsychologie". In: Hiebsch 1969, S.191-240.

Sirch 1975 = K. Sirch, Der Unfug mit der Legasthenie. Stuttgart (Klett) 1975.

Skinner 1938 = B.F. Skinner, The Behavior of Organisms. New York (Appleton) 1938.

Skinner 1953 = B.F. Skinner, Science and Human Behavior. New York (Macmillan) 1953.

Skinner 1957 = B.F. Skinner, Verbal Behavior. New York (Appleton) und London 1957.

Skinner/Corell = B.F. Skinner/W. Corell, Denken und Lernen (Westermann Taschenbuch). Braunschweig 1967.

Skowronek 1968 = H. Skowronek, Psychologische Grundlagen einer Didaktik der Denkerziehung. Hannover (Schroedel) 1968, [2]1970.

Skowronek 1972 = H. Skowronek, Lernen und Lernfähigkeit (= Grundfragen der Erziehungswissenschaft 9). München (Juventa), 4. neubearb. u. erweit. Aufl. 1972.

Slama-Cazacu 1968a = T. Slama – Cazacu, Introducere în psiholinguistica. Bukarest (Editura Stiintifica) 1968.

Slama-Cazacu 1968b = T. Slama – Cazacu, «La linguistique appliquée et quelques problèmes psycholinguistiques de l'enseignement des langues». In: Cahiers de linguistique théorique et appliquée 5 (1968), S.221-246.

Slama-Cazacu 1971 = T. Slama-Cazacu, „Psycholinguistics and Contrastive Studies". In: Filipović 1971, S.188-206.

Slama-Cazacu 1972a = T. Slama-Cazacu, „Introduction". Vorwort zu: Slama-Cazacu (éd), La Psycholinguistique. Lectures. Paris (Klincksieck) 1972, S.7-32.

Slama-Cazacu 1972b = T. Slama-Cazacu, «Introduction à la psycholinguistique (gekürzte franz. Fassung des rumän. Originals von 1968). In: Slama-

Cazacu (éd), La psycholinguistique. Lectures. Paris (Klincksied) 1972, S.120-122.

Slama-Cazacu 1976a = T. Slama-Cazacu, „Kontrastive Analyse 'in abstracto' oder die Funktion des Zusammentreffens sprachlicher Systeme im Lerner? Kontrastive Analysen im Licht der Psycholinguistik". In: Raabe 1976, S.189-207.

Slama-Cazacu 1976b = T. Slama-Cazacu, „Die Regularisierung: eine der Universalien beim Spracherwerb?" In: Raabe 1976, S.255-298.

Slama-Cazacu/Nemser 1970 = W. Nemser/T. Slama-Cazacu, „A Contribution to Contrastive Linguistics. A Psycholinguistic Approach: Contact Analysis". In: Revue Roumaine de Linguistique 15 (1970), S.101-128.

Slobin 1966a = D.I. Slobin, „The Acquisition of Russian as a Native Language". In: Smith/Miller 1966, S.129-148.

Slobin 1966b = D.I. Slobin, „Comments on 'Developmental Psycholinguistics'. (Kommentar zu einem Vortrag McNeills, siehe McNeill 1966). In: Smith/Miller 1966, S.85-91.

Slobin 1966c = D.I. Slobin, „Grammatical Transformations and Sentence Comprehension in Childhood and Adulthood". In: Journal of Verbal Learning and Verbal Behavior 5 (1966), S.219-227.

Slobin 1969 = D.I. Slobin, „Universals of grammatical development in children". In: Flores d'Arcais/Levelt 1970, S.174-186.

Slobin 1970 = D.I. Slobin, Suggested Universals in the Ontogenesis of Grammar (= Working Paper 32). Berkeley 1970.

Slobin 1971a = D.I. Slobin, Psycholinguistics. Glenview, Illin., and London (Scott/Foresman) 1971.

Slobin 1971b = D.I. Slobin (ed.), The Ontogenesis of Grammar. New York (Academic Press) 1971.

Slobin 1973 = D.I. Slobin, „Cognitive Prerequisites for the Development of Grammar". In: Ferguson/Slobin 1973, S.175-210.

Smith 1973 = C.S. Smith, „An Experimental Approach to Children's Linguistic Competence". In: Ferguson/Slobin 1973, S.497-521.

Smith/Miller 1966 = F. Smith/G.A. Miller (eds.), The Genesis of Language. A Psycholinguistic Approach. (= Proceedings of a Conf. on Lang. Development in Children spons. by Nat. Inst. of Child Health and Hum.Dev.) Cambridge, Mass., (M.I.T.-Pr.) 1966.

Söll 1974 = L. Söll, Gesprochenes und geschriebenes Französisch. (= Grundlagen der Romanistik) Berlin (Schmidt) 1974.

Sokolow 1969 = A.N. Sokolow, „Untersuchungen zum Problem der sprachlichen Mechanismen des Denkens". In: Hiebsch 1969, S.430-464.

Sowinski 1969 = B. Sowinski, „Möglichkeit und Grenzen strukturalistischer Sprachbetrachtung in der Schule". In: Wirkendes Wort 1969/3, S.163-175.

Spang-Hanssen u.a. 1973 = H. Spang-Hannsen/H. Schwarz/J. Ovistgaard (eds.), Applied Linguistics (= Proceedings of the Third Intern. Congress of Applied Linguistics, ed. by International Assoc. of Applied Linguistics, Vol. III). Heidelberg (Groos) 1973.

Spolsky 1966 = B. Spolsky, „A Psycholinguistic Critique of Programmed Foreign Language Instruction". In: IRAL 4 (1966), S.119-129.

Sprissler/Weinrich 1972 = M. Sprissler/H. Weinrich (Hrsg.), Fremdsprachenunterricht in Intensivkursen. Stuttgart (Kohlhammer) 1972.

Staats 1968 = A.W. Staats, Learning, Language, and Cognition. New York (Holt) 1968.

Stack 1966 = E. Stack, Das Sprachlabor im Unterricht (Aus dem Engl. übers. v. R. Freudenstein). Berlin (Cornelsen) 1966, ^{2}1969 (Original 1960).

Stalb 1971 = H. Stalb, „Versuche und Anregungen zur Arbeit mit der generativen Grammatik auf der Oberstufe". In: Linguistik und Didaktik 5 (1971), S.1-23.

Standop 1970 = E. Standop, „Prolegomena zu einem Studienplan für die akademische Ausbildung von Sprachlehrern und Philologen". In: E. Standop (Hrsg.), Anglistische Studienreform (. . .). Bad Homburg (Athenäum) 1970, S.108-141.

Steger/Engel/Moser 1971 = H. Steger/U. Engel/H. Moser, Texte gesprochener deutscher Standardsprache I. (. . .) (= Heutiges Deutsch, Reihe II, Bd.1.) München (Hueber) 1971.

Steinberg/Jakobovits 1971 = D.D. Steinberg/L.A. Jakobovits (eds.), Semantics. An Interdisciplinary Reader in Philosophy, Linguistics and Psychology. Cambridge (Univ.Press) 1971.

Stern/Stern 1907 = C.u.W. Stern, Die Kindersprache. Eine psychologische und sprachtheoretische Untersuchung. Darmstadt 1965 (1. Aufl. Leipzig 1907).

Stones 1972 = E. Stones, Psychologie des Lernens und Lehrens. Ein programmiertes Lehrbuch. Weinheim (Beltz) 1972.

Strauch 1972 = R.O.U. Strauch, „Bemerkungen zum Verhältnis von theoretischer Linguistik und Fremdsprachendidaktik". In: Linguistik und Didaktik 9 (1972), S.20-31.

Tabouret-Keller 1960 = A. Tabouret-Keller, L'acquisition du langage parlé chez un petit enfant en milieu bilingue. Paris (Scarabée) 1962.

Teigeler 1972 = P. Teigeler, Satzstruktur und Lernverhalten (= Studien zur Sprachpsychologie 2). Bern, Stuttgart, Wien (Huber) 1972.

Templin 1957 = M.C. Templin, Certain Language Skills in Children. Their Development and Interrelationships. Minneapolis (Univ.Minnesota Press) 1957.

Tesnière 1953 = L. Tesnière, Esquisse d'une syntaxe structurale. Paris (Klincksieck) 1953.

Tesnière 1959 = L. Tesnière, Eléments de syntaxe structurale. Paris (Klincksieck) 1959 (zitiert nach der 2. revid. Auflage 1965).

Thomas 1965 = O. Thomas, Transformational Grammar and the Teacher of English. New York (Holt, Rinehart and Winston) 1965. Deutsch: Transformationelle Grammatik und Englischunterricht. Eine Einführung für Schule und Universität. München (Hueber) 1968.

Thorndike/Lorge 1944 = E.L. Thorndike/I. Lorge, The teacher's word book of 30.000 words. New York (Col.Univ.) 1944.

Timm 1972 = J.-P. Timm, „Strukturalistische und transformationelle Syntax: Möglichkeiten und Probleme im Englischunterricht". In: Zeitnahe Schularbeit 25 (1972), S.1-96.

Titone 1971 = R. Titone, Psicolinguistica applicata. Introduzione psicologica alla didattica delle lingue. Rom (Armando) 1971, [2]1972.

Titone 1972/73 = R. Titone, „Some Factors Underlying Second-Language Learning". In: English Language Teaching 27 (1972/73), S.110-120.

Trager/Smith 1951 = L.Trager/H.L. Smith, jr., An Outline of English Structure (= Studies in Linguistics, Occasional Papers 3). Norman, Oklah., 1951.

Truffaut 1968 = L. Truffaut, Grundprobleme der deutsch-französischen Übersetzung. München (Hueber) [3]1968.

Turner/Rommetveit 1967 = E. Turner/R. Rommetveit, „Experimental Manipulation of the Production of Active and Passive Voice in Children". In: Language and Speech 10 (1967), S.169-180.

Underwood 1964 = B.J. Underwood, „Laboratory of Studies of Verbal Learning". In: E.R. Hilgard (ed.), Theories of Learning and Instruction. (= The 63rd Yearbook of the Nat. Soc. for the Study of Education, Part 1) Chicago 1964, S.133ff.

Valdman 1966a = A. Valdman (ed.), Trends in Language Teaching. New York (McGraw Hill) 1966.

Valdman 1966b = A. Valdman, «La progression pédagogique dans les exercices structuraux». In: Le Français dans le Monde 41 (1966), S.22-29.

Valette 1971 = R.M. Valette, Tests im Fremdsprachenunterricht (Übers. u. hsg. v. P.W. und S. Kahl). Berlin (Cornelsen) 1971 (Amerik. Original 1967).

Viëtor 1882 = W. Viëtor, „Der Sprachunterricht muß umkehren!" (1882). Neuabdruck in: K.-H. Flechsig (Hrsg.), Neusprachlicher Unterricht I (= Quellen zur Unterrichtslehre, Bd. 10). Weinheim (Beltz) 1965, S.155-172.

Vogel/Vogel 1975 = K. Vogel/S. Vogel, Lernpsychologie und Fremdsprachenerwerb (= Romanistische Arbeitshefte). Tübingen (Niemeyer) 1975.

Vriendt u.a. 1975 = J. de Vriendt/J. Dierick/M. Wilmet, Grammaire générative et psychomécanique du langage (. . .) (= Etudes Linguistiques, AIMAV). Bruxelles 1975.

Wagner 1969 = K.H. Wagner, „Probleme der kontrastiven Sprachwissenschaft". In: Sprache im technischen Zeitalter 32 (1969), S.305-326.

Wales/Marshall 1966 = R.J. Wales/J.C. Marshall, „The Organization of Linguistic Performance". In: Lyons/Wales 1966, S.29-80.

Wandruszka 1968a = M. Wandruszka, „Transformationsprogramme". In: Der fremdsprachliche Unterricht 2 (1968), S.40-55.

Wandruszka 1968b = M. Wandruszka, „Der Ertrag des Strukturalismus". In: Verba et Vocabula. Ernst Gamillscheg zum 80. Geburtstag. München (Fink) 1968, S.619-638.

Wandruszka 1969 = M. Wandruszka, Sprachen, vergleichbar und unvergleichlich. München (Piper) 1969.

Wandruszka 1971a = M. Wandruszka, «Pour une linguistique à visage humain». In: Français Moderne 39 (1971), S.3-17.

Wandruszka 1971b = M. Wandruszka, «Vocation humaine de la linguistique». In: Le Français dans le Monde 82 (1971), S.12-15.

Wandruszka 1971c = M. Wandruszka, Interlinguistik: Umrisse einer neuen Sprachwissenschaft. München (Piper) 1971.

Wandruszka 1971d = M. Wandruszka, „Gedanken zu einer 'deutsch-französischen Intergrammatik'." In: H. Moser u.a. (Hrsg.), Fragen der strukturellen Syntax und der kontrastiven Grammatik (= Sprache der Gegenwart 17). Düsseldorf (Schwann) 1971.

Wandruszka 1973 = M. Wandruszka, „Kontrastive Linguistik in Österreich." In: Anzeiger der phil.-hist. Klasse der Österr. Akad.d.Wiss. Wien 1973, S.1-20.

Wason 1959 = P.C. Pason, „The Processing of Positive and Negative Information". In: Quarterly Journal of Experimental Psychology 11 (1959), S.92-107.

Wason 1961 = P.C. Wason, „Response to Affirmative and Negative Binary Statements". In: British Journal of Psychology 52 (1961), S.133-142.

Wason 1965 = P.C. Wason, „The Contexts of Plausible Denial". In: Journal of Verbal Learning and Verbal Behavior 44 (1965), S.7-11.

Watson 1920 = J.B. Watson, „Is thinking merely the action of language mechanism?" In: British Journal of Psychology 11 (1920), S.87-104.

Watson 1924 = J.B. Watson, Psychology from the Standpoint of a Behaviorist. Philadelphia 1919, [2]1924.

Weimer **1929** = H. Weimer, Psychologie der Fehler, Leipzig 1929.

Weinreich 1953 = U. Weinreich, Languages in Contact. New York 1953, Den Haag (Mouton) [6]1968.

Weinrich 1962 = H. Weinrich, „Ist das Französische eine analytische oder synthetische Sprache?" In: Mitteilungsblatt des Allgemeinen Deutschen Neuphilologenverbandes 15 (1962), S.177ff. Zit. nach der Fassung des Aufsatzes in: Langenscheidt-Mitteilungen für den Philologen, Sonderheft 5 (s.d.): Moderne französische Grammatik, S.1-16.

Weinrich **1972a** = H. Weinrich, „Textlinguistik für einen kommunikativen Sprachunterricht". In: Freudenstein 1972, S.28-37.

Weinrich 1972b = H. Weinrich, „Zur Veränderung der Sprach- und Literaturwissenschaft an den Universitäten der Bundesrepublik". In: Neuere Sprachen 1972/4, S.211-217.

Weinrich 1966 = H.Weinrich, Linguistik der Lüge. Kann Sprache die Gedanken verbergen? Antwort auf die Preisfrage der Deutschen Akademie für Sprache und Dichtung vom Jahre 1964. Heidelberg (Schneider) 1966.

Weir 1962 = R.H. Weir, Language in the Crib. Den Haag (Mouton) 1962.

Weir 1966 = R.H. Weir, „Some Questions on the Child's Learning of Phonology". In: Smith/Miller 1966, S.153-158.

Weiss 1925 = A.P. Weiss, A Theoretical Basis of Behavior. Columbus, Ohio, 1925.

Weisgerber 1962 = L. Weisgerber, Von den Kräften der deutschen Sprache. Bd.I: Grundzüge der inhaltsbezogenen Grammatik. Düsseldorf (Schwann) 1962.

Wells 1947 = R.S. Wells, „Immediate Constituents". In: Language 23 (1947), S.81-117 (ebenfalls in Joos 1966, S.186-207).

Wells 1966 = R.S. Wells, „De Saussure's System of Linguistics." In: Joos 1966, S.1-18.

Wells 1967 = R.S. Wells, „Distinctively Human Semiotic". In: Social Science Information 6 (1967), S.112ff.

Wernicke 1874 = C. Wernicke, Der aphasische Symptomenkomplex. Breslau 1874.

Whitman/Jackson 1972 = R.L. Whitman/K.L. Jackson, „The Unpredictability of Contrastive Analysis". In: Language Learning 22 (1972), S.29-41.

Whorf 1950 = B.L. Whorf, Four Articles on Metalinguistics. Washington (Foreign Service Inst.) 1950.

Wienold 1973 = G. Wienold, Die Erlernbarkeit der Sprachen. Eine einführende Darstellung des Zweitsprachenerwerbs. München (Kösel) 1973.

Wigdorsky 1971 = L. Wigdorsky, „Research in Applied Linguistics and its Impact upon Foreign Language Teaching Materials". In: Perren/Trim 1971, S.462-469.

Wilkins 1968 = D.A. Wilkins, Review of A Valdman (ed.), Trends in Language Teaching. In: IRAL 6 (1968), S.99-107.

Wilss 1973 = W. Wilss, „Die Funktion der Übersetzung im Fremdsprachenunterricht". In: Neusprachliche Mitteilungen aus Wissenschaft und Praxis 1973/1, S.16-24.

Winitz/Irwin 1973 = H. Winitz/O.C. Irwin, „Syllabic and Phonetic Structure of Infants' Early Words". In: Ferguson/Slobin 1973, S.34-44.

Wittwer 1959 = J. Wittwer, Les fonctions grammaticales chez l'enfant. Sujet-objet-attribut. Neuchâtel und Paris 1959.

Wittwer 1963 = J. Wittwer, «Conditions génétiques de l'apprentissage d'une seconde langue. Réfléxions sur l'enseignement bilingue». In: Le Français dans le Monde 20 (1963), S.13-17.

Wode 1974 = H. Wode, „Natürliche Zweitsprachigkeit: Probleme, Aufgaben, Perspektiven". In: Linguistische Berichte 32 (1973), S.15-36.

Wolf 1975 = W. Wolf, „Sprachbeschreibung für den Fremdsprachenunterricht". In: Moser u.a. 1975, S.241-264.

Wunderli 1971 = P. Wunderli, «'Sémantique' und 'Sémiologie'. Zwei textkritische Probleme des CLG». In: Vox Romanica 30 (1971), S.14-31.

Wunderli 1972a = P. Wunderli, „Zur Stellung der Syntax bei Saussure". In: Zeitschrift für Romanische Philologie 88 (1972), S.483-506.

Wunderli 1972b = P. Wunderli, „Zur Geltung des Linearitätsprinzips bei Saussure". In: Vox Romanica 31 (1972), S.225-252.

Wunderli 1972c = P. Wunderli, «Ferdinand de Saussure: '1er Cahier à lire préliminairement'. Ein Basistext seiner Anagrammstudien». In: Zeitschrift für französische Sprache und Literatur 82 (1972), S.193-216.

Wunderli 1972d = P. Wunderli, Ferdinand de Saussure und die Anagramme. Linguistik und Literatur (= Konzepte der Sprach- und Literaturwissenschaft 14). Tübingen (Niemeyer) 1972.

Wunderli 1974 = P. Wunderli, „Saussure und die Kreativität". In: Vox Romanica 33 (1974), S.1-31.

Wunderli 1975 = P. Wunderli, „Der Prosatz 'non'. Substitutionsprobleme im Rahmen der transphrastischen Syntax". In: Schecker/Wunderli 1975, S.43-75.

Wunderli 1976a = P. Wunderli, Modus und Tempus. Beiträge zur synchronischen und diachronischen Morphologie der romanischen Sprachen (= Tübinger Beiträge zur Linguistik 62). Tübingen (Narr) 1976.

Wunderli 1976b = P. Wunderli, „Zum Zeichenbegriff bei Saussure: Privilegierung des «signifié» oder des «signifiant»?" In: Mélanges offerts à C. Th. Gossen. Bern (Francke) 1976, S.945-953.

Wunderli 1976c = P. Wunderli, „Umfang und Inhalt des Semiologiebegriffs bei Saussure". In: Cahiers Ferdinand de Saussure 30 (1976), S.33-68.

Wunderli/Schecker-Lami 1973 = P. Wunderli/N.Schecker-Lami, Französisch im Sprachlabor. Textheft. Tübingen (Niemeyer) 1973.

Wunderlich 1970a = D. Wunderlich, „Eine Warnung vor den perfekten Unterrichtsmodellen. Am Beispiel Heringer". In: Linguistik und Didaktik 4 (1970), S.297-307.

Wunderlich 1970b = D. Wunderlich, „Die Rolle der Pragmatik in der Linguistik". In: Der Deutschunterricht 1970/4, S.5-45.

Wundt 1900 = W. Wundt, Völkerpsychologie. Eine Untersuchung der Entwicklungsgesetze von Sprache, Mythus und Sitte. Bd.1: Die Sprache. Leipzig (Engelmann) 1900.

Wygotski/Lurija 1929 = L.S.Wygotski/A.R. Lurija, „The Function and Fate of Egocentric Speech". In: Proc. 9th Intern. Psycholog. Congress, New Haven 1929.

Wygotski 1934 = L.S. Wygotski, Denken und Sprechen (Hrsg. v. J. Helm, übers. v. G. Sewekow). Frankfurt (Fischer) 1969 (Russ. Original 1934).

Yngve 1960 = V. Yngve, „A model and a hypothesis for language structure". In: Proceedings of the American Philosophical Society 104 (1960), S.444-466.

Zabrocki 1970 = L. Zabrocki, „Grundfragen der Konfrontativen Grammatik". In: H. Moser u.a. 1970, S.31-52.

Zimmermann 1969 = G. Zimmermann, „Integrierungsphase und Transfer im neusprachlichen Unterricht". In: Praxis des neusprachlichen Unterrichts 1969/3, S.245-260.

Zimmermann 1970a = G. Zimmermann, „'Mitlesen' im Anfangsunterricht?" In: Praxis des neusprachlichen Unterrichts 1970/4, S.401-406.

Zimmermann 1970b = G. Zimmermann, „Motivation und Fremdsprachenunterricht". In: Der fremdsprachliche Unterricht 16 (1970), S.59-74.

Zimmermann 1971 = G. Zimmermann, „'Grammatische Bewußtmachung' im Fremdsprachenunterricht?" In: Zielsprache Englisch 1971/0, S.13-17.

Zimmermann 1973 = G. Zimmermann, „Personale Faktoren und Fremdsprachencurriculum". In: Praxis des neusprachlichen Unterrichts 1972/1, S.3-14.

Zhurova 1973 = L.Ye. Zhurova, „The Development of Analysis of Words into Their Sounds by Preschool Children". In: Ferguson/Slobin 1973, S.141-155.

Zydatiß 1975 = W. Zydatiß, „Eine Taxonomie von Fehlern in der englischen Wortstellung". In: Linguistik und Didaktik 24 (1975), S.304-324.